"博学而笃志,切问而近思。"
（《论语》）

博晓古今,可立一家之说;
学贯中西,或成经国之才。

复旦博学·复旦博学·复旦博学·复旦博学·复旦博学·复旦博学

主编简介

尹伯成，1936年生，江苏宜兴人，历任复旦大学经济学院教授、博导，经济系副主任、主任、中华外国经济学说研究会副会长；复旦大学房地产研究中心主任；长期从事外国经济学说史和西方经济学基础教学工作，主编有《西方经济学简明教程》《现代西方经济学习题指南》《经济学说史教程》《西方经济学说史》等著作十多部，公开发表论文数百篇；高鸿业主编《西方经济学》主要撰稿人之一。

赵红军，1970年生，上海师范大学商学院教授、副院长，上海市曙光学者（2008），上海市浦江人才（2009），主要从事西方经济学、发展经济学与中国经济研究，曾经主持国家社科基金、教育部人文社科基金、中国博士后科学基金等课题多项，在 *Review of Development Economics* 和《经济研究》《经济学季刊》《南开经济研究》等发表几十篇学术论文，先后出版过《交易效率、城市化与经济发展》（2005）、《小农经济、惯性治理与中国经济的长期变迁》（2010）、《上海国际贸易地位变迁》（2015）等专著，《刨根问底经济学》（2012）、《鞭辟入里经济学》（2016）等多部畅销书。曾经在美国芝加哥大学、韩国仁川大学、土耳其Dokuz Eylul大学、斯洛文尼亚卢布尔雅那大学经济学院等地访学与授课。

普通高等教育"十一五"国家级规划教材

博学·经济学系列
ECONOMICS SERIES

西方经济学说史
——从市场经济视角的考察 （第三版）

主　编　尹伯成　赵红军
主要编写人（按姓氏笔画）
　　　　尹伯成　尹　锋
　　　　刘康兵　赵红军

复旦大学出版社

ECONOMICS SERIES

内容提要

本书是一部从市场经济视角述评西方经济学史的教材。全书用15章篇幅简明扼要地介绍了西方经济学产生、发展和演变的历史，重点介绍了20世纪以来西方经济学中各种主要理论的来龙去脉。全书以文字表述为主，力求通俗易懂、深入浅出，以便读者能对西方经济学的历史、现状和发展趋势有一概括性认识。本书适合作为大专院校财经管理类专业的教材，也可供广大青年学生自学之用。

第三版前言

这本西方经济学说史教材从2005年出版以来,得到广大读者和一些同行专家鼓励和好评,也取得了一些宝贵的批评意见和改进建议。2012年出了第二版。第二版至今又近五年。根据一些同志建议,现在又作了一些修改、调整和补充,出了第三版。与前面两版相比,这一版的修改、调整和补充主要有以下两个方面。

第一,本着删繁就简原则,将原有篇幅做了较多压缩与合并,从初版的27章、第二版的25章到这一版的15章。尽管全书基本观点、内容和框架未变,但文字和章节确实精简、合并了不少。这一方面是为了让读者能用更少的宝贵时间了解和掌握西方经济学的演变和发展脉络,另一方面也是便于许多学校可以用一学期时间安排这门课程的教学。

第二,在删除和压缩一些内容的同时,也根据实际需要补充了一些内容。例如,第三章"古典经济学的演变与挑战"中补充了空想社会主义经济学说,第十三章"博弈论与信息经济学"中补充了大数据及其对经济学的影响,第十四章中补充了"超边际分析和新兴古典经济学"。

要再次说明的是,这一版的基本观点、主要内容和框架思路仍旧未变化,依然是从市场经济的视角考察西方经济学说的由来、发展和演变的基本脉络。这既不同于专门叙述马克思主义经济学说产生和发展的学说史,也不同于以往国内的以剩余价值学说史为基本线索的传统经济学说史教材(包括我本人编写出版过的两本有关教材)。这样做绝没有否定马克思的剩余价值理论的真理性,更没有否定马克思主义是指导我们思想的理论基础的意思,而只是为了让学生了解一些反映市场经济特性和规律的现代西方经济学理论是如何逐步产生和发展起来的。因此,本书对西方经济学家的各种理论观点和政策主张的评价标准可能就有别于国内流行的一些经济学说史教材。

参加过本书编写的有不少同志,其中主要有尹锋、刘康兵、赵红军以及我本人，因此如果此书有什么优点和成绩，是大家努力的结果，但存在的问题和错误应由我负责。本书初版的编辑主要由盛寿云、徐惠平同志负责，而第二版起由岑品杰同志负责。

这一版由我和赵红军两人负责修改、补充。我负责第一、二、三、四、五、六、九和十章，其余均由赵红军负责。他过去也曾经是我的博士生，现在已成长为很优秀、很有发展潜力的中青年经济学家，尤其在经济思想史研究方面有相当高造诣。这使我感到非常欣慰。

尽管我们在编写中作出了不少努力，但如何从市场经济视角编写一本经济学说史教材，实在缺乏经验，因此差错一定不少。我们将继续听取同行专家和广大读者的批评指正，不断修改补充，以争取能奉献给读者一本能从中多少获益的西方经济学说史教材。

尹伯成
2016 年秋于复旦大学

目 录

第一章 经济学的史前时期 ……………………………………………… 1
- 第一节 古希腊的经济思想 …………………………………………… 1
- 第二节 中世纪西欧的经济思想 ……………………………………… 4
- 第三节 重商主义 ……………………………………………………… 6

第二章 古典经济学的形成与发展 ……………………………………… 11
- 第一节 古典经济学发轫 ……………………………………………… 11
- 第二节 古典经济学理论体系的形成：亚当·斯密 ………………… 21
- 第三节 古典经济学理论的发展：大卫·李嘉图 …………………… 33

第三章 古典经济学的演变与挑战 ……………………………………… 41
- 第一节 古典经济学的演变：萨伊和马尔萨斯 ……………………… 41
- 第二节 古典经济学的进一步演变：从西尼尔到约·斯·穆勒 …… 50
- 第三节 对古典经济学的挑战 ………………………………………… 57

第四章 边际革命 ………………………………………………………… 67
- 第一节 边际主义兴起背景及其先驱 ………………………………… 67
- 第二节 奥国学派 ……………………………………………………… 70
- 第三节 数理经济学派 ………………………………………………… 76
- 第四节 边际分析在经济学中的意义 ………………………………… 85

第五章 新古典经济学的形成 …………………………………………… 87
- 第一节 新古典经济理论体系的奠基者——马歇尔 ………………… 87
- 第二节 约·贝·克拉克和费雪的经济理论 ………………………… 100

第六章 马歇尔经济学说的发展、修正与挑战 ………………………… 107
- 第一节 庇古的福利经济学 …………………………………………… 107
- 第二节 垄断竞争理论 ………………………………………………… 110
- 第三节 希克斯对马歇尔需求理论的修正和补充 …………………… 115
- 第四节 新古典厂商理论的挑战与修正 ……………………………… 119

第七章 19世纪到20世纪上半叶的几个非主流经济学 …… 128
- 第一节 制度学派 …… 128
- 第二节 瑞典学派 …… 133
- 第三节 熊彼特及其创新理论 …… 142

第八章 凯恩斯主义经济学 …… 153
- 第一节 《通论》与凯恩斯革命 …… 153
- 第二节 就业理论 …… 157
- 第三节 利息理论 …… 163
- 第四节 工资论与物价论 …… 166
- 第五节 经济政策主张 …… 167

第九章 凯恩斯主义的演变与发展 …… 171
- 第一节 新古典综合学派 …… 171
- 第二节 新剑桥学派 …… 184
- 第三节 新凯恩斯主义经济学 …… 192

第十章 新自由主义诸流派 …… 202
- 第一节 现代货币主义 …… 202
- 第二节 供给学派 …… 210
- 第三节 弗赖堡学派 …… 215
- 第四节 哈耶克的新自由主义学说 …… 221
- 第五节 新古典宏观经济学 …… 227

第十一章 新制度学派和新制度经济学 …… 235
- 第一节 新制度学派 …… 235
- 第二节 新制度经济学 …… 242
- 第三节 新经济史学 …… 252

第十二章 市场失灵与规制经济学 …… 260
- 第一节 外部性理论 …… 260
- 第二节 公共物品理论 …… 263
- 第三节 有关竞争和垄断的争论 …… 266
- 第四节 收入分配不均及其对策思路 …… 272
- 第五节 规制经济学 …… 274

第十三章 博弈论与信息经济学 …… 281
- 第一节 博弈论产生、发展及其与现代经济学的关系 …… 281

第二节　信息经济学的产生和发展 …………………………… 284
  第三节　大数据及其对经济学的影响 …………………………… 291
第十四章　经济学新发展及其与其他学科的相互渗透和影响 …… 296
  第一节　超边际分析和新兴古典经济学 ………………………… 296
  第二节　非市场行为的经济学分析 ……………………………… 299
  第三节　公共选择理论 …………………………………………… 305
  第四节　法律经济学 ……………………………………………… 312
  第五节　行为经济学：心理学对经济学的影响 ………………… 317
  第六节　演化经济学：生物学对经济学的影响 ………………… 324
  第七节　新经济地理学：地理学对经济学的影响 ……………… 327
  第八节　几点评论 ………………………………………………… 330
第十五章　经济增长理论与发展经济学的演进 …………………… 332
  第一节　经济增长理论演进脉络 ………………………………… 332
  第二节　发展经济学思路演变 …………………………………… 349

参考文献 ……………………………………………………………… 367

第一章 经济学的史前时期

作为对经济规律认识的经济学,是伴随着资本主义经济关系产生和发展起来的,至今也不过 200 多年历史,但人类通过市场交易形式的经济活动,早在古代就有了。古代和中世纪一些思想家对经济现象以及支配这种现象的规律就开始有某些认识和论述。这些认识和论述在某种意义上构成现代经济学产生的最初出发点。封建制瓦解而资本主义产生时期的重商主义则是对资本主义经济的最初考察。

第一节 古希腊的经济思想

古希腊是西方奴隶制文明的发源地。奴隶制经济基本上是自然经济,但商品货币关系也有了一定发展。下面以色诺芬、柏拉图和亚里士多德为代表来说明古希腊经济思想。

色诺芬的经济思想

色诺芬(Xenophon,约公元前 430—约公元前 355),是古希腊著名哲学家苏格拉底的门徒。他政治上拥护斯巴达的贵族寡头政治,反对雅典民主政治;经济上拥护自然经济,反对雅典发展商业和货币的经济方针。他著述很多,经济著述有《经济论》和《雅典的收入》。《经济论》的希腊原文为"Οικονομικός",其意义是"家庭管理"。今天,英文 economy 一词就是从希腊文这个词演变而来的。古希腊奴隶制生产以家庭为单位,所谓"家庭管理"实质上就是奴隶主组织和管理奴隶制经济的各种问题。作为自然经济拥护者,色诺芬十分重视农业生产,认为"对于一个高尚的人来说,最好的职业和最好的学问就是人们从中取得生活必需品的农业"[1]。他说:"农业是其他技艺的母亲和保姆,因为农业繁荣的时候,其他一切技艺也都兴旺。"[2]正由

---

[1] 色诺芬:《经济论,雅典的收入》,商务印书馆,1961 年版,第 20 页。
[2] 同上书,第 18 页。

于他是自然经济的拥护者,因此他总是从物品使用价值角度来考察问题。例如,他认为一支笛子对于会吹它的人是财富,而对于不会吹它的人则无异于毫无用处的石头①。他还从使用价值角度考察分工的利益,认为分工会使产品制造得更精美,质量更高。他还以敏锐的眼光观察到,分工发展的程度依赖于市场规模的大小。不仅如此,他还依据生活经验认识到了商品价格波动依存于供求关系变化以及价格波动对资源配置的影响,说铜器生产过多,黄铜价格就会下跌,工人就会因此而破产;当农产品价格低廉时,农业就无利可图,许多农民就会放弃农业,而从事其他行业②。站在拥护自然经济立场上的色诺芬,尽管重视的是物品的用途(或者说使用价值),但他关于物品对人的效用会随该人拥有物品的多寡而变化的论述却为现代主观价值论提供了思想营养。他曾这样说:"吃饭的人看到桌上摆放的盘子越多,他越容易产生吃饱的感觉。快乐的持续时间也是这样,面前有许多道菜的人不如中等生活的人情况好。"③

柏拉图的经济思想　　柏拉图(Plato,公元前 427—公元前 347)也是苏格拉底的门徒,是古希腊著名的唯心主义哲学家。他出身于雅典贵族家庭,是奴隶制度的忠实维护者。他的著作很多,与经济学说有关的是其名著《理想国》和《法律论》。《理想国》一书从唯心主义理念出发,提出了要按与人类理性一致的正义原则来组织一个能消除贫富对立和社会矛盾的所谓理想共和国的主张。在论述城市或国家起源时,他阐述了专业化和分工的重要思想,提出一个城市或一个国家是对人的需要的一种反应。每个人都有多方面的需要,但人们天生却只具有某种才能,故人人不能自我满足,而必须互助,相互交换劳务,于是大量的人便聚集在一起,结成团体,这些团体联合起来便成为国家④。他还提出,专业化分工之所以必要,是因为一个人做很多事情,不如专心做一件事。如果一个人专门做一种和他性情相近的事,他所生产出来的必然较优和较多。他们进行贸易时,都会从中获利。在柏拉图的《理想国》中,存在着两个阶

---

① 色诺芬:《经济论,雅典的收入》,商务印书馆,1961 年版,第 3 页。
② 同上书,第 71 页。
③ 色诺芬:《神圣》,转引自小罗伯特·B. 埃克伦德、罗伯特·F. 赫伯特:《经济理论和方法史》,中国人民大学出版社,2001 年版,第 11 页。
④ 参阅柏拉图:《理想国》第 1 卷,商务印书馆,1957 年版,第 74—77 页。

层：一个阶层是守护者（执政者）和辅佐者，他们是统治者；另一个阶层是农民、手工业者、商人等一切从事经济活动的自由民，他们是被统治者。奴隶则被看作是会讲话的工具，根本没有资格列入组成国家的阶层内。自由民阶层可拥有家庭和私有财产，而辅佐者（战士）和守护者（执政的哲学家）不应有家庭和私有财产，因为私有财产和家庭会养成人们的私心和贪欲，产生纷争，因此在国家上层分子中应实行国家供给制和共妻共子。他宣扬的这种所谓"共产主义"，只不过是一种试图消除奴隶主阶级内部矛盾和冲突的幻想。他还认为，农业应当成为理想国的经济基础，而商业和贸易又必然会存在。但他对商人持鄙视态度，主张对商人的利润加以限制。他特别反对高利贷，主张禁止放债取息。总之，他拥护自然经济，但对分工的利益、分工和交换的关系等问题的论述中，又包含了一些可为后人所继承和发扬的有价值的见解。

亚里士多德的经济思想　　亚里士多德（Aristoteles，公元前384—公元前322）是古希腊最博学多才的思想家。他是柏拉图的学生，但远胜于老师。他一生著述更多，其经济思想主要体现在《政治论》和《伦理学》两书中。亚里士多德的经济思想中有两点特别引人注目。一是关于"货殖"问题的分析，认为社会财富分为两种：一种是作为有用物总和的财富，另一种是作为货币积累的财富。为获取有用物即使用价值这种财富的经济活动属于"家庭管理"（即经济），这种经济活动是自然的。无限制地追求货币财富的活动，称为"货殖"，是反自然的。他还从分析商品有不同用途来证明"货殖"的反自然性质。按他的说法，我们所拥有的一切东西都具有两种用途。例如，一双鞋是用来穿的，同时也可用于交换；前一个用途是物品本身所固有的，后一个用途不是物品所固有的，因为物品不是为了交换才制造的。同样，如果人们只把货币当作交换的媒介，交换的目的是为了获取另一种自己消费的物品，这种交换行为是自然的，因而属于"家庭管理"（经济）范围。反之，以获取更多货币为目的的交易行为，即把货币当作增殖的手段，这种交易行为就是反自然的，可称为"货殖"，大商人的行为就是"货殖"，他对此持否定态度。他尤其反对高利贷行为。总之，做交换媒介是货币本身的自然用途，而以货币生更多货币，就是反自然的"货殖"行为①。实际上,亚里士多德在这里已经认识到作为交换媒介的货币与作为资本增殖用的货币的区别。亚里士多德另一个重要的经济思想是,揭示了不同商品之所以能按一定比例相交换是由于各种商品之间存在着等一性或者说等同性,至于这种等同的东西是什么,亚里士多德只说到各种商品都可以还原为一定数量的货币,货币使各种商品成为相等并可互相交换。他不可能进一步认识到各种商品之所以能相互交换,是因为它们都是劳动的产品,商品中凝结的劳动,才是各种不同商品中包含的共同的东西。对于生活在不平等的奴隶制时代的亚里士多德来说,人类平等的观念还没有建立起来。对古希腊思想家来说,能认识到只有各种产品相等才能互相交换,就已经是很了不起的先见了。

总之,古希腊思想家拥护自然经济,贬低商品经济;重视农业,轻视手工业;承认小商业的必要性,反对大商业和高利贷。在分析商品货币关系时,对分工、交换、财富等曾冒出一些有价值的思想火花。

第二节 中世纪西欧的经济思想

西欧中世纪社会思想的特征　西欧中世纪是一个漫长的封建时代。封建制度下的生产是在封建庄园中进行的,自然经济占统治地位。公元10—11世纪后,随着生产力的发展,手工业和商业逐渐发展起来,并在手工业和商人聚居的地方开始形成城市。与封建统治相适应,宗教在社会生活中占有特殊地位,教会有极大势力。教会僧侣不仅是大封建主,也是思想文化教育领域的垄断者,宗教思想在人们精神生活中占绝对支配地位。那时的经济思想也是僧侣的产物,特别是由一个著名学者组成的团体即经院学派的产物。经院学派的方法是:先提出一个观点,然后对这种观点作肯定或否定的评论说明,按所谓权威(例如亚里士多德)说法,给出一个最后的答案。经院学派的理论不是来自实际经验,而是来自信仰和权威的影响。也就是说,知识不是来自对现实生活经验的总结和抽象,而是来自《圣经》或教士的著作,僧侣的任务就是按教义去解释生活。西欧中世纪曾出现过许多位有影响的经院学派思想家,托马斯·阿奎那是其中最有影响的一位。

---

① 参阅亚里士多德:《政治论》,商务印书馆,1965年版,第31—32页。

阿奎那的经济思想

托马斯·阿奎那(Thomas Aquinas,约 1225—1274)是中世纪经院哲学的典型代表,被教会捧为"神学泰斗"。他在论证自己的学说时,除了援引宗教信条和教父说理,还广泛引用古代亚里士多德的学说。《神学大全》是其代表作,也是中世纪经院哲学的集大成著作。后来,他的神学成为天主教会的官方哲学,其中涉及经济思想方面的理论观点也有不少,包括对财产所有权制度、价格、货币、商业和利息问题的看法和态度。

关于财产所有权制度,他竭力主张私有制,反对公有制。他认为私有财产之所以需要,是由于每个人对获取他自己独得的东西,要比获取许多人共有的东西更关心些,如果责成每个人去当心他自己特有的某些东西,人类事务将管理得更有秩序,并保证人们有一个更太平的国家。财产共有反而会引起不和与争执。因此,私有制不仅符合自然法观念,而且也是人类生活不可缺少的基础[①]。但是,他又提出,私有财产只有在不许别人使用或用以伤害别人的时候才是不正当的。阿奎那为私有制辩护的种种理由为后来的思想家提供了重要参考,但不许别人使用的私有权才不正当的说法又是一种糊涂的观点,因为排他性正是财产私有制的基本特征之一。

关于价格问题,阿奎那提出了"公平价格"的重要思想。但在中世纪教会思想家中,大阿尔伯特(Albertus Magnus,约 1206—1280)早在阿奎那之前就曾研究过"公平价格"问题。作为大阿尔伯特的学生,阿奎那也认为公平价格就是与劳动耗费量相符合的价格,因此,当房屋交换鞋时,应当为房屋多付出代价,因为造屋的人在劳动耗费和货币支出上都超过鞋匠。在这里,人们似乎有理由把阿奎那看作是劳动价值论的先驱。然而,他毕竟是封建特权理论的维护者,他又从封建等级观念出发,提出公平价格必须保证出卖者能有"相当于他的等级地位的生活条件",因而不同等级的人出售同一种商品可以有不同的价格,这仍是"公平"的。这已是"公平价格"的第二种解释。还有第三种解释,那就是认为公平价格取决于物品所得到利益的大小,即物品的价格取决于它们对人的用处,即取决于物品的效用,而这种效用又决定于人们对它的评价,所以物品卖价比它的价值稍多一点或少一点,

---

[①] 阿奎那:《神学大全》第二部分之二,第六十六题,第二条。转引自埃德蒙·惠特克:《经济思想流派》,上海人民出版社,1974 年版,第 21 页。

并不算破坏公平的要求。不仅如此,他还有第四种"公平价格"的解释,即认为公平价格可由供求关系决定。当一个卖主把小麦带到粮价较高的地方以后,发现还有很多人带来更多小麦,这时麦价会下降,而卖主得到的价格仍然是公平价格。在《神学大全》中对"公平价格"作出这么多不同的解释,反映出阿奎那对市场价格规定的种种不同思考,难以作出统一的科学理解。应当认为,除了特权等级论,其余几种说法都为后来的劳动价值论、效用论和供求论唱出了最早的序曲。

关于货币问题,阿奎那认为货币是人们在交换中为了双方共同利益而有意识发明和创造出来的,铸造货币和规定货币购买力是统治者的特权,但统治者造币时应当使货币具有一定重量和稳定的内在价值,否则会损害商业活动。这些看法都在一定程度上反映了阿奎那对当时正在发展的商品货币关系所作的符合实际的观察和思考。

关于商业的看法,阿奎那作为中世纪经院学派的代表,理所当然会对商品采取否定态度,认为从商业中赚取利润是可耻的,从本质上看,贸易总含有某种恶劣的性质,但同时他又认为,贸易也会转向某种诚实的或必要的目标。例如,当一个人使用他从贸易中求得的适度的利润来维持他的家族或帮助穷人时,或者当一个人为了公共福利而经营贸易,以生活必需品供给国家时,以及当他不是为了利润而是作为他的劳动报酬而赚取利润时,情况就是如此。这表明了中世纪思想家对商业的态度已随着商业发展的实际情况从否定而转向承认和容忍的转变过程。同样,阿奎那对高利贷也开始采取妥协态度。一方面,他依据基督教教义和亚里士多德的著作,认为放债取息是一种不公正的罪恶行为;另一方面,又认为在有些情况下,收取利息也是可以的。例如,如果出借货币蒙受损失,或冒着丧失本金的危险而出借货币,就可以收取利息以作为补偿,这就为放债取利开了方便之门。

第三节 重 商 主 义

重商主义产生的历史条件　　重商主义是西欧封建制度瓦解和资本主义经济制度准备时期反映商业资本利益的经济思想和政策体系。它是在一定历史条件下产生和发展起来的。

15世纪末,封建制晚期的西欧各国的商品货币关系迅速发展,商业资本势力开始强盛起来,城市数目与规模日益膨胀,国内与国际贸易逐步增多,尤其是新航路开辟和新大陆发现以及航海技术进步,很快扩大了贸易范围和总量。墨西哥银矿的开采,美洲金银的流入,又使物价快速上升,带来了盈利机会,也刺激了产业(手工业)发展。在此过程中,商人扮演了重要角色。他们十分需要有强大的国家政权做后盾:一方面对外夺取商业霸权,打击国际竞争者,争夺殖民地;另一方面对内打破封建割据对商品流通的束缚,促进国内统一市场建立,并且还想寻求政府的保护,依靠国王的权威来保护其经济利益,给他们特许权和专利权以谋取垄断利益。因此,它们积极支持建立一个强大统一的中央集权的政权。反过来,国王也十分希望得到商人的支持,不仅国内外战争大量消耗的经费需要靠商人支持,而且为了扩大势力范围,追求海外财富,也需要积极支持商业发展,尤其是掠夺性对外贸易的扩展。于是,国王和商人的联盟,商人与国王利益的一致与结合,就成为重商主义经济思想的一个特征。

此外,14—15世纪首先在意大利,接着在整个西欧掀起的文艺复兴运动,也给重商主义的产生和发展以积极推动。这场运动的矛头对准天主教会的神学观念,提倡人文主义。商业实践成为人们注意的中心,"世俗利益"取代了"圣经"规范,赚钱成了人们合理的要求,利息成为正当的收入。人们从神秘的中世纪跨入商业资本时代以后,金钱取代上帝的位置,成为他们心目中的偶像。

重商主义代表人物及其著作 重商主义在发展过程中大体经过了两个阶段:约15世纪到16世纪中叶为早期,16世纪下半叶到17世纪下半叶为晚期。早期重商主义代表在英国是约翰·海尔斯(John Hales,?—1571)和威廉·斯塔福德(William Stafford,1554—1612)。他们的代表作是1581年以W. S. Gentleman的笔名出版的《对我国同胞某些控诉的评述》。该书主张"多卖少买或不买",反对铸造不足值货币,以防货币流出本国,提倡关税保护等。

法国早期重商主义代表是安托万·德·孟克列钦(Antoine de Montchretien,1575—1621)。1615年他发表了《献给国王和王后的政治经济学》一书。这是经济学史上首次使用"政治经济学"一词,他用该词只是要表明,他研究的不是"家庭管理"的经济学,而是整个国家的经济问题,包括商业、工场手工业、航海业、国家政策等。

英国晚期重商主义的代表有托马斯·孟(Thomas Mun,1571—1641)、约瑟亚·柴尔德(Josiah Child,1630—1699)等人。托马斯·孟所著《英国得自对外贸易的财富》可以说是晚期重商主义的代表作。该书针对早期重商主义者对东印度公司在对外贸易中输出大量货币的责难,提出了贸易差额论原理。

法国晚期重商主义主要代表人物是让·巴蒂斯特·柯尔培尔(Jean Baptiste Colbert,1619—1683)。他是路易十四的财政大臣,是一个重商主义实践家,曾制定并推行一系列重商主义政策,尤其是大力发展工商业。积极鼓励与严格管理国内企业可以说是柯尔培尔主义(即法国晚期重商主义)的一个特点。重商主义在西班牙、奥地利等国也有一些重要代表,这里不——细说了。

重商主义的基本观点

重商主义者分散在各国,相互并无交流,也没有提出一整套完整的理论体系,但我们可以从他们提出的一系列政策主张中提炼出如下一些基本观点。

第一,认为只有金银货币才是真正的财富,金银多寡才是一国是否富强的标准,一切经济活动和经济政策的实行,都是为了获得金银货币。

第二,认为顺差的对外贸易是财富的来源。要发展顺差贸易,使出口大于进口。

第三,要发展顺差贸易,国家就应积极干预经济生活,利用立法和行政手段,奖励出口,限制进口。

早期和晚期重商主义都主张通过贸易来增加金银财富,但对如何通过贸易来增加金银财富,各有不同的侧重点。早期重商主义者主张尽量少进口,最好不进口。例如,用高额关税限制进口,以免金银流出。他们甚至主张用行政手段禁止货币输出。

晚期重商主义比早期重商主义高明多了。他们认为,应当允许货币输出,以扩大对外贸易,但对外贸易中应保持顺差,以保证有更多货币流回本国。为保持贸易顺差,晚期重商主义者主张对输出原料课收高关税,而对输入原料减税或免税,以发展出口工业。为鼓励工业品出口,国家要采取退税甚至补贴办法,而对工业成品进口,则实行高关税。

重商主义评价及其影响

以今天的眼光看,重商主义一些观点和主张的错误是显而易见的。一是混淆了金银与货币。实际上,正如马克思所说,金银并不天然是货币,但货币天然是金银,金银所以能充当货币的材料,是贵金属自然特性决定的,金本位废除后,金银货币就退出了流通领域。二是混淆了货币与财富。尽管货币是社会财富的一般代表,但市场经济中真正的社会财富是千千万万的商品,货币也不过是一种特殊的商品。三是任何一个国家并非货币越多越好,需要多少货币,是由商品流通的需要决定的。货币数量过多,会引起物价上涨,不利于出口,而有利于进口。

尽管重商主义的一些观点和主张不科学,但在当时出现却是必然的。不仅如此,重商主义在历史上还起过进步作用。英法等国实行重商主义政策,大大促进了工商业发展,推动了商品货币关系发展。随着社会发展,重商主义逐渐过时了,其经济思想后来为古典经济学所取代,其国家管制的经济政策主张也为自由主义的经济政策所取代。然而,重商主义并没有被历史遗忘,甚至没有被滚滚向前的时代所淘汰,下述四点足可显出重商主义时至今日还有重大影响。

一是关于贸易保护的观点和主张,一再成为贸易保护论者手中的武器。各国都力求把顺差的对外贸易当作提高本国有效需求、解决生产过剩和就业不足的重要途径。

二是一些发展中国家在制定经济发展战略时,曾有过"进口替代"和"出口导向"的经济战略。这都是走重商主义老路。

三是关于国家干预经济的政策。在市场经济发展过程中,尽管政府不必要的干预在逐渐减少,人们的经济活动日益由"无形之手"来指挥,但国家政权对经济加以干预、管制和引导,却并未因为批评重商主义而抛弃。

四是关于特殊利益集团寻求政府保护问题。在重商主义时期,一些商人千方百计寻求政府保护,要求有贸易的特许权,要求有进出口许可证,把国家管制当作寻求国家保护、免受同行竞争,使自己享受垄断利益的重要手段。今天,时代变了,但利益集团为了自己的利益,要求政府对经济加以这样那样的管制的事仍旧屡见不鲜,对政府有关部门进行的"寻租"活动不断。在这里,重商主义的阴魂确实未散。

复习思考题

1. 亚里士多德怎样说明"经济"和"货殖"的不同性质？
2. 托马斯·阿奎那对什么是"公平价格"有哪些不同的说法？
3. 略述重商主义的基本观点和主张及其影响。

第二章 古典经济学的形成与发展

第一节 古典经济学发轫

概　述　　重商主义的推行,大大促进了西欧商品经济的发展,资本主义的经营方式在农业、工业和商业各个领域迅速产生和发展。17、18世纪发生在西欧的资产阶级革命更为资本主义经济发展扫清了道路。同时,意识形态也开始发生剧烈变化。在这样的情况下,重商主义显然不再适应资本主义经济发展的需要,以亚当·斯密理论体系形成为标志的古典经济学取而代之,乃是必然的了。

对于什么是古典经济学、古典经济学的基本特征、古典经济学划分的时期,经济学家有种种不同看法。本书基本倾向于把从生产成本角度说明商品价值并基本上主张经济自由的经济学家都划入古典经济学派队伍。古典经济学在英国大致从亚当·斯密开始,到约·穆勒结束。但是,从17世纪末重商主义瓦解到18世纪70年代这一段历史时期,英国和法国都曾经历一个古典经济学的发轫阶段。在这一个阶段,虽然还没有出现像亚当·斯密、大卫·李嘉图、马尔萨斯、萨伊、约·穆勒这样对经济理论作全面系统论述的学者,经济思想多半由商人、银行家、政治家或哲学家依据他们的经验、体会或兴趣加以论述,但是,这些论述再不像中世纪经院学派那样从教义规范或权威信仰出发,而是从现象和事实、感觉和经验出发,考虑问题的眼光从天国移到人间;这些论述也再不像重商主义者那样主张由国家来干预经济,给予某些利益集团以特权和特惠以支持它们发展,而是主张经济自由,让各行各业、各个经营者在市场上自由竞争。

古典经济学在英国发轫,通过一些思想家在不同时期分别发表各自见解的形式实现;而在法国,则表现为形成一个有组织、有领袖的重农学派。

| 古典经济学在英国的发轫 |

17世纪中叶到18世纪中叶大约100多年中,英国出现了好多位有影响的思想家,他们对经济问题的种种论述,为英国古典经济学的产生作了准备。这些思想家主要有:

威廉·配第(William Petty,1623—1688),主要经济著作有《赋税论》(1662)、《献给英明人士》(1664)、《政治算术》(1672)、《爱尔兰政治解剖》(1672)。

约翰·洛克(John Locke,1632—1704),主要经济著作有《论降低利息和提高货币价值的后果》(1692)、《再论提高货币价值》(1695)。

达德利·诺思(Dudley North,1641—1691),主要经济著作有《贸易论》(1961)。

大卫·休谟(David Hume,1711—1776),其经济学说主要见于《政治论丛》(1752)一书中的7篇经济论文。

尼古拉·巴尔本(Nicholas Barbon,1640—1698),主要经济著作有《贸易论》(1690)。

伯纳德·孟德维尔(Bernard Mandeville,1670—1733),主要经济著作有《蜜蜂的寓言:或私人罪恶与公共利益》(1714)。

理查德·康替龙(Richard Cantillon,1680—1734),主要经济著作有《论一般商业的性质》(于作者去世后的1755年出版)。

他们研究经济问题的方法、出发点以及主要的经济思想可归纳为以下几个方面。

一是关于方法论。这些思想家受到培根(Francis Bacon,1561—1626)、霍布斯(Thomas Hobbes,1588—1679)经验哲学的影响,认为感觉是认识的源泉,反对传统的空泛的思辨方法和说教,主张用经验中得到的证据及统计数据说明问题。配第称这种新方法为"政治算术"。他认为自然规律不能按人的主观愿望加以改变,因而对它们的研究必须从经验事实出发。这种方法使这些思想家突破了重商主义的狭隘眼界,不仅观察流通领域中呈现出来的表面现象,而且能深入生产领域研究现象的本质,寻求经济活动的内在规律。

二是关于动机论。人们为什么从事经济活动,他们多半从追逐自己的利益、满足自己的欲望方面寻找人类经济行为的动机,把追求自己欲望的满足看作是人类劳动以及从事一切经济活动的动机和动力,而且还力图说明人们追求私利不仅不会有害于别人和社会,还有利于社会、有利于增进人类福利。

三是关于价值论。对于价值由什么决定的问题,古典经济学基本上从生产或供给角度加以认识,认为价值由生产成本决定。从成本消耗看,任何一件产品的生产都要消耗劳动、资本和自然要素。在古典经济学形成时期,由于机器还未出现,因此经济学家只重视劳动和自然因素,正如配第所说,土地是财富之母,劳动是财富之父和能动的要素①。由于当时土地比较丰裕,因此经济学家讨论价值决定时,基本上都从劳动耗费来认识。配第是这样,洛克也是这样。按配第的说法,商品价格有自然价格与政治价格之分,前者实指价值,后者实指价格。他认为,商品价值由生产它所费劳动决定,如果生产某商品的劳动生产率高,生产每单位产品所费时间少,该产品价值量就小。可以说,配第是经济学说史上劳动价值论的创始人。洛克也曾认为,商品价值决定于生产上所费劳动。更值得一提的是,他还认识到计算面包价值时,不但要计算进种小麦的人的劳动、烤面包的人的劳动,还要把训练耕牛、制造农具及炉的人的劳动都计算进去,就是说,不但要计入活劳动耗费,还要计入积累劳动的耗费。这表明洛克在劳动价值论的路上已走得相当远了。

在提出劳动价值论的同时,当时一些思想家还提出价值决定于市场上买卖双方的供求关系。但这里所说的价值,他们多半是指市场价格而已。但作为价值决定的另一种观点,即价值决定于效用,在当时也已开始出现。例如,巴尔本在《贸易论》中说,一切商品的价值起源于它们的效用,又说东西的价值决定于对它们的使用,如果那些商品过剩了,亦即多于它们能够加以使用的数量,就要变得一文不值②。显然,这种观点似乎又有点后来边际效用价值论萌芽的味道。

四是关于价格论。当时的经济学家尽管把价值和价格两词经常混用,但实际上已经知道波动的市场价格和由生产成本决定的产品内在价值的区别,并且有时会给予不同称呼。例如,康替龙把产品价格区分为正常价格与市场价格,并把正常价格称为实质或内在价值,它由生产物品所需土地与劳

---

① 威廉·配第:《政治算术》,商务印书馆,1961年版,第8页。
② 巴尔本:《贸易论》,转引自埃德蒙·惠特克:《经济思想流派》,上海人民出版社,1974年版,第86页。

动的品质与数量决定,而把市场价格说成由市场供求决定。在一般情况下,市场价格与内在价值差异不大,但许多情况下,商品并不按内在价值出售。然而,如给予足够的时间,供给与需求会得到调节,使价格趋于价值,并使社会资源的分配趋向合理。他举例说,如果农民多种了谷物而少养了羊,羊要涨价而谷要跌价,于是,人们穿羊毛衣就要爱惜些,穿时间长些,会达到生产和消费需要之间的正好的比例①。这里他实际上已指明了几个道理:(1)供求会影响价格与价值的背离;(2)这种背离反过来影响需求与供给;(3)价格机制在指挥生产资源的配置。这些看法后来都为亚当·斯密所吸收。

五是关于工资论。17世纪英国已出现许多资本主义雇佣关系,工人工资如何决定已引起经济学家们注意,因为工资水平关系到企业的盈亏和生存发展。在这方面,配第提出,工资是维持工人生活所必需的生活资料的价值,如果工资是这一标准的两倍,那么,工人就实际上只做了能做的一半,这等于社会(实际就是企业)损失了一半;如果工资低于这一标准,工人就无法活下去,也无法延续后代。这是一种真知灼见。在市场经济中,包括资本主义经济中,企业使用工人,如果工人劳动创造了多少价值,就以工资形式取走多少价值,企业就没有利润,在竞争中不可能生存和发展。但如果工资养不活工人,企业就找不到工人做工。配第这一观点几乎为后来所有古典经济学家所接受,并被马克思改造成为工资是劳动力价值或价格的理论。

六是关于利息论。在古代和中世纪,放债取息被认为是不合理、不正当的。重商主义时代,放债应当取息已被人们认可了,但一种主张用国家法律限止利息率的意见却相当流行。英国当时一位很有影响的商人和经济学家柴尔德(J. Child,1630—1699)就主张英国应当降低利率,降到荷兰的利率水平以下,认为低利率有利于工商业发展。古典学派的先驱人物,尤其是配第、洛克、诺思等人在利息问题上的理论和主张大多针对上述观点。一是从理论上说明利息的合理性,认为如果土地所有者出借土地收取租金是合理合法的,那么,货币所有者出借资金收取利息也是合理合法的;二是从理论上说明利率的标准,认为既然货币所有者可用货币购买土地收取地租,那么,在安全不成问题的情况下,利息至少要等于用借到的货币所能买到的土地所产生的地租,在安全不可靠的情况下,还应当加上一笔风险补偿金或者

---

① 巴尔本:《贸易论》,转引自埃德蒙·惠特克:《经济思想流派》,上海人民出版社,1974年版,第95页。

说保险费①;三是极力要说明,利息是货币的租金和使用价格,因此利息应当由市场上货币资金的供求情况决定。洛克认为,法律规定低利只会阻碍贸易,因为在风险大、获利小的时候,人们宁可把钱窖藏起来,商人和工匠就借不到钱,制造业和贸易都要受阻碍。诺思比洛克更明确指出,决定利息率高低的不是货币供求量,而是借贷资本供求量,不是低息促成贸易,而是贸易的发展,增进了国民所得,使利息率下降②。反对国家用法律实行低利率,是向古典经济学过渡时期经济学家的经济自由思想的重要内容之一。

七是关于货币论。向古典经济学过渡的经济学家在货币理论上也明显表现出和重商主义的对立。第一,认为货币不等于财富,只是完成商品交易的工具,因此一个国家并不是货币越多越好。配第曾把货币比作人身体上的脂肪,脂肪过少过多都不好。休谟针对有的经济学家把货币比喻作商业轮轴,甚至说货币只是商业轮轴上的润滑油。第二,针对重商主义者主张用法律把对外贸易赚来的一切金银货币保持在国内的观点,提出既然货币不过是交易的手段,因此,只有把货币不断投入贸易才会使个人和国家富裕起来,把货币储藏起来则只会阻碍财富的增长。第三,为了反对重商主义,他们还分别不同程度地提出货币数量论。例如,洛克提出,一切商品的价值或价格就等于商品和货币之间的比例,增加或减少某一地方贸易中流通的货币数量,那么商品价值(即价格)的改变就是由于货币。休谟则说得更彻底。按他的说法,货币对劳动和商品的关系,不过是数字对数字的关系,货币数量的改变不过是数字体系的改变,正像阿拉伯数字改变成罗马数字一样。在他看来,商品价格是商品数量除流通中货币数量所得的商数。第四,反对复本位制,反对同时使用金和银作为本位货币。对于后者,洛克指出,如果把白银和黄金以一种不变的比率都规定作为流通的合法货币,那么我们的经济就会受损。因为金银的价值是经常变动的,如果现在法定银和金比价是15:1,符合真实比价,但过一时期真实比价可能是16:1或14:1,如果法定比价仍旧是15:1,我们就会受损失。当市场真实比价是16:1时,外国就会用白银按法定比价15:1来买我国黄金,使我们受损1/16;而当市场真实比价是14:1时,外国就会用黄金按法定比价15:1来买我国白银,

---

① 威廉·配第:《赋税论,献给英明人士,货币略论》,转引自鲁友章、李宗正主编:《经济学说史》上册,人民出版社,1986年版,第112页。

② 洛克:《论降低利息和提高货币价值的后果》,转引自宋承先主编:《西方经济学名著提要》,江西人民出版社,1989年版,第55页。

使我们受损 1/15。显然,这些说法不过是 16 世纪中叶英国财政家格雷欣给英王伊丽莎白一世上书中出现的并被后人称为"格雷欣法则"(劣币驱逐良币法则)的规律的国际化而已。第五,反对提高货币名目价值。洛克等人认为,铸币价值是由其所含金属量决定的,而不是其名目决定的。铸造含银量不足的劣币或轻币对每一个收受者是一种欺骗。

八是关于贸易论。针对重商主义主张用贸易管制办法实现顺差贸易来增加货币财富的思想,诺思提出,一个国家的货币并不会缺乏,因为货币像其他商品一样,可以从有余的地方运来,同时,流通的货币量也不会超过商品交换的需要,超过时只会当作金银条块对待,铸币就只会像金银器一样按其成色出卖,因此国内外贸易都应当自由地进行。休谟也竭力赞成自由贸易,并认为不应把所有贸易国家看作自己的对手,以为别国繁荣会使本国不利,实际上,情况正好相反,任何一国商业发展和财富增长,会从多方面有助于邻国的商业发展和财富增长。为了说明自由贸易的必要性,他还依据货币数量论提出了一种国际黄金自动调整的机制。简单地说就是:若本国贸易顺差,金属货币流入增加,于是本国商品价格就会和货币数量作同比例上涨,从而出口就会下降,进口就会增加,贸易就会从顺差转变为逆差,货币就会流出,本国物价就会下跌,从而出口会增加,而进口会减少,逆差又会转化为顺差。因此,自由贸易会使货币按需要自动在各国均衡分布,用不着国家用政策作人为的干预。

所有这些经济思想的出现,都是沿着经济自由主义大方向为古典经济学诞生起催化作用。

法国重农主义

重农主义是法国 18 世纪中叶出现的一个经济学派。之所以被称为重农主义,是由于这个学派重视农业,而和重视商业的重商主义相对立。

重农主义是特定历史背景下出现的。17 世纪末 18 世纪初,法国通过实行柯尔培尔的重商主义政策,工商业获得了发展,但落后的封建农业仍居支配地位。农民受沉重剥削,处于异常贫困境地。政治上的封建专制,到路易十四时期达到了登峰造极的地步。柯尔培尔主义的推行,加剧了农业的衰落,也阻碍了工商业发展,整个国家极其困难,人民群众灾难深重。因此,早在重农学派出现以前,一些进步的政治家和思想家就已经站出来猛烈攻击柯尔培尔主义,包括有名的沃邦元帅(Seigneur Sebastien le Prestre de

Vauban，1633—1707)和比埃尔·布阿吉尔贝尔（Pierre Le Pesant Boisguillebert，1646—1714)等。后者虽然身为路易十四的法官，却勇敢地替被压迫阶级声辩，同情农民疾苦，是重农学派的重要先驱，也被马克思称为法国古典经济学创始人。

重农主义体系建立者是弗朗斯瓦·魁奈(Francois Quesnay，1694—1774)，他是一个宫廷御医，到60岁才开始研究经济问题。他的经济著作不少，最重要的是《经济表》(1758)。重农学派的重要成员还有维多·米拉波(Victor Riguetti Marquis de Mirabeau，1715—1789)、麦尔西埃·德·拉·利维埃(Pierre Franceis Mercier de la Riviere，1720—1793)、杜邦·德·奈木尔(Pierre Samuel du Pont de Nemours，1739—1817)等。重农主义还有一个重要代表是安·罗伯特·雅克·杜尔阁（Anne Robert Jacques Turgot，1727—1781)，曾任路易王朝政府多个要职，积极推行重农主义纲领和政策。在他手中，重农主义体系发展到了最高峰。

重农主义的基本理念是所谓"自然秩序"。什么是"自然秩序"？其实质和精髓是什么？按魁奈的说法，社会秩序区分为自然秩序和人为秩序。自然秩序是一种"自然法"，它是上帝为了人类和谐一致和普遍幸福所安排的秩序，是上帝意志的表现，因此它是客观的、永恒的。人为秩序则是一种"人定法"，即人类社会实际存在的状态，具体表现为各种政府的制度、规章、法令。人为秩序必须符合自然秩序。如果人们认识到自然秩序并按它来安排人为秩序，社会就处于健康状态，人类就幸福；否则，社会就处于病态。要使人为秩序符合自然秩序，要靠有一个开明君主：当社会处于健康状态时，他可作为教育者把自然秩序灌输到人民意识中去；当社会陷于病态时，他可作为医生对社会进行治疗。

看上去，魁奈的自然秩序理念是为封建君主制服务的，其实不然。由于魁奈把人身自由和私有财产权看成是人的基本的自然权利，把追求和实现这种权利当作自然秩序的客观要求，还认为只有在自由制度下，个人的利益和社会的公共利益方可达到一致。可见这里的自然秩序，实际上就是资本主义经济运行的客观规律，而符合自然秩序的人为秩序，是指被理想化的资本主义制度。这种"自然的""不自然的"的理念，后来为亚当·斯密、大卫·李嘉图等人所接受，他们都把资本主义制度当作合乎人性的自然的、永恒的制度。

魁奈认为，在符合自然秩序要求的健康社会中，真正的财富并非如重商主义所言的货币，而是为人类所需要的农产品。在农业中，所生产的财富会大于所消费的财富,例如,一粒谷子种到地里会长出几十粒谷子,物质财富增加了,但在制造业中,物质财富只会相加,而不会增加,例如把木料做成一张椅子,木料没有增加,只是改变了形态。在农业生产中,所增加的农产品就是纯产品,它表现为农业生产者在一定时期内所生产的全部农产品,扣除同期内消耗的生产资料和生活资料后的剩余。用货币计算,就是生产者出售农产品所得货币量扣除了各种费用(包括生产资料和工资)后的余额。由于农业中能生产纯产品,因此,农业劳动才是生产劳动,农业上生产者(包括农场主和农业工人)才是生产阶级,其余各行各业都是非生产劳动,工商业者及工商业企业中劳动者都是不生产阶级。农业上之所以能生产纯产品,是由于土地的自然力参加了生产,土地为土地占有者(地主)占有,故纯产品应以地租形式归地主阶级所有,也正因为如此,国家只应对地租征税,称为地租单一税。

魁奈还认为,只有用于农业的资本才是生产资本,其他各行各业中资本都是不生产的。他还根据生产资本在纯产品生产过程中循环和周转的不同方式,把生产资本区分为"原预付"和"年预付"。前者指购置农业设备的资金,包括在水利设施、大农具、牲畜和建筑物等方面的投资支出;后者指每年在劳力和耕作上的支出,如种子、肥料和工资等。"原预付"全部进入生产过程,但只是一部分一部分地消耗,如使用10年,则每年只消耗1/10。"年预付"则全部进入生产过程并全部被消耗,需要在每年的农作物中得到补偿。

魁奈的精彩理论还表现在他关于全社会财富流通的分析上,这就是他的《经济表》。《经济表》的简单图式如图2-1所示。

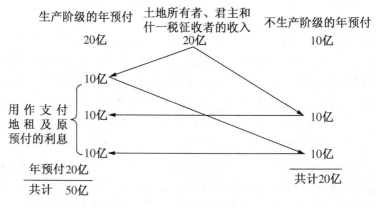

图2-1 经济表图式

上面的图式把农业在一年中生产出来的总产品作为流通出发点。在流通前,生产阶级投下100亿利弗尔的"原预付",假定可用10年,每年损耗10亿,即折旧,魁奈称为原预付利息,同时,生产阶级投下20亿的"年预付"(比方说买原料、种子、付工资等)。用这些资本生产出50亿农产品,其中年预付20亿和原预付利息10亿共30亿,还有20亿纯产品;不生产阶级共有20亿工业品,是上年度生产的;土地所有者中有20亿利弗尔的货币,是上年度生产阶级以地租形式由生产阶级缴来的地租。图2-1中的流通行为包含以下五个方面:

1. 土地所有者以20亿利弗尔的一半即10亿货币向生产阶级买农产品供生活消费;

2. 土地所有者以20亿的另一半即10亿向不生产阶级购买工业品(例如衣服)供生活消费,于是土地所有者的另一半货币即10亿流向不生产阶级;

3. 不生产阶级用10亿利弗尔向生产阶级购买10亿农产品,比方说做原料,10亿货币又流向生产阶级;

4. 生产阶级用土地所有者付来的10亿向不生产阶级购买工业品,例如农具,用以补偿原预付;

5. 不生产阶级以10亿利弗尔的货币向生产阶级购买粮食等农产品,供生活消费。

交换结束时,土地所有者以货币形式得到的地租收入,换成了生活需要的农产品(如粮食)和工业品(如衣服);生产阶级向土地所有者出售了10亿农产品,向不生产阶级出售20亿农产品,共得30亿利弗尔,这30亿中又向不生产阶级购买10亿利弗尔工业品(如农具)补偿原预付,还留下20亿利弗尔货币作为来年地租交给土地所有者,生产阶级生产的50亿利弗尔的农产品中还有20亿未交换,留在自己手中作为来年的预付(种子、生活资料等);不生产阶级生产的20亿利弗尔工业品,有一半(10亿)卖给了地主阶级,有一半(10亿)卖给了生产阶级,获得的20亿货币中有一半(10亿)向生产阶级购买了农产品(生活资料和原料,例如棉花),还有10亿货币留在手中,作为来年生产的预付额。

社会再生产就这样可以年年周而复始。马克思对《经济表》有很高评价,称之为政治经济学史上第一次对社会总资本的再生产和流通的综合分析的天才尝试。

今天看来，这张经济表并不科学，有很多漏洞，尤其是把工商业当作不生产的部门，财富的创造被局限在农业部门，是绝对不正确的；但是，作为一种对整个社会经济运行的综合分析，作为一种对全社会投入—产出的平衡分析，魁奈的经济表能在18世纪就作出这种探索性分析研究，确是一项伟大的天才尝试。

重农主义者从自己的理论中提出了一系列经济政策主张：

1. 主张发展资本主义大农业，因为大农业与小农业相比，规模大、效率高，生产的纯产品多得多。

2. 主张自由贸易，极力主张通过自由贸易，让法国农产品自由出口，使农产品价格上升，让工业品自由进口，使工业品价格下跌，这样生产阶级的实际收入就会增加，农业和整个经济就会振兴和发展。

3. 主张实行单一地租税。魁奈认为，"纯产品"是以地租形式为土地所有者获得的，因此，一切赋税也应当由土地所有者负担。只有地租收入都是用于个人消费的，与生产无关，因此，向地租征税不会影响生产和经济。

重农主义的经济政策主张清楚表明，这一学派的经济思想尽管披了封建主义外衣，但实质上全是为发展自由的资本主义经济服务的。

魁奈的经济学说，在杜尔阁手上得到了很大发展。

第一，在社会阶级结构理论方面，魁奈根据纯产品学说把社会划分为生产阶级、土地占有者阶级和不生产阶级，杜尔阁则进一步把生产阶级划分为农业资本家和农业工人，把不生产阶级划分为工业资本家和工业工人，并对资本家和雇佣工人的特征作了正确描述和规定。他说，企业家、制造业主、雇主阶层，都是大量资本的所有者，他们依靠资本，使别人劳动，通过垫支而赚取利润，而雇佣工人是只有双手和辛勤劳动的单纯工人，除了能够把他的劳动卖给别人以外，就一无所有[①]。

第二，在工资理论方面，魁奈由于未能区分雇佣工人和资本家，因此，把工资和利润混为一谈，杜尔阁则不仅作了工资和利润的区分，而且说明了在劳动市场上，总存在着可供资本自由选择的工人，于是，在竞争中工人不得不降低劳动价格，使工资只能维持最低限度的生活。

第三，对资本及其收益，魁奈的理论几乎没有涉及。杜尔阁则按资本用途对资本在不同使用场合有不同收益作了理论的论证。他提出，资本可以

---

① 杜尔阁：《关于财富的形成和分配的考察》，商务印书馆，1961年版，第54页、第21页。

买进一份田产而取得地租收入,这种方式取得的收入最少,因为以这种方式取得收入不需要大量的照料,也没有多大风险。资本也可以贷放出去收取利息,这样收入应当高些,因为债务人如果破产,债权人可能失去本金。就是说,风险也应有补偿性报酬。资本如果运用到农业、工业和商业,可取得农业利润、工业利润和商业利润,这些利润应当大于地租和利息,因为不但要冒风险,还要大量照料和劳动。他这里所说的照料和劳动,实际就是指企业的经营管理。这些理论,对后来古典经济学的收入分配理论的产生,无疑很有影响。

第二节 古典经济学理论体系的形成:亚当·斯密

时代、生平和著作

斯密的经济学说是时代的产物。18世纪中叶,英国已由农业国成为工业国。工场手工业成为工业生产的主要形式,并且有了一些早期的机器发明。农业和国内外贸易也迅速发展起来了。通过一系列对外战争,英国取得了海上霸权。国内外迅速膨胀起来的市场需求要求资本主义生产迅速发展。可是英国从17世纪资产阶级革命以来,封建专制统治虽已结束,但地主阶级和金融贵族的代表在国会中仍占多数。许多有利于地主和金融贵族的制度和法令依然在起作用。因此,当时资产阶级的主要任务仍然是要扫除封建残余。这就要求有自己的思想家来从理论上论证资本主义制度为什么比封建制度优越,论证资本主义经济要顺利发展必须有经济自由。亚当·斯密的经济学说就是适应这种需要产生的。这也就是斯密学说产生的社会根源。除了有源,还有流。斯密经济学说的庞大体系是在创造性地综合前人思想成果基础上发展起来的。前面说过,从配第到斯密的整整一个世纪中,英国经济思想已有了很大发展。有关财富、货币、利息、利润、地租以及对贸易的看法,越来越离开重商主义。这些前人的成果,无疑对斯密思想的形成,有很大影响。

既有时代需要,又有前人思想的积累,亚当·斯密这样的经济学家是一定要出现了。但这个经济学家是斯密而不是别人,这与他的经历、环境也是分不开的。

斯密是英国苏格兰人。在大学读书时,他受到哲学教授弗朗西斯·哈奇森(Francis Hutcheson,1694—1746)很大影响。哈奇森主张人人都有追求自身目的、运用自己能力的权利,都有为自己经济利益而自由活动的权利。这在年轻的斯密心中播下了经济自由思想的种子。后来,斯密曾经长期在格拉斯哥大学当教授。当时格拉斯哥既是英国制铁工业和纺织工业中心,又是东印度贸易中心。斯密目睹那里工商业自由发展的繁荣景象,深感经济自由的重要。在那里,他还结识了万能蒸汽机发明者瓦特,并与大卫·休谟结成至交。他在格拉斯哥大学先后讲授过文学、修辞、逻辑和道德哲学。他讲的道德哲学包括神学、伦理学、法学和政治学四部分。他的伦理学部分的讲义经过修订,于1759年以《道德情操论》为题出版。他的法学和政治学部分的讲义,后来根据他的一个学生的听课笔记,于他死后的1896年以《关于法律、警察、岁入及军备的讲演》为题出版。

1764年起,斯密以私人教师身份跟随贝克莱公爵赴欧洲大陆访问,结识了法国重农主义者魁奈和杜尔阁等人,受到他们思想的影响。在访问法国时,他就开始撰写那本早就想写的政治经济学著作。这就是后来的《国富论》。1766年从大陆回国,带回这部著作的一些草稿及资料。为写这部书,他辞去私人教师职务,回故乡全力写作。1776年这部著作问世,很快震动世界。他成为公认的经济学大权威。

《国富论》的全称是《国民财富的性质和原因的研究》。这个书名告诉我们,斯密研究的主题是国民财富,即国民财富是什么,财富如何增长。围绕这一主题,全书共分五篇:第一篇研究分工、货币、价值和收入分配;第二篇研究资本;第三篇叙述欧洲经济发展史;第四篇评论重商主义和重农主义的学说和政策;第五篇考察财政问题。

《国富论》全书贯穿一个基本思想,那就是经济自由主义。斯密告诉我们,无论是加强劳动分工,还是增加资本数量,改善资本用途,都不用国家干预,而只要让每个人为追求自己的利益而自由地从事经济活动就行了。他的经济自由主义理论,完全是从所谓人类本性中推导出来的。他认为利己是人的本性。每一个人从事经济活动的时候,考虑的只是自己的利益。然而,每一个利己主义者又不能不要其他利己主义者的帮助。利己主义者之间的帮助,只能靠刺激别人的利己心,让别人知道,他给别人做事,不是为了别人,而是为了自己。这样就产生了交换。交换行为无非是:请给我以我所要的东西吧,同时,你也可以获得你所要的东西。斯密从人的利己主义本性中引出分工、交换、货币、价值、工资、利润、地租、资本等一系列经济范畴,建立起一整套理论体系。

分工、交换和货币的理论

斯密的全部经济理论,是从分工开始讲起的。因为他认为财富的源泉是劳动,要增加财富,一要提高劳动生产力,二要靠增加劳动人数。在这两个因素中,第一个更重要。怎样提高劳动生产力呢?他说劳动生产力的最大增进是分工的结果。分工所以能提高劳动生产力,一是能提高劳动技巧;二是可以节省从一种工作转换到另一种工作所费的时间;三是便于改良工具和发明机器。斯密这样系统地阐明分工对提高劳动生产率的作用,是有意义的。分工是市场经济中最普遍的现象,也是最本质的特征。没有分工,何来交换?没有越来越细的分工,社会经济如何会不断发展?工场手工业时期劳动生产率提高要靠分工,今天劳动生产率提高同样是靠分工,生产技术的不断进步,科学技术成果的不断获取,都是靠人们在越来越细的专业领域中不断深入研究才得到的。亚当·斯密作为市场经济理论体系的创建者,从一开始就抓住分工这一本质特征来解剖市场经济,表明他具有非凡的眼光和无比的智慧。

分工是怎样产生的?斯密认为,分工是由人类交换的倾向所引起的。人们在交换过程中发觉,与其什么事情都自己做,还不如专门做一种事情,生产一种东西,然后互相交换,这样可以给自己带来更多利益。因此,交换就引起了分工。这种观点无论从历史上看还是从理论上看可能都是有问题的。事实上,不是交换引起分工,而是分工引起交换。然而,斯密这样分析,是因为他是从人的本性中探讨分工和交换的原因及其相互关系。

斯密分析了分工和交换的相互关系以后,接着分析货币的起源和作用。他认为分工的局面一旦确定以后,一切人都要依赖交换来生活。起初是物物交换。但是这种交换很不方便,因为你想用自己的某种东西交换他的另一种东西,不一定正好就是他想要的东西。这样交换就不容易成功。于是,各个时代各个社会中每一个有头脑善于思考的人,在交换中除了自己的劳动产品以外,随时还会带一定数量的特殊物品在身边,这种物品是人人都愿意接受的。这种拿去和任何人的物品交换都不会被拒绝的特殊物品,就是货币。可见,斯密是把货币看作人们在克服交换困难过程中自发地产生的。这样,他不但把货币只看作是商品交换的媒介,是流通手段,从而和重商主义划清了界限,而且已认识到货币是一种方便交换、降低交易成本的制度安排,是无数人为了自己利益而行动的结果和产物,并非某个天才人物的发明。

价值理论　　有了货币作为交换的媒介后，商品交换的比率即交换价值又怎样决定呢？斯密在探讨商品交换价值时，首先区分了使用价值和交换价值。在历史上，古希腊思想家色诺芬和亚里士多德已经懂得了商品有使用和交换两种用途，但并没有明确提出使用价值和交换价值的概念。威廉·配第和重农学派则把使用价值和价值混为一谈。斯密在经济学说史上首次提出，价值一词有两个不同意义：有时指物品的效用，这就是使用价值；有时指物品购买另一物品的能力，这就是交换价值。这样就比配第和重农学派前进了一步。不仅如此，他还认为，交换价值不是由使用价值决定的，因为有些使用价值很大的东西，如空气、水等，却往往只有很小的交换价值，甚至没有交换价值。相反，有些交换价值很大的东西，如钻石，却常常只有很小的使用价值，甚至没有使用价值。

　　商品交换价值不是效用决定的，那么是什么决定的呢？斯密说，自从分工确立以后，每个人所需要的物品只有一小部分是用自己的劳动生产出来的，大部分要靠别人的劳动生产出来。以自己生产的商品与别人生产的商品交换，实际上是劳动与劳动相交换。因此，各种商品相交换的比例是由劳动决定的，劳动是衡量一切商品交换价值的真实尺度。我们知道，劳动创造价值，是配第首先提出来的。但是，他认为只有生产金银货币的劳动才是创造价值的劳动，其他劳动只有在它生产的商品能够换到金银时才创造价值。在他以后，重农学派则认为，只有农业劳动才创造价值。现在斯密却宣告，任何劳动，不管它投在哪一个生产部门，只要能生产出社会所需要的产品，就创造价值。这不能不说是经济科学上一大进步。

　　然而，他对决定商品价值的劳动的含义的理解却是矛盾的、混乱的。他先说，商品的价值是由这商品所能购买到的劳动决定的，接着又说商品的真实价格是由生产商品所耗费的劳动决定的。他这里所讲的真实价格，实际上也是指价值。这样，他便认为：决定商品价值的劳动，既是购得的劳动，又是耗费的劳动，并认为一件商品所购得的劳动是由生产这件商品所耗费的劳动量决定的。我们知道，商品在交换中所购得的劳动，是商品的交换价值，而商品的价值是由生产商品所耗费的劳动决定的。斯密显然是把价值和交换价值混淆了。这也难怪，因为斯密本来就认为，交换价值是价值的两种表示或者说表达之一。

斯密还意识到，一种商品在交换中所购得的劳动量由生产这种商品所耗费的劳动量决定，这仅仅适用于资本主义社会以前的情况。那时候，全部生产物都归劳动者自己所有，每个人都用自己的劳动产品去交换别人的劳动产品，一种商品能购买到（交换到）多少别种商品，取决于他生产这种商品耗费了多少劳动。可是到资本积累和土地私有以后，劳动生产物不能全归劳动者，而要与地主、资本家共分了。于是生产中投入的或者说耗费的劳动就不能再单独决定商品的价值了。为什么呢？原来，斯密在这里讲的投入的或者说耗费的劳动，不是指生产某商品时实际消耗的体力和脑力，而是指工资。在资本主义社会（斯密所讲的文明社会）以前，劳动生产物即工资全部归劳动者所有。商品所购买到的劳动量是指这种商品所卖得的价格。在资本主义社会里，商品出卖以后，不但要支付工资，还要支付利润和地租。于是斯密认为，商品价值就不仅由劳动（工资）决定，而由三种收入决定了。他还把这三种收入说成是生产商品所需要的费用。这样，他的价值理论就由劳动价值论转向了生产费用论。斯密之所以会有这一错误，主要是因为他没有能区分劳动和劳动力，认为资本家购买工人的是劳动，而不是劳动力；不懂得工人劳动创造的价值大于资本家支付给劳动者的工资（劳动力价值），即剩余价值，而剩余价值乃是利润和地租的来源。如果购买的是劳动，工资就应当等于买到的劳动所创造的价值，这样，利润和地租就没有了。但资本家和地主不能没有利润和地租。斯密无法解释这个问题，只得断言：到资本主义社会，商品价值不再由劳动决定，而由三种收入决定了。现实的感觉迫使斯密从劳动价值论转向了生产费用论，认为劳动价值论只是在原始社会（资本主义以前的社会）适用，文明社会中商品价值由三种收入决定了。劳动价值论由李嘉图和马克思继承发展，生产费用论由萨伊直到以后几乎所有资产阶级庸俗经济学家继承发展。

斯密接着提出，价值由三种收入决定，而每一社会及附近地区，各种用途的工资、利润和地租都有一种普通率或平均率。这种普通率或者自然率可称作工资、利润以及地租的自然率。一种商品的价格，如果不多不少地等于生产、制造这商品乃至运送这商品到市场所使用的按自然率支付的地租、工资和利润，这种价格可称自然价格，而商品在市场上出卖的实际价格则是市场价格。当商品供不应求（这个"求"指有效需求）时，竞争会在购买者中发生，市场价格会或多或少升到自然价格以上。反之，供过于求时，竞争会在出售者中发生，市场价格便会跌到自然价格之下，如果供求平衡，市场价格便会和自然价格相同或大致相同。

为什么供求平衡时市场价格会等于自然价格？因为供过于求会使价格某些部分降到其自然率以下，如果下降的是地租，地主立即会撤回一部分土地，如果下降部分为劳动或资本，他们也会把劳动或资本由原用途撤回一部分。于是，商品供给量下降的变动不久就会恰好足够供应它的需求量，价格也会逐步上升至自然价格水平。相反，供不应求会使价格上升到自然价格以上，利害关系会促使土地、劳动和资本的所有者准备把更多的资源投入生产，供给增加会使价格下降到等于自然价格的水平。这样，一切商品市场价格的变动都会趋向于自然价格，自然价格成为市场价格变动的中心价格。

斯密的论述表明，价格和供求的变动都受经济行为人的个人利益驱使，换句话说，经济人追求自己利益的结果必然会使经济走向均衡，这再次证明自利能达到公益。

斯密的理论还表明，所有这一切事情都必须在充分自由竞争的舞台上发生。如果土地、劳动和资本的自由运用受到阻碍，供求就不能根据价格及时调整。

如果说商品自然价格由三种收入决定，那么三种收入本身又如何决定呢？

三个阶级和三种收入的理论

在讲收入分配问题时，斯密在政治经济学史上第一次正确地划分了资本主义社会的阶级。他提出，地主、工人和资本家是构成文明社会（资本主义社会）的三大阶级。地租、工资和利润分别是他们的收入。这是社会的基本收入，其他收入如利息、赋税等都是从这三种收入中派生出来的。这个观点比重农学派进步了。因为重农学派是把是否生产"纯产品"，也就是把农业和非农业当作划分阶级的标准，认为农业资本家和农业工人是生产阶级，工商业资本家和他们的雇工是不生产阶级，这就混淆了阶级阵线，而斯密已经根据人们对生产资料的占有状况，用取得收入的方式来划分阶级了。他认为：从事劳动、以工资为生的人是工人阶级；手中积累了资本，以利润为收入的人是资产阶级；收取地租的土地占有者则是地主阶级。

在三种收入中，斯密首先分析了工资，认为只有工资才是劳动收入。但他不明白工资是资本主义的经济范畴，而认为资本主义以前就有了，那时的工资就是全部劳动生产物。在资本主义条件下，劳动生产物要在三个阶级中分配,工资只是劳动生产物的一部分,这一部分的大小怎样决定呢?他认为工人出卖的是劳动,工资就是劳动的价格,并说劳动和别的商品一样也有市场价格和自然价格。劳动的市场价格就是劳动供求双方即劳动者和资本家双方通过在劳动市场上的竞争所决定的价格。他说,在这种竞争中,工人总想多得,资本家总想少给。劳资双方各自联合起来和对方作斗争。在斗争中资本家因为种种原因总处于有利地位。但工资也不能无限制降下去,因为工人至少要能养活自己,还要养活家庭,以延续后代。为养活自己和家庭所必需的生活资料的价格,就是劳动的自然价格。劳动的市场价格是围绕自然价格上下波动的。这里,他所说的劳动的自然价格,其实就是马克思所说的劳动力价值或价格。

斯密认为,劳动价格变化,即工资上升或下降,取决于市场上对劳动的需求,而对劳动的需求又与国民财富增长相联系。国民财富不断增长的国家,工资不断提高;反之,工资就会降低。因此,劳动报酬及劳动者生活状况,是国民财富增进与否以及社会前进还是倒退的结果与征候。如果劳动供不应求,工资就增加,人口会增殖,如工资过分鼓励人口增殖,劳动者会过多,工资会下降到应有程度,因此对人口需求也必然支配人口的生产。斯密在人口生产问题上有许多真知灼见。例如,他说,贫困的妇女往往多生,而上流社会女性的奢侈,常常会破坏生育能力,贫困不能阻止生育,但极不利于子女的抚养。还说:"在文明社会,只有在下等人中间,生活资料不够才能限制人类进一步繁殖。"① 这一看法比后来的马尔萨斯还要高明。

斯密在分析工资以后接着分析利润。他已认识到:第一,利润是在资本主义生产中才出现的,劳动者丧失生产资料和生活资料而不得不接受雇佣,是利润产生的前提;第二,工人创造的价值分为归工人和归资本家的两部分,也就是工人的劳动要分为必要劳动和剩余劳动两部分。利润是工人创造的价值在补偿了工资以后的余额,归资本家占有。这里,斯密实际上认识到了剩余价值的起源。斯密虽然没有提出剩余价值这个名词,但他讲的利润和地租实际上就是剩余价值。配第和魁奈只是在地租形式上认识剩余价值,还缺乏利润这个概念,现在斯密把利润当作剩余价值的一种形式了。由于他把利润看作是剩余价值,因此,他批评那种把利润说成是资本家监督指挥这种劳动的工资的论调,认为利润与工资截然不同,它们受着两个完全

---

① 亚当·斯密:《国民财富的性质和原因的研究》上卷,商务印书馆,1972年版,第72—73页。

不同的原则支配。利润大小不能同所谓监督指挥劳动的大小成比例,而是同资本大小成比例。在一些大工厂,监督管理工作由重要职员担任,资本家几乎不参加任何劳动,同样要取得利润。斯密这些观点是正确的。

但是,由于斯密的价值论是二重的,因此他的利润论也是二重的。一方面,他由劳动价值论认识到了剩余价值的起源;另一方面,他又从三种收入决定价值的理论出发,认为利润和工资一样是资本家生活资料的正当来源,是生产费用的构成部分,是资本的自然报酬。按照这种观点,利润就不再是剥削收入了。

斯密还把基于人的利己本性的自然秩序观念应用于考察工资与利润在各个产业部门如何不均的情况,创立了收入分配中的自然均等理论。他提出"不同的劳动和资本用途的利害,在同一地方,必然完全相等,或不断趋于相等"。这是因为"各人的利害关系必然会促使他寻求有利的用途,避开不利的用途"①。但实际上,各地货币工资和利润都随劳动和资本用途的不同而大不相同。这种不相同,部分起因于各产业或各职业本身的一些情况,部分起因于人为的政策。拿工资来说,艰难的、肮脏的、低贱的工作,需要付出很高代价才能学会的工作,不安定的工作,责任重的工作,成功机会小的工作,工资应当高些;反之,工资应当低些。拿利润来说,其不相同是与业务快乐与否以及成功希望如何有关的。这种不相同,看似不均,其实是均的,是合理的、自然的。因为较高的货币工资与利润不过是对职业上、产业上所作出的较大努力、耗费与牺牲的一种补偿而已。相反,起因于人为政策与制度的收入不均等,则是不自然、不合理的。例如,当时英国行会学徒法与居住法等制度规定阻止了劳动与资本的自由流动,限制了某些行业发展。即使这些行业产品供不应求,产品价格和工资、利润都偏高,资本和劳动也无法流入这些产业。这样造成的收入不均等就是不自然和不合理的。要保存自然的、合理的均等,除掉人为的不合理、不自然的不均等,就应当允许资本和劳动自由流动。

讨论了工资和利润以后,斯密进而讨论地租。他说,地租是使用土地的代价,是租地人按照土地实际情况支付给地主的最高价格。农业资本家租种地主的土地时,地主总设法使租地人在生产物中只会得到应当补偿的农业资本(包括种子、农业工人工资、购买和喂养牲畜、农具的费用等)和资本

---

① 亚当·斯密:《国民财富的性质和原因的研究》上卷,商务印书馆,1972年版,第91页。

在当时能获得的普通利润,其余要作为地租归地主所有。这样,就把地租说成是农产品价格中超过农业生产费用的平均利润的余额。这里,他似乎已看出地租是剩余价值中超过平均利润的部分。

地租怎样产生?斯密有种种不同的说法。有时候他把地租说成是农业工人剩余劳动的产物,认识到地租是农业劳动者创造的价值的一部分,是地主阶级的不劳而获,地租的产生与土地私有制是分不开的。但是,有时候他又把地租说成是流通中带来的,是由于农产品供不应求因而市场价格高于价值的结果。有时候他还把地租说成是自然力的产物,是大自然参与农业生产的结果。斯密在分配理论上的种种矛盾的观点,和他在价值论上的矛盾观点是有关系的。

资本和资本积累理论 当斯密把增加劳动人数看作是国民财富增长的第二个因素时,他又认为由于生产劳动者要靠资本家用资本来雇佣,劳动者使用的生产资料也要用资本来购买,因此,财富增长的第二个因素实际上是资本。

什么是资本?斯密也有两种不同说法。一种说法是,资本是能给资本家带来利润的手段,是资本家为了取得利润而在劳动人民身上的投资。这种说法触及了资本的本质,无意中暴露了资本家对工人的剥削关系,因为这时他似乎已认识资本是通过购买工人劳动可以带来剩余价值的手段。另一种说法是,资本是人们为了继续生产而积累起来的储存品,也就是用于继续生产的生产资料。按照这种说法,小生产者的生产资料也似乎是资本了,这就掩盖了资本主义剥削关系。

但是,斯密认为资本的主要特点是能带来利润。他按照资本带来利润的不同方法,把资本划分为流动资本和固定资本。他认为,流动资本必须经过流通,更换主人,以一种形式用出去,以另一种形式收回来,才能带来利润。相反,像机器、厂房之类,是固定在资本家工厂里的,不要经过流通,不会改变主人,但也能给资本家带来利润,因此它们是固定资本。这种用流通不流通作为划分固定资本和流动资本的标准是不正确的。因为从价值形态看,固定资本同样参加流通,只不过它的价值是在许多个生产周期里逐步转移到新产品中去的,而流动资本的价值则在一个生产周期中就全部转移到新产品中去。所以,正确区分固定资本和流动资本,只能根据价值转移的这种不同方式。但是,斯密第一次提出了流动资本和固定资本这两个范畴,并把它们普遍使用到一切产业部门,还是有意义的。

斯密还从人的利己本性中探讨资本积累的动因,认为资本增加的直接原因是节俭。他认为,人都有改良自身状况的愿望,这种愿望从生到死都不会改变。要改良自身状况,就要增加财产,就要节俭。对个人利益的追求,自然会驱使人们不断积累资本,不用政府操心。人们为了自己利益,自然会节俭储蓄、积累资本,使社会生产得到发展。这是"自利即公益"在经济发展问题上的体现。斯密用节俭解释资本积累和资本家起家是错误的,因为在一个贫富悬殊的社会里,富人积累资本用不着节俭,而穷人再节俭也积累不起发财所需要的资本。但是,他在这里的本意是主张发展生产,反对浪费。这在当时是一种代表要求发展生产力的理论。

在分析利息问题时,贷款大多以货币借出去,但借款人需要的实际上不是货币,而是货币能够买到的货物。借款人需要在借用期内,每年以较小部分的年产物让与出借人,这就是利息。资本增加,生利资本必然逐渐增加,利息就必然低落。禁止利息的法律,不但防止不了重利盘剥,反而使它更甚,因为债务人不但要支付使用货币的报酬,还要对出借人冒险接受这种报酬支付一笔风险补偿。但是,斯密并不反对法律应规定合法的最高利率。法定利率应当略高于最低市场利率,否则等于放债取利;但也不应比市场利率高得过多,否则,大部分借贷将离开诚实的经营者(因为诚实的经营者只能以使用货币所获得的一部分利润作为使用货币的报酬),而转到消费者和投机者手里。

斯密还分析了利率和地价的关系,认为土地的普通市场价格,取决于普通的市场利率,因为有资本而亲自使用的人可以用此资本买地收取地租,也可以出借取利息,如果地租远逊利息,谁也不愿意买地,地价就会跌落;反之,地价就会上升。因此,利率和地价存在联动关系。这是斯密对配第理论的继承和发展。斯密这些分析,已包含有市场经济理论中风险报酬、机会成本等观念的萌芽。

斯密认为,要把储蓄起来的一部分资财当作资本来获取利润,就必须把这些资财用来雇佣生产性劳动者,绝不能用来雇用非生产性劳动者。什么叫生产性劳动和非生产性劳动?他有相互交错的两种说法。一种说法是只有为资本家生产利润的劳动才是生产性劳动,其他一切劳动,即使是社会所需要的,也是非生产性的。例如,手工工场工人的劳动,就是生产性劳动,而家仆的劳动就是非生产性的。一个人雇佣许多生产工人,会一天天富起来,雇佣许多家仆,会一天天穷下去。在这里,斯密把生产劳动说成是资本家雇佣的工人为资本家提供利润的劳动,是正确的。因为在资本主义制度下,确实只有提供剩余价值的劳动才是生产性的。斯密的另一种说法是:生产性劳动是能生产物质产品的劳动,或用他的话说是,不会随生随灭,而是可以固定并且实现在特殊商品或可卖商品上的劳动。这种观点掩盖了资本主义关系。但是,他根据生产劳动是生产物品的劳动这一观点,把国君、官吏、牧师、军队等都作为非生产劳动者,对他们的奢侈浪费提出了批评,据以反对当时封建势力和政府的过度支出,是可取的。

经济自由主义 经济自由是斯密整个学说的基本思想,这种思想贯穿于《国富论》全书。这里,我们再从斯密对欧洲经济发展史、经济学说史和国家财政思想的角度,看一看他如何阐述经济自由思想。

第一,反对封建制度,主张用自由竞争的资本主义制度取而代之。斯密认为,农业是生产生活必需品的,城市工业是生产供享受的舒适品、奢侈品的,由于必需品比舒适品、奢侈品重要,而且农业投资最安全,对外贸易最不安全,因此一个国家经济发展的自然顺序应该是先农业,其次工业,最后是对外贸易。可是欧洲各国实际情况恰恰相反,不是农、工、商,而是商、工、农。什么原因呢?他说这完全是封建统治造成的。在封建制度下,大地主们穷奢极侈,不想改良土地,只顾耗费排场。在他们支配下的农奴则没有能力也没有兴趣来改良土地。这就是中世纪欧洲农业长期落后的原因。相反,城市取得自由和独立比农村居民早得多。城市居民建立了市民团体或自治机构,有权选出市长和市议会,政府可以颁布法规。于是,城市秩序和个人的自由安全在各城市逐渐确立起来,城市工商业就慢慢地发展起来。这说明,社会经济要发展,国民财富要增长,要靠有一个自由的制度、自由的秩序,以及有一个保护这种自由的政府。就这样,斯密通过经济发展史来证明必须用自由竞争的资本主义制度代替阻碍生产力发展的封建制度。

第二,反对重商主义,主张自由贸易。斯密批判了重商主义主张国家干预经济的思想,提出让个人经济自由的政策是对国家最有利的政策。斯密认为,每个人为自己的利益着想,自然会把资本投到风险最小、获利最大的部门中去。虽然人们投资时盘算的是自己的个人利益而绝非社会公共利益,但他们这样做时却受了一只看不见的手的指导,去尽力达到一个并非他本意要达到的目的。追求个人利益的结果往往会有效地促进社会公共利益。因为每个人为自己利益着想,都会生产有最大交换价值的产品,而社会的年收入又是全社会年产物交换价值的总和。至于投资哪种产业最有利,各人自己心中最清楚。因此,任何政治家企图指导私人企业活动,不仅是自寻烦恼,而且是最危险的。只许本国生产某种产品而不许它进口,就是这种危险的政策。这里,斯密淋漓尽致地表达了他的"自利即公益"的经济自由思想。

斯密严厉批判了重商主义的保护关税思想,论证必须实行自由贸易和国际分工。他提出,一种产品如果自己生产比从别人那里买来要昂贵,就不应当自己生产而应当去交换。正如裁缝不会自己去缝靴子,鞋匠不会自己去做衣服,因为他们用自己的产物和对方交换更为有利。同样,如果别国能以比我们本国自己制造还便宜的某种商品供应我国,则我国与其勉强生产这种商品,还不如把资本转用于本国擅长的产业,然后相互交换。保护关税,虽然可以发展某种产业,但整个国家的生产与收入绝不会因此增加。实行自由贸易不仅可以从外国购得比国内制造便宜得多的商品,还能把本国全部资本与劳动使用到最有利的用途上去,从而使国民财富能够以最大速度增长。

斯密这种经济自由思想充分表达了当时英国资产阶级要求自由地发展资本主义经济的要求。他把自由经营和自由贸易说成能保证一切国家和一切阶级的利益。实际上资本主义自由只是资本家剥削工人的自由。他把自由贸易说成对各国有好处,实际上自由贸易不过反映了当时在世界市场上已遥遥领先的英国资产阶级企图使别国安心做它的原料供应地和商品销售市场的愿望而已。但也要看到,那时候的经济自由也确实反映了英国资产阶级反对封建残余的客观要求,在当时是有利于生产力发展的,因而具有进步意义。

第三,对政府职能的认识,是斯密经济自由主义思想又一重要表现。斯密主张经济自由,反对国家干预经济生活,并不局限于反对重商主义的贸易限制和管理。他认为,促进国民财富增长的因素,无论是分工的扩大,资本的积累,资本用途的改善,还是价格调节供求,工资和利润走向自然均等,都是在经济自由状态下通过各人追求个人利益自然而然地促成的,用不着政府干预。他说,如果政治家企图指导私人应如何运用他们的资本,那不仅是自寻烦恼地去注意最不需要注意的问题,而且几乎毫无例外地必定是无用的或有害的①。在他看来,要增加一国财富,增进社会公共利益,最好的经济政策就是给私人的经济活动完全的自由。他呼吁,每一个人,在他不违反正义的法律时,都应听其完全自由,让他采用自己的方法,追求自己的利益,以其劳动及资本和任何其他人或其他阶级相竞争②。

当然,斯密主张经济自由,并不是主张无政府主义,他只是反对政府对经济活动作不必要干预。按他看法,在经济自由情况下,政府的职能只有三项:第一,保护社会,使不受其他独立社会的侵犯。第二,尽可能保护社会上各个人,使不受社会上任何其他人的侵害或压迫,就是说,要设立严正的司法机关。第三,建设并维持某些公共事业及某些公共设施,这种事业与设施,由社会经营时,其利润常能补偿所费而有余,但若由个人或少数人经营,就绝不能补偿所费③。这三项职能,简言之就是国防、司法与行政以及公共工程和公共事业建设与维持。这实质上就是要求国家只要能保证私人有一个和平、安全地开展自由竞争的经济活动环境,起一个"守夜人"的作用就行了。本着这一原则,他还提出了一套与"小政府"相适应的财政支出与收入的财政理论与政策主张,为古典财政理论奠定了基础。

亚当·斯密的经济理论和政策主张,不仅对推动当时英国甚至整个欧洲经济的发展起了很大的积极作用,而且对后来经济思想的发展产生了莫大的影响,从而他的名字就成了人类经济学说史上一块很少有人能超越的巨大丰碑。

第三节 古典经济学理论的发展:大卫·李嘉图

时代、生平、著作和方法　从斯密到大卫·李嘉图(David Ricardo,1772—1823)相距半个世纪不到,英国社会经济却发生了大变化。从 18 世纪 60 年代开始的产业革命,到 18 世纪末 19 世纪初已大规模展开,资本主义工场手工业迅速过渡到机器大生产,资本主义农场发展也极快。英国经济力量急速增长,工业品运销欧、亚、非各地。与此同时,个体农民和手工业者大批破产成为雇佣工人,英国完全成了

---

① 亚当·斯密:《国民财富的性质和原因的研究》下卷,商务印书馆,1972 年版,第 27—28 页。
② 同上书,第 252 页。
③ 同上书,第 252—253 页。

工人、资本家和地主阶级构成的社会,但社会主要矛盾仍是工业资产阶级与地主贵族之间的冲突。这种冲突在经济上主要围绕"谷物法"存废和货币改革两大焦点展开。

在谷物法方面,英国工业快速发展,城市人口迅速增加后,谷物供给日益紧张,谷价猛涨。地主阶级为维护自己利益,通过手中控制的议会,于1818年强行通过新"谷物法",废除了谷物出口的一切限制,而对进口则规定国内谷价低于每夸脱82先令时禁止进口,人为维持国内高昂谷价,结果使地租大大增加,利润大大降低,工业资产阶级强烈要求废除这一谷物法。

在货币方面,英国长期和法国拿破仑的战争造成国库空虚,政府为维持庞大的军费开支,增发大量银行券,并造成兑现困难,1797年英格兰银行宣布停止兑现,使金价大涨,英镑汇价下跌,银行券贬值,物价腾贵。这极不利于工商业发展。资产阶级极力要求改革货币信用制度,稳定通货。

在这些冲突中,李嘉图是站在资产阶级一边的坚强斗士。他出生于伦敦一个富有的犹太人家庭。少年时读书年份很短,14岁起就跟随父亲从事交易所活动,21岁起独立活动,凭借其投机天才很快成了百万富翁。然后致力于自然科学研究活动,一个偶然的机会读到《国富论》,对经济学有了兴趣。

他最先注意的是货币金融问题。1809年在"晨报"上发表了一篇文章《黄金价格》,后来又发表了这方面一些文章,1817年出版其代表作《政治经济学及赋税原理》。他不仅高举经济自由主义理论大旗,还在议会中积极辩论,影响实际政策制定。

李嘉图把自己所处的英国社会当作唯一合理的、永恒的和自然的社会形态,把利己主义看作经济活动的唯一动力,认为每个人只要能自由追求个人利益,就能建立整个社会的普遍幸福。这种社会观除受斯密影响外,还刻上了边沁功利主义的烙印。耶利米·边沁(Jeremy Bentham,1748—1832)是英国著名的功利主义哲学家。这种功利主义认为,人人都追求个人利益,力求避免痛苦,寻求快乐,个人构成社会,个人利益总和等于社会利益,让每个人为自己利益自由选择和竞争,就可促进社会发展。李嘉图接受了这些观点,竭力主张经济自由。

李嘉图研究价值论和分配论时,运用了自然科学研究中的抽象法。他的抽象法是从商品价值量由劳动时间决定这一原理出发,研究所有其他一切经济范畴是否与这一原理相适应,并用这种方法建立他的整个经济理论体系。

有人认为,李嘉图关注的只是收入分配,因为他自己说过,建立支配这种分配的法则,乃是政治经济学的主要问题。实际上,李嘉图真正关心的是英国工业的发展。工业发展的根本动力是利润,而当时英国工业的利润正受到被地租吞噬的严重威胁。为此,李嘉图必须研究工资、利润和地租这三者的关系。他的价值论和分配论正是这种研究的成果。

劳动价值论和收入分配论

为了分析工资、利润和地租三者的关系,李嘉图建立了一套较为彻底的劳动价值论。他认为,商品价值只能由生产商品所耗费的劳动决定,而不可能同时由这一商品所支配或购得的劳动决定。他也不同意斯密关于资本产生和土地私有以后,商品价值不再由劳动决定而由收入决定的说法。

他还认为,生产中耗费的劳动决定价值,这耗费的劳动不仅有直接耗费的劳动,还包含间接耗费的劳动,即生产所用生产资料也会把消耗的价值转移到生产品中去。

李嘉图劳动价值论中更有决定性意义的一个论点是,决定商品价值的劳动不是个别生产者在生产中实际耗费的劳动,而是必要劳动,但这一必要劳动是指在最不利条件下生产每单位产品所耗费的劳动。

李嘉图运用这种价值理论来研究收入分配,研究这三种收入的大小由什么因素决定以及这三种收入间数量关系如何。他首先研究的是工资,因为他认为工资的变动直接影响利润,而利润又与地租相对立,因此,工资的分析是关键。

李嘉图和斯密一样,认为工资是劳动的报酬和价格,劳动价格和其他商品价格一样,也有自然价格和市场价格之分,劳动的自然价格是"让劳动者大体上能够生活下去并不增不减地延续其后裔所必需的价格"①。劳动的市场价格是企业根据劳动市场供求情况实际支付给工人的货币工资。劳动供不应求时,市场价格会涨到自然价格以上,劳动者景况变好,于是会刺激人口增加,使劳动者人数增加,劳动工资就会跌落;如果跌落到自然价格以下,劳动者景况会恶化,劳动者人数会减少,工资又会上升。这样,货币工资涨落会调节劳动人口供给,使这种供给不断适应对劳动的需求,使市场价格不断趋于自然价格,使劳动者能活下去并不增不减地延续后裔。李嘉图这

---

① 大卫·李嘉图:《政治经济学及赋税原理》,商务印书馆,1976年版,第77页。

种观点实际上和马尔萨斯人口论唱同一调子,认为人口繁殖只受生活资料供给量限制。

关于利润,李嘉图把它说成是商品价值中扣除工资后被制造业者和农场主所占有的部分。因此,利润高低会与工资高低成反比。当劳动生产率提高时,维持工人生活所需消费品就会便宜,工资就会下降,利润就会增加;反之,劳动生产率下降时,生活资料便会昂贵,工资就会上升,利润就会下降。例如,农业生产从优等地转向中等地再转向劣等地时,农业劳动生产率就不断下降,农产品价格就不断上涨,维持工人生活所需费用即工资就要上升,从而利润要下降,而这时候,地租就会不断上升,为什么呢?

李嘉图提出,地租是"为使用土地的原有和不可摧毁的生产力而付给地主的那一部分土地产品"①。地租产生的条件有二:一是土地有限,二是土地肥沃程度或位置有差别。随着社会经济尤其是工商业发展,城市人口增加,仅靠耕种优等和中等土地生产的农产品(如谷物等)已不能满足需要,只得耕种次一等土地(假定为较劣等的地),而同量资本和劳动投在优等地上比投在中等地上、投在中等地上比投在劣等地上,同样面积土地上生产的农产品要多得多,因此,单位农产品(例如每斤谷子)耗费的劳动(或者说成本),优等地上最少,中等地上次之,劣等地上最多,而农产品的价值是由最劣等的土地上耗费的劳动量(社会必要劳动)决定的,表现为优等地、中等地和劣等地上种出的每斤谷子在市场上都只能按同一价格出售。但是,劣等地上生产的农产品价值(即出售价格)扣除掉消耗的生产资料和工资以后,也必须提供平均利润,否则,就不会有人愿意耕种劣等地,而不耕种劣等地的话,社会上农产品又不够满足需要。这样,和劣等地相比,优等地和中等地上的农产品按价值出售以后,就会得到一个超过平均利润的超额利润。由于大家争相耕种好地,这个超额利润就落入地主口袋,变成地租。例如,假定第一、二、三等地上投入等量资本与劳动,各生产谷物 100 夸脱、90 夸脱及 80 夸脱(当时英国衡量单位的名称),则第一、二等地上的地租分别为 20 夸脱、10 夸脱谷物。

当然,如果在耕种二等地前在一等地上追加一倍的资本与劳动也能增收 100 夸脱的话,就不必耕种二等地了,只要在一等地上重复投入追加的资本和劳动就行了。对此,李嘉图指出,在同一块地上重复投资,存在一种报

---

① 大卫·李嘉图:《政治经济学及赋税原理》,商务印书馆,1976 年版,第 55 页。

酬递减的现象。例如,第一次投下一笔资本和劳动如能收获100夸脱,第二笔同样大的资本和劳动量投于同一块地上,也许只收获85夸脱,即两笔投资合起来只收获185夸脱,这样,人们就会决定在第二笔投资前先耕种二等地。假定社会上农产品需求继续增长,要求人们在究竟是耕种三等地还是作第二笔投资之间进行选择。因为种三等地只收获80夸脱,而第二笔投资可收获85夸脱,于是会选择第二笔投资,但一旦作了第二笔投资,则85夸脱中的劳动耗费量就成为社会必要劳动量,由它决定产品价值,于是,第一笔投资中的15夸脱谷物,就转化为地租。

在社会发展过程中,由于对农产品需求不断增加,不管是由于要不断耕种越来越次一等的土地,还是由于在同一土地上追加投资的收益(报酬)递减,单位农产品价值会不断增加(由最劣等生产条件决定的单位产品中劳动或成本的消耗决定农产品价值),也就是农产品价格不断上涨。假定工人的实物工资(用货币买到的生活资料)不变,并且还假定工人的生活资料都是农产品(李嘉图说一半是工业品,一半是农产品,这里为方便起见,假定全是农产品),那么,农产品价格上升,货币工资也要随之上升。投资人(假定是农场主)卖了农产品以后,扣除了越来越高的货币工资,利润就势必越来越少。利润率的不断下降,使工商业失去了投资的动力,经济会趋于停滞。当然,如果在此过程中农业上有技术的进步,或者廉价农产品进口,就不必耕种越来越差的土地,或者不必在土地上作收益递减的追加投资,农业劳动生产率就不会降低,农产品价格上涨的势头会得到抑制。然而,英国的谷物法却阻碍了农产品进口,这大大有利于地主阶级而不利于工商业发展。为此,李嘉图坚决主张废除这种谷物法。

货币数量论　　在货币理论方面,李嘉图是古典学派中货币数量论的著名代表人物之一。按理说,作为劳动价值论者,他不应当是货币数量论者。他也确实从劳动价值论出发,曾认为货币和其他商品一样,其价值由生产金银所费劳动决定,商品价格只是用一定数量的具有同等价值的货币所表现的商品价值。如果不考虑供求变动因素,商品价格由商品价值和货币价值决定。在商品价值不变时,商品价格同货币价值成反比;在货币价值不变时,商品价格同商品价值成正比。

然而,当看到当时严重的纸币贬值、物价上涨时,他又迷惑起来了。他误把纸币当作了金属货币,把纸币流通规律当作金属货币流通规律,得出了货币数量论的结论：商品价格与流通中货币数量成正比，货币价值与流通中货币数量成反比。这个结论对纸币来说确是如此，因为纸币本身没有价值，但对金属货币来说并非如此，因为金属货币本身有价值，如果流通中金属货币过多了，多余的部分会退出流通领域，成为贮藏货币。

李嘉图的货币数量论从理论上说虽不正确，但却是为他的自由贸易和稳定通货的主张服务的。当时有人主张限制对外贸易，以防贸易逆差导致黄金外流。李嘉图则认为，自由贸易会自动调节各国流通中所需要的货币量。一国货币过多时，物价会涨，进口会增加，出口会减少，过多的货币会输送到国外；反之，货币过少时，货币自然会增加。这种看法和当年休谟的理论如出一辙。

李嘉图还根据货币数量论，提出了有限制的发行纸币以稳定通货的方案，即主张用法律规定银行发行纸币的最高额，超过限额，则每发行一英镑纸币，就应有一镑金币的十足准备，并且纸币要能不受限制地随时兑换金银币。这样就可使纸币像金属货币一样通过自由贸易得到调节。他把自由兑换当作稳定通货的必要条件是对的，但认为纸币发行超过限额就要有十足的金属货币准备，实际上就把纸币当作银行券了，而银行券（可兑现的纸币）是以汇票流通为基础的，而不是以货币流通为基础的。

自由贸易和国际分工理论

在贸易理论方面，李嘉图竭力主张自由贸易，认为自由贸易情况下廉价谷物可以进口，工资就会下降，利润率可以提高，地租上涨可受到抑制，从而有利于资本积累和经济发展。

为了论证自由贸易的优越性，李嘉图发展了斯密的国际分工学说。斯密主张各国专门从事生产具有绝对成本优势的产品，即这种商品所需要的成本绝对少于其他国家，然后相互交换，均可获得利益。但是，如果甲国在 X 和 Y 两种产品生产上，成本都低于乙国，两国可否分工和贸易？斯密回答不了的这一问题，由李嘉图作出了回答。他说，假如葡萄牙生产一定数量的酒只需要 80 个工人劳动一年，生产一定数量的毛呢只要 90 个工人劳动一年，而在英国生产同样数量的酒和毛呢，分别需要 120 个工人和 100 个工人劳动一年。葡萄牙在两种商品生产上都占有绝对优势，怎么办？他说葡萄牙应生产酒，英国应生产毛呢，然后相互交换。这是因为，在酒的生产上，葡萄牙一天劳动值英国的一天半，即 $80:120=1:1.5$，而在毛呢的生产上，葡萄牙一天的劳动只值英国的1.125天，即 90：100＝1：1.125。就是说，在两种产品生产上，葡萄牙在酒上有更大优势，英国在毛呢上则有相对优势。李嘉图这种理论，称相对成本说或者比较优势说，也称比较利益说。这种理论后来又为新古典经济学家赫克歇尔和俄林所补充和发展，一直是自由贸易理论的基石。

李嘉图学说的命运　　李嘉图的经济学说，无论在他那个时代还是后来的年代，都产生了重大的影响，都有一大批追随者和批评者。

与李嘉图同时代的英国经济学家詹姆斯·穆勒(James Mill, 1773—1836)和约翰·雷姆赛·麦克库洛赫(John Ramsay McCulloch, 1789—1864)都是李嘉图的积极追随者，而马尔萨斯等人则是李嘉图理论的反对者。两派争论中一个焦点问题是对待劳动价值论问题。李嘉图从劳动时间决定价值量出发，建立其政治经济学理论体系。但他的劳动价值论中也存在一系列无法解决的矛盾。例如，如果价值由劳动创造，那么，来自劳动创造价值的利润，就只应当同耗费的劳动成比例，但事实是，利润只和垫支的资本量成比例，而不和投入的劳动成比例。李嘉图的反对派抓住这个问题，运用生产陈葡萄酒和新葡萄酒所耗费的劳动时间一样，但陈酒比新酒贵得多的例子攻击李嘉图的劳动价值论。李嘉图的追随者力图维护李嘉图理论，例如詹·穆勒提出，一切商品价值都由劳动创造，这种劳动不仅有用手直接去做的劳动，还有积累的劳动，资本就是积累的劳动。又如麦克库洛赫提出，不仅人会劳动，自然力也会劳动，也会创造价值。这些说法明显都违反了李嘉图劳动价值论的原意。

李嘉图学说的最大影响发生在马克思身上。后者把前者当作自己最直接的先驱，或者说，李嘉图的价值论和分配论是马克思的劳动价值论和剩余价值论的最新近的来源。尽管马克思认为，李嘉图理论中存在这样那样的缺点和不足，并对之加以革命性改造，但坚决认为，李嘉图理论是古典经济学中最有科学价值的宝库。

确实，李嘉图理论为马克思主义经济学的产生提供了来源和依据。但正因为如此，李嘉图学说遭到了许多资产阶级经济学家的非议和尖锐批评。例如，19世纪中叶美国经济学家亨利·查尔斯·凯里(Henry Charles Carey, 1793—1879)就曾指责李嘉图的理论体系是一个制造纷争的理论。因为李嘉图的收入分配理论曾揭示工人、工商业家和地主三个阶级之间经济利益的对立,因此,曾被当时空想社会主义者用来反对资本主义制度。凯里说李嘉图的"著作是那些企图用平分土地、战争和掠夺手段来攫取政权的蛊惑者们的真正手册"①。他还给李嘉图加上了共产主义之父的罪名。实际上,这真是冤枉了李嘉图。后者根本没有想到自己的理论会给空想社会主义者和马克思主义所用。

重视李嘉图理论的不仅有社会主义者,西方经济学家阵营中也不乏其人。例如,20世纪中叶英国形成的新剑桥学派就认为,商品价值所具有的客观性和物质性,应当从李嘉图的劳动价值论传统中去寻找,并且收入分配论是价值论的引申,国民收入划分为工资和利润两大部分,利润率越低,工资总额在国民收入中比重就越大。这些观点的形成,都体现了李嘉图学说的影响。

应当认为,从发展市场经济的角度看,李嘉图理论的贡献主要有:第一,确认利润是驱动经济进步的动力,任何对利润的伤害,都会构成对经济增长的威胁;第二,确认物价和币值与流通中货币数量有关,工商业顺利发展离不开一个通货稳定的经济环境;第三,确认比较利益的存在,是进行国际贸易的正当理由。

复习思考题

1. 从17世纪到18世纪中叶英国经济思想有哪些方面的重大进展?出现了哪些著名经济思想家?举例说明他们的经济思想怎样逐步离开重商主义,为古典经济学产生开辟道路。
2. 略述魁奈的纯产品理论在重农学派的经济理论中的地位。
3. 略述亚当·斯密的分工理论在斯密理论中的地位和作用。
4. 亚当·斯密怎样说明经济自由的基本经济思想?
5. 略述大卫·李嘉图的价值论和地租论的关系。
6. 李嘉图怎样说明工资、利润和地租这三者在经济发展中的变动趋势?
7. 略述亚当·斯密和大卫·李嘉图的分工理论的联系和区别。

---

① 转引自马克思:《剩余价值理论》第2册,《马克思恩格斯全集》第26卷Ⅱ,人民出版社,1973年版,第183页。

第三章 古典经济学的演变与挑战

第一节 古典经济学的演变：萨伊和马尔萨斯

萨伊的经济学说

让·巴蒂斯特·萨伊(Jean-Baptiste Say，1767—1832)出身于一个商人家庭，受过完备的商业教育。参加过法国大革命，当过杂志总编，也在政府任职过，当过多年大学教授。他写过多部著作，其代表作是1803年出版的《政治经济学概论》。萨伊从来被马克思主义者当作法国庸俗资产阶级经济学的创始人，因为他的理论完全背离了劳动价值论和剩余价值论。但是我们下面主要只是从市场经济视角评述他留给后人的几个重要观点。

萨伊在经济学说史上的贡献，首先表现于他提出了生产是创造效用的重要命题。他说，所谓生产，不是创造物质，而是创造效用。而物品满足人类需要的内在力量就叫做效用。创造具有任何效用的物品，就等于创造财富，因为物品的效用就是物品价值的基础①。

萨伊的论点，显然是针对重农主义的，因为重农主义认为，只有农业才是生产的，因为农业生产中物质在增加。这一论点也打破了斯密观点的局限性，因为斯密认为，生产性劳动必须要能提供一种把劳动凝固于其上的物质产品。现在萨伊说，生产不是创造物质，而是创造效用。生产数量不是产品的长短、大小或轻重估计，而是以产品所提供的效用估计②。

从萨伊的论述中还可看到，他所讲的效用，并不是后来奥国学派所讲的那种主观效用，而是指物品的用途，是满足人类需要的内在力量，即客观效用，或客观使用价值。

有效用的东西，不一定要局限于有形的物质产品。因此，萨伊提出，财

---

① 萨伊：《政治经济学概论》，商务印书馆，1982年版，第59页。
② 同上。

富不一定要是"有形物品",也可以是"无形物品"。例如,医生为病人提供的诊断服务,艺术家的表演服务,公教人员、律师、法官提供的服务,店员提供的商品流通服务等等,都给人们提供了服务,具有效用,都有价值。这些服务都是无形产品。这些产品的价值也会构成财富,也可以用来交换。它们和有形产品的区别仅在于这些产品的生产和消费往往是同时发生的,其价值一生产出来就消费掉了,不像物质产品那样可以储积起来,但这些无形产品并不因此就不是有价值的产品,无形产品也是人类劳动果实,也是有效用的东西。

应当说,这些观点是有价值的。现在,国民生产总值核算时,物质产品和劳务的市场价值都是统计在内的。只要这些产品和劳务能为消费者提供效用,满足市场需要,就都是有价值的财富。萨伊的生产观突破了自从斯密以来事实上一直存在的只有物质生产领域的劳动才是生产性劳动的传统观念,要求把生产劳动的范围扩大到服务性行业。当代社会把产业划分为第一、第二、第三产业。前两个产业提供了"有形产品",第三产业就是萨伊所说的提供"无形产品"的所有服务行业[①]。随着社会的发展,第三产业的作用和地位越来越重要,从而也显示出萨伊当年所提出的"生产是创造效用"的命题以及"无形产品"概念的重大意义。

创造效用的生产必须借助于劳动、资本和自然力三者的协同作用才能进行,这就是生产的三要素。由于价值来自效用,创造效用就是创造价值,因此,萨伊认为,价值也由三要素创造。

马克思主义认为,财富或者说使用价值确实由劳动、资本和自然力(或土地)三要素共同作用才能生产出来,但作为价值,就只能是劳动创造的,这种观点从揭露非劳动收入都是剥削收入而言是正确的,然而,运用来分析市场经济却是没有人会采用的。从市场经济观点看,商品价值必须在价格上反映出来。任何一件产品要能生产出来并提供到市场上卖一定价钱,没有生产所需要的三个要素是万万不行的。如果承认生产是创造效用,有效用才有价值,那么,就势必承认生产三要素共同创造了价值。不管理论上承认不承认三要素创造价值,市场总是承认三要素创造价值。

生产三要素论后来为所有西方经济学家所接受,并用以构筑微观经济学和宏观经济学的生产函数。由于资本、劳动和技术在生产中作用越来

---

① 参考何正斌:《经济学 300 年》上册,湖南科技出版社,2000 年版,第 128—130 页。

显著,而土地和自然力常被当作不变的生产因素,因此,现代西方经济学的生产函数中包含的自变量往往是劳动、资本和技术。

萨伊认为,既然财富和价值是生产三要素共同创造的,那么,收入就必须在三要素所有者之间共同分配。按萨伊的说法,劳动、资本和自然力三者是创造产品不可缺少的因素,但这三者不是必须属于同一个人所有。劳动者可把他的劳力借给另一个拥有资本和土地的人。资本所有者可把资本借给只拥有土地和劳动力的人,地主也可以把土地借给只拥有资本和劳动力的人。"不论借出的是劳动力、资本或土地,由于它们协同创造价值,因此,它们的使用是有价值的,而且通常得有报酬。""对借用劳动力所付的代价叫做工资。""对借用资本所付的代价叫做利息。""对借用土地所付的代价叫做地租。"①

这就是按要素分配收入论。每种要素应得多少?萨伊提出,每种生产要素价值的大小与它们在生产事业中各自提供的合作的重要性成正比。但是,如何成正比,他说,生产要素的市场价值和一切其他物品的市场价值一样,是由供给与需求状况来决定的。至于要素的供给由什么决定,需求又由什么决定,萨伊未有说明,这一问题后来是由约·贝·克拉克和阿·马歇尔来回答的。

马克思根据劳动价值论和剩余价值论对萨伊的收入分配论作了彻底的批判,认为工资、利息和地租本来都是工人劳动生产的,而萨伊却说有三个来源,工资来自劳动,利息来自资本,地租来自土地,似乎各阶级的收入都有自己独立的源泉,从而割裂了各阶级收入同工人劳动的联系,掩盖了利息(利润)和地租的真正来源。马克思还借用基督教教义中把同一上帝区分为圣父、圣子、圣灵的做法,把萨伊这套理论即劳动—工资,资本—利息,土地-地租,讽刺为"三位一体公式"②。直到20世纪90年代以来,随着中国改革开放的深化、市场经济体制的确立,国民收入按要素分配才越来越正式地被公开承认。

萨伊的收入分配理论中也存在着不少混乱和矛盾的说法。例如,他一方面把利息称为借用资本所付的代价,把地租称为借用土地所付的代价,把工资称为借用劳动所付的代价;另一方面又说,分配给地主的那部分价值叫

---

① 萨伊:《政治经济学概论》,商务印书馆,1982年版,第77页。
② 方崇桂、尹伯成主编:《经济学说史教程》,复旦大学出版社,1988年版,第158页。

作土地的利润,分配给资本的那部分叫作资本的利润,分配给工人的部分叫作劳动的利润。这些混乱与矛盾的观点,理所当然不久就被人们所抛弃了。

尽管如此,但他又事实上在经济学史上较早地区分了投资于企业的资本家和经营管理企业的企业家。他说,一个公司经理很少是完全从外人借款作为公司全部资本的。只要有一些工具是用他自己的资本购买的,只要有一些款项是用自己的资金垫付的,那么,这个经理就有权以双重身份取得收入:以经理资格取得一部分收入,以资本家资格取得另一部分收入,还说以经理资格取得的利润取决于他的管理能力(技巧、积极性、判断力),而以资本家资格取得的利润取决于资本的多寡。就这样,他批评了斯密把这两者混为一谈的错误。在资本主义发展的早期阶段萨伊就能区分资本家和企业家,实属不易。

但是,萨伊在经济学说史上影响最大的也许要数他的销售论。萨伊提出,生产者生产了一件产品,总希望立即把它卖掉,换成货币以后,他同样希望用这货币买进他需要的产品。因此,"在以产品换钱、钱换产品的两道交换过程中,货币只一瞬间起作用。当交易最后结束时,我们将发觉交易总是以一种货物交换另一种货物"①。既然一种产品(货物)总是用另一种产品购买的,而作为购买手段的另一种产品又是在生产领域中产生的,因此实际上是生产给产品创造了需求。或者说,"单单一种产品的生产,就给其他产品开辟了销路"②,这就是说,卖主就是买主,供给本身就会创造需求,总供给和总需求是一致的,不可能产生产品过剩的危机。然而,市场上明明有些产品找不到销路,对此,他的解释是,"某一种货物所以过剩……则因为它的生产过多,或因为别的产品生产过少","正由于某些货物生产过少,别的货物才形成过剩"③。他还认为,只要让经济充分自由,即人们自由投资,价格自由涨落,那么,某种商品生产过多时,其价格必然下降而减少利润,生产者就会减少生产;相反,另一种商品生产过少时,其价格会上涨而利润增加,生产自然会增加。因此,自由竞争一定会使各种商品的供给和需求趋于平衡,消除产品过剩现象。他因此还反对国家干预经济,说"如果对生产不加干涉,一种生产很少会超过其他生产,一种产品也很少会便宜到与其他产品价格不相称的程度"④。

---

①② 萨伊:《政治经济学概论》,商务印书馆,1982年版,第144页。
③④ 同上书,第145页。

萨伊还依据上述理论得出四个结论：(1)"在一切社会,生产者越众多产品越多样化,产品便销得越快、越多、越广泛"。(2)"每一个人都和全体的共同繁荣有利害关系。一个企业办得成功,就可帮助别的企业也达到成功"①。(3)"购买和输入外国货物决不至损害国内或本国产业和生产"②。(4)"仅仅鼓励消费并无益于商业,因为困难不在于刺激消费的欲望,而在于供给消费的手段,我们已经看到,只有生产能供给这些手段。所以,激励生产是贤明的政策,鼓励消费是拙劣的政策"③。

萨伊这些理论和结论,曾被一些主张经济自由的经济学家大力推崇,并称之为"萨伊法则"。应当说,他这些理论和结论在当时确实有一定的积极意义。例如,他的第三个结论,目的是反对保护关税的政策,尤其是反对当时拿破仑的保护关税政策;他的第四个结论,是为了反对马尔萨斯等人为奢侈、为贵族阶级消费辩护,也反对国家过度开支,主张节约积累、发展生产;他的第一和第二个结论,说明各阶层之间、各地区之间有着共同的利益,经济繁荣对大家都有利。确实,在萨伊眼里,新产业开发和旧产业的扩张,都会给所有产业带来繁荣;落后地区的进步、邻国的发展,也会给本国和外国的进步以推动,至于自由竞争会使供给和需求自然趋向平衡的说法,更是为了主张经济自由,因此,他的销售理论深得大卫·李嘉图的赏识和支持。

但是,萨伊这套理论是有错误的,最主要是把商品流通和物物交换混为一谈了。在物物交换中,确实买就是卖,卖就是买,产品用产品交换,但在商品流通中,买和卖分裂为两个阶段,出售了产品的人如果不立即买,就不会形成对别一种产品的需求。这种理论还有一个致命伤,那就是假定产品生产出来了一定能卖掉,并形成对另一些产品的需求。但是,困难正在于产品生产出来后无人购买,因为正如下面要讲到的西斯蒙第所说,产品并不是用产品购买的,而是用收入购买的,当人们缺乏足够的收入时,产品就会卖不掉。事实上,市场经济面临的最主要问题,恰恰就是购买商品的有效需求不足,使产品过剩不可避免。马尔萨斯已讲了这一点,西斯蒙第也讲到这一点。

---

① 萨伊:《政治经济学概论》,商务印书馆,1982年版,第147页。
②③ 同上书,第149页。

马尔萨斯的经济学说

托马斯·罗伯特·马尔萨斯(Tomas Robert Malthus, 1766—1834)和萨伊,一直被马克思主义经济学家称作是庸俗经济学创始人,但是他在西方经济学发展史上却有同样较高的地位。这是为什么?可先从他的人口论说起。这不仅是因为他主要靠人口论出名,而且人口问题在经济学中也有举足轻重的位置。社会经济方面的福利问题、就业问题、经济增长问题等无不与人口问题有关。

马尔萨斯以前,不少学者对人口问题已发表过一些有价值的见解,但第一个人口科学的理论体系是马尔萨斯在继承前人成就基础上建立起来的。他最早的人口论著作是1798年匿名发表的《试论人口原理——读葛德文、康多塞及其他作者的推理,论人口原理对社会未来进步之影响》(简称《人口原理》),以后修订再版达6次。葛德文(Godwin William,1756—1836)和康多塞(Marie Jean Antoine Nicolas de Caritat, Marquis de Condorcet, 1743—1794)是当时英国和法国的主张社会改革的思想家,认为人类增加生活资料有无穷潜力,而性欲和繁殖会受到理性控制,因此,社会灾难和不幸不是来自人口过剩,而来自私有制。马尔萨斯为了反驳他们的观点,提出了自己一套人口理论,这套理论可概括为两个公理、两个级数、两种抑制。

两个公理是:"第一,食物为人类生存所必需。第二,两性间的情欲是必然的,且几乎会保持现状。"[①]就如中国古语所云:食色性也。

两个级数是:"人口,在无所妨碍时,以几何级数率增加。生活资料,只以算术级数率增加。"[②]关于人口以几何级数增加,马尔萨斯以北美殖民时期人口增加情况为例指出,人口如果不受什么阻碍,每25年就会增加一倍;至于生活资料增加,他只说是根据对土地性质拥有的一切知识作出的判断。

两个级数使人口增长和生活资料增长不平衡,而两个公理又必须使两者保持平衡。怎么达到平衡呢?马尔萨斯说,靠两个抑制:一是积极抑制,"包括产生于罪恶或苦难的各色各样的原因,或多或少都会缩短人的寿命",如"各种不卫生的职业,剧烈的劳动和受严寒盛暑的煎迫,极度的贫困,对儿童的恶劣保育,大城市的拥挤,各种各样的过度行为,连串整套的普通疾病

[①] 马尔萨斯:《人口论》,商务印书馆,1959年版,第4页。
[②] 同上书,第5页。

和传染病,战争,瘟疫和饥荒"①。二是预防抑制,也称"道德的抑制",即用不结婚、晚婚和严守性道德的办法来降低出生率。他还提出,假如一个人没有抚养子女的把握就去结婚,等于是犯了罪。

马尔萨斯提出其人口理论的用意是明显的:第一,用以说明劳动者失业和贫困是"人口规律"决定的,而与私有的社会制度无关;第二,用以说明私有制度废除不得,因为私有制不但是克服人类好逸恶劳天性的唯一手段,而且是使人口和生活资料保持平衡的最有效制度,因为财产私有情况下,养育孩子是家庭私事,人们生育子女时会理性地考虑有没有能力以及有多少能力养育孩子,而如果实行共产主义,抚养孩子由社会负责的话,人类就会像有些动物一样毫无约束地迅速过度繁殖;第三,用来反对英国当时的济贫法,认为贫穷是生孩子太多造成的,对穷人进行救济,会使他们看不到贫困真正的原因,继续多生孩子,刺激人口增长;第四,用来反对提高劳动者工资,认为工资水平决定于工人数量和生活资料的对比,人口增长超过生活资料增长,工资必然下降,而提高工资只会刺激人口过快增长。

马尔萨斯人口理论后来被证明不符合历史事实,尤其是不符合经济发达国家的历史事实。200多年来,发达国家经济增长了许多倍,而人口增长并不迅速,因而绝大多数劳动者的生活水平大大提高了。为什么呢?第一,生活资料按算术级数增长的假定是建立在土地报酬递减律基础上的,而土地报酬递减要以技术不变为前提。可是200多年来,许多国家尤其是发达国家的技术进步是异常惊人的。今天,在美国,一个农业劳动者生产的农产品不是可养活几个人,而是几百个人。第二,人口繁殖以几何级数增加的假定也是把人和动物混为一谈了。人不像一般动物,是有理性的。事实上,不是生活资料限制人口增长,而是经济和文化越是发达的地方,那里的人口增长越慢,因为那儿的人们越是要追求生活质量,追求物质和文化生活享受,就越不愿多生孩子,以免受拖累。

马克思无情地批判了马尔萨斯,认为失业和贫困是资本主义制度的产物,过剩人口是资本主义产业后备军。当然,我们不能因此认为马尔萨斯人口理论在任何情况下都是不合理、不科学的。否则的话,包括我们中国在内的许多发展中国家为什么要在相当一个时期内提倡并采取必要措施来控制人口呢?应当公正地说,马尔萨斯的人口理论是比较符合经济不发达的国

---

① 马尔萨斯:《人口原理》,商务印书馆,1961年版,第9页。

家和地区的实际情况的。

马尔萨斯在经济理论方面也有自己一套观点。在价值论上,亚当·斯密把决定商品价值的劳动,既说成是这一商品生产上消耗的劳动,又说成是这一商品在交换中所能支配的劳动。大卫·李嘉图抛弃了支配劳动说,坚持了耗费劳动说,而马尔萨斯则抛弃了斯密的耗费劳动说,坚持了支配劳动说,认为商品所能支配的劳动,等于生产该商品所耗费的劳动量加预付资本的利润,也就是商品的生产费用。在通常情况下,人们在生产中不仅使用劳动,还使用资本才能进行生产,使用资本就要求得到利润。如果一个商品的价值只等于生产中耗费的劳动量,就没有利润可言,生产就会停止。

那么,商品价值决定于支配劳动,这支配劳动大小又如何决定呢?马尔萨斯认为,决定于供求,即商品价值是由供给和需求的状况决定的。他把供给定义为"具有出售愿望的待售商品的数量"①,把需求定义为"人们对于该商品的具有一般购买能力的购买愿望"②。他还给有效需求下了一个定义:"商品的有效需求就是一种能满足商品供给的自然和必要条件的需求。"③这些定义尽管用现代的观点看还不完善,但在他那个时代,能对这些概念的含义作出这样的规定,表明他对市场供求关系已有相当深刻的观察和理解,尤其关于有效需求这个概念,他实际上已认识到,有效需求不是任何一种有支付能力的需求,而是支付商品生产所需要的工资、利润和地租,即能支付生产费用的需求④。

看来,马尔萨斯从价值决定于支配劳动出发,从两个方面发展了价值理论,一个方面是生产费用论,另一个方面是供求论。生产费用论要解决商品卖价应当包含哪些内容,供求论要解决商品卖价能够达到多少。不管哪个方面,马尔萨斯从价值决定于支配劳动起,就背离了马克思所指的科学的劳动价值论,背离了建立剩余价值理论的基础。因此,他就被称为英国庸俗经济学的创始人。在这里,庸俗还是科学,完全是用马克思的劳动价值论和剩余价值论作为衡量标准的。但从市场经济视角看,马尔萨斯的价值论并非毫无道理。例如,商品按价值出售,必须要能补偿生产费用,起码的利润是商品能提供到市场上的必要条件,正因为如此,任何一本现代微观经济学教

---

①② 马尔萨斯:《政治经济学原理》,商务印书馆,1962年版,第56页。
③ 同上书,第71页。
④ 蒋自强、张旭昆:《三次革命和三次综合》,上海人民出版社,1996年版,第178页。

材都会坚持包括正常利润在内的成本是决定产品价格的基础。

在收入分配理论方面,马尔萨斯并无多大创造。为了给土地贵族利益辩护,他把地租说成是对地主的勇气和智慧的报酬,也是对其先辈力量和才能的报酬。他还认为地租高昂是一国财富增加的象征,因为正是财富增加了,农产品才会涨价,不但优等地和中等地上的地租(级差地租)会上升,而且最劣等土地上的地租也会上升。他不赞成李嘉图关于劣等地上没有地租的说法,因为他认为地主不愿无报酬出租土地。这是他比李嘉图强的地方。

在谷物法的争论中,马尔萨斯站在土地贵族立场上支持谷物法,拥护农业保护政策。他的主要论点之一是,外国谷物的自由进口会造成对外国粮食的依赖,而依赖外国是危险的,应从国家安全角度考虑粮食的自给。

马尔萨斯另一个值得注意的观点是关于生产过剩的理论。他针对萨伊和李嘉图那种不可能出现全面销售的困难的观点指出:"只要农场主愿意消费工厂主所生产的奢侈品,工厂主也愿意消费农场主所生产的产品,一切就会进行得顺利。但是,如果其中一方面或两方面为了改善自己的生活状况和将来供养家庭的缘故而打算节约,情形就会不大相同。农场主会满足比较简单的衣着而不醉心于丝带、花边和天鹅绒,但是,这种节约,却使工厂主没有能力购买同量的农产品。"①

在此,马尔萨斯的观点很鲜明:要维持生产和就业,必须保持对产品足够的消费需求,否则,经济就会萧条。他认为,为消除消费不足,提高有效需求,应鼓励两种人消费。一是地主,因为地租是农产品价格超过生产成本的差额部分,用地租来增加支出,只会增加有效需求,不会影响成本,而利润和工资都只是生产成本的一部分。二是非生产阶级,包括家仆、官吏、牧师、律师等,这些人的雇用不会增加物品的生产,其支出会增加对物品的有效需求。这种观点暴露了马尔萨斯为土地贵族和寄生性消费者利益辩护的面目,是和当时英国要求增加积累、发展生产力的社会进步车轮背道而驰的。然而,他关于为消除生产过剩危机必须保持足够的有效需求的观点,又有一定可取之处,因而,时隔一个多世纪后,马尔萨斯的这一观点又受到了凯恩斯的青睐。

---

① 蒋自强、张旭昆:《三次革命和三次综合》,上海人民出版社,1996年版,第268页。

第二节 古典经济学的进一步演变：
从西尼尔到约·斯·穆勒

西尼尔为资本辩护 　纳骚·威廉·西尼尔（Nassau William Senior，1790—1864）是19世纪中叶英国经济学家，曾任牛津大学教授，也积极参加政府各种委员会的活动。1836年他发表其代表作《政治经济学大纲》，1837年发表了《关于工厂法对棉纺织业的影响的书信》。他先后在这些论著中提出为资本利益辩护的"节欲论"和"最后一小时论"。

什么是"节欲论"？西尼尔所说节欲或节制，其实就是资本。正如他自己所说："我用节欲一词代替那种当作生产工具来看的资本一词。"[①]为什么要用节欲一词代替资本一词呢？他的说法是，节欲所表示的是节制当前欲望，即人暂不把资本用于非生产性消费，因而是牺牲了当前个人的享受，和劳动者劳动是牺牲了安乐和休息一样，都是一种牺牲，都应得到报酬。工资是对劳动作出的"牺牲"的报酬，利润是对资本家节欲作出的"牺牲"的报酬。没有"节欲"，就没有资本。借助于资本，劳动的生产能力可无限增加。

把资本说成由"节欲"而来，是西尼尔的一大创造。把利润看作是"节欲"的报酬，后来的经济学家都接受和继承这一说法，包括约·斯·穆勒、阿·马歇尔等最有影响的经济学家都是"节欲论"的信奉者。但是，西尼尔的"节欲论"与事实不符，因为大富翁提供资本时并不需要节制自己的消费欲望，而穷人不管如何"节欲"，也省不出什么钱来提供资本。西尼尔提出"节欲论"的目的和意义完全在于说明资本有权利参与价值或者说收入的分配，因为有钱人实行了"节欲"才提供了资本，而资本又提高了生产力。从马克思主义观点看，这显然是为资本家剥削辩护的理论。但从市场经济角度看，参与经济活动的资本确实需要报酬作为激励，否则，资本就会闲置，社会生产就难以发展。利润是资本参与生产的动力，也是实现资本优化配置的调节器，资本流向利润高的地方去的过程，也是资本优化配置的过程。应当把资本家有无权利获取利润和发展生产是不是需要利润这两件事分开。

再看"最后一小时论"。西尼尔在《论工厂法对棉纱制造业的影响的书

[①] 转引自马克思：《资本论》第1卷，人民出版社，1953年版，第654页。

信》一文中提出,工厂主的利润是 11 小时半劳动日的最后一小时创造出来的。论证方法如下:工人每天劳动 11 小时半,全年劳动是 11 小时半乘以一年工作日数,假定每个劳动日生产的年产品价值为 115 000 英镑的棉纱,资本家为此需要花费的固定资本假定是 80 000 英镑,流动资本 20 000 英镑,总利润就是 15 000 英镑。这样,每半小时工人能生产出 5 000 英镑棉纱。这样,工人在 20 个半小时(即 10 小时)内生产 100 000 英镑价值,正好补偿了工厂主垫支的资本,工人在第 21 个半小时内生产 5 000 英镑的价值,补偿了厂房、机器的折旧,只有最后的 2 个半小时(最后一小时)内,工人才生产 10% 的纯利润,即 $100\,000 \times 10\% = 10\,000$ 英镑。因此,全部纯利润是最后一小时生产出来的,如果工作日缩短一小时,纯利润消失,如工作日缩短了一个半小时,即实行 10 小时工作日,"总利润"(西尼尔把折旧计入总利润)也消失了,工厂要倒闭,工人要失业。

他的这个"理论"完全是为了反对当时正在兴起的工人阶级争取 10 小时工作日的斗争。这个理论不仅有最明显地为资本家利益辩护的性质,而且在理论上站不住脚:第一,115 000 英镑不能全算作是工作一年劳动创造的价值,其中 10 万英镑是垫支资本旧价值的转移,就是说,工人 11 小时半创造的新价值只是 15 000 英镑;第二,他一方面假定 10 万英镑预付总资本一年内全消耗掉,由劳动小时创造的价值来补偿,另一方面又说工人要在 10 小时后第一个半小时创造 5 000 英镑价值补偿厂房机器投资损耗的"折旧",这就重复计算了固定资本消耗;第三,"最后一小时论"与"节欲论"也有点矛盾:按"节欲论",利润是对提供资本的报酬,与劳动无关,而按"最后一小时论",利润又是劳动创造的,依存于劳动日长短。看来,西尼尔的本意可能是,"节欲论"要说明资本有没有权利或者说应不应该获得利润,而"最后一小时论"要说明的是利润的真正来源,或者说能不能获得利润。

显然,"最后一小时论"完全说不通。但是从市场经济角度看,不能说毫无意义:工厂主生产上的固定资本是投资在厂房、设备上的花费,并不随产量而变化,相当于现代微观经济学中的固定成本(不变成本)部分。这部分成本分摊的产品量越大,则平均不变成本(即 AFC)就越小,从而在其他条件不变时,单位产品成本即平均成本(AC)就越小,这有利于提高企业在市场上的竞争力。平均不变成本随产量变化,也就是随工作日长短变化。在其他情况不变时,工作日越长,每天生产量就越大,则单位产品成本显然就会越低。在西尼尔那个时代,马克思经济学意义上的剩余价值的榨取,主要还是依赖工作日长短,而不是依赖由科技进步而来的相对剩余价值的变化。可见,西尼尔的理论和计算尽管都有错误,但"最后一小时论"还是讲出了一个道理:工作日长短会关系到利润率高低,关系到产品成本的高低,关系到企业在市场竞争中的生存和发展。

约·斯·穆勒的"综合"

约翰·斯图亚特·穆勒(John Stuart Mill,1806—1873)是 19 世纪英国最著名的经济学家,也是著名哲学家和社会活动家。他是著名经济学家詹姆斯·穆勒的儿子,故又称小穆勒。他从小受过严格教育,曾长期在东印度公司任职。他写过很多著作,经济学的代表作是 1848 年欧洲革命前夕出版的《政治经济学原理以及对社会哲学的某些应用》。这部著作在相当长时间内被奉为政治经济学理论的权威教材,直到 19 世纪 70 年代后才被边际效用学派取代。

约·穆勒的经济学有两大特点:一是综合,二是折中。

综合,指他的经济理论是斯密等人的劳动价值论、生产费用论、供求论,马尔萨斯的人口论,李嘉图的土地报酬递减律论和级差地租论,詹·穆勒的工资基金论,萨伊的销售论,西尼尔的"节欲论"等各种理论的大综合。他的每个基本观点,几乎都有前人的痕迹,没有理论创新的"生气"。

折中,是指他的思想和主张,力图使反映资本利益要求的政治经济学和当时已不容忽视的无产阶级要求来一个调和折中。他一方面认为,资本主义私有财产制度不能颠覆,必须存在;另一方面又受到工人运动和空想社会主义思潮的影响,对工人的悲惨境况表示同情,因而主张对资本主义社会进行改良,尤其是产品分配办法要改进。西方经济学家中一些人在面对市场竞争必然造成的贫富悬殊和尖锐的阶级矛盾形势时常常会提出各种改良主义理论和主张,约·穆勒可说是最有名的开创者。马克思把他称作为"没有生气的折中主义"的最著名代表[1]。他的折中主义在理论上的一个重要表现是他作出了生产规律和分配规律具有不同性质的判断。

约·穆勒认为,生产规律具有永久的自然规律的性质,因为"财富生产的法则和条件具有自然真理的性质"[2]。

---

[1] 马克思:《资本论》第 1 卷,人民出版社,1963 年版,第 XVII 页。
[2] 约·穆勒:《政治经济学原理》上卷,商务印书馆,1991 年版,第 226 页。

生产需要什么条件？穆勒认为，经济社会生产都必须有劳动、资本及自然所提供的材料或动力这三个要素。

穆勒依次研究了生产三要素增加的规律。他认为，生产增加第一依存于劳动，而劳动增加的规律就是马尔萨斯人口论中所说，在无限制时，人口按几何级数增加。在实际生活中，由于人口自然增加力无限制，因此劳动不会成为生产增加的主要障碍。

生产增加第二依存于资本，而增加资本的基本途径，一是要增加生产，二是要节约，反对奢侈。

生产增加第三依存于土地，而土地生产的基本规律是土地报酬递减规律。

根据上述分析，穆勒得出结论：生产增加只受资本不足与土地不足的限制。他还提出，阻碍生产发展的，在亚洲主要是资本不足，在欧洲则是土地报酬递减。

显然，这些理论又不过是斯密、李嘉图、马尔萨斯和西尼尔理论的翻版。

穆勒认为，与生产规律不同，财富的分配纯然是人类制度问题。在财产私有制度下，生产物分配主要由竞争决定。在工资方面，"工资取决于对劳动的需求和供给，换句话说，取决于人口和资本"[①]。在此，人口指被雇用者人数，即劳动供给，而资本指直接用于购买劳动的那部分流动资本，也就是工资基金，代表对劳动的需求。工资水平就取决于这种基金及分享这种基金的人数的比例。这就是工资基金的主要含义。

关于利润，他一方面接受李嘉图的观点，认为利润来自工人剩余劳动，另一方面又采纳西尼尔"节欲论"，把利润说成是忍欲的报酬。他提出，总利润要划分为三部分：一是利息，它是忍欲的报酬；二是保险费，这是冒风险的报酬；三是监督工资，它是企业家从事监督劳动的报酬。他还认为，由于竞争，不同行业中利润具有平均化的趋势。

关于地租，穆勒几乎完全接受了李嘉图的级差地租论，并未加上新见解，只是失去了李嘉图地租论的反土地贵族的锋芒，因为1846年英国已废除了"谷物法"。

穆勒认为，生产与价值无关，分配才与价值有关。因此，他把价值论放在生产与分配以后加以讨论。

---

① 约·穆勒：《政治经济学原理》上卷，商务印书馆，1991年版，第380页。

在价值理论方面，穆勒提出，价值并非商品固有的实在的性质，不过是指交换价值。因此，价值总的说要由供求决定。但如何由供求决定，各类商品有不同的规律。他把商品分为三类：第一类是供给量不能任意增加的，如古董、稀有书籍、特殊葡萄酒等，其价值（实际上是价格）由有购买力的需求决定，而与成本无关；第二类是随劳动与支出的增加，其数量会同比例增加，且单位生产费用不变的商品，即成本不变行业产品，其价值取决于一般的即普通的单位生产成本；第三类是随劳动与支出的增加，其数量也会同比例增加，但单位产品成本在产量达到一定点后，会随产量增加而递减，如农产品，这种产品的价值取决于生产必要的供给量中单位成本最高的生产费用。显然，穆勒在此采用了李嘉图的一些观点，但又修正与补充了李嘉图观点。李嘉图认为，一切商品价值决定于最劣等生产条件下的劳动耗费，穆勒把它修改为工业品价值决定于平均生产费用，农产品价值才决定于必要供给量中单位成本最高的生产费用。

穆勒认为，在国际贸易中，由于以国界为标志的民族政治体设置的障碍，劳动与资本不能自由转移，很难形成一个统一的国际市场价值，因而生产费用决定价值的法则在此不适用。在国际贸易中，商品价值只能由供给与需求的法则决定，他称之为"国际需求方程式"。穆勒这样举例来说明。

假设英国用一定量劳动可生产 10 码毛呢或 15 码麻布，德国用同量劳动生产 10 码毛呢或 20 码麻布。不通商时，在英国，毛呢与麻布的交换比率是 10：15，在德国是 10：20；一旦按自由贸易原则通商，英国将倾向用毛呢换德国麻布，德国倾向用麻布换英国毛呢，双方都可获利。这是李嘉图的比较利益理论告诉的道理。但是，两国货物的交易比率如何决定，李嘉图未予回答。穆勒则指出，英德两国商品需求会随价格而变化。在各种不同交换比率下（即各种价格下），两国对彼此输入的货物的需求量会有增减变化，其中必有一种交换比率足以使两国对于对方货物的需求正好等于对方愿意提供的供给量。这一比率就是货物的国际价值，上述情况可用表 3-1 说明。

在表 3-1 中，第一列，自上而下，表示毛呢换麻布数量逐渐增多，即毛呢逐渐涨价，麻布逐渐跌价，因此，英国毛呢供给逐渐上升，对麻布的需求也逐渐上升，德国的麻布供给和对毛呢的需求的变动正好相反。当毛呢和麻布交换比率为 10：15 和 10：16 时，英国愿供给的毛呢小于德国需求的毛呢，而麻布的需求小于麻布的供给。这种情况就促使毛呢涨价，麻布跌价，即交易比率从 10：16 上升为 10：17。如果这时毛呢和麻布的供求都正好相等,则此比率就是英德两国毛呢和麻布的成交价格。如果说毛呢价格继续上升,麻布继续跌价,则毛呢会供过于求,麻布会供不应求。于是价格仍会回到10∶17的水平。穆勒就是用这样的"国际需求方程式"来说明商品的国际价值的。当然,上面的分析,并没有把运输费考虑进来。

表 3-1 交换比率举例

交换比率	英国供求表		德国供求表	
毛呢换麻布	毛呢供给	麻布需求	麻布供给	毛呢需求
10∶15	8 000	12 000	19 500	13 000
10∶16	9 000	14 400	18 400	11 500
10∶17	10 000	17 000	17 000	10 000
10∶18	11 000	19 800	16 200	9 000
10∶19	12 000	22 800	15 200	8 000
10∶20	13 000	26 000	14 000	7 000

如上所述,可以把"国际需求方程式"的内容概述为:在贸易自由并舍弃掉运输费的条件下,两种进出口商品的交换比率(即国际价值)不是取决于生产费用,而是取决于供求关系;而这两种商品在两个国家间的交换比率(本例中毛呢换麻布的比率是10∶17,即10码毛呢换17码麻布)将使两种商品的出口量正好等于对这两种商品的进口需求量。一般说来,这种交换比率不可能大于不存在国际贸易时的国内交换比率。这就是说,在国际贸易中,生产费用决定商品价值的法则已不适用了,即毛呢和麻布的交易比率既不是按英国生产费用决定的10∶15,也不是按德国生产费用决定的10∶20,而是由国际交换中的供求关系决定的10∶17。然而,生产费用决定价值的法则仍制约着国际间交易比率的上下限。如果毛呢换麻布不到10∶15而是例如10∶14,或高于10∶20,例如是10∶21,则两国都宁可在国内交易,而不会有进出口交易。这说明,降低成本,提高劳动生产率,不仅对企业在国内市场上而且在国际市场上的竞争,都是关系到生死存亡的大事。穆勒的这一理论不仅在实践上意义很大,理论上意义也大,它是对李嘉图比较利益理论的重要补充。

约·穆勒的折中主义也体现在他对经济自由和政府作用的看法以及改

良主义政策主张上面。

关于经济自由主义和政府作用的看法,穆勒也是经济自由主义倡导者和拥护者。他说:"一般说来,生活中的事务最好是由那些具有直接利害关系的人自由地去做,无论是法令还是政府官员都不应对其加以控制和干预。"① 然而,穆勒也不赞成完全的自由放任,不赞成过分限制政府职能。他说:"必要的政府职能要比大多数人最初想象的多得多,不能像人们一般谈论这一问题那样,用很明确的分界线划定其范围。"② 按他的看法,除了自由放任学派严格圈定的保护人身安全及财产安全的政府职能之外,政府还有许多事情要做,例如,制造货币、制定度量衡、填铺街道、修建船港、建造灯塔、修筑防海潮和河流的堤岸等等,这些事即使是最反对国家干预的人,也认为应当由政府来做。还有,用赋税来实现收入再分配,也应当是政府的责任。总之,对公众极有关系的事项,应准许政府干涉。显然,穆勒既主张经济自由,也主张政府有限度地干预经济生活。

关于改良主义思想,约·穆勒属于资产阶级经济学家行列,但又深受空想社会主义尤其是圣西门主义的思想影响。面对当时西欧社会尖锐的阶级矛盾,他十分同情劳工大众的困苦,不满意资本主义现实,但又不想从根本上否定和改变资本主义制度,因此,他提出了一套改良主义理论和政策主张。

在理论上,他提出了一套动摇于资本主义和社会主义之间的捉摸不定的观点:

1. 认为大生产和私有财产制度都是好的。大生产会促进社会财富增长,私有财产制度可保证各人都享有各自劳动和节欲的果实。

2. 认为现有资本主义财产所有权的法律不符合私有财产制度的实质和公平原则。私有财产制度的实质是保证各人享有自己劳动和节欲的果实,报酬和努力成比例才是私有制应遵循的原则,而现有法律没有遵循这种原则,把那些不应成为私产的东西变成私产,把那些只应有条件的私产变成了绝对私产。这种不公正的法律使许多劳动者未得到什么利益,而给另外一些人许多便利,产生了许多社会矛盾。

3. 认为资本主义现行制度的根本矛盾是财产分配不公平,这是征服和

---

① 约·穆勒:《政治经济学原理》下卷,商务印书馆,1991年版,第542页。
② 同上书,第367页。

暴力造成的。劳动产品分配差不多和劳动成反比例分配,越不劳动的人得到越多,劳动越多、越苦、越累的人得到越少,连生活必需品也没有把握得到。资本家和劳动者之间这种对立关系不可能永远维持下去。

4. 认为如果把理想的共产主义同当时西欧资本主义制度比较,可能共产主义要更好一些。但马上实行共产主义则为时尚早,因为人类还没有充分思想准备,况且私有制还大有改善余地。改善后达到最完善的私有制度同共产主义最完善的情况相比究竟孰优孰劣,这个问题现在尚无法回答,只能待将来解决,目前作判断,知识不够。

根据以上这些认识,他提出了以下社会经济改良主张:

1. 改变工资制度,建立生产者协会。在协会中发展劳资合作,使工人也有一定股份,有充分发言权,与雇主共同管理企业,变阶级对立为利害一致的联合。

2. 通过土地税使地租社会化。地租不是地主劳动成果,应交还社会,可通过征收土地税的办法实现。在全面改革前,可先实行扩大自耕农制度,用立法形式,让土地归农民所有。

3. 限制遗产继承权,减少财富分配不均。穆勒承认遗产继承权,但为了避免财富分配不公,促进财富分散化,他建议规定一个接受赠与或继承的最高标准,超过部分不得继承。

穆勒认为,通过这种变革,不用暴力和剥夺,也不用扰乱现存习惯和期待,就可使社会不再分为勤劳阶级和游堕阶级,使非努力而获利者皆归消灭。现存的资本积蓄,依一个自动过程变成参加生产事业者全体的共有财产。

穆勒的愿望可能是良好而真诚的,但这些主张都只是改良主义幻想。

第三节 对古典经济学的挑战

<u>概 述</u> 古典经济学代表资本主义上升时期新兴资产阶级的利益,认为资本主义制度是唯一符合人性的合理的永恒的社会经济制度,主张经济自由,即自由竞争和自由贸易。但是,资本主义自由地迅速发展给不断破产的小生产者和雇佣工人带来了莫大灾难,也给后来要走资本主义道路的国家带来了竞争的威胁。正是在这些背景下,以斯密和李嘉图为代表的古典经济学受到了几方面的挑战:

一是空想社会主义者的挑战,认为资本主义是非理性的社会制度,自由竞争给人类带来的只是空前灾难,主张用社会主义取代资本主义。

二是以西斯蒙第等人为代表的经济浪漫主义者的挑战,认为古典经济学弄错了政治经济学的对象和方法,为生产而生产,造成许多人破产以及生产过剩,只有回到小生产的老路才有出路。

三是李斯特和德国历史学派的挑战,认为政治经济学应当是国家经济学,经济中不存在普遍起作用的规律,因此经济学研究不应当用抽象方法,而应当用历史方法。

空想社会主义的经济学说

在历史上,西欧空想社会主义早在16世纪资本原始积累时期就已出现。1516年英国托马斯·莫尔(1478—1535)写的《乌托邦》就是第一部提出空想社会主义的著作,对资本原始积累给劳动人民带来的苦难表示深刻同情,还提出一套改造社会的方案。与此同时,意大利的托马索·康帕内拉(1568—1639)在《太阳城》一书中也表达了他的空想社会主义理想。17—18世纪在英国和法国又出现了一些空想社会主义思想。之所以在那个时代会出现这些空想社会主义思想,是因为资本主义社会制度虽然在西欧逐步取代了封建社会制度,但劳动人民的苦难并没有消除,而且贫富差距日益扩大,因此会不断产生建立一个没有贫困苦难的理想社会的思想。

到了19世纪初,经过英国产业革命和法国资产阶级大革命,西欧资本主义经济进一步发展,社会矛盾进一步加深。在这样的历史背景下,西欧出现了三大空想社会主义者:法国的昂利·圣西门(1760—1825)、沙尔·傅立叶(1772—1837)和英国的罗伯特·欧文(1771—1858)。就他们的学说对古典经济学的挑战而言,主要有这几方面:

第一,资本主义社会是不是一个理性的文明社会制度?古典学派将资本主义制度和封建制度相对立,认为资本主义是一个符合人性的、自然的、合理的社会经济制度,因为利己主义是人的本性,而资本主义正是符合人的利己本性这样一种社会制度。空想社会主义者对此彻底加以否定,或如圣西门指出的,资本主义社会完全是一个黑白颠倒的世界,统治阶级靠压榨和掠夺过着荒淫无耻的生活,劳苦大众只被当作工具使用。

第二,自由竞争是不是一种好的机制?古典学派竭力歌颂自由竞争,认为自由交换是相互帮助,自由竞争是相互促进,自由竞争才能推动经济发展和社会进步,自由竞争的经济人在活动中尽管考虑的都是自己的利益而绝不是社会公共利益,但他们这样做时却受到一只看不见的手的指导,去尽力达到一个非他本意所要达到的目的,这就是"自利即公益"。空想社会主义者彻底批判了这种观点,或者如傅立叶所说,文明制度(资本主义制度——引者)有一个更突出的破坏性特点,即集体利益与个人利益这两种利益的矛盾。任何人为了自己利益而与别人处于斗争状态。医生希望自己同胞生病,律师希望家家户户打官司,建筑师要求发生大火使四分之一城市化为灰烬等等。他还认为竞争驱使资本家为猎取利润而抬高物价,甚至不惜把产品烧毁掉。自由竞争还造成生产无政府状态和经济混乱。

第三,资本主义制度是不是永恒的?古典学派认为,既然资本主义社会制度是唯一符合人性的合理制度,因此必然会永久存在下去。三大空想社会主义者则都认为,资本主义社会制度绝不是永恒的,只是人类社会历史发展过程中的一个阶段,必然要为更高的社会制度所取代。这个更高的未来社会的基层组织,圣西门称为"实业制度",傅立叶称为"法郎吉",欧文称为"合作公社"。

尽管他们的社会主义思想还是空想的,但是都对资产阶级古典学派的理论提出了严峻的挑战。

西斯蒙第的经济浪漫主义学说

让·沙尔·列奥纳尔·西蒙·德·西斯蒙第(Jean-Chreles-Leonard Simonde de Sismondi,1773—1842)生长在日内瓦——瑞士的法语居民区,深受法国文化影响。他生活在西欧开始建立机器大工业和法国资产阶级大革命的时代。瑞士经济发展与法国相似。那里资本主义经济在迅速发展起来,大量个体农民和个体手工业者面临破产和贫困的命运。西斯蒙第站在小生产者立场上,欣赏瑞士那种自然田园经济和手工业生产,批评资本主义大生产,幻想倒退到自然经济的状况。他的经济思想带有浪漫主义色彩。这样,包含在他的代表作《政治经济学新原理》(1819年)一书中的经济理论就具有与英国古典经济学明显不同的特点。

第一,在经济学研究对象上,反对古典经济学把国民财富及其增长作为研究对象。西斯蒙第指责古典经济学把财富作为对象是为了物而忘记人,为了手段而牺牲目的。政治经济学应当是研究一个国家绝大多数人能够最大限度地享受该国政府所能提供的物质福利的方法的科学。就是说,政治经济学对象应该是人和人的福利,而不是财富本身,财富只是满足人的福利的手段。不能给人以享受或增加享受的东西,就没有价值,也就不是财富。

第二,在经济学研究方法上,西斯蒙第批评古典经济学家斯密和李嘉图只讲抽象和计算,而忽视感情和想象。他认为政治经济学应当是良心和道德的科学,要注意人们的感情、需要和热情。

第三,在经济理论方面,西斯蒙第提出,既然政治经济学的研究对象应当是人和人的福利,那么,消费在经济活动中就应占首位。生产如果是为了消费,就不应该无限制发展。正常社会(实际指小生产社会——编者)中,没有无限的生产刺激,只有不正常社会(实际指资本主义社会——编者)才会有这种刺激。

西斯蒙第还按消费先于生产并应该决定生产的逻辑,提出需求先于供给并决定供给的论点,并且用以反对萨伊和李嘉图的供给会自行创造需求的观点。按他的说法,不是供给自行创造需求,而是需求使供给成为可能。这也就为他提出消费不足的经济危机理论奠定了理论基础。

在西斯蒙第看来,在大生产社会中,消费决定于收入,产品不是用产品购买,而是用收入购买。那么,社会上收入状况又如何呢?在资本主义社会中,由于劳动条件和劳动分离了,工人得到的工资难以养家糊口,而小生产者的队伍又日益萎缩,收入不断下降。当然,富人的收入在增长,但他们收入增量中用于消费的增量在减少,并且富人消费的增加,远远要少于穷人消费的减少。除此之外,西斯蒙第还认为,产品用收入购买,但收入又是生产创造的,今年的收入由今年的生产决定,而购买的却是来年的产品,由于生产年年不断扩大,于是,当年产品总超过去年的收入。这样,产品积压,卖不出去,形成生产全面过剩的危机就不可避免了。他还指出,这个问题也不可能从扩大国外市场寻找到出路,因为国外市场也迟早会饱和。这就样,西斯蒙第从消费不足的角度揭示了资本主义经济危机的必然性。

第四,在政策思想方面,西斯蒙第把希望寄托在国家执政者身上,要求政府保护居民摆脱竞争的后果,呼吁国家调节经济生活,但反对消灭私有制,认为空想社会主义者以合作名义倡议建立一个新的社会制度,以集团利益代替个人利益,这是根本不可能实现的事。他不赞成立法者用平分财产的方法来使人获得幸福,因为这样可能破坏唯一能创造一切财产的劳动热情。那么,他的理想制度究竟是什么呢?

宗法式农业和行会式工业组织是西斯蒙第的理想,但他并不是想完全恢复到中世纪状态。他所要求的是经济发展应当采取宗法制和行会原则，用这种原则来要求资本主义社会。具体地说，就是把城市中的企业和农村中的农场分散成为数众多的作坊，把财产分给为数众多的中等阶层的人。用他的话说，应该使短工"回到私有者阶级那里去"①。

关于回到小生产道路上去的理想，长期以来一直被经济学家和其他一些思想家看作是一种走回头路的浪漫主义，因为从小生产到资本主义大生产是历史的进步，而回到小私有制则是开历史倒车。

李斯特的经济理论

弗里德里希·李斯特（Friedrich List，1798—1846）是19世纪上半期德国工业资产阶级的思想家和社会活动家。在历史上，德国资本主义工业开始发展的时候，遇到了英国工业的强大竞争。如果不实行保护关税，让英法廉价的工业品自由输入，德国工业就发展不起来。可是直到19世纪20年代，德国还是一个落后的封建国家，国内小邦林立，各地有自己的关税堡垒，对外却没有统一的保护关税制度。李斯特代表新兴工业资产阶级的利益和要求，主张建立统一的国内市场，对外实行保护主义。1819年他倡议成立了德国工商业协会，要求各邦联合成统一的关税同盟。1820年，他被选为国民议会议员。后来，因受政府迫害，移居美国。他目睹美国通过保护关税而日益兴旺发达，进一步加深了他的保护主义信念。回国后，他积极主张发展资本主义工业。1841年，出版了《政治经济学的国民体系》一书。他在这部代表作中，围绕保护关税、反对自由贸易、建立和发展德国工业这一基本思想，系统地阐述了一系列不同于古典学派的经济理论和政策主张。

第一，为了说明德国必须实行保护关税，他反对古典学派的政治经济学，而主张建立国家经济学。他把主张开展国际分工、实行自由贸易的经济理论称作世界主义政治经济学。他认为，古典学派的自由贸易理论只有在世界各国是一个世界联盟并有持久和平的情况下才是正确的，但目前世界形势并非如此。如果实行自由贸易，落后国家就会屈服于经济上、军事上占优势的强国。因此，他认为，在目前世界形势下，落后国家需要的不是主张自由贸易的世界主义政治经济学，而是需要国家经济学。所谓国家经济学，就是从各国当前利益和特有环境出发，研究怎样来维持并改进自己的经济

---

① 西斯蒙第：《政治经济学新原理》，商务印书馆，1964年版，第445—446页。

状况，使本国工业发展到先进工业国的水平的经济学。李斯特这个观点，反映了德国工业资产阶级企图对抗英法资产阶级的强大竞争力量，对维护德国经济独立、推动德国工业发展是有意义的。然而，他为了说明政治经济学主要应当研究本国经济发展的特点和条件，而否定了各国资本主义经济发展的普遍规律性，反对普遍的理论概括，实际上就是取消了政治经济学。

第二，李斯特为了说明德国必须保护关税，提出了生产力理论，反对古典学派的价值理论。他把生产力称为财富的原因，把价值称为财富本身。他认为财富的原因比财富本身不知要重要多少倍。如果一个人拥有财富，但没有生产大于他所消费的价值的那份生产力，就会越过越穷；相反，就会逐步富起来。为了发展生产力，有时候财富本身要受到一些牺牲，但从长远看却是合算的。例如，有两个地主，每人每年可积蓄一笔钱。如果其中一个人把这笔钱储蓄起来生利息，另一个人则把这笔钱用来培养教育五个儿子成为有用之才，他们临终时，前一个人会比后一个人富裕得多。但是，后一个家族由于有了生产力会不断富起来，而前一个家族的财产给子孙们越分越小，必然不断穷下去。同样，实行自由贸易的话，向外国购买廉价商品，初看起来似乎比较合算，但这样做的结果，本国工业就发展不起来。相反，如果实行保护关税，开始时可能因产品成本高而产品价格高一些，似乎不如进口外国廉价商品合算，但通过保护关税使本国工业发展起来以后，成本和价格都自然会降下去，甚至会降到进口商品价格以下。因此，保护关税虽然会使价值有所牺牲，却会使生产力有所发展，得失相抵而有余。这个观点反映了德国资产阶级想通过保护关税使工业发展赶上和超过英法等先进国家的愿望，是有积极意义的。

第三，为了说明德国必须实行保护关税，李斯特又提出了生产力平衡或协调的理论。他说，无论哪一种工业，都只有依靠了其他一切工业生产力的联合，才能获得发展。同样，一个国家中各个生产部门之间也要平衡或协调。一个国家的物质生产中最重要的是工业与农业之间的划分与协作。一个国家没有工业，只经营农业，就等于一个人在物质生产中少了一只膀子。如果一个国家只用农产品同国外交换工业品，就等于一个人只有一只膀子，还有一只膀子是借助于外人的。借助于外人的那只膀子也许很有用，但总不及自己有两只膀子的好，因为外人之心莫测。国家自己有了工业，食物和原料就可以尽量按照工业的需要来生产；如果依存于国外工业，那就要受到外国牵制。因此，要发展本国农业，就必须发展本国工业，而不能依赖对外贸易。

第四，李斯特为了说明德国必须实行保护关税，还提出了一套经济发展阶段的理论。他说："从经济方面看来，国家都必须经过如下各发展阶段：原始未开化时期，畜牧时期，农业时期，农工业时期，农工商业时期。"[①]处于第五时期的先进国家可以实行自由贸易，因为它不害怕和别国竞争；而处于未开化时期、畜牧时期和农业时期的国家，需要自由贸易，以便用自己剩余的农产品换取外国的工业品，促进本国经济繁荣，加速向高一发展阶段转化。只有处于农工业时期的国家需要保护关税，以避免先进工业国的竞争。德国和美国就是需要保护关税的国家。李斯特的理论说穿了无非就是：比德国落后的国家，应当和德国自由贸易，以便向德国输送农产品，而比德国先进的国家，德国则应当对它们实行保护关税。

李斯特从各个方面论述了德国实行保护主义的必要性以后，还具体阐述了德国实行关税保护的一些原则和措施。他提出，经济总的说要保护，但并不是所有产业都要保护。对农产品就不要限制输入，限制了就不能从外国取得廉价粮食和原料。对本国尚未高度发展起来的技术和机器也不要限制输入，否则会限制国内工业发展。对高贵奢侈品工业只需要最低限度的保护，只有对国家独立自主有头等重要意义的工业，如纺织工业，才需要保护。显然，这是因为德国工业化初期，纺织工业在国民经济中占有举足轻重的地位，而且又受到英法纺织业的激烈竞争。

由于李斯特的理论和主张不受当权的地主阶级欢迎，加上他一再抨击地主贵族的专制统治，因此，他从美国回德国后继续受到德国当局的迫害，终于在1846年11月30日自杀身亡。但是，他的理论和政策主张促进了德国资本主义工业发展，并对旧历史学派形成产生了不少影响。

历史学派　历史学派是19世纪40年代起在德国产生的一个学派。大体说来，凡不承认社会经济生活中存在普遍经济规律，不赞成抽象法而主张用历史归纳法研究经济学，强调心理、道德和法律等因素在经济生活中作用与地位的那些经济学家，都可归入历史学派。这一学派起先主要对抗英国古典学派，后来主要和边际效用学派和新古典学派相对立，同时也先反对空想社会主义，继而反对马克思主义。

---

① 李斯特：《政治经济学的国民体系》，商务印书馆，1961年版，第155页。

历史学派的演变经过两个阶段：19世纪40—60年代为旧历史学派，创始人是威廉·罗雪尔(Wilhelm Georg Friedrich Roscher,1817—1894);70年代以后直至20世纪初为新历史学派，创始人是古斯塔夫·施穆勒(Gustav von Schmoller,1838—1917)，其他代表人物还有布鲁诺·希尔德布兰德(Bruno Hildebrand,1812—1878)和卡尔·克尼斯(Karl Gustan Adolf Knies,1821—1898)等。

旧历史学派的著作多半是史料堆砌，没有什么理论创造，主要观点和方法可归纳为三点：一是否认社会经济发展中存在普遍的经济规律，因而反对在经济研究中使用抽象法，主张使用历史归纳法；二是从"生产三要素论"和交换方式出发，提出他们的"经济发展阶段论"，如希尔德布兰德将人类社会的经济发展划分为自然经济、货币经济和信用经济三阶段；三是为私有制辩护，批评空想社会主义，如罗雪尔认为，人人都有利己思想，如果财产公有了，每个人都想少劳动、多享受，对社会总节约效果的关心程度必然大大降低，还说私有财产权的合理性是根据每个工人可以把他的劳动果实或者消费掉或者储蓄起来这个天赋权利而发生的。

19世纪60年代起，德国开始了统一运动，普奥战争和普法战争中普鲁士的胜利使德意志帝国终于形成，德国资本主义得到迅速发展，工业产量到80年代已跃升至世界第三位，但国内工人运动也开始蓬勃发展，俾斯麦政府在加强高压政策的同时，采取了一系列缓和阶级矛盾的社会改革措施，包括推行一系列社会保障政策等。在这样背景中产生的新历史学派，一方面进一步发展旧历史学派的传统，另一方面又宣传一整套社会改良的经济政策主张。

新历史学派采用历史统计方法，归纳出的观点主要有：

第一，关于经济发展阶段论的观点，如施穆勒把社会经济发展划分为五个阶段：家庭经济时期、都市经济时期、领地经济时期、国民经济时期和世界经济时期。

第二，关于心理因素和伦理道德在社会经济中地位和作用的观点，如施穆勒说："我们称作'经济'的，是指由互相联属的个人所构成的或大或小的集体，构成这种联属的因素是心理的、道德的或者说是法律的因素。"[①]

---

① 施穆勒:《一般国民经济学大纲》,转引自季陶达主编:《资产阶级庸俗政治经济学选辑》,商务印书馆,1963年版,第341页。

第三,国家至上的观点,如施穆勒说:"没有一个坚强组织的国家权力并具备充分的经济功用,没有一个'国家经济'构成其余一切经济的中心,那就很难设想有一个高度发展的国民经济。"① 这种观点和古典学派强调经济自由完全对立。

在社会改良的经济政策主张方面,新历史学派充分意识到,当时德意志帝国面临的一个严重社会问题是:劳资关系紧张,工人运动迭起。为了缓和阶级矛盾,稳定社会秩序,巩固资产阶级统治,新历史学派竭力从舆论上配合俾斯麦首相的软硬两手政策。施穆勒提出,劳资对立,并非经济利益对立,而是思想感情和教养上有差距。他主张通过工会组织解决劳资争端,不赞成用阶级斗争办法,而且认为一切阶级要服从国家利益,相信国家能通过各种立法和举办公营企业等措施来实现一套改良的政策,解决劳资争端和社会矛盾。

应当说,历史学派在经济学说史上并无多大创造和影响,但是新历史学派中的阿道夫·瓦格纳的财政思想值得一提。由于他积极宣传国家社会主义,强调国家财政的作用,因此在财政学建立上有着很大贡献,并使财政学从经济学的一个组成部分独立成为一个学科,被公认为是近代财政学的创始人。他的四大卷《财政学》可以说是独立的财政学的开山之作。他不但把斯密赋税四原则(公平、确实、方便和经济)加以扩大,并首次主张以赋税作为对财富与收入进行再分配、缩小贫富差距的工具,主张对低收入者应当免税或者轻税,对收入和财富多的国民要实行累进税。他还提出一个后来被称为"瓦格纳公共活动递增定律"(简称为"瓦格纳定律")的观点,即国家活动或者公共活动有越来越扩大的趋势,因此公共经费也会越来越大。瓦格纳指出,工业化经济必然伴随公共经费在国民总产值中份额的日益增大,原因有三:第一,随着社会发展,行政管理、法律、公安费用以及调节经济活动会相应增加;第二,国家提供文化和福利活动的需求的收入弹性将大于1,即收入提高会使这些服务的需求以更大比例增加;第三,经济发展使工业垄断增加,这就需要国家予以控制。对此"定律"后来也有人(如布坎南)加以否定,但大多数人认为,公共经费扩大是一个经常趋势,因而成为现代财政学中一个不可忽视的理论。

---

① 施穆勒:《一般国民经济学大纲》,转引自季陶达主编:《资产阶级庸俗政治经济学选辑》,商务印书馆,1963年版,第344页。

复习思考题

1. 略述萨伊的生产论、生产三要素论和按要素分配论之间的关系。
2. 评述萨伊法则。
3. 略述马尔萨斯人口论的主要观点以及这些观点对经济理论的影响。
4. 简述在生产过剩危机问题上,李嘉图、萨伊、马尔萨斯和西斯蒙第这四人观点的异同。
5. 评述西尼尔的"节欲论"和"最后一小时论"。
6. 约·穆勒的经济学说有什么特点?
7. 空想社会主义者在哪些方面对古典学派的经济思想提出了挑战?
8. 西斯蒙第的经济思想和古典学派有哪些区别?
9. 略述李斯特的经济理论和古典学派的区别。

第四章 边际革命

19世纪70年代初,英国的杰文斯、奥地利的门格尔和法国的瓦尔拉斯相互独立地而又几乎同时发表了三部具有相同理论倾向的著作,即《政治经济学原理》《国民经济学原理》和《纯粹政治经济学纲要》,标志着西方经济学演进中一个重要转折的发生。这是从斯密到约·穆勒的古典时代结束而以边际主义兴起为特征的新古典时代的开始。许多经济学家把经济学史上这一重大转折称为"边际革命"。

第一节 边际主义兴起背景及其先驱

边际主义兴起的背景 边际主义在19世纪70年代初期的兴起,可能很难从英、奥、法三国有什么共同的社会背景中去找,相反,倒与这三位学者的学术环境和知识结构可能有更多的联系。从学术背景看,当时在英国占统治地位的经济学是古典经济学,但无论是劳动价值论、生产费用论,还是工资基金论,都已越来越难以说明现实生活。经济学要另找出路,尤其是价值由什么决定,需要有不同于古典学派传统解释的新理论,这种新理论就是效用价值论。

至于边际效用论正好由他们三人几乎在同时提出,可能是偶然巧合。但由他们各自独立提出,或许与他们各自的知识结构有关。据说,杰文斯和瓦尔拉斯都从小就受过边际效用论思想的启蒙教育,后来都专门学过数学,熟悉微积分,这为他们从事边际分析提供了良好的思维工具。至于门格尔的学说,由于奥地利和德国的传统相似,而德国是历史学派占据统治地位,因此,他不是接受这种学派的影响,而是接受了德国屠能、戈森等人观点的影响,并推进了从效用或者说人类欲望出发来说明价值的传统。并且,在经济学需要历史归纳法还是抽象演绎法问题上,门格尔和历史学派之间存在激烈的争论。

关于边际革命的原因,至今国内外学术界尚无定论。不管是什么原因,从 19 世纪 70 年代起,边际主义的兴起确实引起了经济学范式的一次重要革命,经济学实现了古典范式到现代分析范式的转变,并且正是有了这种转变,经济学才正式开始成为一门在可供选择的不同用途之间分配有限资源以实现最佳目标的科学。边际学派都承认,一个人所拥有的有限资源有多种用途时,一定会按使各种资源在使用中的边际效用相等的原则来配置资源,而资源在整个社会的优化配置又只有通过自由竞争才能实现。于是,古典学派的自由竞争思想又获得了新的理论支撑,古典经济学进入了新古典阶段。

边际主义的先驱

边际主义兴起于 19 世纪 70 年代,但其起源至少可追溯到 18 世纪上半叶。

有边际主义思想的先驱人物有一批,其中最重要的有屠能、古诺和戈森三人。有关屠能和古诺的思想放到下面叙述,现在先说戈森。

德国经济学家赫尔曼·亨利希·戈森(Hermann Heinrich Gossen, 1810—1858)是边际效用论的直接先驱。他在 1854 年发表的《人类交换法则及人类行为规范》一书中,建立了一个相当完整的主观主义经济理论体系,为后来以边际效用论为核心的边际主义经济学的产生奠定了理论基础。

戈森理论的出发点是最大幸福原则。他认为,人们渴望从生活中得到享受,生活的目标是最大的满足,这种满足就是效用。效用大小可用物品给人们提供满足的大小来衡量。如果人们的行为遵循一定规律,就能取得最大享受。

戈森从人们的消费行为中发现了两大规律:

第一,消费者在消费过程中,对同一物品的享受,随着需求的逐步满足,感觉的享乐程度会随着这种物品的增加而递减,直到出现感觉上的饱和状态。这就是边际效用递减原理。这一原理后来被称为戈森第一定律。

第二,如果消费者在一定时间内有多种可供消费的物品,他要取得最大享乐,就必须把这些物品一部分一部分地加以享用,当消费行为结束时,应当使相同时间里取得的每一种物品的最后(或边际)单位的效用相等。这就是所谓边际效用均等原理。这一原理后来被称为戈森第二定律。

现在用门格尔设计的一张图表来说明上述戈森定律(见表 4-1)。

表 4-1 戈森定律举例

I	II	III	IV	V	VI	VII	VIII	IX	X
10	9	8	7	6	5	4	3	2	1
9	8	7	6	5	4	3	2	1	
8	7	6	5	4	3	2	1		
7	6	5	4	3	2	1			
6	5	4	3	2	1				
5	4	3	2	1					
4	3	2	1						
3	2	1							
2	1								
1									
0									

表 4-1 中的罗马数字表示可选择的多种物品享受,其重要性由 I 到 X 递减。例如,I 代表最迫切的需要,比方说是对食物的欲望,意义最大,第 1 单位为 10,而以下各种物品重要性依次递减。罗马数字下的阿拉伯数字表示物品效用随消费数量增加而递减。例如,第 I 种物品随消费量从 1 单位到 10 单位递增时,其边际效用(增加 1 单位消费时所增加的效用)逐渐从 10 递减到 1,第 11 单位边际效用为 0,以下各种物品情况相同。显然,如果他同一时间内能消费 10 单位物品的话,为取得最大效用总量(最大享乐总量),他应当消费 4 单位 I、3 单位 II、2 单位 III、1 单位 IV,这时各种单位边际效用都是 7,而取得的效用总量是 80,任何其他选择,都不能达到 80。

戈森还研究了一个人如何从劳动中获得最大享乐的问题。他认为,人们一方面从劳动中可获得有用的产品,从而得到享受,但这种享受会随着劳动量从而产量增加而递减;另一方面劳动本身是一种痛苦,且这种痛苦会随劳动量的增加而递增。劳动者要从劳动中得到最大享乐,应当在劳动产品的最后享乐等于劳动的最后痛苦时停止劳动。

戈森还认真分析了交换均衡的条件,认为人们相互交换多余产品时,各人得到的享乐量会增加,交换应当进行到使其中每一种物品的"最后一个原子"给每个人提供等量效用,双方都得到最大享乐量时为止。

戈森的这些理论,改变了经济学的研究方向,由最大利润生产变为最大满足的追求,由如何创造更多资源变为如何将既定资源加以最佳配置以获取最大效用总量,这对 19 世纪 70 年代开始的边际革命确实产生了直接的影响。

第二节 奥国学派

门格尔的经济理论

边际主义从产生时起,似乎就有两种倾向:一些人强调以数学方法阐述经济理论,一些人强调主观心理感受在经济理论中的作用。前者称为数理学派,后者可称心理学派。以门格尔为创始人的奥国学派属于后者,现在先予叙述。

卡尔·门格尔(Carl Menger,1840—1921)从多方面开创了奥国学派(又称奥地利学派)的边际效用理论。

第一,关于"经济财货"及其与所有权关系。门格尔认为,物品在一定条件下(人类对该物品有欲望,物品有满足欲望的性质,人们对这种性质有所认识,人们可支配此物)才成为财货。当财货需要量大于能支配的量时,这种财货就是"经济财货"。当某财货需要量大于支配量时,一部分社会成员的欲望就不能满足,人类利己心就会发生作用。各人就要排除他人来占有经济财货,不占有经济财货的人与占有经济财货的人就要发生利害冲突。占有者就感到有必要通过社会法制来对付他人可能发生的暴力行为,以保护自己所有的财货。这就是现代法律秩序尤其是财产私有制的经济起源。只有在非经济财货面前,人们才是共产主义者。随着社会发展,人类的需要不断增加,许多非经济财货逐渐变成经济财货。这样,按门格尔的看法,共产主义事实上不可能实现。这显然是一种为私有制存在辩护的理论。

第二,关于价值的性质及尺度。他认为,财货价值依财货对人的福利的重要性而转移,价值不过是经济人对财货在维持其生命与福利方面的重要性所下的一种判断。就是说,财货的本质是主观的,只有经济财货才有价值。价值的尺度也是主观的,财货的价值对于一个人来说,等于各种欲望满足中重要性最小的欲望满足对于这个人所具有的意义。例如,假定某一经济人要完全满足对某一财货的全部欲望(这种欲望按其重要程度分为从 10 到 1 共 10 个等级)需要 10 单位财货,但实际上他只有 7 单位,这时,他必须以这 7 单位财货来满足其重要度从 10 到 4 的欲望,这时,每单位财货的价值就是 4，如果他只有 3 单位，每单位价值就是 8（参阅表 4-1 中的两条虚线）。

第三，关于价格形成的理论。他提出，无论是孤立交换、单方竞争交换，还是双方竞争交换，价格形成的下限都由需求者规定（他们总倾向价格越低越好），可称需求价格，而上限由供给者决定（他们总倾向价格越高越好），可称供给价格。这一理论后来被庞巴维克发展成为边际对偶论。

第四，关于生产财货的价值。他提出，高一级财货的价值依存于它所生产的低一级财货的价值。能直接满足人们欲望的财货称第一级财货，如面包。生产第一级财货所必需的东西，如面粉、盐、设备、工具和面包师劳动等，称第二级财货；为生产第二级财货所必需的东西，为第三级财货；依此类推有第四、第五级财货。前一级财货与后一级财货相比，前者是低一级财货，后者是高一级财货。对高一级财货的需求由人们对低一级财货的需求引起。问题是，低级财货价值是由几件高级财货合作生产出来的，如何计算这些高级财货它们各自的价值呢？他提出了一种所谓"缺少法"。例如，若三种高级财货合作生产的低级财货价值为 10，缺其中一件时所生产出来的低级财货价值若为 6，则缺少的那件高级财货的价值就是 4。后来，这种理论为其后继者维塞尔发展成为"归属论"。

维塞尔的要素收益自然归属论

弗里德里希·冯·维塞尔（Friedrich von Wieser, 1851—1926）继承并发展了门格尔的学说，其中最有名的是他提出了生产要素收益自然归属论。这种归属论，实质上就是他的收入分配理论。

维塞尔在经济史上最先提出"边际效用"名称，他认定价值由边际效用决定，并且和门格尔一样认为生产财货的效用由它所生产的消费品效用决定。经济原则要求从既定生产财货中取得最大可能的收益，因此，最大可能收益的价值应成为对生产财物估价的基础。

任何一种产品都要由几种生产要素合力作用生产出来，各种生产要素应得多少呢？或者说各贡献多少，从而应得到多少收益呢？维塞尔采用解联立方程的方法确定生产收益价值的自然归属原则。举例来说，艺术家用铝制作艺术品，艺术品价值＝艺术家劳动的价值＋材料的价值。但这一公式还难以判定两种要素的价值分别是多少，这需要通过比较来解决问题。比方说，用铝制作日用脸盆时价值很少，而艺术家制作其他艺术品时价值很高,于是就可大体断定,铝制艺术品中归属铝的价值较少,而归艺术家劳动的价值较高。究竟各多少呢？可用解联立方程办法解决。例如,各种要素的未知数价值假定为 X、Y、Z,它们之间不同组合生产出不同价值的产品：$X+Y=100, 2X+3Z=290, 4Y+5Z=590$。将这些方程联立,则方程组的解,即三种要素的价值分别为 $X=40, Y=60, Z=70$。维塞尔认为,如果把按这种方法计得的归于各个生产要素的收益称为"生产贡献",那么,所有产生贡献之和恰好会尽总收益的价值。这种归属法或者说归算法是对门格尔的"缺少法"的补充和发展。按"缺少法",归属于各要素的价值之和,有可能大于或小于这些要素合作生产的产品的价值,但按维塞尔的归属法,各要素得到的价值之和必定等于产品总收益的价值,因为归属于各要素的收益价值是通过解联立方程而来的。

庞巴维克的边际对偶论和时差利息论

欧根·冯·庞巴维克（Eugen von Böhm-Bawerk, 1851—1914）是奥国学派理论的集大成者。他不仅清晰地阐述了边际效用学派的价值论,而且在此基础上提出了"边际对偶"价格论和"时差利息"论。

在阐述边际效用价值论时,他提出"效用"是价值的源泉,是形成商品价值的必要条件,但效用必须和物品"稀少性"结合才会有价值,因为财货是否有价值取决于人们对它的主观评价,价值只是表示物品对人的福利关系。例如,同样一杯水,对一个住在泉水边上的人,可有可无,无足轻重,但对于一个在沙漠中旅行的人来说,就成为他幸福不可或缺的条件,若丢了这杯水,就要受极大痛苦。因此,同样一杯水,对前者只有效用,没有价值,而对后者,这杯水不但有用,而且有价值,因为它稀少。那么,价值量又如何决定呢？庞巴维克提出,价值不决定于物品的总效用,也不是物品的平均效用,而是它的最小效用,用维塞尔的称呼,就是边际效用。庞巴维克还举例说,有一个原始森林中的农民,收获了五袋谷物。他用第一袋来维持生活,第二袋来增加营养、健壮身体,第三袋来饲养家禽,第四袋来做酒,第五袋来养鸟供观赏。显然,这五种需要的重要性是依次递减的,也就是说,五袋谷物的效用是依次递减的。这个农民对第一袋谷物效用的评价如果是 10,以下各袋效用评价也许分别是 8、6、4、1。这最后一袋谷物是用来满足他一切需要中最不迫切的需要的,即养鸟观赏的,因而效用最小,评价只有 1。这一袋谷物的效用就是最小效用,也就是边际效用。边际效用不仅决定最后一袋谷物的价值,而且决定所有五袋谷物的价值。这是因为每一袋谷物的品质和数量都是一样的,所以无论失去哪一袋,他都会舍弃最后一种需要,使前面四种需要得到满足。可见,要用来养鸟的那袋谷物的效用(即边际效用),决定五袋谷物中每一袋的价值。如果这个农民只有四袋谷物,那么第四袋谷物的效用就成了他拥有四袋谷物时的边际效用,决定所有四袋谷物中每一袋的价值。他由此引申出一个理论:如果对某一商品的需要不变,这一物品的数量越多,边际效用就越小,这一物品的价值就越小。如果某一物品数量多得使一切需要得到满足以后还有剩余,那么这一物品的边际效用就等于零,因而就没有价值。

庞巴维克在说明价格形成时,从一对孤立的买者和卖者说起,认为在此场合,价格将以买者对商品的主观评价为最高界限,以卖者的主观评价为最低界限,决定于两者之间某一点上。接着,他又分析许多买者单方面竞争或许多卖者单方面竞争的情况,最后扩展到有许多买者和卖者的双边竞争,形成"边际对偶"概念。下面举个例子说明,见表 4-2。

表 4-2 边际对偶形成价格

买　　主		卖　　主	
A_1 对一匹马的评价(而且愿意用低一些的价格买进)	30 镑	B_1 对一匹马的评价(而且愿意用高一些的价格卖出)	10 镑
A_2	28 镑	B_2	11 镑
A_3	26 镑	B_3	15 镑
A_4	24 镑	B_4	17 镑
A_5	22 镑	B_5	20 镑
A_6	21 镑	B_6	21 镑 10 先令
A_7	20 镑	B_7	25 镑
A_8	18 镑	B_8	26 镑
A_9	17 镑		
A_{10}	15 镑		

在表 4-2 中,A_1 和 B_1 都是最有竞争力的买者和卖者,但由于有许多

买者和卖者，A_2 和 B_2、A_3 和 B_3、A_4 和 B_4、A_5 和 B_5 都可能成交，但 A_6 和 B_6 就不可能成交；从表 4-2 中数字可见，成交价不会高于 A_5（22 镑）或低于 B_5（20 镑），另一方面，也不会高于 B_6（21 镑 10 先令）或低于 A_6（21 镑）。这样，A_5 和 B_5 是达成交易的边际一对，A_6 和 B_6 是达不成交易的边际一对（"边际"是"最后"的意思）。这两对边际对偶的最高价和最低价界限各有其作用。成交价格决定于边际对偶的主观估价所设定的界限内。显然，这一理论还只是设定了一个供求双方的成交价上下限区间，究竟它在哪一点上，庞巴维克没有给出答案，要到后来由阿·马歇尔的均衡价格论予以解决。尽管如此，这种"边际对偶"论毕竟从主观价值论角度为供求均衡的价格论提供了一种边际效用论的解释。

什么是"时差利息论"？庞巴维克提出："现在的物品通常比同一种类和同一数量的未来物品更有价值。"所谓现在物品是指现在能直接满足消费需要的物品；未来物品是指生产性物品和耐久性消费品，它与满足未来需要有关。为什么现在物品比同量未来物品更有价值？他说原因有三：第一，需要和供给的状况在现在和未来是有差别的，这种差别使那些现在需要没有得到很好满足而预期未来情况会好转的人，对现在物品的估价会高于未来物品。第二，对现在和未来估价有差别。人们考虑未来需要时，可能是由于想象力差，对于未来考虑不完善，或者由于意志上的缺陷，还可能害怕人生短促无常，因此习惯于低估未来需要及未来物品，更看重当前需要和现在物品。第三，现在物品在技术上一般是能优先满足人类需要的手段，比未来物品有更高边际效用。假定一个渔夫，赤手空拳每天可捉 3 条鱼，都吃掉了。如果他能借到 90 条鱼，并约定一个月后归还 180 条。他用借来的鱼维持一个月生活，并在这期间造出一只船和一张网，于是下个月就可用船和网来捉鱼，每天不是 3 条，而是 30 条，一个月就可捉 900 条，还掉 180 条，还有很多剩余。这就是说，有了现在物品（消费品），就可以凭它生活，留出时间来制造生产工具，再用生产工具进行效率高很多的生产（如用船和网捕鱼）。这样一种运用自己所支配的生产要素（如劳动、资本、土地等），首先制造另一种财货即中间产品（例如这里的船和网），然后再依靠这种中间产品去生产所需要的财货（例如这里的鱼），这种生产方法可称迂回的生产方法，也可称资本主义生产方法，但要作迂回生产，必须先有现在物品，有了生活资料，就可进行资本主义生产，制造更多产品。这就是现在物品技术上的优越性。上述三个原因独立地或相互地起作用，就使现在物品比同种类、同数量的未来物品有较高的主观价值,利息就是对现在物品高于未来物品的评价所产生的价值上的差额,称为"时差利息"。

时差利息有多种形式。一是借贷利息,这是债务到期时债务人支付给债权人的时间贴水。二是企业利润,这是时差利息的基本形态。企业生产时购买的生产资料和劳动,物质上是现在物品,经济上是未来物品,因为它们不能直接用来满足当前消费需要,必须经过生产过程才能成为现在物品,从而价值随之增加,这增加的价值就是利润。三是耐久物品利息即租金(包括地租)。耐久物品包括工具、住宅、服装和土地等,它们的特点是在技术上能够提供多次连续的服务,耐久物品的价值就是由一连串多次服务的各个价值所组成。根据现在物品在评价上要高于未来物品的原理,一项在技术上和本年服务完全相等、但必须到来年才能实现的服务,比本年的服务的价值要小;另一项必须在两年后才能实现的相同服务,其价值更小一些,如此类推。因此,耐久物品的价值不可能是当前服务的价值和服务总次数的乘积,而是各个递减着的价值的总和。举例来说,假定一台机器能正常工作6年,它第1年提供的服务的价值为100,假定时差率为5%,那么第2年的服务在开始使用时应看作是未来的服务,因此按现在的评价只值95.24(100÷105%=95.24)。同理,第3年的服务值90.70,第4年值86.38,第5年值82.27,第6年值78.35。因此,机器的价值不是6×100=600,而是:100+95.23+90.70+86.38+82.27+78.35=532.93。庞巴维克认为,耐久物品(机器)的所有者在获得本年度的效用100时,在机器的总价值中损失的只是78.35这最后一次服务的价值。两者的差额21.65便是纯利润,这就是机器的租金,也就是时差的贴水,即利息。地租则可看作是具有无限使用年限的耐久物品的利息,由于土地的最远期服务的价值无限小,所以土地的总收益就是纯收益。

"时差利息论"从人们心理感觉加上时间因素说明利息产生原因,不但受到马克思主义的彻底批判,也受到当时其他边际主义学者的尖锐批评,包括瓦尔拉斯、威克塞尔、门格尔、维塞尔等都认为,这种理论是站不住脚的错误的理论。话虽如此,自从庞巴维克提出"时差利息论"以来,认为财富尤其货币是具有时间价值的观点就不胫而走,原因还是认为有了货币,就可进行运用资本的生产,而资本具有生产力,即迂回生产比赤手空拳生产效率要高很多。

第三节 数理经济学派

数理经济学派的先驱

虽说从杰文斯、瓦尔拉斯和帕累托起,数理经济学派才算正式形成,但古诺和屠能是数理经济学派两位重要的先驱人物。

法国学者安东尼·奥古斯丁·古诺(Antoine Augustin Cournot,1801—1877)可说是数理经济学的鼻祖,他在其重要著作《财富理论的数学原理研究》一书中,运用数学方法(主要是微分法)对商品价值量变动与供求量变化之间的相互依存关系作了开创性研究。

古诺首先对需求规律即价格和需求之间的函数关系作了探讨,指出:一般说来,一物品越便宜,对它的需求就越大,需求量和价格之间存在一种函数关系:$D=F(P)$。需求会随价格上升而下降,而对任一物品来说,销售收入是价格和销售量的乘积,即 $PF(P)$。什么样的价格才会使 $PF(P)$ 最大呢?古诺以一个矿泉水独占者为例说明,要使 $PF(P)$ 达到最大值,必须将 $PF(P)$ 求导并令其为 0,即要使 $F(P)+PF'(P)=0$ 来确定 P,而且其二阶导数应为负值。在此例中,古诺假定生产者没有生产费用(自流矿泉水),因此,销售收入就是利润,收入极大,就是利润极大。但如果生产者成本不是零,而有生产费用,在这样的条件下,生产者竭力追求的最大值,就不是总收入,而是纯收入或 $PF(P)-\Phi(D)$ 的函数,式中 $\Phi(D)$ 是费用。显然,古诺所谓纯收入就是利润,利润极大的 P,同样可通过对纯收入函数求导并令其为 0 求得。对于古诺那个时代来说,这是一个了不起的发现。

古诺对"垄断""双头垄断""寡头垄断"以至"无限制竞争"(即以后所称"完全竞争")等各种不同条件下的价格决定,都作出了数学上的解答。其中,无限竞争价格决定的结论对边际分析来说似乎更有意义。他的结论是,在无限竞争条件下,价格等于局部产量的生产费用。在生产成本会随产量而变动的情况下,它就是最后一单位产量的生产费用,即边际费用。古诺的这些分析,可说是西方经济学历史上最早运用边际分析方法对厂商理论所作的系统研究。他指出,在垄断市场上,获取最大利润的价格高于双头垄断,而产量低于双头垄断市场,随着出售者数目增加,价格越来越低,产量会越来越高,直到无限竞争为止。对于古诺来说,探索出这样的一些原理,确实显示了他作为数理学派重要先驱者的非凡智慧。

德国经济学家约翰·亨利希·屠能(Johann Heinrich von Thünen,1783—1850)是边际生产力分配论的重要先驱,也是数理经济学的拓荒者之一。他在自己的代表作《孤立国》中,从一个孤立的领地设想出发,假设此领地为圆形,其中心有一个唯一需要农产品的城市,又假设领地的土地肥沃程度相同,各地到城中心运输条件一样,在这样的条件下,各种农业生产(包括牛奶、森林、打猎等)应如何安排? 在此,他提出了一个产品的运输成本及其他条件(例如是否容易腐烂)决定着它应建立在什么地区为宜,这被后人称为区位理论。在《孤立国》里,屠能也系统阐述了边际生产力的概念,他认为,当一个企业(如耕田)雇佣新工人时,新工人所生产的东西往往比旧工人少。农场主给每个工人的工资,只等于他从最后雇佣工人所得来的产量。资本的生产力也有同样情况。和劳动一样,最后使用的资本单位的生产力,决定利息的标准。他又进一步论证说,在同一块土地上,追加使用更多的资本和劳动,固然可以增加农产量,但也会增加成本。劳动者的增加,只会达到这一地步:通过最后雇佣的劳动者而得到的额外产物,在价值上等于这一劳动者得到的工资。这最后雇佣的劳动者所得到的工资,必须构成所有同等技巧和能力的劳动者工资标准,因为同样的劳动服务,不可能有不相等的工资。这种说法和后来美国经济学家约·贝·克拉克的边际生产力的分配论简直不相上下。说他是数理学派的先驱是因为,他把各种经济变量之间的一般相互依存关系用一套方程式具体表现出来。例如,他创立的一个自然工资的公式 $W = \sqrt{aP}$,就企图用来表示对资本与劳动二要素合力生产的剩余应给劳动者分配多少的数量关系。在这个公式里,a 表示领到工资的人每年用掉的数量,P 表示国内净产品的价值。这个公式是这样推导出来的:在一定时期的生产过程中,唯一生产费用是工资,国民净产品的货币价值是 P,工资总额是 W,则总利润(屠能视利润、利息是同一回事)应当为 $P - W$。于是利润率就是 $\frac{P-W}{W}$,假定人们领到工资,用掉一定数量为 a,其余部分 $W - a$ 按现行利率(屠能认为利润率和利息率是同样的)进行投资,并赚得 $\frac{P-W}{W}(W-a) = P - W - \frac{aP}{W} + a$。如果利润(利息)要极大,只要让上式的一阶导数为零,即 $\frac{\mathrm{d}\left(P - W - \frac{aP}{W} + a\right)}{\mathrm{d}W} = -1 + \frac{aP}{W^2} = 0$。这样就得到 $W^2 = aP$ 或 $W = \sqrt{aP}$。这个公式和结论看来近乎滑稽,但反映了屠能力图通过运用微分方法找出经济变量之间的数量关系。

杰文斯的经济理论

威廉·斯坦利·杰文斯（William Stanley Jevons, 1835—1882）是用数理方法表述边际经济理论在英国的创始人，《政治经济学理论》（1871年）是其代表作。杰文斯认为，商品价值取决于效用，但效用不是物品固有的属性，效用的产生与人的需要密切相关。效用会随商品数量增加而递减。一定量商品中最后一个增加量所提供的效用最小，这一效用量和这一商品增量的比率，杰文斯称之为"最后效用程度"。设 X 代表某人拥有的商品量，U 代表 X 所提供的效用，那么，U 会随 X 变化而变化。再假设 ΔX 代表 X 的一个增量，ΔU 代表这一增量所提供的效用，那么，$\frac{\Delta U}{\Delta X}$ 就是效用程度。如果 ΔX 变得无限小，即 $\Delta X \rightarrow 0$，则 $\frac{\Delta U}{\Delta X}$ 这个公式的极限可写成 $\frac{dU}{dX}$。杰文斯把现有商品量中那个无限小的最后增量的效用程度称为最后效用程度。他认为，当一种商品有多种用途时，要取得最大效用，就应当使分配在每一种用途上的商品量所得的最后效用程度相等，用公式表示是：$\frac{dU_1}{dX_1} = \frac{dU_2}{dX_2}$。这里，$X_1$ 和 X_2 就是商品 X 分配在两种用途上的数量。显然，这是戈森第二定律的翻版。

杰文斯用最后效用程度理论来说明商品交换比率。他认为，市场上交换者为了要通过交换取得利益，总是要比较相交换的两种商品的最后效用程度，以决定他愿意放弃多少自己的商品，换进多少对方的商品，以便从交换中获得最大效用量。他举例说，如果甲只有谷物，乙只有牛肉，甲以一部分谷物换乙的一部分牛肉，甲乙双方通过交换后得到效用总和都会增加。假定通过交换后，甲乙两人各自拥有的一定量谷物和牛肉中，10磅谷物和1磅牛肉的边际效用对甲乙两人来说相等，那么，交换将停止进行，两者交换比率便确定为 10 磅谷物换 1 磅牛肉。这是因为，随着交换的进行，甲拥有的谷物量逐渐减少，牛肉量逐渐增加；乙的情况则相反。只要甲觉得 10 磅谷物对他的边际效用还不及 1 磅牛肉的边际效用大，乙也觉得 1 磅牛肉的边际效用不如 10 磅谷物的边际效用大，甲乙双方都将从交换商品中得益，因而交换会继续进行下去；但随着甲身边谷物的减少，谷物的最后效用程度逐渐增加，而随着他身边牛肉的增加，牛肉对他的最后效用程度将逐渐减少,对乙来说,情况则相反,交换将进行到甲乙两人拥有这两种商品的效用对于甲乙双方都恰好相等为止。如果再交换下去,甲乙双方所得效用都要小于所失效用。

杰文斯还用数学公式表达这一理论。他令 $a=$ 甲原有谷物量,$b=$ 乙原有牛肉量。当 x 量谷物同 y 量牛肉相交换后,甲的谷物量 $=a-x$,牛肉量 $=y$;乙的谷物量 $=x$,牛肉量 $=b-y$。再令 $\Phi_1(a-x)$ 代表谷物对甲的最后效用程度,$\Phi_2 x$ 代表谷物对乙的最后效用程度,又令 $\Psi_1 y$ 代表牛肉对甲的最后效用程度,$\Psi_1(b-y)$ 代表牛肉对乙的最后效用程度。dx 和 dy 分别代表谷物和牛肉的最后的最小加量。要使交换达到均衡状态,即交换不再继续进行下去,谷物和牛肉的最后最小加量所提供的效用量必须相等,也就是必须:$\Phi_1(a-x) \cdot dx = \Psi_1 y \cdot dy$,亦即:$\dfrac{\Phi_1(a-x)}{\Psi_1 y} = \dfrac{dy}{dx}$。由于同一时间内同一市场上同一商品不能有两种不同的价格(杰文斯称之为"无差别法则"),因此,无限小量的交换比率与总量交换比率是相等的,也就是 $\dfrac{dy}{dx} = \dfrac{y}{x}$,于是 $\dfrac{\Phi_1(a-x)}{\Psi_1 y} = \dfrac{y}{x}$。同样,乙也只有在 $\dfrac{\Phi_2 x}{\Psi_1(b-y)} = \dfrac{y}{x}$ 时才会得到满足而停止交换。由此可见,两人交换商品时,两种商品交换的比率 $\dfrac{y}{x}$ 将等于交换后各人手上所有的这两种商品数量的最后效用程度比率的倒数。杰文斯的交换论表明,在市场经济中,交换只有在能给双方带来更多效用(或者说福利)时才会发生。

杰文斯还用建立在最后效用程度理论基础上的交换论来说明,一个人应当劳动多少才能给自己带来最大的效用。他提出,劳动变化的法则是,劳动本身带来的痛苦会随劳动量增加而递减。人们在劳动中,先会经历一段不适应引起的痛苦,等越过不再痛苦的时刻,感到的就是快乐。随着劳动时间的延长,快乐逐渐下落,待越过不再快乐时刻之后,愉快转化为痛苦,而且继续劳动下去,痛苦按递增速度增加。另一方面,劳动又是一个获得报酬从而得到效用的过程。劳动产品能给劳动者带来效用。但效用变化服从于效用递减规律。当劳动者从产品中得到的边际效用,等于劳动本身引起的边际痛苦(边际负效用)时,就会中止劳动。这时,他从劳动中得到的总和效用最大。上述分析可用图 4-1 表示。

图 4-1 中横轴表示劳动时间,也是劳动产品量(因为时间长,产品也

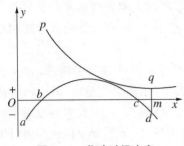

图 4-1 劳动时间决定

多)。纵轴的正区间表示快乐或效用,负区间表示痛苦或负效用,abcd 曲线表示劳动本身的感受变化,pq 曲线表示劳动产品效用的变化。在 m 点上,$qm = dm$,表示劳动带来的效用(实际是产品带来的效用)与负效用相抵消。增加劳动会使 $dm > qm$,净增是痛苦,劳动者减少劳动有利;若减少劳动使 $dm < qm$,净增是效用,继续增加劳动有利,只有在 m 点上,劳动量分配最为合理。他还用微积分符号表达上述原理:$\frac{dL}{dt} = \frac{dx}{dt} \cdot \frac{du}{dx}$,或简写成为 $\frac{dL}{dt} = \frac{du}{dt}$,即当最后痛苦程度 $\frac{dL}{dt}$ 等于最后效用程度 $\frac{du}{dt}$ 时,劳动者从一定的劳动(t 长度的劳动时间)中获得的效用最大。根据这一原理,他认为,劳动者增加还是减少劳动,取决于追加商品的效用与延长劳动时间带来的痛苦这两者间的权衡,并认为只有生活必需品的劳动者,其生产物越少劳动越勤奋,其生产物越多劳动越松弛。劳动时间随工人真实工资增加而减少这一趋势表明,各种普通工人似乎一般更愿意增加其闲暇而非财富;劳动的痛苦会迅速增加,将效用增加抵消。这一原则也适用于一些经营成功的富裕商人。但对于律师、医生尤其是科学家和艺术家等高级劳动者来说,即使劳动取得成功,他们仍能够以新的努力和激情工作。杰文斯这些理论,有一些显然与事实不符。一是在资本主义制度下劳动者究竟劳动多少,并非取决于追加劳动所获得的商品的效用与延长劳动的痛苦这两者的权衡比较,而是取决于他们为取得基本生活必需品至少要劳动多少时间以及雇主的劳动纪律。雇主要你每天劳动 10 小时,你作为雇员,敢劳动 9 小时吗?除非你有能力不靠雇佣劳动而生活,你就必须劳动 10 小时。二是把普通劳动者和富裕商人看作一样的人,也不合实际,富裕商人根本就不存在延长劳动时间有多大痛苦之事。但杰文斯上述理论中也含有一些有价值的观点。他关于劳动量分配的原则,即根据追加劳动带来的效用和负效用权衡比较的原则,实际上是为后来新古典经济学家关于劳动者如何根据工资率来安排劳动时间和闲暇的理论以及后弯劳动供给曲线的理论吹响了序曲。他关于科学家和艺术家的创造性思维的劳动不遵循劳动效用和负效用比较原则的论述也是符合实际的。杰文

斯对地租、工资、利润及资本四者问题,也都有自己的理论,而且对这些理论的分析也都采用数学分析的方法,足见他确是数理经济学的开拓者之一。

瓦尔拉斯的一般均衡论

马力-爱斯普利·莱昂·瓦尔拉斯(Marie-Esprit Leon Walras,1834—1901)是法国著名经济学家、洛桑学派创始人,曾长期在洛桑大学任教。其代表作是《纯粹政治经济学纲要》(1873年写成,1874年和1877年分两卷出版)。他在书中所建立的一般均衡理论在西方经济学说史上具有极重要的影响。他的一般均衡分析,用数学方法加以表述,从而也就与杰文斯一起成为数理学派的创始人。

瓦尔拉斯在他的纯理论经济学中,也把人类最大效用原则作为他们全部行为的准则,以经济人最终如何获得最大效用作为经济学研究对象,把理论经济学研究范围限定在资源合理使用或最优配置领域内。他与杰文斯以及下面要讨论到的阿·马歇尔的区别在于,不是讨论局部均衡,而是试图揭示经济现象的普遍联系,即一般均衡,从而不能再局限于运用简单方程式,而需要用解联立方程式的方法。

瓦尔拉斯和门格尔、杰文斯一样,也是从物品的边际效用说明价值的,但他的用词和门格尔、杰文斯有差别。边际效用是奥国学派的称呼,杰文斯的称呼是"最后效用程度",瓦尔拉斯的称呼是"稀少性"。所谓"稀少性",按瓦尔拉斯的说法是人们消费一定商品时最后一单位欲望所感受的满足程度,也就是最后需要的强度。他根据边际效用论分析商品交换比率问题。和杰文斯一样,他认为不同商品所有者通过交换会使各自获得的效用增加,而在完全自由竞争市场上,交换双方要获得最大效用量(即最大限度满足)的条件是,经过交换,双方认为他们拥有的两种商品的"稀少性"的比率(即两种商品的最后需要强度的比率)恰好等于两种商品价格或交换价值的比率。显然,这个结论和杰文斯的结论是一样的。

但是,杰文斯要说明的是两种商品之间交换的比例,而瓦尔拉斯则把分析从两种商品扩大到全体商品范围,力图说明全体商品交换比例怎样决定。就是说,他的分析不局限于两种商品交易如何达到均衡状态,而是分析市场上所有商品交易如何达到均衡状态,这种分析就是一般均衡理论。

瓦尔拉斯的一般均衡理论简单、通俗说来就是:市场上一切商品价格都是相互联系、相互影响、相互制约的;一种商品的供给和需求,不但会随这种商品价格变动而变动,而且会随其他有关商品价格变动而变动。例如,猪肉供求变动,固然可能由猪肉价格变动引起,也可能由牛肉价格变动引起,因为猪肉和牛肉之间有一定替换关系,消费者不吃猪肉可以吃牛肉。同样,猪肉供求变动不但会影响猪肉价格,还会影响牛肉价格,牛肉供求变动不但会影响牛肉价格,还会影响猪肉价格。总之,一种商品价格不会孤立地只和这种商品供求相联系,还会和其他各种商品的价格和供求相联系。因此,任何一种商品的价格和供求必须同时和其他商品的价格和供求联合决定。当一切商品的价格恰好使得它们的供求都相等时,竞争市场就达到了均衡状态。这种均衡就是一般均衡,这时的价格就是一般均衡价格。

然而,产品价格形成不能只局限于产品间关系,因为产品是由各种生产要素(土地、人力及资本财货)结合起来生产的,产品价格必然受到各种生产性劳动价格即地租、工资和利息的影响,因此,必须研究生产性劳动价格的形成,及其如何与产品价格的形成结合在一起同时被决定。

在瓦尔拉斯体系中,有四个经济主体:土地所有者(地主)、人力所有者(工人)、资本所有者(资本家)和生产组织者(企业家)。他们在市场上相互联系。生产均衡要求:第一,生产性劳务市场供求一致,确立生产劳务价格(工资、利息、地租、利润),它通过生产性劳动市场上生产性劳务所有者与企业家之间的竞争来完成;第二,产品市场供求一致,确立产品价格,它通过产品购买者与售卖者之间的竞争达到;第三,产品出售价格与生产该产品的生产劳务的成本相等,它通过企业家追求利润为目的的生产活动实现。

瓦尔拉斯接着建立一套方程体系来说明生产处于均衡时产品和生产性劳务的价格如何同时决定。同样,生产方程组在数学上的解,在现实经济生活中是通过市场上自由竞争得到的,但趋于生产均衡的摸索过程更为复杂,因为人们不但需要调整产品以及生产要素的价格,而且需要调整生产的产品数量及由此需要的生产性劳务的数量。瓦尔拉斯认为,地主、工人和资本家提供或保留所持有的生产性劳务,也要受最大欲望满足原则支配,即交换后,他们供给的生产性劳务的交换价值与保留直接消费的劳务的稀少性成比例。

瓦尔拉斯的一般均衡理论在经济学说史上有着重大而深远的影响。他提出的实现生产一般均衡的种种前提条件,包括完全竞争、信息充分等等,在现实生活中几乎不可能存在。然而,正如无摩擦的物体运动只有在真空中才有可能的事实,不等于有关无摩擦运动的力学定律没有意义一样,瓦尔拉斯的一般均衡理论揭示了经济生活中各种产品和要素之间存在着相互供求、相互影响的错综复杂的关系,也揭示了通过竞争的价格机制对实现资源优化配置的重大意义。

由于瓦尔拉斯以边际效用论为基础展开一般均衡分析存在着不少局限,因此他的后继者帕累托对它加以改造,使这一理论进一步得到发展。

<u>帕累托的主要贡献</u>　维尔费雷多·帕累托(Vilfredo Pareto, 1848—1923)是瓦尔拉斯亲自物色到的接任自己在瑞士洛桑大学讲席的著名学者,是洛桑学派的另一位创建人,他致力于阐述瓦尔拉斯的一般均衡理论,并在多方面作出了重大发展,其主要学术贡献包括以下三个方面。

第一,提出序数效用论和无差异曲线。帕累托同意前人提出的边际效用价值论的基本思想,并提出要用"满足欲望的能力"表示"效用",用"基本满足欲望的能力"表示"边际效用"。但是,他认为效用是难以用具体的数字加以衡量的。而在他以前的一些边际主义者尤其是奥国学派总认为,效用可以假定用基数(1,2,3,…)来计量,这可称为基数效用论。帕累托则认为,效用确实是消费者个人的偏好,但作为心理活动却无法用数字加以估量,然而可以对各种物品的效用的大小进行比较,就是说,人们的偏好虽无法作加减计算,但可以根据偏好程度作序数(第一、第二、第三等等)排列。例如,若人们面前有1千克酒加1千克面包,或1.2千克酒加0.9千克面包,我们无法判断前一组合的效用究竟比后一组合的效用是大多少或小多少,但可以判断前者效用比后者大还是小,或是一样大小,即更偏好前者还是后者,或是偏好无差异。如果存在有这样两组无差异偏好的组合,就完全有可能存在更多无差异偏好的组合,假定这些组合是:

　　面包……　1.6　1.4　1.2　1.0　0.8　0.6
　　酒　……　0.7　0.8　0.9　1.0　1.4　1.8

帕累托把这种可以无限扩大的序列称为无差异序列,并把无差异序列的值标在坐标图上作出一条无差异曲线,如图4—2所示。

在图4—2中,OA 表示面包量,OB 表示酒量。如果以 Oa 表示1千克面包,Ob 表示1千克酒,则 m 点上就表示这一组合,把同样偏好的不同组合点连接起来,就可以得到一条无差异曲线 nms。如果某消费者有更大值的

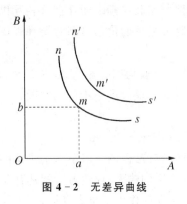

图 4-2 无差异曲线

无差异序列（例如 1.1 千克面包和 1.1 千克酒，1.4 千克面包和 1 千克酒等等），则可以作出另一条在 nms 曲线右上方的无差异曲线 $n'm's'$。同样，也可以有表示更小值的无差异曲线在 nms 曲线左下方。总之，可以有表示各种不同值的无数条无差异曲线布满在 OBA 表示的这个坐标图平面上，形成一个无差异曲线群。

帕累托还根据形成无差异序列的各种商品之间相互关系的性质，提出无差异曲线有多种不同的形状。例如，形成无差异序列组合的 A 和 B 之间是互补的，还是互相替代的，还是相互完全不能替代的；如果有替代关系，那么是部分可替代，还是完全可替代。根据这些不同的关系，可作出不同形状的无差异曲线。他还提出了不同形状的无差异曲线也有一些共同点，还曾说明他的无差异曲线是来自经济学家艾奇渥斯的契约曲线的启发。

第二，提出"帕累托最适度"的社会经济福利的论题。这是一个关于集体的满足达于最大化的标准问题。这是现代新福利经济学中一个重要的论点。对这个论点，帕累托有过几处论述。一处论述的大意是：一个集体的各成员，如果处在这样一种条件下，便会享受最大限度欲望满足，这种条件是，不可能发现任何一种稍微离开这一状态就使他们所享受的满足增加或减少的方式。这就是说，任何偏离这一状态的微小变动，必然造成一些人乐于接受，而另一些人难以接受的后果。打个比方说，如果某种物品分配方式能够使集体内的各成员得到的享受达到最大，这种方式一定具有这样的特点：稍微偏离一点这种方式，就会造成使他们获得的享受减少的后果。

帕累托在另一处又作出论述，其大意是：如果对一种状态或者说方法作了一点变动，集体中每个成员福利会增加，说明原来的状态不是最优的，没有达到最适度状态，而对它所作的变动，使大家福利增加，这种变动是一种改进。这被后人称为"帕累托改进"。如果对一种状态所作的变动，使大家获得的福利比没有变动时更小，这种新状态当然也不是最适度的。如果一种变动使一部分成员福利增加了，另一些成员福利减少了，则这种变动所造成的状态也不属于"最适度状态"。

后人把这种"最适度状态"称为"帕累托最适度状态"，或者说"帕累托最优状态"。概括地说,"帕累托最适度"是指集体或全社会范围内的一种均衡状态,在这种状态下,全体成员的欲望满足不能减少,也不能再有增加,也不存在一部分人的满足增加而另一部分人的满足减少的情况。

怎样才能实现这种最适度状态?帕累托认为,在完全的自由竞争的条件下,这种最适度的均衡状态,无论在交换中还是在生产中都有可能达到。帕累托的均衡思想实际上包含一个理念:自由竞争将使人类获得最大限度的福利,任何一种强制,包括政府的强制,都有可能降低社会福利。

第四节 边际分析在经济学中的意义

什么是边际分析

自从19世纪70年代边际革命以来,边际分析作为研究经济问题的一种基本方法逐渐被普遍采用。什么是边际分析方法?透过奥国学派和数理经济学派中每一位学者所讲的边际概念,边际分析是指考察一变量的增量(如增加一单位的消费物品)对其他变量(如对效用)的影响的一种经济分析方法,其出发点是各经济主体(如消费者、生产者)对于各种经济变量的变动所作出的反应不是决定于有关的经济变量的总量,而是决定于这些经济变量的最后一单位增量,即边际量;从而各种经济均衡状态都是由各种边际经济量决定的。

例如,假定有一个消费者要进行一项搜寻价格低而质量相同的商品出售地点的活动。搜寻活动带来的收益是以较低价格买到该商品,而成本则是所费的时间的价值、交通费及鞋底磨损费用等。显然,消费者延长搜寻过程所带来增加的收益和成本都是变化着的:通常增加搜寻所带来的增加的收益(即边际收益)会递减(因为调查的商店越多,未调查到的商店出售价格低于已发现的最低价格的可能性就越小),但每增加一次搜寻所增加的成本会递增(因为起初的市场调查只花他一小部分业余时间,时间成本较低,随着搜寻的继续,消费者不得不占用一部分本来有重要安排的时间,因而时间成本会递增)。随着搜寻的次数的增加,一定会达到边际收益与边际成本相等的地步,这时的搜寻活动给他带来的总收益就是最大的,因而搜寻到此为止。这就叫达到了均衡状态。在此,该消费者对搜寻次数变动作出的反应,就不是决定于搜寻带来的总收益或总成本(总量),而是决定于这些变量(收益、成本)的最后一次增量(边际收益、边际成本)的对比。

经济学需要边际分析　为什么经济学需要边际分析？众所周知，经济学研究稀缺资源的优化配置，而经济学要能成为一门研究如何在可供选择的不同用途之间分配有限资源以实现最佳目标的学问，就离不开使用边际分析方法。例如，消费者要用既定的货币收入选择各种消费品时，若要求得最大效用，必须使各种消费品的边际效用之比等于它们的价格之比，也就是使每1元钱购买到的边际效用相等。再如，厂商在有限的成本总量条件下生产某产品要使效益最好，就必须这样来使用各种生产要素：使各种要素的边际产量之比等于要素价格之比，也就是使每1元成本得到的边际产量相等。

当然，厂商均衡理论中的边际成本等于边际收益只是一个原则、一个趋势，现实经济生活并不总会按这种原则来做，但作为资源优化配置的一个原则，并不会因为现实生活中的实际干扰而被否定。

事实上，正因为边际分析在经济学中广泛应用，才会有数理经济学，微积分才会在经济学舞台上有用武之地。因此，经济学家可以对边际效用价值论提出这样那样的质疑和否定意见，但在经济研究中使用边际分析，是被普遍认同的。

复习思考题

1. 为什么说戈森是边际主义的重要先驱？
2. 门格尔怎样说明经济财货与财产所有权的关系？
3. 门格尔怎样说明商品价值的性质和价值的决定？
4. 门格尔怎样说明高级财货价值决定？
5. 略述维塞尔的要素收益自然归属论。
6. 评述庞巴维克的边际对偶论和时差利息论。
7. 为什么说古诺和屠能都是数理经济学派的先驱人物？
8. 杰文斯怎样用数学公式表述最后效用程度价值论？怎样用数学公式说明两种商品交换比率和劳动者最佳劳动时间决定？
9. 略述瓦尔拉斯的一般均衡理论在经济学说史上的重大影响。
10. 略述帕累托的经济学贡献。"帕累托最适度"的含义是什么？
11. 略述边际主义兴起在经济学发展史上的作用和意义。

第五章 新古典经济学的形成

第一节 新古典经济理论体系的奠基者——马歇尔

阿弗里德·马歇尔(Alfred Marshall，1842—1924)是19世纪末20世纪初的西方经济学家中最有影响的人物，是英国"剑桥学派"的创始人，是西方传统经济学的集大成者。他不仅对过去和当时各种经济学说兼收并蓄综合调和，构建了一个微观经济学理论体系的基本框架，而且他本人在经济学的几个领域中提出了许多创造性见解，有力地推动了经济学的发展。

生平、时代和著作

马歇尔出生在英格兰一个银行职员家庭，其父原打算把他培养成一名传教士，因而他幼年时代宗教信仰很强，上学后对自然科学尤其是数学有兴趣。1861年进英国剑桥大学学习数学，1868—1877年在剑桥大学任数学讲师，后来他的兴趣逐渐转向经济学。1885年被剑桥大学聘任为经济学教授，直到1908年退休，在此期间他还参与英国政府政策咨询活动，退休后仍从事研究和写作活动。

马歇尔所处的年代，可说是英国资本主义发展的黄金时期。资本主义经济的蓬勃发展，不但使资产阶级财富迅速增长，广大工人生活水平也有了不同程度的但却是明显的提高。但是，穷苦的劳动者人数仍很多。从小就受宗教熏陶的马歇尔对劳苦大众很同情，并多次到穷苦人居住区域作过访问调查。他认为，经济学要研究是否必然有许多人生来就注定要做苦工，对于贫困是否必然的问题应给予最大的关心。他把贫富差别扩大看作是自由放任资本主义产生的弊端之一。他主张对社会现状进行改革。但是，他既不相信社会主义，认为集体主义会使经济停滞，甚至会破坏人生的私人家庭联系中最美好、快乐的东西；也不相信政府干预，认为政府官员对经济进步的贡献很小。他认为,依靠私人经营的资本主义制度才是以往经济发展的根本原因,因此,社会改良的领导权应由实业家来掌握。经济自由是马歇尔经济学的主基调。

马歇尔写过多部著作,1890年出版的《经济学原理》是其代表作。该书曾被西方经济学界看成是划时代著作,认为这本书所阐述的经济学说,是马歇尔在继承英国古典经济学(从亚当·斯密、大卫·李嘉图以来一直到约·穆勒的传统经济学)传统基础上,根据时代发展起来的经济学中的新思想(尤其是边际效用理论)对古典经济学作出的创造性发展,因而马歇尔有时也被称为新古典经济学的创始人。直到20世纪30年代,他在这本著作中所阐述的经济理论一直在西方经济学中占据支配地位,并被他的后继者不断完善补充,成为现代微观经济学的基础。30年代后,马歇尔经济学这种支配地位虽让给了凯恩斯主义,但作为微观经济学基础的地位仍没有变化。以萨缪尔逊为代表的新古典综合,其实不过是把凯恩斯经济学和马歇尔为代表的新古典经济学加以综合而已。

马歇尔经济学说之所以有这样的地位和影响,与其研究方法和特点分不开。

方法论特点　马歇尔经济学从方法论看有如下四个特点。

一是强调心理因素对经济生活的作用,认为政治经济学是一门研究在日常生活事务中过活、活动和思索的人们的学问,主要研究在人的日常生活事务方面最有力、最坚决地影响人类行为的那些动机。这些动机分为两类:一类是满足欲望,这类动机为人们从事经济活动提供动力;另一类是避免牺牲,这类动机为人们的经济行为提供了制约。人的动机难以用统一尺度直接衡量,但可以通过货币来间接衡量。例如,人们希望得到多大的满足,可通过愿支付的价格间接地测量出来。

二是运用进化论分析社会经济现象,强调"连续原理"在经济研究中的作用,认为支配生物发展的规律也适用于人类社会,社会和生物界一样,只有渐变,没有飞跃。经济学中存在并适用一个"连续原理"。什么是"连续原理",马歇尔并未作出定义。大意是各种经济现象和一些经济范畴,以及一些看似相互对立的经济学说之间,其实都是相互渗透、相互关联,而并非泾渭分明,它们的区别都只是相对的,具有一定连续性,如商品的"正常价值"和"市场价值"的区别,仅仅是均衡时间长短上的差别,而时间本身又是连续的。再如,经济学中的旧学说与新学说,后者也并非是推翻前者,仅是补充和完善前者而已。正因为如此,马歇尔才能把历史上各种经济学说加以协调,汇合成为一个有机的理论体系。

三是重视数学分析,尤其是重视边际增量分析方法的应用,认为许多现象的变化,与总量的关系,没有与增加量关系那样大。产品的生产、交换和分配,同产品的"边际增量"之间存在一定的连续的函数关系,因而必须运用边际分析方法。这也是"连续原理"的运用。

四是运用局部均衡分析方法。马歇尔在著作中大量使用均衡概念来说明许多经济变量如何被决定。他所谓均衡,指相反力量达到的均势。均衡有局部均衡与一般均衡之分,局部均衡分析就是假定各种条件(如技术、资源、人口和其他商品价格等)不变情况下,孤立讨论某一市场中一种商品的价格怎样受供给和需求这两种相反力量的作用而达到均衡。

过去我们的一些经济学说史著作常把马歇尔这些方法形成的经济学说说成是折中主义大杂烩,是把历史上各种不同的庸俗经济学理论加以调和折中。例如,把生产费用论和边际效用论调和拼凑在一起,形成一个庸俗的均衡价格论体系,真正属于创造性的东西很少。

诚然,马歇尔说过,在形成均衡价格时,供给和需求的作用犹如剪刀的上下刃一样,但并没有认为在价值决定上供给和需求是半斤八两一样重要,相反他认为,只是在短期内,需求才在市场价值形成时更起作用,而在长期内,商品正常价值形成时,供给起着决定性作用,而正常价值才是商品价值的基础。因此,在价值决定中起根本的决定性作用的是供给,是生产费用,正因为如此,马歇尔才被认为是古典路线的继承者,他只是要用边际效用的新思想来充实和完善古典价值论而已,为此,他的学说才被称为是新古典经济学。

从实际情况看,马歇尔的整个理论体系确实是前人思想的综合,然而,这种综合并不是各种不同的经济学观点的简单拼合,而是融会贯通,加工组装成了一套新的经济理论体系,犹如人们用砖、木料、钢筋、水泥造成了一座大厦,就再不能说大厦还是砖、木料等等。经济学说史上各种不同的观点本来不过是经济思想演进长河中一个个支流,最终将会汇合到一起。这种汇合而成的新理论体系,不能再把它看成是原来各种观点的机械凑合,犹如无数细小江河汇合成长江,总不能说长江还是这些支流。就拿边际效用论和生产费用论结合均衡价格论来说,本来,只用生产费用说明价值,或只用边际效用说明价值,都是片面的,难以对价值决定作出完美而令人信服的解释,经马歇尔加工整理,以生产费用说明供给价格,以边际效用说明需求价格,再加进均衡的时间因素,勾画出短期市场价值到长期正常价值的动态图景,确实就使本来难以弄清的价值现象得到了清楚的说明。这难道是简单的调和折中吗?

确实,马歇尔理论中许多东西并非他首创,但是,经过他加工、提炼,就有了新的含义和作用,并成了均衡价格理论体系中的有机组成部分。例如,需求弹性概念早就由古诺提出并加以论述,甚至在古诺之前,更早就有人曾萌发需求弹性思想的火花,然而,都从未引人注意,也未能正式成为理论。马歇尔对此加以系统阐述,并说明了弹性的衡量及影响弹性的各种因素,并相应提出供给弹性理论,从而正式形成一套弹性经济学理论。再如,消费者剩余概念,早在马歇尔之前,法国工程师杜布衣和英国经济学家里明·金肯也曾有过类似说明,但在他们那里,还只是称为"消费者地租",应用范围较狭窄。而马歇尔则将之发扬光大,因而也不能认为只是简单搬用。又如,报酬递增、递减问题,前人也分别早有所论及,但马歇尔运用这两种定律再加上报酬不变,形成一套完整的报酬定律并给三者下了明确定义,再用几何图形加以显示,画出 U 形成本曲线。以上几例说明,马歇尔对前人观点的运用,绝非简单搬用,而是加工改制,也可以说是再创造。再说,马歇尔理论库中的东西,也并非全是从前人手里接来,有不少是他的独创。例如,供给理论中的内部和外部经济概念,对外贸易理论中的提供曲线等。可见,不能认为马歇尔学说只是对前人理论的简单归纳和集中。应当公道、客观地把马歇尔评价为一位具有划时代意义的经济学大师,是把英国古典经济学推向新时代的最重要的代表人物之一。

需求理论

马歇尔以前的一些重要的政治经济学著作,包括萨伊、西尼尔以及约·穆勒等人的代表作,内容也包括生产、分配、交换和消费几大部分,但一般都先讨论生产,而马歇尔的《经济学原理》在阐述了经济学对象和若干基本概念后,理论分析首先从消费者的消费需求开始。这既是对古典传统理论体系的一种脱离,也为此后西方微观经济学体例树了一个框架。从此以后,几乎所有西方微观经济学教科书,都从分析效用和需求开始。

马歇尔虽然也是边际效用论者,但他不像其他边际主义者那样认为价值直接由效用和稀少性决定;他认为效用直接决定的不是价值,而是需求或需求价格,需求要和供给相结合,才能决定均衡价格即价值。

马歇尔提出,效用是与欲望相关的名词,尽管欲望不能直接衡量,但可通过愿支付的价格来表现。当一个人要买进一件东西时,他刚被吸引购买的那一部分,可称边际购买量,边际购买量的效用就是这件东西对他的边际效用。物品的边际效用可以用货币衡量。一个人对任何 1 单位物品刚好愿付的价格称需求价格,而他对最后购买 1 单位物品愿付的价格就称为边际需求价格。边际效用递减规律可通过边际需求价格递减规律表现出来。

在马歇尔看来,要了解一个人对某物的需要,必须确定在每一个价格上他愿买多少。他举了消费者在不同的茶叶价格上愿意购买的数量说明,随着价格的下降,购买量会逐渐增加,购买价格和购买量之间这种关系用一一对应的数量表格显示出来,就是需求表,用几何图形表示,就是需求曲线。把一个市场上各个人的需求表加总,就能从单个人的需求作出一个市场的需求表和市场需求曲线,并由此得到一条普遍的需求规律:需求量随价格下降而增大,随价格上升而减少。

马歇尔还强调,需求规律不适用于某些特殊事物,如结婚蛋糕、外科手术等。另外,这条规律还要以其他条件不变为前提。他还指出需求量与需求是不同概念。需求量变化指价格下降或上升时购买量如何变化,需求变化指同一价格水平时由于某些条件(如收入)变化而使购买量发生变化,对应着需求曲线的移动。

价格变动时,需求量究竟以多大幅度向相反方向变动,要用需求弹性理论加以分析。需求弹性理论是马歇尔需求理论的一个重要部分。尽管这些概念在他之前已有人说过,但从未有人像他那样作系统深入分析。他不但对需求价格弹性作了明确界定,还用代数公式及几何图形作了精密分析。他认真研究了影响弹性系数的诸因素。从此以后,弹性理论就成了西方微观经济学不可缺少的内容和分析工具。

消费者花费一定量收入或者一定量财富进行消费时,应选择怎样的消费方式才能取得最大效用?马歇尔明确提出了与其他边际主义者同样的论点,即效用极大化的消费者选择要遵循如下三点原则:

(1) 如果消费者手中某物品具有几种不同的用途(例如毛绒可以制袜子,也可制背心)时,他应当把其数量分配得使每个用途上的边际效用都相等。这就是边际效用均等原则。

(2) 一定量货币用于购买几种消费品时,必须使买进的消费品的边际效用之比等于它们价格之比,即让每1单位货币购买到的边际效用相等。

(3) 同一物品在现在的需求与未来的需求之间的配置必须趋于获得同样的边际效用。由于物品的未来价值低于现时价值,因此,应采用"折扣"形式把未来价值转换成现时价值,使得它在现在用途与未来用途上的数量配置都能取得相同的边际效用。

这些原则,就是后来西方微观经济学中关于消费者选择的一些基本观点。

马歇尔在需求理论中,还提出了一个在福利经济学和国际贸易等理论中被广泛应用的消费者剩余的概念。消费者剩余用经济衡量,是消费者为购买此物而愿付出的价格减去购买此物实际付出的价格之剩余额。例如,假定每磅茶叶价格为20、14、10、6、4、3、2先令(英国货币单位名称)时,一个人分别愿买进1、2、3、4、5、6、7磅,而实际价格现在是每磅2先令。这样,第1磅茶叶他本愿付20先令,实际只付2先令,于是获得18先令的剩余;第2磅获得12先令剩余……依此类推,他最终用每磅2先令价格买进7磅茶叶的这一购买行为中,共得到45先令的消费者剩余。消费者剩余可用图5-1表示。

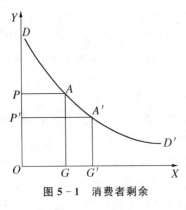

图5-1 消费者剩余

在图5-1中,DD'为需求曲线,曲线上每一点到OX轴(表示数量)的垂直距离都表示消费者为购买一定数量商品所愿支付的价格。当价格为OP时,购买量为OG,这时消费剩余是$\triangle DPA$所表示的面积;当价格下降为OP'时,消费者剩余增加到$\triangle DP'A'$所表示的面积。

供给理论

马歇尔的供给理论,继承并大大发展了传统理论,首先是传统的生产三要素说,马歇尔都接受,并对劳动与资本的含义作了一些新的解释。例如,关于劳动,他讨论了影响劳动数量的诸因素,更分析了影响劳动质量的诸因素,着重阐述了发展教育对于提高劳动者素质的重大作用。关于资本,他实质上也同意西尼尔的"节欲"论,认为利息是对"节欲"所作牺牲的报酬,然而,他认为"节欲"这个词易引起人们误解,因为财富的最大积累者是非常富有的人,他们用不着节俭意义上的"节欲"就能积累资本。因此,他提出用"等待"或"延缓"来代替"节欲",意思是要不要积累资本,实际是现在的满足与延缓的满足之间的选择,财富积累含有满足的某种等待或延期之意,利息是对等待或延缓的报酬。"节欲"与"等待"都是对当前享受的抑制,但前者重点着眼于目前的行为,后者重点着眼于期待未来有更大的满足。关于土地这一要素,马歇尔着重论述了土地报酬递减律在农业生产中的意义和作用。

马歇尔在生产要素理论方面的创新,主要是在生产三要素之外,增加了一个"组织"(organization)的要素。这"组织"究竟是指什么？他并未有明确说明。从内容看,他所谓组织就是指工业组织,而工业组织的内容相当丰富,包括分工、机器改良、有关产业的集中、大规模生产以及企业管理等,企业管理才能只是组织这一要素的内容之一。然而,马歇尔对企业家经营管理才能相当重视,认为作为生产组织的企业家,既必须具有他在自己行业中的物的透彻的知识(包括能预测生产和消费变动的能力,知道哪里有供给新产品、改进旧产品机会的能力,大胆承担风险的能力,熟悉本行业所用原料和机械等),又必须是一个天生的领导者,包括善于选择助手等。总之,既善于管物,又善于管人。经营管理才能是组织要素发挥作用的重要手段,随着经济的发展,经济管理日趋复杂,经营管理才能越来越显得重要。

工业组织为什么是一个生产要素？马歇尔认为,是由于工业组织的变化会影响产量,这种影响可用"内部经济"和"外部经济"这两个概念来加以说明。

所谓内部经济,指由于企业内部的各种因素(如劳动者工作热情、工作技能的提高,内部分工协作的完善,先进设备的采用,管理水平的提高及管理费用的减少等)所导致的生产费用的节省;所谓外部经济,指由于企业外部的各种因素(如企业离原料供应地和产品销售市场的远近,市场容量的大小,运输通信的便利程度,其他相关企业的发展水平等)所导致的生产费用的节省。马歇尔提出的这两个概念,为西方经济学家所普遍接受,并成为产业经济学的重要分析工具。

与内部经济和外部经济相联系,马歇尔还专门对大规模生产的利益作了分析,并提出大规模生产的主要利益有技术的经济、机械的经济和原料的经济,例如,大工厂可使用和改良专门的机械,组织大批量采购与销售,使用专门技术,管理职能也可细化等等。

报酬递增倾向与递减倾向的理论也是马歇尔供给理论的重要组成部分。这里的报酬是指生产要素使用量增加时,会带来产量变动的情况。

自然与人类,在报酬变动中影响如何?马歇尔认为,总的说来,自然在生产上所起的作用表现出报酬递减的倾向,而人类所起的作用则表现出报酬递增的倾向。这是对古典经济学报酬理论的一点发展。众所周知,古典经济学通常承认土地报酬递减律,李嘉图级差地租论、马尔萨斯人口论、约·穆勒的工资基金论都与这一报酬递减律理论联系在一起。马歇尔也继承这一古典的报酬递减理论,并认为这是自然在生产上所起的作用所表现出来的倾向,但马歇尔没有到此止步。他在讨论了工业组织以后,尤其是内部经济与外部经济以后,又提出人类在生产上所起的作用会表现出报酬递增的倾向是因为:劳动和资本的增加一般会引起工业组织的改进,形成内部经济和外部经济,提高劳动和资本的使用效率,从而导致报酬递增倾向。

当报酬递减和报酬递增两种倾向相互抵消时,就有可能出现报酬不变的情况。这样,总共就会有报酬递减、递增和不变三种倾向(似乎主要指规模报酬)。这一方面补充和发展了古典理论,另一方面为以后的经济增长理论,如新增长理论的出现,作了理论先导。

均衡价格理论

马歇尔所说的价值,就是供给与需求相均衡时的价格。这是马歇尔经济学说的核心。

均衡价格形成时,需求与供给各起何等作用?马歇尔认为,如果把均衡的时间考虑进来,可以说,考虑的时间越短,需求所起作用就越大,考虑的时间越长,供给所起作用就越大。这样,他就把均衡价格分为三种情况:需求与供给的暂时均衡,正常需求与正常供给的短期均衡,正常需求与正常供给的长期均衡。他又提出,短期和长期之间并无截然分界线,所以,又可在上述三类之外,再加上长久的正常价格一类,作为第四类。

第一类是供求间的暂时均衡。这种情况发生在极短的时间里(如一天)。供给量是现有的存货,它们是基于生产者以前对商品未来价格的猜测而生产的。由于现有存货是个既定量,因而市场价格高低主要由商品的需求所决定。其他几类均衡价格都由供求两方面决定,需求上面讨论过了,因此,马歇尔又讨论供给。他提出,供给由成本决定。

对于生产成本,马歇尔区分了两类成本:直接或间接用于生产商品的各种工人的劳作,和节欲或储蓄资本所需要的等待而作的"牺牲"加在一起,是商品生产的实际成本;对这些劳作和牺牲所必须付出的货币额,是商品生产的货币成本,也称生产费用。生产费用就是商品的供给价格,它是生产者把商品提供到市场上必须要得到的价格。

生产者提供一定量商品所需供给价格,表明生产者在一件物品的不同价格上所愿提供和出售的数量,称为供给表,供给表的几何图形表示就是供给曲线。在报酬递减、不变和递增的不同情况下,供给曲线呈向右上倾斜、水平方向和向右下倾斜的不同形状,但马歇尔编制供给曲线时,仅限于供给价格随供给量增加而逐渐上升情况,即供给曲线向右上倾斜的情况。

接着,马歇尔讨论了短期和长期的均衡价格。所谓短期,是指这样一段时间,现有厂房和设备来不及变动,但利用率可随需求而变化,特殊技能的供给以及合适的组织形式也来不及随需求而变化。在这样的短期中,需求增加会促使正常供给价格上升。为满足需求,生产者只有充分利用现有设备而无法增加新设备或改进技术和生产组织。当需求下降时,现有生产能力利用率会降低,供给会相应减少,但只要能补偿用于原料和工资等流动资本的费用(即现代微观经济学中所谓平均可变成本),生产者会继续生产。

短期均衡可用图 5-2 表示。在图中,DD' 是向右下倾斜的需求曲线;SS' 是供给曲线(因为在短期内增加生产必然引起边际生产费用上升,故供给曲线向右上倾斜)。当 Rd 的需求价格大于 Rs 的供给价格时,生产增加是有利的,供求变动到 H 时,$Rs=Rd$,均衡价格为 AH,均衡产量为 OH。这种均衡是稳定的,因为离开了均衡点,价格的变动仍会趋向均衡价格。

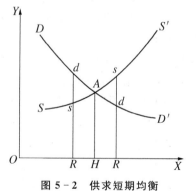

图 5-2 供求短期均衡

在长期,一切经济力量(包括设备数量)都可随需求变动而调整。于是,全部生产成本就成为长期均衡价格的决定性因素。

被称为第四类价值理论的,即正常价格的长期趋势,它由一代又一代的人口、知识和资本的逐渐增长以及供求变化而形成。

马歇尔也讨论了垄断理论,认为在垄断情况下,一种商品只有一个供给者,这种垄断者可以自由调节商品供给量以适应市场需求。垄断者的利益显然不是要把供给和需求调节得使他出售商品所能取得的售价恰好够补偿其生产费用,而在于把它们调节得能够给他提供最大可能的纯收入总额,用今天的话说,就是最大利润总额。但马歇尔认为,当生产操于一人或一公司之手时,一定产量所引起的总费用一般会小于竞争者生产同样这点产量所需要的费用。他通过对公营煤气公司的实际分析,得出一个结论:商品供给价格在自由竞争条件下比垄断条件下要高,均衡产量则前者比后者为小,主要是因为垄断企业往往比小企业更能节约成本,小工厂拿不出大厂那样多钱来改进生产方法和机器,垄断者为了他未来的发展,或出于对消费者福利的关心,也会降低价格。他不赞成把垄断都看成是坏事。看来,他关于垄断长处的观点,稍后的美国经济学家熊彼得似乎也有同感。

收入分配理论　　马歇尔的收入分配的理论是均衡价格论的运用。国民收入如何分配,实际上是生产要素的均衡价格如何决定的问题。

先看工资。马歇尔用劳动的供求均衡来说明工资。这和下一章讨论的边际生产力的分配论有区别。约·贝·克拉克用劳动的边际生产力决定工资,而马歇尔认为,工资要由劳动的需求价格和供给价格两方面的均衡来决定。劳动的需求价格是由劳动边际生产力决定,劳动的供给价格则决定于培养、训练和保持有效率的劳动的精力所用的成本。

尽管马歇尔把工资说成是劳动的价值或价格,抹杀了包含于资本主义工资中的对劳动的剥削关系,然而,他关于劳动需求与供给中五个特点的描述,却是深刻而真实地揭示了体力劳动者在工资问题上的不利地位,既表现出马歇尔对穷苦工人的同情,也为市场经济国家政府应当怎样关心弱势群体提供了有益的启示。这些特点是:第一,工人出卖的是劳动,而负担培养费的人(父母)很少能从子女劳动价格中得到收益,工人家庭也很少有能力培养子女,因此,工人很难获得发展机会,而且代代相传,一代不如一代;第二,工人必须到现场出卖劳动,这就阻碍了劳动供给随劳动需求转移,不愿离家也阻止他到新地方去寻求较高工资;第三,劳动力无法保存以根据需求进行调节,工人失业时损失的时间无法挽回;第四,工人一般都是穷人,手头没有积存,因此在和雇主讨价还价时总处于不利地位;第五,培训专业人才的周期很长,劳动市场经常变化,工人实在难以应付。这些特征的描述是马歇尔对他那个时代劳动市场真实关系的有价值的实证性分析。

马歇尔工资理论中另一有价值的观点是他的效率工资主张。他十分赞同美国经济学家沃克(Francis Amasa Walker,1840—1897)等人的看法,认为报酬优厚的劳动一般是有效率的劳动,因此并不是昂贵的劳动。高工资不仅能提高工资领受者的效率,而且能提高他们子孙的效率。显然,马歇尔已清楚认识到,工资应当成为劳动激励的手段,劳动是否昂贵,要和效率比较,高效率的劳动,报酬优厚也不是昂贵,低效率的劳动,报酬低廉也是昂贵。这种观点,可说是今天西方效率工资理论的先声。

关于利息,马歇尔认为,利息是对提供资本者等待所作"牺牲"的报酬,对于支付利息的人来说,则是使用资本的代价。这是前人说过的东西,他比古典学派前进一步之处在于区分了毛利和纯利,认为只有纯利才是等待的报酬,才是真正的利息,而毛利中除纯利外,还包含有风险补偿、管理报酬等,而这些其实属利润范畴。因此,他实际上是把一直被前人混在一起的利息和利润作了区分,并认为只有纯利润才有趋向一致的趋势,而毛利没有这种趋势。

关于利率决定,马歇尔认为取决于资本的供求均衡,资本的需求价格取决于资本的边际生产力,而供给价格取决于资本家对等待所期望的报酬。他一方面认为,利率取决于资本供求,另一方面又说,利率会调节这种供求,就是说,资本(资金)供不应求时,利率会上升,而利率的上升,又会刺激资本供给,抑制资本需求,使资本走向供求平衡,也就是使资本的需求量恰好等于资本的供给量。

马歇尔提出的这种利率的涨落会自动调节资本的供求,使投资(代表资本需求)和储蓄(代表资本供给)自动趋于均衡的理论,是新古典学派关于自由竞争的资本主义经济始终会自动实现充分就业均衡理论的重要支柱之一。这种理论后来为凯恩斯所否定。

关于利润,马歇尔以前的经济学家尽管也试图以各种说法区分利息和利润,如萨伊把资本家的收入区分为利息与企业主收入,但始终未能把利润与利息作严格区分。马歇尔对"利润"的用法尽管前后也不太一致,但他讲的利润主要是指企业组织管理业务的报酬,即所谓管理上的总报酬,包括经营能力上的报酬。他之所以能把利润和利息作严格区分,是由于在他那个时代以股份公司形式组织的企业已越来越多,大量企业再不是由资本所有者自己管理，而是由企业的经理人员管理。因此，马歇尔就把作为资本所有权报酬的利息和作为资本经营权报酬的利润加以区分，认为利润是企业组织即企业家经营管理企业、监督组织生产和承担风险的报酬。

关于地租，马歇尔也是从供求均衡角度分析。他认为，土地是自然界存在的，供给是固定的，不存在供给价格，因此，地租只受土地需求的影响，其大小只由土地的边际生产力决定。他依据土地报酬递减律，认为同一土地上连续追加资本和劳动，农产品量增加，但增加率递减，直到报酬（即农产品收益）仅仅够偿付耕种者开支和劳动时，就达到了所谓"耕种边际"。总产量超过这个边际耕种土地上投资的产量（即土地的边际产量）的余额，构成生产者剩余，也就是地租。可见，生产者剩余或地租，就是改良土地获得的总收入超过补偿他每年所投资的资本与劳动所需要的数额的余额。至于哪一级土地是边际土地，要取决于社会对土地产品的需求状况。可见，这种理论和李嘉图级差地租理论并无本质上的差别。

马歇尔还提出一个所谓"准地租"概念。按他的看法，尽管工资、利息和利润一般说来决定于需求和供给的均衡，但在某种条件下，又多少和地租一样，只受需求影响而与供给无关。例如，资金在生产投资中一经变为机器、厂房等物质形态后，其价格就是固定的了。从而投在固定资产上的资本收入就只受市场需求影响而与供给无关。这就类似于地租，称为准地租。同样，一些有特殊才能的人取得的高工资收入，也完全取决于需求，而与培训费用无关，因而也是准地租。总之，只受需求影响而与供给无关的生产者剩余，由于类似地租，故称为准地租。

其实，地租和准地租的区别仅在于，地租在短期和长期内都存在，因为土地供给一直是固定的，而准地租只有在短期内才会存在。例如，在设备上投资一笔资本，其产品因需求上升而涨价，获得了超过市场上正常利润的收入，这超额利润构成的生产者剩余即准地租，只会在短期内存在，但长期内，别人看到这一领域投资有超额利润，就都会来投资，于是，供给就不再固定，而大大增加，产品价格就会跌落，超额利润化来的准地租就会消失。生产者只会得到构成生产成本的正常利润。

准地租概念后来也在微观经济学中被广泛使用，尤其是用以解释有特殊才能的高报酬现象。

其他一些经济理论

除了均衡价格论以外,马歇尔在其他一些领域也对经济学作出了贡献。

他在货币理论方面提出了著名的现金余额说。这是关于用人们的备用购买力(现金余额数量)决定货币价值和商品价格的一种理论。马歇尔提出,在一般情况下,人们会把自己财产和收入的一部分以货币形式加以保有,这就是保有的备用购买力,也就是一国通货的总价值。他提出,假定一国居民平均以其收入的 1/10 和财产的 1/50 作为备用购买力,再假定每年总收入的价值是 500 万夸脱小麦,财产总值等于 2 500 万夸脱小麦,那么备用购买力就是:$500 \times 1/10 + 2\,500 \times 1/50 = 100$ 万。不管流通中有多少货币,货币总价值总是 100 万夸脱小麦的价值。若通货量正好为 100 万单位,则 1 单位货币值正好等于 1 夸脱小麦的价值。如果通货量为 200 万单位,则每单位货币只等于 1/2 夸脱小麦的价值。这样,在其他情况不变的前提下,通货数量与物价水平之间便存在一种直接的对应关系。这就是说,货币价值取决于一国公众愿以通货形态保持的实物价值与该国货币数量的比率。人们愿以货币形态保持的实物价值称"实物余额",根据实物余额的价值以保持相应的通货数量称为"现金余额"。由实物所决定的现金余额(即人们愿保存的备用购买力)是影响货币价值和商品价格的决定性因素。

这种余额说强调货币的储藏手段职能,着眼于人们备用购买力对币值和物价的影响,第一次把研究重心转移到货币的需求上,而以前的货币价值理论都着眼于货币供给。尽管马歇尔的余额说还属货币数量论,但它为货币数量论到凯恩斯货币需求论的转变开辟了一条道路。

在国际贸易理论方面,马歇尔也有贡献。他运用约·穆勒的对外贸易理论中的国际需求方程式设计了一条相互需求曲线。这条曲线又称提供曲线,其含义是指:在各种贸易条件(国际交换价格)下,一国愿意为进口而提供的出口商品总量。众所周知,贸易条件改善,即本国产品换得更多外国产品时,会促进本国商品出口,而抑制进口。这一道理可用图 5-3(a)表示。

在图 5-3(a)中,横坐标表示 A 国可出口的商品量 X,纵坐标表示进口商品量 Y,由原点 O 引出的直线 T 表示各种贸易条件,当贸易条件比较不利时,比方说在 T_1,即 2 单位 X 换 1 单 Y 时,A 国只会用 10 单位 X 换 B 国 5 单位 Y,当贸易条件变为 T_4 时,即 1.14 单位 X 交换 1 单位 Y 时,A 国愿出更多,用 40 单位 X 换 35 单位 Y。这样,提供曲线一般从原点向上延

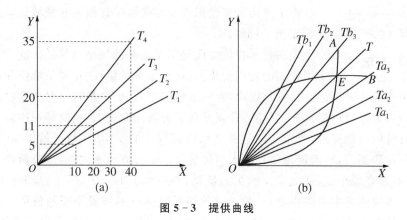

图 5-3 提供曲线

伸。提供曲线这种形状由边际效用递减律决定。随着出口增加,在国内产量不变情况下国内供应量就减少,X 的边际效用递增,而 Y 的边际效用则会由于进口增加而下降。于是,边际效用之比决定了国际交换价格必然要朝越来越有利于本国方向变动。图 5-3(b)是把 A、B 两国的提供曲线结合在一起,其交点 E 到原点 O 的直线 T,就表示国际均衡价格的条件,也称贸易均衡条件。当然,如果其中一国需求或供给情况发生了变化,如收入水平、消费偏好、技术或资源条件等发生了变化,就会使均衡贸易条件改变。

马歇尔的提供曲线为国际贸易理论增添了新的分析手段。它同约·穆勒的国际需求方程式一样,都是从相互需求的角度来分析国际交换价格决定和变动的。

第二节 约·贝·克拉克和费雪的经济理论

克拉克的边际生产力论　美国和德国一样,在历史上也是一个资本主义发展较晚的国家,历史上没有出现过古典经济学阶段。19 世纪相当长时期内对美国经济保持较大影响的,主要是亨利·凯里(Henry Charles Carey,1793—1879)的经济思想。他在 1837—1840 年出版的三卷本《政治经济学》可以说是美国历史上第一部系统的经济学著述。此书除批判李嘉图理论,宣传阶级利益和谐论外,还大力宣传保护贸易理论。到 19 世纪下半叶,又有一位经济学家亨利·乔治(Henry George,1839—1897)出来大讲收入分配问题。这些经济学家之所以会重视收入分配问题,是由于19世纪以来,尤其南北战争以后,资本主义经济在美国获得了迅猛发展,社会矛盾很快尖锐起来,贫富分化相当突出。为了说明和解决这类矛盾,有人就以"批评"传统经济学和资本主义制度的面貌出现,主张研究社会改良的办法,这就是凡勃伦等人;有人则设法论证工资、利润、利息和地租的收入分配都受自然规律支配,是公平合理的,这就是约·贝·克拉克。

约·贝·克拉克(John Bates Clark,1847—1938)是19世纪末20世纪初美国最著名的经济学家之一,曾长期在哥伦比亚大学当教授,也当过美国经济学会会长,是边际学派在美国最主要的代表人物。他在自己的代表作《财富的分配》(1899)中,把边际概念运用于收入分配领域,提出了一套以分配问题为核心的边际生产力论。

边际生产力分配论某些思想观点早在19世纪上半叶已由德国经济学家屠能提出,但并未引起人们足够重视。19世纪70年代初边际革命以来,边际效用递减思想开始流行,克拉克在综合吸取前人思想成果基础上,提出了一套系统的边际生产力论的分配理论,分别说明工资和利息都由劳动和资本的边际生产力决定。

克拉克提出,在资本数量不变的条件下(也就是静态经济中),如果劳动(即指工人)一单位一单位地增加,每增加一单位工人,则每人分摊到的资本量就会减少,他们只好使用质量越来越低劣的设备,从而使得生产效率下降。于是,每增加一单位劳动所增加的产量和产值就要不断下降。举个例说,如果1亿元资本是固定的,雇佣1 000个工人时每个工人分摊到10万元资本,可用相当优良的机器设备;增雇1 000个工人,即共雇2 000个工人时,每个工人分摊到5万元资本,只能使用差一点的机器设备了。如果继续增加下去,到第五批1 000人时,平均每人只能分到2万元资本,使用的机器设备的质量就更为低劣了。假定雇佣第五批1 000个工人后增加了12万元产值,而企业主付给1 000个工人的工资也就是12万元,那么,这第五批1 000个工人对企业主利益来说就是可有可无的。克拉克把这批工人称为边际工人,认为边际工人创造的价值,不仅决定了他们自己的工资,同样也决定着全体工人的工资,因为这批边际工人的劳动生产能力其实和前面四批即4 000个工人是一样的。如果前面任何一批工人所要求的工资超过了边际工人的产量所决定的工资,那么雇主就可以把他们解雇,而用最后一批工人(即边际工人)来代替他们。这些情况可用图5-4来表示。

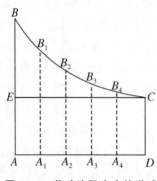

图 5-4 劳动边际生产的递减

在图 5-4 中，AD 线代表投放的劳动单位量。假定资本量固定不变，劳动是一单位一单位增加时，AB 线表示第一单位的劳动借着所有资本的帮助而创造的产量，A_1B_1 线表示第二单位劳动对第一单位所增加的产量，A_2B_2 表示第三单位所增加的产量，以此类推，最后一单位劳动所增加的产量等于 DC。DC 代表边际生产力，它测量了（或者说可以衡量）这一系列单位中任何一单位劳动的实际生产力，并决定了工资标准。这是因为，第二单位劳动投放后，原来的工人把以前所用资本的一半让给第二批工人，使用生产设备比以前低劣了，从而使得他们的劳动生产力下降，也就是他们的劳动所生产的产量下降，这个减少的生产量等于前一批工人从手中让给新增一批工人的资本所生产的数量。A_1B_1 比 AB 减少的部分就是让出来的资本所生产的数量。因此，整个 BCE 代表的是资本的生产力创造的产品，即利息，而 AECD 则是劳动的全部产品，即工资（见图 5-5）。工人们的工资已包含了他们的全部劳动成果。

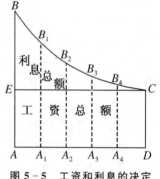

图 5-5 工资和利息的决定

克拉克又用同样的理论和方法论述了利息。他假定劳动量固定不变，资本量按次序一单位一单位地增加，并且仍可以用图 5-5 来表示。这个图本来表示劳动边际生产力递减时工资和利息的决定，但现在是要表示资本边际生产力递减时利息和工资如何决定。现在，图 5-5 中 AD 用来表示投入的资本单位量。这样，AB 是第一单位资本的产量，A_1B_1 是第二单位资本所增加的产量，而 DC 是最后一个单位所增加的产量，代表着资本的边际生产力。因此，DC 的数量决定了利息的标准，这里的 BCE 就代表所有资本生产出来的利息，而 AECD 则是全体工人的工资。利息是资本自身的产物，是它的边际生产力决定的。

约·贝·克拉克这套理论，具有明显的为资本主义剥削辩护的性质，完全对抗马克思的劳动价值论和剩余价值论。但是，它在西方经济学发展史上却有着如下三方面的重大影响：第一，这一理论把土地报酬递减律理论扩大为包括劳动和资本在内的要素报酬递减律理论；第二，克拉克说明，边际生产力递减是静态经济中起作用的规律，实际上是说，边际生产力递减以技术不变为前提条件，这也为后来经济学界所广泛接受；第三，这一理论为分析各种要素在生产中各自作出多少贡献提供了一种解释，尤其为解释生产要素的需求价格提供了一种理论上的说明。因而，它在现代西方经济学的多个领域（如收入分配论、经济增长理论等）仍被广泛使用着。

费雪的经济理论　欧文·费雪（Irving Fisher，1867—1947），是稍晚于约·贝·克拉克的美国著名经济学家，毕生以数学与经济研究为主，力求将抽象的经济理论应用于企业经营。他在数理经济学、价值和价格理论、资本理论、货币理论以及统计学诸方面都有重大贡献。

费雪的著作有《价值和价格理论的数学研究》（1892）、《资本与收入的性质》（1906）、《货币的购买力》（1911）、《指数的制定》（1922）、《货币幻觉》（1928）、《利息理论》（1930）、《繁荣和萧条》（1932）、《通货膨胀》（1933）等。

在资本理论方面，费雪关于当前资本的价值与资本预期未来收入的价值之间关系的理论，是他把经济学抽象理论和企业经营管理思想联系起来的一大创造。他的《资本与收入的性质》一书，包含了会计学的理论基础，也包含了保险精算学的理论基础。

以往的经济学家已提出，资本要产生收入。费雪提出，资本产生收入只有在实物意义上才是正确的。而在价值意义上，则正好相反，是收入的价值决定了资本的价值，即资本的价值乃是预期收入的贴现值。可见，从因果关系说，不是资本到收入，而是收入到资本，不是从现在到未来，而是从未来到现在，一句话，资本的价值决定于从该资本获得的未来收入的目前价值。他还明确指出，未来收入是流量，现今资本是存量。这些理论，为以后所有经济学家所采用，因为它清晰地阐明了资本和收入的性质及其相互关系。

在利息理论方面，费雪提出，利率是现在财货与将来财货交换时的一种贴水的百分率。若今年我借给你1 000元现在财货，明年你还我1 050元未来财货，50元就是贴水，5%就是利率（50/1 000）。费雪指出，利率作为现在财货与未来财货相交换的价格，由两大因素决定：一是时间偏好（time preference），他有时又以人性不耐或无耐性（impatience）一词取代时间偏好,但由于他用这个词表示人们对现在财货评价高于未来财货,因此,他常用时间偏好一词;二是投资机会(investment opportunity)。在这两大因素中,时间偏好更起核心作用。

首先,他认为,各人的时间偏好不一样,在一个完全竞争的市场上,各人彼此各异的时间偏好被借贷市场联系起来,有人偏爱现在从而借入,有人偏爱未来从而贷出,借入或贷出都是为了使自己获得更大的价值。把市场上所有借者和贷者的供求综合起来,得到了资金的总供求,利率就是在供求均衡点上被决定的。

然后,再研究投资机会如何影响利率。费雪认为,所谓投资,指为获取未来收入而牺牲目前收入,投资决定于投资的边际收益率等于利率之点。

最后,费雪还分析了风险情况下的利率决定,认为金融市场上形成不同的利率,是由于各种金融资产承担的风险不同,风险的存在倾向于提高不安全贷款的利率,降低安全贷款的利率,而贷款和债券的期限又是构成风险的重要因素,短期利率承担的风险较小,其利率水平往往较低,长短期的利率变化又是依据预期。

在利息论方面,费雪的另一个贡献是区分了真实利率和名义利率。在物价上涨时,如果名义利率要按通胀利率加以调整,以使真实利率不变,则名义利率应这样调整:$i = r + p^e + rp^e$。这里 i 是名义利率,r 是真实利率,p^e 是预期通胀率。由于 rp^e 一般数值较小,因此,名义利率也可大致用实际利率加通胀率来表示。

费雪在经济学说史上还有一大影响,是他的现金交易说的货币数量论。这一理论是他在《货币的购买力》一书中提出的。它既是对传统货币数量论的总结,又构成以后货币数量论发展的一个新起点。

关于物价与货币数量关系,费雪从简单的商品交易入手,认为物价水平决定于流通的货币数量、货币流通速度及商品的交易量三因素。如果用 E 表示一年内用以购买商品的货币总量,M 表示同期内货币流通的平均数量,则 E/M 为货币流通速度 V,即 $E = MV$。再假定一年内所交易的各种商品的平均价格为 $P_1, P_2, P_3 \cdots$,其交易量为 $Q_1, Q_2, Q_3 \cdots$ 的加权平均数,Q 表示各种商品交易量。如果用 T 作为 $Q_1, Q_2, Q_3 \cdots$ 的总计,则 T 表示社会交易总量,则上式可改写为下列交易方程式:$MV = PT$。如果再考虑存款货币对交易的影响,那么,存款货币也影响物价,而且通过银行信用的创造(派生存款),存款货币可达数倍于现金的数量。故存款货币也应引入交易方程。若用 M' 和 V' 分别表示存款货币的总额和流通速度,则交易方程可改写为 $MV + M'V' = PT$。

费雪提出,在交易方程中,现金和存款货币的流通速度 V 及 V' 受支付制度(包括收入与支出次数、收入与支出的规则、收入与支出在时间上和数量上的配合等)和支付习惯(包括个人节俭与储蓄、定期存款、支票的使用等)的影响,在短期内不会发生迅速变化,可看作一常数。社会交易总量 T 在充分就业水平上,也基本保持稳定(因为一定期间内影响劳动交易量的因素大体有自然资源的分布、分工、技术、资本积累等影响生产的因素,包括人类欲望在内的影响消费的因素以及包括运输设施、交易的自由度、货币及银行的制度、商业信心等同时影响生产及消费的因素,所有这些因素除商业信心外,在短期内一般不变)。于是,在交易方程式中,当 V、V' 和 T 稳定不变时,P 就和 M 和 M' 同方向变化,而且由于存款货币 M' 与现金 M 常保持固定比例,因此,归根到底,影响物价水平最活跃、最变化无常,因而也是最重要的因素就是货币数量。物价水平会随流通中货币数量变动而正比例变动。物价变动是货币数量变动的结果。

费雪的货币数量说同样排除了货币的价值储存功能,认为人们需要货币仅仅是为了交易(支付),不存在投机需求。这一理论后来为凯恩斯所否定,又被现代货币主义者弗里德曼有分析批判地继承和运用。

货币幻觉 费雪还在经济学说史上最先提出"货币幻觉"一词,以表示未能觉察币值的变动,亦即人们只看到货币的名义数量而没有注意到物价水平的变动已引起货币购买力发生变动,从而产生了对币值的错误估计。例如,假定某人原先不肯接受月工资为 2 000 元的某工作,现在若工资提高到 3 000 元,物价水平也涨了 50%,这时他如果只看到工资涨 50% 而没有看到物价也上升了 50% 从而愿意接受这份工作了,则他就有了货币幻觉。

复习思考题

1. 为什么马歇尔的经济学说可称新古典经济学?
2. 马歇尔怎样把边际效用递减律转变为需求规律?
3. 马歇尔怎样说明消费者剩余?

4. 马歇尔怎样把生产三要素论发展成为四要素论？

5. 略述马歇尔的内部经济和外部经济理论。外部经济、内部经济和报酬递增有何关系？

6. 按马歇尔的描述，劳动需求和供给有哪些特点？这些特点对工资形成有什么影响？

7. 略述马歇尔的利息理论。

8. 马歇尔怎样说明地租和准地租？两者有什么区别？

9. 怎样理解马歇尔的现金余额说是货币需求视角的货币数量论？

10. 略述约·贝·克拉克的边际生产力论的分配理论，这套分配论在西方经济学发展史上有何影响？

11. 欧文·费雪对资本与收入关系的认识与以往经济学观点有什么区别？

12. 欧文·费雪怎样说明时间偏好、投资机会和风险在利率决定中的作用？

13. 评述欧文·费雪的现金交易说的货币数量论。

第六章 马歇尔经济学说的发展、修正与挑战

马歇尔在《经济学原理》中曾说,经济学要解救贫困,增进福利①。他的经济学说又贯穿了自由竞争能使社会经济自动得到调节而趋向均衡的基本思想。这些观点,后来为许多西方经济学家所长期信奉,被称作"剑桥传统"。其中,一些追随者在此基础上发展起福利经济学和垄断竞争理论;另一些则力图弥补马歇尔价值论中的不足,运用新的分析工具来阐述主观价值理论。

第一节 庇古的福利经济学

福利经济学的产生　阿瑟·赛米尔·庇古(A. C. Pigou, 1877—1959)是剑桥学派理论最正统的继承者和最权威的解释者,一生始终致力于维护和阐发"剑桥传统"。他的代表作《福利经济学》(1920)充分发挥了马歇尔当年已经十分重视但还没有系统发挥的福利思想,正式创建了福利经济学。

福利经济学的产生与当时的历史条件密切相关。那时英国的资本主义经济已得到进一步发展,国内阶级矛盾相当尖锐。如何进一步用发展经济和改良收入分配办法来解决社会矛盾,成了人们十分关注的大问题。庇古的福利经济学就是在这种背景下产生的。

庇古的福利经济学,采纳了一位名叫霍布森(J. A. Hobson, 1858—1940)的英国学者的意见,把社会福利当成经济学研究的中心,对马歇尔的福利思想加以全面发挥,主张经济科学应该把消灭贫困、追求众人福利作为宗旨。

---

① 马歇尔:《经济学原理》上卷,商务印书馆,1964年版,第24—26页。

经济福利及其检验标准

什么是福利经济学所讲的"福利"？庇古认为，凡是能给人们带来满足的一切东西都叫"福利"。但是，经济学关心的是"经济福利"，亦即与经济生活有关的，能用货币直接或间接地加以衡量的那部分福利①。

庇古认为，影响经济福利的主要因素可归纳为国民收入总量的大小和国民收入分配的状况两个方面。这是因为，经济福利离不开国民收入。国民收入与经济福利的关系是：国民收入越大，社会经济福利就越大；而在国民收入不减少的条件下，把它越是均等地分配给社会各成员，社会经济福利就越大。这样，国民收入额及其分配，就构成检验社会经济福利大小的两个标准。

福利与收入分配

庇古提出这两个检验标准，是以基数效用论和边际效用递减规律为基础的。基数效用论认为，物品的效用是可以用基数 1，2，3，4…来具体衡量和彼此比较的。譬如可以假设一斤米的效用是 10，而一尺布的效用是 15，从而比较出一尺布的效用是一斤米的 1.5 倍。通过基数效用论，就可以把个人的心理感觉转化成客观的可捉摸的东西了。马歇尔、庇古都是这种基数论者。他们认为，既然商品的效用可以具体计量，个人满足的总和即福利也应该能计量，所以个人经济福利的总和也就能计量。这样庇古就得出结论：在生产条件不变的情况下，社会生产的物品越多，即国民收入越多，社会福利也就增加得越多。

再从边际效用递减规律来看，一个人的货币收入越多，货币对他的边际效用就越小。同一数量的货币给富翁与穷人带来的边际效用是不同的。庇古认为，如果把富人手中一部分钱财通过某些合法途径转移给穷人，这部分钱财的边际效用就会大大提高，可以使社会福利总量增加。庇古这一观点可说是对马歇尔思想的直接继承，因为后者说过："一个先令给穷人带来的满足比给富人带来的满足要大得多。"②

根据上述思想，庇古提出，政府应该用一系列政策来缩小贫富差距。例

---

① 庇古：《福利经济学》，英文本，伦敦，1932 年版，第 29 页。
② 马歇尔：《经济学原理》下卷，商务印书馆，1964 年版，第 153 页。

如，可征收累进的个人所得税，实行高额遗产税等。通过诸如此类政策从富人手里拿来的收入，应该完全用来增进穷人的福利。这些收入可以作为公费医疗基金，可以增添各种社会福利设施（公园、剧场、幼儿园等），可以增加对教育的投资（如扩建学校、实行免费教育等），还可直接对穷人和失业者实行救济、补助或保险等。通过种种福利政策可使国民收入的分配缩小贫富差距，从而实现社会福利极大化。

福利与资源配置 在论述增加国民收入可增加社会福利这一点时，庇古把生产资源最适度的配置看成是增加社会福利的必要条件。在对生产资源配置问题的分析中，庇古在经济学说史上第一个详细地论述到，个人追逐私利的行为会造成不良的社会后果。有些活动从个人角度看可能有利，但对社会却可能不利。于是，庇古提出了"边际私人纯产品"和"边际社会纯产品"两个术语。前者是指增加一单位投资为私人增加的纯产品（这些纯产品的总价格叫"边际私人纯产值"），后者是指增加一单位投资给整个社会增加的纯产品（这些纯产品的总价格叫"边际社会纯产值"）。边际私人纯产品与边际社会纯产品往往是不一致的。例如，某工厂主扩大化工产品的生产规模，他支付购买的原料、劳力和生产工具等费用，不过是他私人为生产这种产品所花费的成本。通过扩大生产，虽然工厂主赚了许多钱，可是化工厂要排出大量"三废"，造成严重的空气污染和水源污染，给其他人带来损失。这样就需要大量增加城镇的清洁费用，这些清洁费用实际上是生产这种化工产品时社会所支出的成本。在这种情况下，边际私人纯产值就超过边际社会纯产值。相反，某科学家的一项重大发明也许给他私人带来的收入并不很大，可是给社会带来了莫大利益，因而边际社会纯产品远远超过了边际私人纯产品。

提出"边际私人纯产值"和"边际社会纯产值"两个概念以及指明它们之间的不一致，与生产资源最适度配置有很大关系。庇古指出，只有当一国可利用的生产资源在各种不同用途上的最后一个单位给社会带来相同的纯产值，也就是它们的边际社会纯产值都一样时，才算获得最合理的利用，产生最大的经济福利。

在私人经济社会里，生产资源的大部分是以资本形式控制在私人手里的，而私人在自由竞争中总是根据最大限度地追逐利润的原则办事的。为了追逐利润，他们一定会通过自由竞争使自己每一元投资都得到相同的边际私人纯产品。如果边际私人纯产值与边际社会纯产值在一切场合都一致,那么自由竞争就可使边际社会纯产值相等,从而使社会经济福利达到极大值。

然而,现实生活中边际私人纯产值和边际社会纯产值往往是不相等的,怎么办？庇古认为,应由国家进行干预,采取税收和补助金政策来解决。例如,酿酒业利润丰厚,但严重的酗酒现象会造成各种社会问题。因此,政府应该对酒采取高税率政策,迫使资本转移到其他行业。对待科学家搞科学研究和技术发明这类工作,政府必须给予大量补助和奖励,再给予专利权,努力提高这类投资(包括人力资本投资)的"边际私人纯产品",从而鼓励更多的人对这类工作部门进行投资(包括人力资本投资)。庇古就这样主张由政府调节边际私人纯产品与边际社会纯产品之间的矛盾,来实现生产资源的最佳配置。

庇古的这套福利经济学尽管还只是一套资产阶级改良主义思想体系,但是,从发展市场经济视角看,却有着很大的意义和影响。第一,它在西方经济学说史上最先系统地提出并论证了通过国民收入再分配来缓和社会矛盾、稳定社会经济秩序的一套经济理论和政策思想,为政府用政策手段调控收入分配提供了依据;第二,它在西方经济学说史上最早提出了正负外部性效应的思想观念以及用税收和补贴的国家政策来调节私人经济活动以最优化资源配置的主张,从此,"庇古税"就成为微观经济政策不可或缺的一部分。

第二节　垄断竞争理论

垄断竞争理论的产生　19世纪20年代初,资本主义正在向垄断阶段过渡。处于这个转变时期的马歇尔,已经讨论了一些垄断理论问题,特别在他后期著作中更把自由竞争和垄断分开来研究。但是,马歇尔仍然把垄断现象看作是社会经济生活中的少数特殊的现象,他的理论体系主要是对自由竞争条件下的经济现象进行分析。而且,马歇尔在《经济学原理》中所分析的垄断,是指"一个人或一个集团有权规定所销商品的数量或销售价格"[①],即现代西方经济学中的完全垄

---

①　马歇尔:《经济学原理》下卷,商务印书馆,1964年版,第155页。

断市场。但是,随着资本主义经济的发展,越来越多的西方经济学家感到,完全竞争和完全垄断的市场在现实生活中都只是特例,更一般的情况是垄断竞争或者说不完全竞争,即市场既不是完全垄断的,也不是完全竞争的,而是垄断和竞争兼而有之。在这样的情况下,美国经济学家张伯伦和英国经济学家琼·罗宾逊在20世纪30年代初分别提出了"垄断竞争理论"和"不完全竞争理论"。

爱德华·张伯伦(E. H. Chamberlin,1899—1967)是著名的美国经济学家。他一生大部分时间在哈佛大学从事教学和研究工作,并长期担任经济系主任。1933年,他的《垄断竞争理论》一书出版。在该书中,他吸收前人的各种观点,对垄断现象作了深入详尽的讨论,同时又综合竞争因素,力图建立一套把垄断与竞争结合起来的新理论。

张伯伦首先对"垄断"与"竞争"下了明确的定义。按他的说法,垄断指能够控制商品的供给量,并进而控制价格。而"完全竞争"是指任何人都没有能力控制价格,这种状况就意味着:第一,它必须存在大量的买者和卖者,谁都控制不了整个市场的供给量,因而也无法操纵商品价格;第二,出售的商品应该没有差别,即完全一样或者标准化[①]。张伯伦认为,完全垄断或完全竞争都是罕见的,现实生活中大量存在的是垄断和竞争的"混合",即"垄断竞争"。这是因为,现实生活中每一个生产者的产品,都既有一定的差别,又存在一定程度的替代性。

张伯伦进一步指出,他所讲的垄断的"产品差别"不仅仅是指产品本身的内在性质(如牙膏的原料、成分、功效、香味等)不一样,内在性质完全相同的牙膏,如果用上了不同的商标,或者用同一个商标但包装有区别,也就成了有差别的产品。甚至商标、包装都一样,但出售地点不同,或者同一出售地点的售货员的服务态度不同等,也会形成垄断的"产品差别"。这里,张伯伦把产品之间的差别和消费者个人爱好等心理因素,当作垄断产生的决定因素,显然不符合历史和现实情况。众所周知,在前资本主义的商品生产中已出现了张伯伦上面讲的"产品差别",但那时并未产生现代意义上的"垄断"。其实,资本主义经济的现实情况是,产品差别比较小的部门,如钢铁、电力、石油等,垄断程度相当高,而产品差别较大的部门,垄断程度反而低。可见,用"产品差别"说明垄断原因可能理由不足。当然,产品差别对市场垄

---

① 张伯伦:《垄断竞争理论》,三联书店,1958年版,第5—6页。

断和价格决定是有影响的。

垄断竞争厂商的短期均衡　垄断竞争理论说的是在垄断竞争的市场情况下,企业(即厂商)如何决定产品的产量、品种、价格等的理论。厂商如何决定产量、价格的理论在现代西方经济学中被称为"厂商理论"。在形成"厂商理论"的过程中,张伯伦等人提出了一套新的分析工具,使用了平均成本、边际成本、平均收益和边际收益等几个概念以及相应的几条曲线来进行理论分析。

先看平均收益和边际收益这两个概念(分别用 AR 和 MR 表示)。按张伯伦的说法,平均收益就是出售的全部商品中每件商品所得的平均价款,实际上也就是单位商品的卖价。所谓边际收益,是指多出售一单位商品所引起的总收益的增加量。随着销售量的增加,平均收益(即单位商品卖价)是否会下降,取决于不同的市场类型。在完全竞争的市场中,由于每个厂商能按由整个行业供求情况决定的均衡价格出售任何数量的商品,因此价格(即平均收益)不随销售量的增加而变化。相反,在不完全竞争市场中,即包含有垄断因素的市场中,如果厂商要想销售较多的数量,就必须降低销售价格,如果要提高价格,就只能销售较少的数量。因此,平均收益即卖价是随销售量变化而变化的。

张伯伦认为,一个厂商在决定产量(销售量)时,一方面要考虑增加产量会增加多少收益,即边际收益,另一方面要考虑增加产量会增加多少成本,即边际成本。只要边际收益大于边际成本,厂商就会增加产量,直到边际收益和边际成本相等为止。因为这时候,利润最大,或者亏损最小。于是,厂商不会再把产量扩大,也不会缩小,这种情况就称为"均衡",好比局势已经稳定了。例如,在图 6-1 中 AC、MC、AR、MR 分别为平均成本曲线、边际成本曲线、平均收益曲线和边际收益曲线。边际成本曲线和边际收益曲线相交于 E 点,与 E 点相对应的产量为 OL,意思是当产量为 OL 时,产品的边际收益和边际成本相等。当产量为 OL 时,平均收益(即单

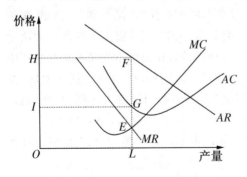

图 6-1　垄断竞争厂商短期均衡

位产品的销售价格)为 FL,平均成本为 GL,平均收益超过平均成本的部分(即 FG)就是生产和销售单位商品所得到的超额利润或者说经济利润,生产和销售 OL 单位商品所得到的超额利润的总量就是 FG 和 OL 的乘积,即矩形 FGIH 的面积。这样,如果 OL 代表 8 单位商品,每单位商品取得的经济利润 FG 是 3 元,则总利润就是 3 元×8=24 元。

现在再假设平均收益(即单位商品的销售价格)全部低于平均成本,例如,若每单位产品平均成本为 12 元,但产品售价只有 10 元,在这种情况下厂商会不会继续生产和销售呢?张伯伦认为,在短期内,只要产品售价(例如 10 元)还能补偿原材料费用以及普通工人工资等所构成的可变成本(也称直接成本),厂商还会继续生产。因为购买机器、厂房的支出和高级职员的薪金等所构成的固定成本已开支了,如果不开工生产,这种固定成本一点都不能得到补偿,开工的话,总还可以补偿一点,因而可使亏损减少。因此,在这种情况下,厂商仍可以根据 MR 和 MC 的交点来找到最小亏损的价格和产量。

垄断竞争厂商的长期均衡 张伯伦认为,上面所讲的这种出现超额利润或亏损的情况都是短期现象,绝不会长期存在。这是因为,从长期看,如果存在超额利润,其他厂商会把资本转移到这一行业中来,和该行业原来的厂商争夺市场。其结果是,产品供给会增加,价格就会下降,因而使平均收益曲线 AR 向左下移动。相反,如果存在亏损,该行业中原有厂商就会把资本撤出,这样产品供给会减少,价格会上升,因而使平均收益曲线 AR 向右上移动。可见,这两种情况都不会达到均衡状态。因此,在长期中仅仅使边际成本与边际收益相等,仍无法实现经济均衡。只有在边际收益等于边际成本,而且平均收益和平均成本也正好相等时,生产和销售才会达到长期均衡状态。平均收益和平均成本相等,在图形上反映出来就是 AR 曲线和 AC 曲线相切。图 6-2 就是表示垄断竞争条件下厂商的长期均衡。图 6-2 中的切点 T,就是这一厂商的长期均衡点。OL 是均衡产量,OH 是均衡价格。这时候,总成本和销售总收益都是 HOLT,既没有超额利润,也没有亏损,因而生产就稳定在这一产量上。这时的卖价 OH 是消费者愿意接受的价格,因为这一卖价正好在需求曲线上(在这里也就是平均收益曲线)。需求曲线 AR 表示,消费者需要 OL 量产品时,愿付的价格正是 LT,即 OH。这一卖价也是综合成本决定的价格,因为成本曲线 AC 表示,生产 OL 量产品时,综合成本是 LT,即 OH。同时,生产 OL 量产品时,边际成本与边际收益也是相等的(即 MC 线与 MR 线相交于 E 点)。所以,这时候单个厂商的均衡实现了。

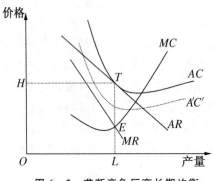

图 6-2　垄断竞争厂商长期均衡

张伯伦又提出,尽管该行业所有厂商各自生产的产品会有"差别",但如果这些产品的需求曲线和成本曲线都相同,即生产一定量的这些产品时花费同样的成本和在一定价格下这些产品有同样的销售量,那么,图 6-2 中的 T 就不仅是一家厂商的均衡点,也可以代表该行业所有厂商的均衡点。于是张伯伦最后得出结论,图 6-2 中的 OH 和 OL 分别是垄断竞争条件下的产品的均衡价格和均衡产量。

不完全竞争理论的贡献

琼·罗宾逊(J. Robinson,1903—1983)是英国著名经济学家,早年受马歇尔熏陶,也受庇古影响,是英国新剑桥学派的奠基人。她对马歇尔经济学的重要发展是提出"不完全竞争理论"。这一理论和张伯伦的"垄断竞争理论"大同小异,并且两者是同时独立地提出的,然而,两人的理论也各有特点和重点。如果说张伯伦的垄断竞争理论中的产品差别论和销售成本论是其特色的话,那么,琼·罗宾逊的理论中也有一些特色或者说"贡献":第一,特别注重边际收益等于边际成本这一基本原理对分析各种市场结构中厂商均衡的重要性,说明为什么竞争完全时边际成本等于边际收益就是等于产品价格,而不完全竞争情况下,边际收益不等于产品价格;第二,在分析垄断时不仅注意"卖方垄断",还创造了"买方垄断"的概念,强调了买方垄断在不完全竞争理论中的特殊作用,尤其是在劳动市场上买方垄断会造成对劳动的"剥削";第三,对垄断厂商实行"价格歧视"的行为作了开创性研究,揭示了市场分割和产品在各个市场上的不同需求弹性对实行价格歧视的作用。

应当说,琼·罗宾逊的"不完全竞争理论"和张伯伦的"垄断竞争理论"一起,确实对现代微观经济学尤其是厂商理论的确立和发展起了极其重要的作用。这些理论比完全竞争和完全垄断理论更接近现代市场经济的实际,也为分析现代企业经济效益提供了有用的分析工具,为现代管理经济学的产生奠定了基础。

当然,他们的理论不可避免存在着某些掩盖资本主义剥削的方面。例如,琼·罗宾逊不是把资本主义剥削看作是对雇佣工人剩余价值的榨取,而把剥削说成是雇主和工人的议价能力不平等引起的。当工资小于劳动的边际物质产品价值时,就有了剥削,特别是当劳动力为买方市场垄断时,就很容易产生这种剥削。这种观点,显然不符合马克思所揭示的雇佣工人被剥夺了生产资料才产生剥削的真理。然而,琼·罗宾逊的"剥削"理论对于认识如果劳动者只被一个或少数几个雇主购买时,工资就很容易被异常压低的局面也是有帮助的。

第三节 希克斯对马歇尔需求理论的修正和补充

无差异曲线分析

约翰·理查德·希克斯(J. R. Hicks,1904—1989)是当代著名的英国经济学家。他早年是伦敦经济学院的讲师,后来长期担任牛津大学教授,还当过英国皇家经济学会会长。1964年被封为勋爵。希克斯的不少理论在经济学史上都占有一定地位。尤其是1939年出版的重要著作《价值与资本》中,他所建立起的主观价值理论,把马歇尔的有关理论和方法当作出发点,对剑桥学派的传统学说作了重大修正。

希克斯同马歇尔一样,也是先从论述消费者需求理论开始他的理论研究的,并且也是先求得个人均衡再引出市场均衡的,但希克斯的理论和方法与马歇尔又有很大不同。马歇尔的需求理论是以边际效用基数论作为基础的,使用的又是局部均衡方法,而希克斯的理论承袭了瓦尔拉的一般均衡理论,又以序数效用论为基础,使用一种所谓"无差异曲线"的分析工具。前面在介绍帕累托的经济理论时已说过,无差异曲线的几何分析法先已由他使用。实际上,比帕累托更早,英国学者埃奇沃思(F. Y. Edgeworth,1845—1926)在1881年出版的《数学心理学》一书中就首先提出了无差异曲线,但都未引起人们注意,因此影响不大。直到1934年,希克斯和英国另一位经济学家艾伦(R. G. D. Allen,1906—1983)合写了一篇《价值理论的重新考虑》,才开始将这一方法应用于经济分析。1939年,希克斯的名著《价值与资本》问世,序数效用论和无差异曲线方法才在西方经济学界产生巨大影响,成为微观经济学需求理论中最重要的分析工具。

关于无差异曲线,本书讲帕累托思想时已介绍过。

由于同一条无差异曲线上各点所代表的不同商品组合对消费者来说是同样好的,所以,比方说他少消费一定数量橘子就一定要多消费一定数量的苹果,才能得到同样的满足。例如,如果减少2单位橘子,就要由增加1单位苹果来弥补。苹果对橘子的这种替代比例,希克斯给它一个名称,叫"边际替代率"。例如,说苹果对橘子的边际替代率为2时,指的是减少2单位橘子,必须增加1单位的苹果,才能使消费者的满足保持不变。这就是说,x(补偿物)对 y(减少物)的边际替代率=y 的减少量/x 的增加量。希克斯还认为,边际替代率可以用一条无差异曲线的斜率来表示[1]。

在希克斯看来,一条无差异曲线上各点的边际替代率是不同的,呈现一种递减倾向。例如,从表10-2可见,苹果对橘子的边际替代率起先是2(苹果从1单位增加到2单位时,橘子从7单位减少到5单位),接着是1.5(苹果从2单位增加到3单位时,橘子从5单位减少到3.5单位),再下来分别是1、0.5。这样,随着苹果数量的不断增加,橘子数量减少得越来越小。这种情况的出现,据希克斯说是因为苹果的数量越多,每单位带给消费者的满足程度就越小,因而只需要更少数量的橘子来补偿。希克斯把这种情况称作"边际替代率递减规律"[2]。

按照希克斯的说法,有了无差异曲线之后,要比较各种商品的效用的大小,就可以按照消费者的"偏好尺度"来确定,从而可避免直接计量商品效用的错误做法。"偏好尺度"指的是当一个消费者对各种不同的商品组合进行选择时,他最"偏好"即最想要的一种组合,对他来说效用最大,顺着偏好的次序,他最后想要的一种组合表明效用最小。这样,通过消费者偏好次序的先后,就可以比较出各种组合的效用的大小了。同样,由于"边际效用"是一个需要具体计量的东西,希克斯便用"边际替代率"取代"边际效用"这个术语来进行理论分析。

---

[1] 希克斯:《价值与资本》,商务印书馆,1972年版,第17页。
[2] 同上。

> 收入—消费曲线和价格—消费曲线

在提出新的分析工具和新的术语后,希克斯详细讨论了消费者的需求规律。他不赞成马歇尔撇开收入因素只分析价格影响商品需求量的做法,认为要求得消费者行为的正确规律,应该研究消费者收入变化时需求怎样跟着变化的情况。

希克斯是通过图形来分析消费者收入变化对需求的影响的(见图 6-3)。图 6-3 中的 ML 这条直线叫作"消费可能线"或"预算约束线",意思是消费者要量入为出,预算支出或实际消费必须以收入为限度。ML 线表示的是:当消费者用全部收入购买 X 商品时,可得到 OL 数量;全部购买 Y 商品时,可得到 OM 数量;其他各点代表用全部收入购买 X 和 Y 两种商品时

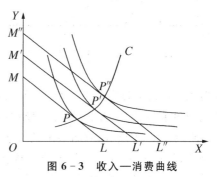

图 6-3 收入—消费曲线

的各种组合。希克斯认为,ML 线总是会与无数条无差异曲线中的一条在 P 点相切,而这个切点所代表的商品组合必定会给消费者带来最大满足。这是因为,位置比这条曲线高的无差异曲线所代表的商品组合,消费者买不起,而位置比它低的无差异曲线所提供的商品效用显然没有它大。

希克斯进一步论述,现在假设消费者收入增加了,但 X 和 Y 两种商品的价格未变,于是可以购买更多数量的 X 和 Y 商品,消费可能线必然向右方上移,成为 $M'L'$ 线。又因为这里假定商品价格不变,所以 $M'L'$ 应该与 ML 平行。这时 $M'L'$ 又与另一条无差异曲线相切,产生了新的切点 P',表示消费可能线为 $M'L'$ 时所得到的最大满足。如果收入再继续增加,$M'L'$ 会继续向右上方移动,形成新的消费可能线,产生新的均衡点。这样,可以把各种不同收入情况下产生的均衡点联结起来,形成一条曲线,这条曲线可以用来说明在商品价格不变时,消费者的收入变化是怎样影响他的消费的,因此希克斯称它为"收入—消费曲线"①。

希克斯也分析了商品价格变动对消费的影响,但比马歇尔进了一步。他在分析中假定消费者收入和 Y 商品的价格都固定不变,变动的只是 X 商

---

① 希克斯:《价值与资本》,商务印书馆,1972 年版,第 24 页。

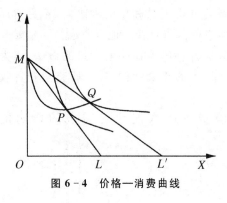

图 6-4 价格—消费曲线

品的价格,这样就出现了图 6-4 的情况。因为消费者收入和 Y 商品的价格不变,如果消费者全部收入只购买 Y 商品的话,其数量同以前一样,还是 OM。但是,由于 X 商品的价格下降,如果全部购买 X 商品的话,原先只能购买到 OL 的量,现在却可以增加到 OL' 的量。于是消费可能线就从 LM 变成 $L'M$。$L'M$ 与某一条无差异曲线又相切于 Q 点,形成新的均衡点。总之,X 商品的价格每变化一次,就形成一条新的消费可能线,它与某一条无差异曲线的相切之点就是新的均衡点,例如 LM 曲线上的 P 点、$L'M$ 曲线上的 Q 点等。把这些均衡点联结起来形成的一条曲线,即图中的 PQ,被希克斯称作"价格—消费曲线"[1],因为它表明了某种商品价格发生变动时消费跟着变动的状况。显然,从这条价格—消费曲线,可以推导出马歇尔需求理论中的需求曲线。因为马歇尔的需求曲线,就是在假定消费者收入和其他商品价格不变的前提下,分析某种商品的需求量(消费量)如何随这种商品价格的变化而变化时描绘出来的。不同的只是希克斯运用了"无差异曲线"的分析工具,来证明马歇尔所概括的所谓需求规律。

收入效应和价格效应

在分别提出了"收入—消费曲线"和"价格—消费曲线"以后,希克斯进一步论述了商品价格下降对需求量的影响。他提出,某种商品的价格下降后,一方面消费者用同样的收入可以比以前买到更多的这种商品,就是说,商品价格下降等于使消费者增加了实际收入,从而更多购买这种商品,这种影响叫"收入效应";另一方面,商品价格下降又会诱使消费者更多买该种商品来替代其他一些商品,这种影响称为"替代效应"[2]。通过上面的论述,希克斯声称马歇尔提出的需求规律是普遍适用的。他对两种效应的深入分析,发挥和补

---

[1] 希克斯:《价值与资本》,商务印书馆,1972 年版,第 26 页。
[2] 同上书,第 28 页。

充了马歇尔的需求规律。

第四节　新古典厂商理论的挑战与修正

新古典经济学的厂商理论,由马歇尔打下基础,经过希克斯、张伯伦和琼·罗宾逊等人的补充和发展,形成了一整套完整的理论体系,其核心就是各类厂商都会把产量和价格按照边际成本等于边际收益的基本原则,决定在利润最大化的水平上。应当说,这是西方经济学家关于厂商在市场经济中进行决策的一个基本原理。然而,这一所谓最大化的基本原理从 20 世纪 30 年代后期起,就不断遭到批评和挑战,与此同时,各种非最大化厂商理论也陆续问世,使现代厂商理论更加丰富多彩,更加接近实际。

最大化厂商模型面临的挑战　新古典厂商理论中利润最大化模型的建立,需要一系列前提,而这些前提往往和现实世界的真实情况有较大差距。例如,企业是所有者与经营者合二为一的业主型企业,不仅不存在经理(经营者)与股东(企业所有者)利益与行为目标的不一致,而且雇员行为目标也与企业所有者目标一致,这显然与现代企业制度的实际情况不符。再如,这一模型还要假定,经济生活中信息是完全的、对称的,企业对市场的需求情况是确知的,对成本情况(包括对所需生产要素的供求和价格变动情况)也是明白无误的,因而完全能随时作出自己产品的边际成本和边际收益的估计和计算。这显然又与瞬息万变的市场情况不可能及时确知的实际情况不符。又如,最大化模型还假定,生产函数和成本函数概括了全部企业生产经营内容,企业内部的组织活动具有充分的效率,投入品的边际产品价值只是投入品数量的函数,投入产出间存在确定的单一关系。可是,实际情况并非如此,企业家和职工的才能和积极性对企业生产经营效率有很大影响,而这些在生产函数和成本函数中都难以包括进来。

显然,新古典经济学如果撇开这些现实情况,以它的一系列假定条件为前提,以边际分析理论为基础,以最优化数学分析为手段,确实可以构造一套精美的最大化利润的厂商均衡模型。但是,现实情况是不能撇开的。正因为这样,新古典厂商理论问世后不久,就有不少经济学家,从理论和实践两个方面对最大化模型提出了质疑和挑战。

按边际成本等于边际收益原则获取最大利润以决定产量和价格的新古典厂商理论最先遇到的挑战来自实践方面。英国经济学家霍尔（K. L. Hall）和希契（C. J. Hitch）在1939年《牛津经济学文献》上发表了一个"牛津经济研究组"通过实地调查得到的报告，指出所调查的38家厂商中有30家的价格决定或多或少是根据"完全成本"（＝直接成本＋间接成本＋可容许的利润），而不是根据边际成本等于边际收益的原则。他们还列举了厂商之所以要这样做的种种理由，最主要的理由是厂商考虑的是长期利润而非眼前利润。另外从技术上看，厂商也不清楚消费者的偏好，无法了解消费者对他们产品的需求曲线，从而无从知道边际收益曲线，而且即使知道需求曲线和边际收益曲线，厂商也不宜按边际分析经常调整产品的价格。

另一次来自实践的挑战是美国莱斯特（R. A. Lester，1908—1997）于1946年3月在《美国经济评论》上发表的《工资—就业问题上边际分析的缺点》一文，在文中，他公布了他于1945年6月对美国南部58家厂商调查的结果，结果显示，企业在决定就业量时，市场需求远比工资率来得重要，而对工资和工资变动并不敏感，企业对工资增加的反应很少是减少产量（从而减雇工人），而通常是改进管理和激励方式以提高内部效率，这同新古典厂商理论认为就业量决定于工人边际生产力和工资率相等的看法大相径庭。

厂商关于产量和定价决策的利润最大化原则在理论上也受到不断挑战。这种挑战主要沿着企业经营权与所有权相分离的现实与利润最大化原则之间的矛盾这一方向展开。

根据现代企业中所有权与经营权分离已日益成为普遍的客观现实的情况，许多经济学家明确指出，新古典厂商理论关于利润最大化的模型适用于所有权与经营权合二为一的业主型企业，不一定适用于现代股份制企业。针对现代企业制度的现实情况，他们提出了多种企业经营目标的理论，主要有：

1. 销售总收益最大化模型。美国经济学家威廉·鲍莫尔（William J. Baumol，1922— ）在1959年发表的《商业行为、价值与增长》一书中提出，典型的寡头垄断厂商的目标，是在获取某一"最低"限度利润水平的约束下，实现销售量（总收益）最大化。他指出，厂商经理层实现销售量最大化的要求，不仅由于销售量和经理的薪金有正相关关系，而且因为销售量下降，意味着丧失顾客，丧失在资本市场的融资能力，丧失分销商和更多繁复的行业关系。因此，当利润和销售量发生冲突时，企业家几乎总是优先考虑增加销售量。

2. 增长最大化模型。英国经济学家彭罗斯(E. T. Penrose)、马里斯(R. L. Marris)都发表论文,认为厂商经理们的目标可被假定为是追求"增长的最大化"。这样可满足他们追求权力和威望以及较高的薪金的要求。按马里斯的看法,经理与股东之间的目标分歧不大,因为经理效用函数与股东效用函数的绝大多数变量与厂商规模有密切联系。经理效用函数中包含有权力、薪金和威望等,股东效用函数则包含利润、产量收益和市场占有率等变量,增长能同时满足股东与经理的利益,使两者达到激励相容。然而,经理们追求的并不是股东权益最大化(也是利润最大化),而是在排除被并购的威胁前提下追求最大的增长率。

3. 效用最大化模型。这是威廉姆森(O. E. Williamson,1932—)于1964年在《自由支配行为经济学:厂商理论中的管理目标》中提出的一个非利润最大化模型。在这一模型中,经理们管理企业的目的是使他们自己的效用最大化,而经理们的效用又是"职工人数、报酬和可自由处置的利润"的函数。经理们试图在税后利润大于或等于某一最低水平的约束下,实现"自己效用最大化"。比如,职工人数的增加实质上意味着经理权力的扩大,增加了经理对企业各种资源的控制权。经理对办公费用、管理费用的支配也能体现其声望、地位。这些开支包括能报销的交际费用、办公室的装饰及专用轿车等。这些消费会增加经理阶层的效用,但不利于企业的经营效率和经理层生产效率的提高。该模型认为经理力图在某个最低利润点的约束下实现自己效用最大化。

上面所讲的鲍莫尔的销售量最大化模式、彭罗斯和马里斯的增长最大化模式、威廉姆森的效用最大化模式,从管理者角度看都可以归入管理者企业论这一类模式。向传统厂商理论的利润最大化模式作批评和挑战的,除了上述管理者企业论,还有一类被称为行为派企业论,这类企业论是组织理论与产业经济学的结合,也是在批判传统厂商理论的利润最大化模式基础上发展起来的,它强调对企业行为的描述性分析,认为企业从事的不是最大化行为,而是次优化行为。著名的行为派企业论有西蒙的满意化理论、塞尔特和马奇的企业联合体理论。

行为派企业论与非最大化理论

赫伯特·A.西蒙（Herbert A. Simon, 1916—2001）从怀疑个人理性这一角度对新古典的最大化厂商理论提出了质疑和否定。西蒙是20世纪伟大的管理思想家和经济学家，他的思想大部分是现代企业经济和管理研究的基础。这里，我们关注他如何用有限理性论挑战新古典最大化厂商理论。

众所周知，新古典厂商模型假设决策者具有完全的理性和全部可供选择的机会、完备的知识，并且他们能完全预料到所作选择（决策）的结果。新古典那套最大化理论看起来十分完美精巧，可惜它由于假定完全理性，因而只能像中世纪神学那样，同现实生活中有血肉之躯的人的真实行为没有多大关系。

西蒙认为，具有血肉之躯的人的真实行为，不可能建立在完全理性基础上，而只能建立在"有限理性"基础上。什么是有限理性？西蒙把它定义为考虑到活动者信息处理能力限度内的理性。有限理性论认为，人们在作决策时，并非事先收集掌握了全部所需要的信息和所有备选的方案，也并非知道所有方案的可能后果，从而按"效用函数"或"优先顺序"作选择；相反，决策人所知道的只是有限的信息、有限的选择方案和对不完全方案的可能后果的有限预测。在现实生活中，决策者由于受所处的环境的限制，不可能找到一切方案，也不可能比较一切方案，即事实上人们不具备求得"最优化"的条件和能力，只能尽力作出"令人满意"的决策。因此，新古典理论的最大化要求作为一种终极目标并不现实，只会给决策者加上沉重的负担，造成决策无法及时有效地作出。在现实经济活动中，我们只能把理性视作一种渐进的适应性，寻找令人满意的结果。对于厂商来说，"判断满意程度的指标，包括'市场占有率'、'适量利润'和'公平价格'等等"[①]。只要在这些方面决策者的行为能取得令人满意的结果，就是一种有限理性的行为。所谓最优化选择行为只能是一种理论上的假设，在实践中只是"空中楼阁"。

在西蒙的有限理性论基础上，美国经济学家塞尔特（R. M. Cyert, 1921—1998）和马奇（J. G. March, 1928— ）进一步深化和发展了西蒙的理论，形成了较完整的行为派企业论。按照这种理论，企业行为的次优化的产生，在于经济环境的不确定性以及企业中不同集团的目标冲突。这种理

---

① H·A·西蒙：《管理行为》，北京经济学院出版社，1988年版，第20—21页。

论认为,厂商实际上是不同群体通过各种组织形式结合而成的联合体,其中,股东、经理和员工是最重要的三个主体,这三者的关系直接影响着企业的兴衰。在这里,厂商既是个体成员的结合,又是各种部门组织的结合,这样厂商的一个成员或群体的目标与厂商整体目标就有可能发生冲突。由于利己心的存在,在产生利益冲突的情况下,大家都会认为自己的目标最要紧也最合理,因此只有通过各群体之间的博弈和协商来解决这些问题。在这样的情况下,管理层只能确定一个合理的厂商目标,并尽可能使之与各群体目标的冲突最小化。

该理论中的厂商目标只以满意为准绳,不遵循最大化假设,从而超越了新古典经济学范式。有限理性和令人满意的两大原则决定了厂商根据确定的目标努力实现一种适度、合理、长远的利润。显然,这样的理论更加贴近实际。马奇认为,传统的新古典厂商理论假定企业家对信息的搜寻和处理成本极低,可以忽略,在此基础上,他们可以有充分的机会比较鉴别所有可能的行动以达到利润最大化,而行为主义理论认为现代企业的最高管理层缺乏有效准确的信息来源,也不具备足够强大的计算能力。因此,他们只是在一部分方案中进行筛选,找出其中最好的一个。行为主义厂商理论认为人们的分析判断能力要远逊于新古典模型的假定,这正是西蒙有限理性学说的应用。厂商的整体目标与各种利益群体目标相矛盾时,冲突就极有可能爆发。但实际情况说明大多数企业一般而言还是有较好的稳定性的,因为各群体与厂商事先签署的合同或契约限制了各方自由行动的可选择性,而且厂商通过一套规范的管理组织制度在各群体之间可以作出明确的安排,另外,不论是厂商还是各个群体,都可以预期到发生冲突所产生的巨大代价,因此整个组织在一定时期的相对稳定性还是可以保持的。

塞尔特和马奇的厂商理论还特别注意到现代企业中最高管理层的一些卓越的管理技术,即通过货币支出、附属支出、酬劳支出、顺序考虑需求和分散决策等手段来消除化解冲突。在这里,他们的理论中一个突出思想是,没有也不可能把股东利润最大化作为企业经营管理的核心宗旨,这就表现出与传统的利润最大化模式的背离。

X效率理论

X效率通常也称X(低)效率。X(低)效率是和市场配置(低)效率相对应的一个概念,而市场配置效率是指市场配置资源的效率,也就是社会经济资源经过市场价格机制配置到各个经济部门的效率。

众所周知,在新古典经济学中,企业是一个"黑箱"[1],只根据成本函数和生产函数为实现最大化利润而进行生产经营。这种新古典理论实际上是假定企业内部总是有效率的,即排除了企业内部出现低效率的可能性,从而经济学只要关注稀缺资源在各种竞争性用途之间的配置问题。于是,经济学变成了一门专门研究配置效率(allocation efficiency)的科学。然而,非配置效率(不是来自资源配置方面的低效率)却是一个客观存在的事实。20世纪30年代以来被揭示的越来越多的资料表明,企业并不是内部有效率的,非配置效率不仅存在,而且非常重要,其重要性还远远超过了配置效率。这种现象在大企业,尤其是垄断性大企业中更为严重,这种企业由于外部市场竞争压力小,内部层次多,关系复杂,机构庞大,家大业大,个人目标和组织目标往往难以一致,使企业成本最小化和利润最大化的目标难以达到,导致企业内部资源使用效率下降。传统新古典经济理论与实际存在的非配置低效率或者说企业内部低效率现象间的不一致,标志着传统新古典理论陷入了危机。为此,一部分经济学家力图通过修改某些假设或引入新的分析环节使传统的新古典分析框架也能解释非配置低效率现象,而以莱本斯坦为代表的另一部分经济学家则构造了一种以 X(低)效率概念为核心的新理论来解释非配置低效率现象,这就是作为新古典理论对立物出现的 X 效率理论。

为什么非配置(低)效率称 X(低)效率?原因是"在 X(低)效率一词中,X 代表来源不明的非配置(低)效率"[2]。实际上非配置(低)效率也就是企业内部的(低)效率。

X 效率理论产生于 20 世纪 60 年代中期,70 年代中期已形成比较完整的理论体系,80 年代后又获得了进一步的发展。其主要代表人物是 H. 莱本斯坦(Harvey Leibenstein,1922—1994)。这种理论中所讲的效率,不是帕累托最优意义上的效率(这种意义上的效率是市场配置资源的效率),而是指由于企业内部成员的动机和行为带来的"组织效率"。

莱本斯坦认为,传统经济学把家庭和企业当作基本决策实体或行为人,

---

[1] 黑箱常指某种结构复杂的电子元件或电子仪器设备,意指其内部工作特性不需透露。这里指企业的制度结构、运作机制等都是不需说明的,当然是解决了的。

[2] 罗杰·弗朗茨:《X 效率:理论、论据和应用》,上海译文出版社,1993 年版,第 10—11 页。

是追求目标函数最大化的理性经济人,实际上,基本决策实体和行为人是构成家庭和企业的个人,正如分子是由原子构成一样。以家庭和企业为研究单位的传统微观经济学可称为分子经济学,以个人为基本研究单位的X效率理论可称为原子经济学。企业没有感情,没有最大化效用,只有企业成员才有效用或负效用。传统微观经济学把针对个人行为的假设简单套用于家庭和企业的做法是不对的。X效率理论的任务,是通过对作为基本决策单位的个人的行为考察,来分析和研究由个人组成的家庭、企业乃至整个国民经济的活动。

X效率理论把作为基本决策单位的个人行为作为研究对象,提出了一整套理论,对新古典厂商理论作出了挑战与修正。

第一,新古典厂商理论关于企业内部总是有效率的假定是不真实、不正确的。由于经济活动的基本决策者并不是企业而是个人,是企业家个人和每个雇员,他们才有心理活动、思想感情、行为目标、经济利益以及行为和决策的能力,而劳动合同又总是不完全的,在委托人和代理人(股东和经理、企业主和员工间的关系都是委托人和代理人关系)目标和利益不一致的情况下,代理人的努力水平有可能背离委托人的行为目标,因此,企业内部出现X低效率就是完全可能的。换句话说,雇员的生产积极性并不是一成不变的,他们肯作多大努力,具有相当自由的决定权,这意味着决定生产率的所有因素并不都由企业控制,而是一部分由企业控制,另一部分由雇员控制,企业生产率水平最终取决于雇主和雇员间的决策博弈。

第二,企业实际生产率在由雇主和雇员之间进行的策略博弈过程中被决定时,由于双方都有各种策略可供选择,在一般情况下,双方都不可能按符合自己利益最大化的原则办,而只会按习惯或常规行事。这种常规努力水平决定的产出水平与利润最大化产出水平之间存在一定差距,X低效率的程度可由这一差距的大小来表示。这就是说,由于X低效率的存在,企业实际产出与最大化产出之间,实际成本与最小化成本之间,都存在一定差距。因此,新古典厂商理论关于单纯由生产函数和成本函数决定的投入产出关系的理论是不切实际的。

第三,不仅由于X低效率使企业生产并不是一种由生产函数和成本函数决定的单纯的投入产出关系,而且由于企业不可能完全真实地了解产品的需求曲线和需求价格弹性(因为信息不完全),因而缺乏边际收益方面信息,从而使企业根本难于按边际成本等于边际收益的原则来确定产量和价格。实际上,企业多半是按完全成本即成本加成定价法则行事的。企业在经营活动中,只要产品价格和成本维持在某个界限内,企业在投入的使用、产品价格的决定以及产出数量的安排等各个方面,通常是按常规行动的。

几点评论

对于上述各种理论对新古典厂商理论的挑战与修正,可作出这样几点评论。

第一,新古典厂商理论关于按边际分析追求最大利润的模式,并不仅是一种理论上的分析,也是对市场经济中厂商活动的宗旨和目标的揭示,这和厂商在实际经营中能否按利润最大化原则来做并不矛盾。实际上,许多企业在经营活动中根本不是照边际主义原则行事的,而是按完全成本定价法则来做的,但不能因此否认新古典厂商理论关于边际分析的基本原理。厂商经营总要追求最大限度的利润,大利大干,小利小干,无利不干,企业在市场竞争中一定会如此做,也只能这样做,这不仅是资本追逐利润的本性决定的,而且是竞争压力决定的。新古典厂商的理论最大化模式,不过是把企业这种实践要求提升到经济学理论高度加以认识和肯定而已。

第二,企业经营权和所有权分离后,掌握企业经营实权的经理层确实可能不按股东(所有者)利益和要求办事,而会有自己的效用函数,他们直接关心的是自己的利益,包括薪金、在职消费、声望和地位,为此,要求把企业规模尽量做大,尽量扩大产品市场份额,追求企业尽快成长等等,现代公司里的企业家也确实是这么干的。但应当指出的是,这些多元化目标从根本上与利润最大化这一基本目标并不是矛盾的,相反,都要受到这一基本目标制约,这是因为,赢利或者说经济效益,对于任何一个企业在市场竞争中的命运来说,都是命根子,企业规模要做大,必须建立在赢利基础上。如果不尽量赢利,企业缺乏效益,即使通过集资把规模做大了,也难以持久。扩大产品市场份额,同样是为了赢利,即使有的企业在产品销售中一时低价亏本经销,也是为了挤垮竞争者,夺取市场以最终求得利润最大化。如果没有高赢利,什么高工资、高在职消费、企业家声望和地位等等,都只是泡影。当然,也不能因此贬低销售额最大化模型,增长最大化模型以及经理效用最大化模型的意义和价值。应当认为,尽管不能把这些模型看作是对新古典厂商理论的否定,但也确实是经济学家根据现代企业制度(所有权和经营权分离)的实践情况对新古典厂商理论模型的补充、发展和完善。

第三，应当认为，在市场经济实践中，企业按完全理性进行决策，确实绝无仅有。由于信息不完全，由于经济生活存在的不确定性，更由于人们的知识有限，企业的经营决策确实只能按有限理性办事，难以达到最佳最好的境界，能够达到一个"令人满意"的水平就不错了，从这一点上看，西蒙的"有限理性"观确实是企业经营实践的真实反映。但"有限理性"和"令人满意"与"完全理性"和"最大化"并不是对立的，实际上，新古典理论中的"完全理性"和"最大化"是理论上的一种抽象，也是企业经营决策追求的一种目标和方向，在实际行动中，它表现为求"尽量最好"，而并不是"不达到最佳誓不罢休"。人们在经济决策中，总会在有限的备选方案中加以权衡比较，尽量挑一种最佳方案，这就是经济学上所讲的第一总比第二好。

第四，相比之下，X低效率理论确实是击中了新古典厂商理论的一些痛处。新古典传统理论只是研究资源配置效率，实际上是假定企业组织效率是不成问题的，但非配置低效率是不容抹杀的客观现实，X效率理论力图寻找这种非配置低效率的原因。这些原因包括：两权分离的制度安排易产生"内部人控制"，大企业绩效与职工物质利益不易直接挂钩，企业规模越大，管理层次越多使上下左右信息沟通和组织协调越难等。认识这一点，对于加强和改进企业管理，尤其是调动人的积极性，是有现实参考价值的。

复习思考题

1. 略述庇古旧福利经济学的福利概念。
2. 庇古怎样说明资源优化配置会影响国民收入总量？
3. 庇古怎样说明国民收入分配会影响社会经济福利？
4. 张伯伦怎样说明产品差别和垄断竞争的关系？
5. 略述张伯伦的短期厂商均衡和长期厂商均衡概念。
6. 希克斯怎样补充和发展了马歇尔的消费需求理论？
7. 简述新古典厂商理论在20世纪30年代后期起受到的挑战情况。
8. 略述补充和发展新古典利润最大化理论的几个主要模型。
9. "有限理性"理论怎样质疑新古典理论中的"理性"学说？
10. 为什么说X效率理论是作为对新古典理论的对立物出现的？
11. 你如何评价新古典厂商理论的挑战与修正？

第七章 19世纪到20世纪上半叶的几个非主流经济学

边际革命以来,新古典经济学取代了古典经济学而成为主流经济学。到20世纪30年代凯恩斯经济学产生后,凯恩斯主义又逐步取代了新古典经济学而成为西方的主流经济学。但在此期间也产生了一些非主流经济学,包括美国的制度学派、北欧的瑞典学派和熊彼特的经济学说等。

第一节 制度学派

凡勃伦的制度经济学理论

制度学派在西方经济学史上一直是作为正统的主流经济学的"异端"出现的。19世纪末20世纪初,在美国出现的早期制度学派主要挑战古典经济学和新古典经济学,而20世纪60年代起在美国形成的以加尔布雷斯为主要代表的新制度学派主要挑战凯恩斯主义。

美国制度学派的创始人托尔斯坦·凡勃伦(Thorstein Bunde Veblen, 1857—1929),曾在芝加哥大学、斯坦福大学和密苏里大学任教,主要著作有《有闲阶级论》(1899)、《企业论》(1904)、《科学在现代文明中的地位》(1919)、《工程师和价格制度》(1921)、《不在所有权与近代企业》(1923)等。他始创的制度学派对资本主义和传统经济学所持有的批判态度,在西方经济学界独树一帜。

凡勃伦承袭了德国历史学派和英国历史主义者的一些传统,以社会达尔文主义的进化论为武器,否定了古典学派和新古典学派关于资本主义制度是符合"自然秩序"的正常的、稳定的经济制度的观点,认为社会经济发展和生物发展一样,也是一个历史发展过程,因而不应当把寻求不变的自然规律作为研究目的。他主张以"历史起源方法"来研究各种经济制度的产生、发展及其作用,说明这些制度的作用同相应的社会经济之间的关系,并用来考察当前社会经济及其发展趋势。这样，凡勃伦及其追随者取得了"制度学派"的称号。

凡勃伦坚决不同意传统经济学家把经济人总要极大地追求自己利益这一基本原则当作研究经济学的基本假定和方法，反对传统经济学家根据"抽象法"进行理论研究，而主张研究制度演进。按他的说法，经济制度是人类利用天然环境以满足自己生存需要所形成的"社会习惯"，包括私有财产、价格、市场、货币、竞争、企业、政治机构、法律、谋利行为等，既有经济的、政治的和法律的因素，也有风俗习惯和思维方法等因素。他用心理学和进化论研究制度起源和演进，认为制度归根结底受人的本能支配。人类主要有两种本能：一是虚荣的本能，把增加和积累财富看作是为了显示自己的地位；一是作业本能，这是一种改进技艺的本能。与此相适应，人类社会经济生活中存两种主要制度：一是生产技术制度，以作业本能为基础；一是私有财产制度，以虚荣本能为基础。在社会发展的不同阶段，这两种制度各有其具体表现形式。在现代社会中，生产技术制度表现为"机械操作"，即运用技术进行机器生产，私有财产制度表现为"企业经营"，即为获取利润的企业主制度。与此相适应，资本主义社会存在两个阶级：一个是由工程师、发明家、科学家等组成的技术管理人员阶级，另一个是由董事、经理和商业推销员等组成的企业家阶级。这两种人生活习惯和思想道德观念都不相同。技术管理人员受机器生产训练，有实事求是精神，要求变革现状，而企业家只知道赚钱，唯利是图，因循守旧，阻挠社会改革。这样就形成"机械操作"和"企业经营"之间的矛盾。

凡勃伦认为，"机械操作"和"企业经营"之间的日益尖锐的矛盾，是资本主义社会产生种种弊端的根本原因。产业革命以后，"机械操作"的地位在生产过程中越来越重要。社会生产力迅猛发展，"工程师"（即技术管理人员）成了社会经济生活的主宰，然而，财产所有权却属于企业家。"机械操作"的目的是无限制的商品生产，但企业经营的目的是追求最大限度的企业利润。"机械操作"和"企业经营"之间的矛盾和对立给整个社会经济带来了严重后果。例如，建立垄断制度，操纵市场，减少生产，维持高价，大搞欺骗性广告等。

凡勃伦认为，"机械操作"和"企业经营"的矛盾，管理人员与企业主这两种人之间的激烈斗争，最后必然以技术管理人员一方获胜而告终，在工程师们的发难和领导下，进行社会变革，到一定时候，资本主义制度就可完善，现存种种弊端就能消灭。但他认为这种"改革"的时机尚未到来,因为人们的思想习惯还不成熟。

从市场经济观点看,凡勃伦对传统经济学的批评有合理之处,也有不合理之处。凡勃伦认为,传统经济学根据亚当·斯密的看不见的手的理念,认为生产者为追求利润,将会尽可能以低的成本生产消费者所需要的物品,市场竞争会使生产者私利与社会公益相一致的观点是不正确的。实际上,赚钱与生产物品是两回事,生产者追求私利往往会有害于社会。凡勃伦这些观点,确有合理之处,尤其在他生活的那个年代,美国一些大公司不以增进效率来获利,而用垄断及限制生产以维持高价来获取高额赢利。然而,他把赚钱与生产、追求私利与客观上实现公益加以割裂甚至完全对立,则是不正确的。在市场经济中,生产者要赚钱,就必须尽量降低成本,生产消费者需要的产品,即便是大公司,也必须这样,否则,就会在竞争中被淘汰出局。因此,从市场经济角度看,正确合理的说法可能是,赚钱要通过生产,生产是为了赚钱。

康蒙斯与密契尔

美国早期制度主义还有两个代表人物:康蒙斯和密契尔。

约翰·洛克·康蒙斯(John Rogers Commons, 1862—1945)曾先后在几个大学任教。还曾任美国国家经济研究局董事和美国经济学会会长。他偏重于研究法律在经济生活中的作用,一生写下大量劳工问题和制度经济学的论著,主要有《美国工业社会的文献史》(1910)、《美国劳工史》(合著,1918)、《资本主义的法制基础》(1924)、《制度经济学》(1934)、《集体行动经济学》(遗著,1950)等。

他虽然也是制度主义者(严格地说,"制度经济学"一词首先由他提出),但与凡勃伦有所区别的是,他偏重于研究法律制度对经济生活的作用。凡勃伦把制度说成是"广泛存在的社会习惯",而他把制度说成是控制个体行动的集体行动。集体行动的种类和范围,从无组织的风俗习惯到有组织的机构,如家庭、公司、行会、法院、工会、银行等都在其内,其中,特别重要的是垄断大公司、政党和工会,这些具有强大力量的利益集团控制了一切个人的活动,支配了整个社会生活。

制度经济学以集体行动为研究对象之所以要特别注意法律制度的研究,康蒙斯的解释是,资本主义制度是一种交易的制度,这里的制度包括三类：一是买卖交易，这是在法制的平等者间，按交易双方意志而转移财富所有权；二是管理交易，这是在法制优位者命令下创造财富的交易活动，如工厂经理与员工的关系；三是配给交易，这是根据法律优位者的指令分配财富利益的交易活动，如公司分配股息、工会收取会费等。这些交易活动中都有法律问题，都是人与人的关系，而传统经济学只讨论买卖交易中的物品交换问题，实际上，经济学应当研究三种交易中的人与人的关系。在资本主义社会的交易关系中，人与人之间，尤其是众多的社会利益集团之间，广泛存在着利益冲突，而冲突各方又相互依存，这种相互冲突和相互依存的关系在交易过程中必须协调。这种协调主要通过经济的、法律的和伦理的三种方式。其中特别要强调法律的作用，现代资本主义制度本质上是一种法律制度，法院在解决人与人之间利益冲突过程中是最有权威的机构。因此，也有人把凡勃伦称为制度主义中的心理学派，而把康蒙斯称为制度主义中的法律学派。

威斯利·密契尔（Wesley Clair Mitchell，1874—1948）是美国早期制度学派的又一代表人物。他毕生致力于经济循环的理论及实证的研究，他的制度经济学的特点是把制度研究与经济周期的分析结合在一起，研究方法上的特点是注重系统地收集、分析经济统计资料以进行实证分析。他还在1920年创立了全国经济研究局。

按密契尔的看法，传统的（正统的）经济学把经济均衡当作常态，而经济循环的每一个阶段都是常态的暂时脱离从而总会自动回归均衡的观点是不正确的，实际上，失衡才是常态，经济波动是正常现象，经济总是从一个循环阶段发展为另一个循环阶段，每个循环阶段都会经历复苏、繁荣、衰退与萧条这样有规律的过程。这种循环是货币经济社会特有的现象。在货币经济中，大部分居民都靠赚取和花费货币收入来生活，于是就特别重视利润的变动。这种利润是一种预期利润。预期利润会受各个时期市场心理变动的影响。因此，经济循环就是一个萧条孕育着繁荣、繁荣孕育着萧条的累积过程。

密契尔用实际统计资料支持这些理论。他对商业循环作了大量实证研究，搜集了许多经验材料，运用数理统计方法，建立模型，用来解释经济波动。他的经济周期理论，相当程度上反映了资本主义经济周期性波动的实际，因而在经济周期理论史上很有影响。

上述以凡勃伦为主要代表并包括康蒙斯和密契尔在内的早期制度学派

在20世纪20年代末30年代初的美国相当盛行,一个重要原因是那时西方世界发生了一次空前严重的经济危机,使马歇尔主张经济会自动走向均衡的传统经济学越来越没有说服力,于是有一批经济学家尤其是年轻经济学家追随凡勃伦传统,批判正统经济学和资本主义社会弊端并主张从制度上改革资本主义社会。凯恩斯经济学产生并成为新正统经济学后,制度经济学受到"冷落",但并未销声匿迹。在30年代至50年代,仍有一批经济学家从事制度研究,他们代表了从早期制度学派向新制度学派的过渡。代表这种过渡的是专门分析市场经济发展过程中制度变迁尤其是企业制度变迁的几部重要的有影响的著作。

第一部是由贝利(A. A. Berle,1895—1971)与米恩斯(G. C. Means,1896—1988)所著的《现代股份公司与私有财产》(1933)。作者通过对200家巨型公司(金融机构不在内)的控制形式、治理结构和证券市场上的财产状况的分析研究,得出三点结论:(1)大型股份公司的发展已使股票高度分散;(2)作为公司法律上的所有者的股东,大多数已失掉对公司的支配权;(3)几乎没有股份的管理者取得了公司的实际性控制权。总之,所有权和管理权已经分离。

第二部是由白恩汉(James Burnham,1905—1987)所著的《经理革命》(1941)。此书发展了贝利和米恩斯的观点,提出了管理者是实际上的所有者的观点,而股票所有权只有着非常次要的性质。这种权力转移的情况可称"经理革命",通过这种变革,社会的统治阶级已由过去的资本家变成了现代的企业管理者。

第三部是艾尔斯(C. E. Ayres,1891—1972)所著的《经济进步理论》(1944)。此书提出了一套以凡勃伦制度经济理论为基础而又有所发展的"经济进步理论",认为技术创新在资本主义的各种制度的建立方面起了决定性作用,工业革命为工业在现代生活中建立了至高无上的地位的同时,也使工业领袖们成为有权力的人。随着现代公司的兴起,技术的迅猛发展,"经理阶级"权力增大了,而人的"价值"被忽视了。他认为,不能再把经济进步的目标限定为产量的增长,把经济学任务局限于研究技术进步所引起的资本和财富的增长。经济发展的正确方向,应当把平等与收入分配作为经济研究的重要课题。

上述这些制度经济学者,进一步发展了早期制度主义经济学。尽管在美国经济学界,制度主义始终未占主流地位,但影响一直存在。

第二节 瑞典学派

瑞典学派又称北欧学派或斯德哥尔摩学派,是19世纪末到20世纪初期创立和发展起来的以瑞典经济学家为主的西方经济学的一个重要流派。其不少理论对现代宏观经济学和国际经济学的形成有重要影响。

瑞典学派的形成和特点

瑞典学派的形成和发展可分为三个阶段。

(1) 理论渊源阶段(19世纪末20世纪初)。主要代表人物有维克赛尔(Johan Gustav Kunt Wicksell, 1851—1926)、卡赛尔(G. Cassel, 1866—1945)和达维逊(David Davidson, 1854—1942),其中对瑞典学派影响最大的是维克赛尔,所以,不少西方经济学家把他看作是瑞典学派的先驱者或奠基人。

(2) 形成阶段(20世纪20—30年代)。主要代表人物有缪尔达尔(G. Myrdal, 1898—1987)、林达尔(E. R. Lindahl, 1891—1960)、伦德堡(E. F. Lundberg, 1907—1987)和俄林(Bertil G. Ohlin, 1899—1979)等人。

(3) 发展阶段(第二次世界大战后)。在这一阶段,影响最大的是林德伯克(Assar Lindbeck, 1930—)以及挪威的弗里希(Ragnar Frisch, 1895—1973)。

与当时占统治地位的新古典学派相比,瑞典学派理论和方法有以下几个特点:

第一,打破古典和新古典学派的货币数量论传统,这种传统就是把价值理论和货币理论完全分割成互不相关的两张皮,即所谓的"二分法"。从维克赛尔开始,瑞典学派经济学家就把实物经济和货币经济统一起来,创立货币经济论。

第二,创立宏观均衡动态分析方法,弥补静态分析的不足。为此,在方法和工具方面,提出了一系列的经济术语,如"事前""事后"以及"期间分析(过程分析)""序列分析"等术语,用以分析经济的变动过程。

第三,把预期纳入经济分析,强调预期在经济运行中的决定作用。

第四,从经济理论研究中引申出政策建议,主张国家干预经济生活。

第五,注重国际经济理论研究,在国际贸易、国际收支和汇率理论研究方面提出一系列创造性见解。

累积过程原理

由维克赛尔创立的累积过程原理的建立为瑞典学派的形成奠定了理论基础。因为他创立了这一原理,其后继者缪尔达尔、林达尔等人才建立起宏观动态经济理论。

维克赛尔创立这一原理,是从批判传统的货币数量论开始的。传统货币数量论的特征是以货币变动与经济变动无关的假定为前提的货币中性论。这种理论把价值理论和货币理论当作彼此分离的两张皮:价值理论考察各种商品的价格以及价格如何由它们的边际效用和生产成本决定,而非货币因素决定;货币理论则是一种探讨一般物价水平由货币数量决定,而与商品价值或价格的形成和变化没有任何关系的理论。这就是经济分析中的"二分法"。按这种方法,货币只是一种流通手段和交换媒介,货币与商品交换,实质上是商品与商品的交换,货币交易只是覆盖在实际经济活动上面的一层面纱,故这种理论称为"货币面纱论",其首创者就是萨伊。由于这种理论只用货币数量论来说明一般物价水平,货币数量的增减只不过使一切商品价格同比例上升或下跌,货币对实际经济处于中性地位。所以,这种理论又被称为"货币中性说"。可见,货币数量论、货币面纱论、货币中性论,本质上是一种理论。这种理论在凯恩斯经济学产生后被根本否定,但在凯恩斯以前,已先由维克赛尔加以分析批判。他认为,尽管可把货币比作机油,机油本来不是机器的一部分,但也不能把物物交换假定下推演出来的经济规律不加限制地应用于实际经济情况。一切交换、投资或资本转移,事实上都是通过货币实现的,货币的正当使用或滥用会积极影响实物资本能否积累和生产能否增加[①]。这就否定了传统的二分法和货币面纱论,认为经济分析中必须考虑货币因素。

"货币中性"概念,在经济学说史上首先就是由维克赛尔正式提出的。他提出这一概念,正是为了说明货币在现实经济生活中并不是中性的。对于这种中性和非中性,他是通过把利率区分为货币利率和自然利率来加以分析的。货币利率是指银行借贷活动中用货币支付的利息率。自然利率是指假定一切借贷都不使用货币时由这样的资本的供给和需求关系所决定的利息率。它实际上是指投资的"预期利润率"。

由于生产率的变化、固定资本和流动资本现有数量的变化,以及土地供

[①] 维克赛尔:《国民经济学讲义》,上海译文出版社,1983年版,第214—215页。

给量的变化等,自然利率在大多数情况下是连续性地、渐进地、不断发生变动的。尽管货币利率也是变动的,但它的变动要受到大金融机构的支配,所以,货币利率的变动是非连续性的,表现为突发式的升降(例如一次升降1％或2％等)。当市场上货币利率与自然利率相等时,企业家能取得正常利润,因此,既不会增加资本需求以扩大生产,也不会减少资本需求以缩小生产,资本供给(储蓄)和资本需求(投资)就处于均衡状态,从而物价也就稳定下来。这时,货币是中性的。当货币利率与自然利率不一致时,货币将通过利率的作用对生产和价格发生影响。当货币利率低于自然利率时,企业家能够获得较多的利润,因此,就要增加投资扩大生产。这必然导致原材料、劳动力和土地的价格上涨,从而使原材料生产者、劳动者和土地所有者的货币收入增加,因而又增加对消费品的需求,引起消费品价格的上涨。企业家为增产消费品,将会增加对资本货物的需求,从而又使资本货物价格进一步上涨。这种扩张带有累积的性质,这一过程要持续到因资本供给过少、对资本的需求过大而使得预期收益下降,即自然利率下降直到使投资与储蓄相适应的新水平,最终使货币利率与自然利率相一致为止。

维克赛尔正是利用两种利率之间的不一致来说明经济周期的波动,说明经济收缩和扩张的原因和过程,说明物价水平的上升和下降。他的这一解释显示了和传统货币数量论关于流通中货币数量的多少只决定物价水平而不影响生产的货币面纱论的不同。当货币利率与自然利率不一致时,货币不是中性的,对物价会发生影响,但这种影响是通过投资与消费之间关系的变动,通过收入增减、消费增减和企业生产活动方向的变化而实现的。

维克赛尔所说的货币均衡,就是指货币利率和自然利率相一致的情况。当上述两种利率不一致时,就是对货币均衡的偏离。这种偏离,通常被称为"维克赛尔累积过程"。之所以被称为"累积过程",是因为在维克赛尔看来,一旦发生两种利率之间的偏离,这个过程就不会停止下来,而会继续进行下去,直到差距消失为止。

宏观动态均衡理论

瑞典学派宏观动态均衡方法论的建立者是缪尔达尔和林达尔。缪尔达尔在《价格形成问题与变动因素》《货币均衡论》等著作中,林达尔在《货币政策的目的和方法》《货币与资本理论的研究》等著作中,继承了维克赛尔关于经济体系均衡分析的主要论点,又对他的理论作了修改和补充。缪尔达尔货币均衡论的前提和维克赛尔的观点是一致的,即认为经济体系中的消费品的供给和需求以及资本的供给和需求不可能必然一致。他在评论维克赛尔的均衡条件时,强调应该把时点与时期分开,搞清一定时点上的均衡和整个时期内的均衡及两者之间的关系。在某一时点上的均衡是暂时的、静态的,一定时点上的均衡将不断被打破,又在另一时点上重新建立均衡。例如,从供给和需求达到均衡的某一时点开始,如果需求增加,就引起价格调整,价格调整又影响供给,供给增加后,价格再调整,价格调整又再次影响需求,如此持续不已。这一分析是对维克赛尔均衡学说的进一步发展。

林达尔通过对动态过程的分析,强调预期因素的作用,试图建立一个一般动态均衡理论体系,来代替传统的静态均衡分析。他认为,传统的均衡理论虽然也讨论变动问题,但这一变动仅仅围绕着一个均衡点来进行,这种分析方法不适用于较长期的情况,应该代之以过程的分析。

由于瑞典经济学家在分析中强调时间因素和不同时点之间的经济变动,因而在他们的所谓动态分析中,都比较重视预期因素的分析和研究。缪尔达尔指出,在《货币均衡论》一书中,提出了"事前估计"和"事后估计"这两个概念,进一步发展了瑞典学派的预期理论。他认为,对任何收益率的计算,都有事前和事后之分。事前估计是指对未来时期内会产生收益率的估算,即预期利润率;事后估计是指按一个时期已经实现的收益来计算。他不仅把收益率区分为事前和事后,而且在分析动态均衡过程时,把收入、消费、储蓄、投资等变量也区分为事前与事后。他还运用这种事前和事后的计算来说明货币均衡的条件。

通胀与失业理论 瑞典是一个开放式经济小国,其通货膨胀受世界通货膨胀影响很大,瑞典经济学家用部门结构和世界性通货膨胀传递机制来解释这一影响,建立起一种独特的通货膨胀理论。这一经济理论模型通常又称为斯堪的纳维亚模型或北欧模型。

小国开放经济模型所考察的是一个开放经济的较小型国家如何受世界通货膨胀的影响而引起国内的通货膨胀。这一模型把小国开放式经济体系分为两大部门:开放经济部门(产品进入国际市场,主要由商品生产部门组成)和非开放经济部门(产品不进入国际市场,主要由服务性部门和建筑部门组成)。

这一模型可用下述公式来表示：

$$\pi = \pi_W + a_S(\lambda_E - \lambda_S)$$

公式中的 π 表示该国平均通货膨胀率，π_W 表示世界性通货膨胀率，λ_E 和 λ_S 分别表示开放经济部门和非开放经济部门劳动率的增长率，一般可以假定开放部门的劳动增长率高于非开放部门，即 $\lambda_E - \lambda_S > 0$。再用 a_S 表示非开放经济部门在该国经济中所占的比重。该公式表示一个小国开放经济的通货膨胀率等于世界通货膨胀率加本国开放经济部门和非开放经济部门劳动生产率增长率的差额（用非开放经济部门在全部经济中的比重来加权）。

由于开放部门的产品是进入国际市场的，因此开放部门的通胀率会和世界通胀率保持一致。于是，开放部门的货币工资率会随该部门的通胀率和劳动生产率一起变动。开放部门的货币工资上升后，非开放部门的货币工资必然向它看齐，否则就不能保证有足够的劳动力供给。非开放部门的产品价格，按成本加成定价法，一方面会随工资的上升而上升，另一方面也会随劳动生产率的上升而下降（劳动生产率上升对工资和产品价格有不同的影响：劳动生产率提高时，工资率要提高，而产品价格会下降），所以，非开放部门价格上涨幅度等于货币工资增长率减去劳动生产率增长率。由于开放部门和非开放部门在整个经济中比重不同，因此，计算全社会通胀率时，要考虑两部门在经济中的权重。

这种通胀理论是用世界通胀和部门结构来说明通胀现象的，因此又可称为结构性通货膨胀理论。由于通胀是结构性的，取决于世界通胀和经济部门劳动生产率增长的差异，因此，采取紧缩财政和货币供应量或管制工资和物价的收入政策来对付通胀，是无济于事的。比较可行的办法还是按生活费指数调整工资和收入，使居民实际收入不受或少受通胀的影响。

瑞典经济学家伦德堡在研究通胀原因的同时，对失业原因也作了分析。在他看来，像瑞典这样的国家，失业主要由以下三个结构方面原因造成：

(1) 由于技术的迅速发展，瑞典经济中的各个部门、行业和地区间的发展是很不平衡的。有些部门、行业和地区发展迅速，而另一些部门、行业和地区则相对衰落，劳动力的供给不能适应这种复杂情况，从而在某些部门、行业和地区出现了失业。

(2) 大量来自发展程度较低的国家的工人入境，补充了职位空缺，增加了劳动力的供给。

（3）瑞典的工资水平比西欧的平均工资水平高得多，这就提高了开放经济部门的工资成本，使瑞典商品在国际市场的竞争中处于不利的地位，从而延缓了经济发展的速度，增加了就业的困难。

为了对付失业和通胀并存的滞胀现象，伦德堡等瑞典经济学家提出以下六个具体政策建议：

（1）适当降低就业水平，以减轻需求拉上式通货膨胀，为此，要对失业者发放失业津贴并进行文化教育和技术训练，使失业者在短期内在经济上不受太大的影响，不至于流落街头，同时加强劳动力的流动性，克服地区和部门间就业的非均衡状态；

（2）实行全盘指数化经济政策，收入、借贷利率、税收一律与价格指数相联系，借以消除通胀对经济发展、收入分配和资源配置的影响。

（3）加强政府对工资谈判的干预，实行工资指导线政策。

（4）加强经济政策在决策和实施上的灵活性，克服所谓决策滞后和效应滞后现象。

（5）加强开放性经济部门的发展，适当限制非开放性经济部门的发展，提高出口商品在国际市场上的竞争地位。

（6）实行浮动汇率政策，根据国际收支和国际市场的具体情况，灵活掌握汇率，用贬值加强出口，矫正国际收支，用升值对抗国际通货膨胀对国内通货膨胀的影响。

国际经济理论

瑞典学派在国际经济方面最著名的理论是卡赛尔的购买力平价说和赫克歇尔以及俄林的国际贸易理论。

1922年，卡赛尔在《1914年以来的货币与外汇》一书中提出，确定本国货币与他国货币比价的，是本国货币在国内所能购买的商品和劳务，与他国货币在他国所能购买的商品和劳务之间的比值，亦即各国通货的内部购买力之比，是确定各国货币间汇率的基础。这种以购买力平价确定汇率的理论，又分为绝对购买力平价说和相对购买力平价说两种。

绝对购买力平价，指在不考虑物价变动条件下，两种货币在各自国内的商品和劳务的购买力的比值。由于货币购买力与物价水平成反比，因此，汇率可由两国物价的绝对水平的比率来决定。若用 P_a 和 P_b 代表 A、B 两国物价水平，则购买力绝对平价公式是 $S = P_a/P_b$。

相对购买力平价,指考虑物价上涨因素,以各自物价指数比值来确定两国货币比值,或如卡赛尔所说,在两国都发生通货膨胀情况下,新标准的汇率等于汇率乘以两国通胀率之商。若以 S_0 表示旧汇率,P_{at}、P_{a0} 和 P_{bt}、P_{b0} 分别表示 A 国和 B 国在报告期和基期的物价水平(指数),则新汇率 $S_t = S_0 \dfrac{P_{at}/P_{a0}}{P_{bt}/P_{b0}}$。这种相对购买力平价理论说明,汇率变动要和各国物价水平变动相符合。如果 A 国通胀率高于 B 国,则 A 国的汇率要上升,即 A 国货币相比 B 国而言要贬值,或者说 B 国一单位货币要换更多 A 国货币。

卡赛尔也提出,除购买力外,其他一些因素,如外汇投机、政府干预、货币流动以及人们的预期等,也都会影响汇率,但决定性因素还是购买力水平。

购买力平价理论提出后,立即受到广泛注意,批判意见也甚多,尤其这种理论难以说明汇率的短期波动。但从汇率决定的长期趋势看,这种理论始终居于主导地位。

1933 年,瑞典经济学家俄林发表了《地区间贸易和国际贸易》一书,提出了一种国际贸易新理论,这就是资源禀赋说。俄林说,他的这一理论是受他的老师赫克歇尔的启示,是在老师理论基础上发展起来的,因此这一理论被称为赫克歇尔—俄林模型(H-O 模型)。这是西方国际贸易理论发展史上继大卫·李嘉图的比较成本说和约·穆勒的"国际需求方程式"决定贸易原因和条件的原理以来的一大发展。

1919 年,瑞典经济学家赫克歇尔(E. F. Heckscher,1989—1953)发表了《对外贸易对收入分配的影响》一文,提出了这样一个论点:国与国发生贸易的必要条件,是贸易商品的成本(含运输)差异,而成本差异又取决于各国拥有的生产资源(要素禀赋)的相对丰饶程度。因此,贸易形式不是取决于李嘉图所谓的比较成本,而是取决于资源禀赋的差异。一国将输出相对廉价的商品,而进口相对昂贵的商品。若贸易国需求相同,贸易发生的唯一因素就是成本差异,即一国将输出需要使用大量其相对丰裕生产要素生产出来的物品,而进口需要使用大量其相对稀少的生产要素生产出来的物品。

在赫克歇尔论文启示下,俄林指出,贸易的首要条件是某些商品在某一地区生产要比在另一地区便宜。在每一个地区,出口品中包含着该地区比在其他地区拥有的较便宜的相对大量的生产要素,而进口别的地区能较便宜地生产的商品。简言之,进口那些含有较大比例昂贵生产要素的商品,而出口那些含有较大比例便宜生产要素的商品。可见,俄林的观点不同于李嘉图、约·穆勒甚至马歇尔,因为他们认为相互贸易的产品之所以在各国有不同成本和价格是由于劳动生产率差异,而俄林认为,即使生产力水平相等从而要素利用效率相同,也会产生供给价格的差异。这是因为:第一,各国要素禀赋不同,例如,一些发达国家资本多,而一些发展中国家劳力多,从而资本和劳动的价格在各国不一样;第二,各种产品生产上所需要的要素比例不同,有的产品是需要大量资本的资本密集型产品,而有的产品是需要大量劳动的劳动密集型产品。这样,有丰富资本的国家生产资本密集型产品,有丰富劳动的国家生产劳动密集型产品,价格都会比较便宜,然后相互交换,就会带来利益。这样,国际贸易就能使生产资源在世界范围内得到最优配置。尽管生产要素在各国间难以自由流动(尤其像土地、劳动力等)从而无法在世界范围内优化配置,但通过商品的国际流动,在一定程度上可弥补这一不足,使要素的利用比在闭关自守状态下得到更好利用,各国会得到更多产品,各国的要素价格也会提高。

后来,美国经济学家萨缪尔森补充和发展了俄林的理论,提出,通过以各自丰裕的要素密集生产出来的产品的自由流动,实际上会消除各国因要素禀赋差异而带来的要素价格的差别。比方说,甲国原来资本多而劳力少,因此利率低而工资高;乙国资本少而劳力多,因此利率高而工资低。通过贸易,甲国专门生产资本密集型产品,乙国专门生产劳动密集型产品,从而大大提高了对甲国资本和乙国劳动的需求,甲国利率和乙国工资因此大大提高,结果使各国要素的价格趋于均等。这样一种认为自由贸易会使各国生产要素价格均等化的理论,后来被称为赫—俄—萨模型。

社会民主主义经济制度理论　瑞典学派的"社会民主主义经济制度"理论的主要代表是林德伯克。他的这套理论的背景是,二战以后出现一个以苏联为首的社会主义阵营,与此相适应,20世纪60年代美国出现了一股对现实资本主义强烈不满,企图寻求改变现状的激进主义或称为左派的思潮,主张通过议会选举取得政权以实施社会主义纲领。针对这种思潮,林德伯克通过对世界各国经济制度的考察,特别是对瑞典混合经济制度的研究,提出了所谓三种经济模式的理论,并在此基础上提出了一套社会民主主义经济制度的理论。

按照林德伯克的看法,简单地把现代经济制度划分为资本主义和社会主义的方法已经过时,因为现代经济制度是一个多维的概念,是由多方面因素构成的。他给经济制度下了如下定义:经济制度是指在一定的地域内对生产、投入和消费进行决策和实施这种决策的一系列机制和组织机构的总和。具体来说,认识一个经济制度应从以下七个方面去理解:

(1) 在决策过程中是集权还是分权;

(2) 在资源配置方面是用市场制度还是用行政管理制度;

(3) 在商品分配方面是用价格调节还是用行政指挥的配给制;

(4) 在所有制方面是私有制还是公有制;

(5) 在调动个人积极性方面是用经济激励还是用行政命令;

(6) 在企业之间的经济关系方面是竞争还是垄断,在个人之间的关系方面是竞争还是合作;

(7) 对外经济关系方面是开放还是闭关自守。

林德伯克认为,当代世界上实际上存在三种经济制度的模式:(1) 以瑞典为代表的西方混合经济制度;(2) 以苏联为代表的中央集权经济制度;(3) 以南斯拉夫为代表的市场社会主义经济制度。以上三种经济制度的区别主要在上述七个方面表现出来。

林德伯克主张实行社会民主主义经济制度,这种经济制度的基础是私有制和市场经济,同时政府干预经济生活,消除市场经济的缺陷,实行经济稳定政策、收入均等化政策、环境保护政策、反垄断政策、集体消费政策。

在集权与分权的关系上,林德伯克主张将两者合理地结合起来。对经济稳定、环境保护、公共消费、收入的再分配以及基本设施的投资等宏观决策,采取集权的方法,归政府掌握;对于一般的生产和消费的决策归私人或企业。

在市场经济与中央计划经济关系上,林德伯克认为,现代经济的正常运行的方式有二:一是市场机制,二是中央计划机制。只有中央计划机制而没有市场机制,便会产生官僚主义。只有市场机制而没有中央计划机制,便会产生无政府主义。因此,在现代经济中,中央计划经济离不开市场机制的调节,而市场经济也离不开中央计划的指导,需要的是两者适当的结合。

在私有制和公有制的关系上,林德伯克主张在私有制占统治地位的基础上,实行部分国有化。但在实行国有化时保存和导入市场机制。他认为,这既有助于经济制度的分权化,又有助于实现政治的民主化。他反对全盘公有制,因为:(1) 人力资本无法公有化;(2) 全盘公有制不能解决权力分配不均问题,因为在公有制集权政治经济体制下,少数领导人不仅掌握政治军事权力,而且掌握支配资产的权力,因而权力分配比私有制下更不平等;(3)尤为重要的是全盘公有制缺乏经济刺激,难以发挥人们的主动精神,不易解决鼓励创新问题。

在经济刺激和行政命令的关系上,林德伯克认为,在任何社会中,要使人们进行生产、工作、储蓄和投资,只有两种方式:命令或刺激。刺激主要是经济刺激。他认为应当把两者结合起来,但要以经济刺激为主。企业间要有利润差别,以提高企业的生产和管理效率;个人间工资要有差别,以提高工作效率。这两种差别也是不同部门间配置生产资源的重要杠杆。但是,这种差别尤其是工资差别不宜过于悬殊,以保持社会稳定,防止社会动乱。

在竞争和垄断的关系上,林德伯克主张开展竞争。他认为竞争出效率,因而竞争是社会进步和经济发展的强大杠杆。在当前的世界形势下,垄断不可能削弱和消除竞争。一个缺乏竞争的社会,必然是效率低下的。例如,如果没有竞争,就会造成产品短缺,质量粗劣,资源不能充分利用,甚至会败坏风气。比方说在人力资源配置上,不是行政命令,就是搞特权、走后门、裙带风,人们就没有选择职业的自由和充分施展才能的机会,这就是一个弊病丛生的腐败社会。

在上述理论的影响下,瑞典经济政策出现了两种趋势:一种是自由化趋势,如一般经济政策逐渐取代直接的经济管制;一种是社会化趋势,如服务领域中公共部门的迅速发展,国民收入的逐步国有化。

林德伯克认为,战后瑞典的混合经济制度,既不属于传统的资本主义制度,也不属于社会主义制度,而是一种特殊类型的经济制度——社会民主主义经济制度。

林德伯克认为,社会民主主义的经济制度使战后瑞典经济的发展取得了相当可观的成就,实现了充分就业、经济稳步增长和国际收支平衡,成为世界上屈指可数的福利国家。

第三节 熊彼特及其创新理论

19世纪70年代开始的边际革命使新古典经济学在19世纪末继古典经济学之后成为经济学中的新主流。新古典经济学利用边际分析和一般均衡分析的方法构建了一个精美的资本主义经济运行体系,但新古典体系是一个静态的模型,对于经济的周期性波动和演进过程却不能很好地解释,只能用自然灾害、战争等外在冲击来说明。这时,经济学界出现了一个传奇人物,他就是美籍奥地利经济学家熊彼特,他独创性地提出了"创新"理论,来说明资本主义经济的发展和周期波动、垄断与竞争、资本主义前途等重大问题。

生平、著作和方法

约瑟夫·阿洛伊斯·熊彼特(Joseph Alois Schumpeter,1883—1950)是当代著名的美籍奥地利经济学家和社会学家,出生在奥地利,就读于维也纳大学法律系,曾留学英国,又曾到维也纳几个大学任教。一战结束后,出任过财政部长,担任过银行的总裁。1925年,任教于德国波恩大学。1932年,移居美国,任哈佛大学经济学终身教授。1937—1947年,担任"国际计量经济学会"会长。1948—1949年,他第一个以非美国人的身份担任"美国经济学会"会长。1949年,西方经济学界筹备建立国际经济学会,曾一致推举他为第一届会长。1950年与世长辞。

熊彼特贪婪地吸收各个领域的知识,并加以改造,独立形成自己的理论体系。他是一个多产作家,内容涉及社会问题的方方面面,在经济学方面的著作,也有好几类,其中最重要的是关于资本主义经济波动和发展的著作,包括《经济发展理论》(1912)、《税收国家的危机》(1918)、《经济周期:资本主义过程之理论的、历史的和统计的分析》(1939)、《资本主义、社会主义与民主》(1942)等。这些著作,以历史社会学为基础,以"创新"理论为核心,研究了资本主义经济发展的实质、动力与机制,探讨了经济发展的模式和经济周期,预测了经济发展的前途,提出了独特的经济发展理论体系。

熊彼特的理论体系的方法论特征,概括起来是:以"创新"理论为核心,以一般均衡为出发点,将经济体系内在因素的发展作为推动经济体系本身变化发展的动力,将历史的、统计的与理论的分析紧密结合在一起,动态地研究资本主义经济的演进过程。具体说来就是:

1. 将一般均衡理论作为出发点探索动态均衡。按他的说法,所谓动态均衡分析,是指一种能阐明并非由于经济以外的因素而使经济体系发生从一个均衡推向另一个均衡的变化的理论分析。

2. 用经济体系的内在动力来说明经济的动态现象,认为开动和保持资本主义发动机运动的根本推动力,来自资本主义企业创造的新消费品、新生产方法或运输方法、新市场、新产业组织的新形式,企业的"创新"才是经济体系从一种均衡走向另一种均衡的动力源泉。

3. 将经济理论的分析、历史的分析和统计分析方法与数学分析方法结合在一起。

"创新"与经济周期

"创新"理论是熊彼特经济理论体系的核心。按照熊彼特的定义,"创新"是指"企业家实行对生产要素的新的结合",它包括五种情况:(1)采用一种新的产品;(2)采用一种新的生产方法;(3)开辟一个新的市场;(4)掠取或控制原材料或半制成品的一种新的供应来源;(5)实行任何一种新的企业组织形式。

在熊彼特看来,"创新"是一个经济概念,而不是一个技术概念,它是在经济中引入某种"新"东西,与技术上的新发明不是一回事。要使"创新"成为可能,有两个条件:一是企业家履行其职能,二是银行信贷的支持。熊彼特所谓的"企业家"是把实现新的生产要素的组合作为自己职能的人,是"创新"的主体。企业家"创新"的动力是追求垄断利润,但除了利润动机外,经济发展最重要的动力是"企业家精神"。熊彼特认为,首创性、成功欲、冒险和以苦为乐、精明与敏锐、强烈的事业心,构成了"企业家精神"的五大要素。企业家不同于普通企业管理者、技术发明家、资本家或股东。企业家倡导实行"创新"活动,普通的企业经营管理者只是按照传统方式和经验管理企业。企业家可以同时是一个技术发明家,但发明家只有将他的技术用于新的生产要素的组合才成为企业家。资本家或股东是货币所有人,货币请求权的所有人,还是物质财富的所有人,而企业家则是资本的"使用人"、实现生产要素新组合的"首创人"。正因为企业家不一定是资本家,所以要实现"创新",就必须有信贷支持。企业家向银行借到了货币等于借到了一个对经济资源的一个要求权,企业家才能够利用货币指挥生产要素按照自己意愿实现新的组合。

"创新"概念是熊彼特经济理论的核心,他的资本主义经济周期理论和发展理论,关于资本主义前途的论述,都是围绕"创新"展开的。

熊彼特认为,经济周期实际上就是经济数据的波动。他把引起经济数据变化的因素分成三类:增长因素、外部因素和"创新"。增长因素是指人口的增加这类变化,其特点是不会引起经济生活的波动或周期。因此,分析经济周期问题时应该把这类因素排除。

外部因素是指战争、革命、自然灾害、制度变化、经济政策变化、银行和货币管理、支付习惯,以及黄金生产变化等等。这些因素是导致经济波动的一个明显的重要根源,但仅仅从外部因素去考察经济周期的原因是远远不够的。

熊彼特认为,即使把外部因素造成的波动排除掉了,资本主义经济仍将呈现周期性波动的特点,因为经济生活中存在着"创新"活动。"创新"才是资本主义经济周期的内在因素。

熊彼特在用"创新"概念解释经济周期变动时,先讨论了经济周期的所谓"纯模式"。"纯模式"又称二阶段模式,是指排除了失误和过度投资行为等因素干扰的模式(见图7-1)。

熊彼特假定存在一个一般均衡的经济体系,该体系中的每个家庭都处于收支相抵的长期均衡状态;每个企业处于成本与收入完全相等的完全竞争均衡状态,利润为零;没有任何获取利润的机会,利息率也为零。

这是"创新"出现之前的状况,经济处于静态均衡之中。但是,"创新"打破了这种均衡状态,促成经济从一个均衡走向另一个均衡。

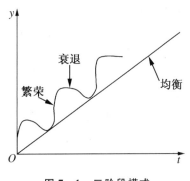

图7-1 二阶段模式

资本主义经济中存在着一部分精英——企业家,由于他们的"企业家精神"和对利润的追求,他们进行"创新"活动。由于企业家所实行的要素的新组合比旧组合更有利,结果在新产品价格和生产要素价格之间就必然产生一种价格差额,这个差额归企业,就是利润。例如,18世纪60年代以前,纺织业的动力是水力,忽然有人将蒸汽机作为动力,大大提高了产量,在全社会纺织品的价格没有变化以前,他便可以获得利润。而一个企业家成功的"创新"活动所造成的赢利机会,会促使其他企业纷纷来模仿,结果就形成了由"创新"所掀起的浪潮,这个浪潮扩大了对生产资料的需求。由于在初始状态,经济是充分就业的,不存在非自愿闲置的资源,所以企业只有支付更高的价格,才能获得生产资料,于是,生产资料的价格就上涨。而为了进行支付，企业家便扩大了对银行信贷的需求，从而引起信贷的扩张。物价上涨和信贷扩张，便造成了经济的"繁荣"。

熊彼特认为，这种"创新"浪潮使企业家为获得"创新"或模仿所需的生产资料而展开竞争，使得生产资料的价格上升，成本提高；同时，新的生产方式使得产品大量增加，以致价格下降；于是，"创新"企业的利润趋向于零，守旧企业则趋向消失。利润没有了，企业对银行信贷的需求也开始萎缩。经济进入"衰退"阶段，直至到达新的均衡。这样，"创新"就使得资本主义经济活动出现"繁荣"（经济高涨）和"衰退"（经济收缩）两个阶段。

熊彼特还认为，"创新"活动之所以造成经济的周期性波动而不是经济的持续繁荣，是因为"创新"活动的特征之一就是它的不连续性。它是集中在一个时期，时断时续出现的，因此，一次"创新"所造成的"衰退"不会被下一次"创新"所造成的"繁荣"所抵消。"创新"活动不断出现，均衡不断被打破又重新建立，资本主义经济就在"繁荣"和"衰退"两阶段中循环不已。当然，新的均衡对于旧的均衡来说，在质上是不一样的，是一种更高水平的均衡。因此，图7-1中表示均衡的直线位置和图7-2有所不同。

熊彼特认为，资本主义经济周期实际上包括四个阶段：繁荣、衰退、萧条和复苏（见图7-2）。怎样用"创新"来说明四阶段经济周期的形成呢？熊彼特认为这和所谓的"第二次浪潮"直接有关。

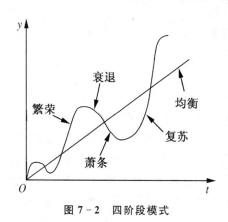

图7-2 四阶段模式

正如二阶段模式所言，"创新"引起了对生产资料需求的扩张、价格的上涨；同时，银行为"创新"提供资金，又引起信贷的扩张，这是所谓的"第一次浪潮"。更进一步，"创新"引起的对生产资料需求的扩张和信贷的扩张促进了新工厂的建立和新设备的增产，从而也就增加了对上游产品和消费品的需求，引起物价的普遍上涨，经济中出现了许多投资机会，信贷进一步扩张，出现了投机。这就是所谓的"第二次浪潮"，它是对"第一次浪潮"的反应。

"第二次浪潮"与"第一次浪潮"的重要区别是："第二次浪潮"中的许多投资机会与本部门的"创新"无关，这时的信贷扩张也与"创新"无关。例如，纺织业开始大量使用蒸汽机作为动力，引起煤炭价格的上升和煤炭行业投资的增加，但煤炭行业也许并没有出现"创新"活动。尽管"第二次浪潮"表面上很显著，但它并没有或者很少具有本身的推动力，它的推动力来自"第一次浪潮"。一旦"第一次浪潮"中促使高涨的推动力消失，"第二次浪潮"也就直接受到影响。同时，"第二次浪潮"中，由于投机活动的存在，从而"纯模式"中不存在的失误和过度投资行为这时必定出现了。由于投机和过度投资行为的存在，在"第二次浪潮"中，当"创新"的动力消失，经济中出现收缩而引起"衰退"时，"衰退"不再直接导致新的均衡，紧接着"衰退"出现的，是一个病态的失衡阶段——"萧条"。在"萧条"阶段，不仅投机活动趋于消失，而且许多正常的经济活动也遭到破坏。"萧条"发生后，"第二次浪潮"的反应逐渐消除，经济从病态的失衡状态中恢复过来，这就出现了一个必要的调整、恢复阶段——"复苏"。这样，一个经济周期就出现了繁荣、衰退、萧条和复苏四个阶段，要使经济从"复苏"走向"繁荣"，需要再次出现"创新"浪潮。

"创新"是资本主义经济呈现周期性波动的内在因素，但是熊彼特认为，经济领域是广泛的，生产部门是有差别的，因此，不会存在单一的"创新"，而是存在多种"创新"。不同的"创新"要求把新实物引入经济的时间长度是不同的，对经济的影响范围和程度也有差别，它们有的带来较短的波动，有的则导致较长的潜在高涨。而且，许多"创新"可能是相互依存的，它们构成一个较广泛的、大的"创新"过程。因此，资本主义经济不只存在一种周期。资本主义经济表现出来的周期运动，实际上是若干个时间跨度不相同的周期互相叠加的结果。

在熊彼特看来，资本主义历史发展过程中大体上存在三种长短不等的周期，即长周期（或长波）、中周期（或中波）、短周期（或短波），它们都和一定的"创新"活动有关。

长周期又称为"康德拉捷夫周期"，由原苏联经济学家康德拉捷夫（N. D. Kondratieff，1892—1938）于1925年首次提出，一个周期长达50多年。熊彼特沿袭了康德拉捷夫的观点，认为资本主义的第一个长周期大约从1783年到1842年，即第一次产业革命；第二个长周期大约从1842年到1897年，即蒸汽机和钢铁时代，或者可以称之为世界铁路化时代；第三个长周期大约从1897年到20世纪20年代，可以称之为电气、化学和汽车的时代。

中周期又称为"朱格拉周期"，由法国经济学家朱格拉（I. C. Juglar，

1819—1905)于1860年首次提出,一个周期平均9—10年。

短周期又称为"基钦周期",由美国经济学家基钦(J. Kitchin)于1932年首次提出,一个周期平均40个月(3—4年)。

在熊彼特看来,上述三种周期并存且相互交织,正好证明了他的"创新"理论的正确性。三种周期都与一定的"创新"活动相联系,尤其是长周期,与重大的"创新群集"有相当密切的关系。

熊彼特强调,"创新"活动是经济周期的内在因素,因此,经济周期就不像他以前及同时代其他经济学家所认为的那样,是资本主义罪恶的表现,或自发势力造成的不必要的痉挛;而是经济进步在资本主义条件下的必然表现形式。人为的政策干预有助于缓解或消除来自外部因素的影响,但除非禁止"创新"活动,"创新"带来的经济波动就不可能被任何人为的政策消除。

"创新"与经济发展

熊彼特不仅用"创新"来解释资本主义的经济周期,还用它来说明经济发展的动力、过程和目的。在他看来,资本主义经济发展是通过经济周期的变动而实现的:"创新"活动不断打破旧的均衡,使经济走向新的均衡;旧的均衡到新的均衡,虽然经过经济从高涨到收缩的各个阶段,但新的均衡和旧的均衡相比,总产量是不断增加,产品种类是不断丰富的,新均衡是经济在更高水平上的一个均衡,这就是经济发展。

熊彼特认为,如果经济中不存在具有"创新精神"的企业家,整个经济就只会在同一水平上循环。要发展,就必须有具备"创新精神"的企业家的存在,这种企业家对利润的追求和他们所具有的"企业家精神",是他们从事"创新"活动的原因。

"创新"导致经济发展的具体机制,可以用"创造性毁灭的过程"这一概念来描述。具体过程可分解为三步:为谋求额外利润,部分企业家进行"创新"——为分享这种利润而开始的"模仿"(即"创新"的推广)——其余那些采用旧方式的企业为保卫自己的生存而进行的"适应"(即"创新"的进一步推广或更大规模的"模仿")。这一切都在激烈的竞争中进行,所以说,"创新""模仿""适应"这样三步推动经济发展,也就是竞争在推动经济发展。在这个过程中,许多新的资本投入进来,新的企业建立起来,那些"适应"能力太差或行动迟缓的企业被挤垮了,毁灭了。"创新"所掀起的浪潮,通过生产要素的新组合,推动了经济发展,同时也造成了对旧资本、旧企业的毁坏,这就是"创造性毁灭的过程"。

熊彼特还从资本主义是一个由"创新"活动所引起的创造性毁灭的过程出发,对自由竞争和垄断作出了与前人截然不同的评价。

第一,在一个创造性毁灭的过程中,完全竞争的假设是一个不现实的假设,纯粹的长期垄断也是不存在的,只有个别企业会在短期内处于垄断地位。

第二,从长期看,完全竞争在效率上不如垄断,因为它不利于"创新"活动的展开。进行"创新"要面对很大的不确定性,而在完全竞争的环境中,"创新"成功后却立即被过多的企业所模仿,使得创新者得不到应有的利润,从而挫伤"创新"的积极性和动力。而各种垄断行为,诸如专利权、长期合同、限制产量、刚性价格等等,实际上都是针对"创新"面临的不确定性而设立的一种保险机制。这些垄断行为,在静态经济条件下,确实造成完全竞争时不会出现的对消费者利益的损害,但在创造性毁灭的过程中,它们都是经济进步的推进器。新产品的独家生产者不能称为垄断者,因为它要面临老产品生产者的竞争,没有既定的需求表,需要创立自己的需求表。它们这种垄断,是"创新"行为成功必不可少的,为创新者争取到了发展所需要的时间和市场空间,这些人获得的超额垄断利润,不是以往人们所说的那种剩余性质的报酬,而是一种刺激"创新"的功能性报酬,是资本主义颁发给创新者的奖金。

第三,价格刚性,从创造性毁灭的过程看,并不像人们想的那么坏。人们痛恨价格刚性是认为它在萧条时期加剧了萧条,但这种指责要以萧条时期需求的价格弹性大于1为条件;但事实可能是,萧条时期需求价格弹性是小于1的,因此刚性价格可能比非刚性价格更有益于扩张总产量。因此,一概反对刚性价格是不对的。至于技术垄断,他认为,人们忽略了的一个事实是大企业更有能力、通常也更愿意建立研究机构,研究新技术、开发新产品。大企业暂时不用新技术主要是出于对成本、对保持旧有资产价值的考虑,只要新技术的全部未来成本低于原有技术的相应成本的话,大企业不会拒绝采用新技术。

"创新"和资本主义的前途

熊彼特认为,"创新"使资本主义经济在周期性波动当中实现了经济发展,但这样的发展过程不能永远持续下去,原因有三:

一是企业家"创新"职能的过时,资产者职能的消失。

他认为,随着资本主义的成功,"创新"活动变成日常事务,变成受过训练的专家小组的业务;企业家的人格和意志力量的重要性降低了,那些专门的机关和委员会的工作日渐代替了企业家个人的活动,企业家逐渐失去了存在的价值。企业家和资本家是同生共死的关系,企业家职能的消失也意味着资本家作为一个阶级失去了存在的基础。

二是资本主义保护阶层的毁灭和制度结构的逐步毁灭。熊彼特认为,资产阶级更习惯于商业活动而不是处理政治事务,资本主义在发展的过程中,不断打破封建贵族的统治,在排除资本主义发展的阻碍的同时也摧毁了资产阶级的保护层。同时,资本主义进一步发展,一方面打击了小生产者和小商人的经济立足点,另一方面大企业也由领薪金的董事和全体领薪金的经理和部门经理来运作,小股东们不关心企业事务,这样财产私有制就受到破坏。契约自由的状况也一样。就这样,资本主义过程把所有那类制度,尤其是财产和自由契约制度推入幕后,而财产和自由契约制度才表现了真正"私人"经济活动的需要与方法。

三是资本主义的成功所导致的充满敌意的社会气氛。资本主义造成一种批判的心理机构,这个结构在批判封建主义的权威,为资本主义的发展扫清道路以后并没有消失,而是转过头来批判资本主义本身。而且它还产生了一个社会集团——知识分子。资本主义使高等教育普及化,结果使得知识分子供过于求而形成失业,从而导致他们的不满。而且,知识分子以批判作为职业,他们通过和劳工运动的联系,刺激、夸大地表达和组织了对社会的不满材料。

熊彼特强调,上述因素的作用是逐步发生的,资本主义不会在很短的一个时期内崩溃,它的崩溃将是一个长期的渐进过程,资本主义发展的前景是"社会主义"。资本主义是被它自身非凡的成就所摧毁的,而不是被工人阶级所推翻的,他所说的"社会主义"也和马克思所说的社会主义有本质的区别。

熊彼特对"(中央集权的)社会主义"的定义是:不是由私人占有和经营企业,而是由国家当局控制生产资料、决定怎样生产、生产什么以及谁该得到什么的那种社会组织。从资本主义进入社会主义,指的就是把经济事务由私人领域转移到公有领域。按照熊彼特的说法,判断一种制度形式是不是社会主义的,关键在于对生产资料和对生产本身的管理是不是交给了中央当局,而并不是生产资料所有制本身。

那么,是谁推进了社会主义?熊彼特反对马克思主义关于无产阶级革命的理论,不认为资本主义会如马克思所描述的那样必然导致战争和贫困。他认为资本主义的发展有内在的逻辑,等到资本主义完成了它的历史使命后,它就走到了尽头,那时候,"社会主义"将是不可避免的。这个内在的逻辑就是资本主义是一个创造性毁灭的过程,正是资本主义的非凡成就毁坏了资本主义存在的基础,所以,社会主义的真正开路人不是宣扬社会主义的知识分子和"煽动家",而是资本家或资本主义企业家本身。

说起资本主义崩溃并代之以社会主义的问题,比较马克思、熊彼特和凯恩斯三人的观点是很有意思的。1883年是一个不平常的年份。这一年中,走了一个人:卡尔·马克思;来了两个人:熊彼特和凯恩斯。马克思认为,资本主义必然崩溃,为社会主义所取代,并要通过无产阶级革命的道路。熊彼特也认为资本主义迟早会崩溃,取而代之的是社会主义,但资本主义不是被工人阶级推翻的,而是被它自身非凡的成就所摧毁的,资本主义崩溃是一个创造性的毁灭过程,社会主义的开路人不是别人,正是资本主义企业家自身。政治上最保守的凯恩斯是资产阶级利益的忠诚卫士,一个彻底的反马克思主义者,但他同样提出,资本主义食利者会作为一个过渡阶段而消失,那时资本主义其他方面会有重大改变。然而,他绝不认为资本主义会被社会主义所取代,而只是资本主义的自我完善。他的学说全是为了要说明如何来改善和挽救资本主义,以免在危机中崩溃。下一章我们就将介绍他的理论。

复习思考题

1. 什么是早期制度主义的"凡勃伦传统"?凡勃伦怎样说明资本主义社会矛盾?
2. 康蒙斯和密契尔对资本主义经济制度的分析各有什么特点?
3. 贝利和米恩斯从对美国经济制度变迁分析中怎样得出所有权和经营管理权相分离的重要结论?
4. 维克赛尔怎样说明了经济的累积过程变动?
5. 略述瑞典学派的一般动态均衡理论。
6. EFO模型怎样说明小国开放经济的通胀受到世界通胀影响?
7. 略述卡赛尔的购买力平价说。

8. $H-O$模型怎样修正和发展了李嘉图的比较优势理论?

9. 你认为林德伯克的社会民主主义经济制度理论中有哪些有价值的观点?

10. 熊彼特理论体系的方法论特征是什么?

11. 什么是熊彼特所讲的"创新"? 它和技术上的发明有什么联系和区别?

12. 什么是熊彼特所讲的企业家? 企业家从事"创新"活动的目的是什么?

13. 熊彼特怎样用"创新"理论来说明资本主义的经济周期和经济发展?

14. 为什么熊彼特认为垄断比自由竞争更有利于"创新"活动? 你能用"外部性"理论来解释吗?

第八章 凯恩斯主义经济学

1936年,英国经济学家约翰·梅纳德·凯恩斯(John Maynard Keynes,1883—1946)的《就业、利息和货币通论》(以下简称为《通论》)出版,是西方经济学发展史上一件"革命"性的大事,标志着现代西方宏观经济学的产生,书中提出的有效需求理论和国家干预经济的政策主张,是西方经济学发展过程中的一大转折。

第一节 《通论》与凯恩斯革命

<u>《通论》的产生及其实质</u>　　直到20世纪30年代以前,在传统的新古典经济学体系中,正如古典经济学家的观点那样,资本主义制度仍然被看成是充满自由竞争,能自动调节的市场经济。在产品市场上,价格机制可以自动调节商品供求关系,不会有普遍性生产过剩;在劳动市场上,工资涨落的机制可以调节劳动力的供求关系,不会产生持久的大规模失业。在市场经济制度下,所有的人都是有理性的经济人,即都是怀着利己动机、能够计算得失、趋利避害地从事经济活动的人。各人所考虑的虽然是自己的利益,但这种考虑会导致他选定最有利于社会的用途,结果使得个人利益和社会利益趋于一致。因此,政府的最好政策就是自由放任,不必干预。

但是,1929—1933年发生的世界性经济危机宣告了新古典主义经济学的破产,击毁了自由放任的神话。这次危机像一场战争浩劫,使整个西方世界一下陷入瘫痪境地:各主要资本主义国家的工业生产大幅度下降,贸易额锐减,物价惨跌,企业和银行大量倒闭,失业大军激增。1932年整个资本主义世界工业生产比1929年下降三分之一以上。受害最深的是劳动人民,1929—1933年资本主义国家总失业人数由1 000万增加到3 000万,加上半失业者达4 000万—4 500万人。仅1932年,美国就有1 400家银行倒

闭。当时在美国流行两个笑话：一是金人公司的股票每一股均附送一支左轮枪；二是当向旅馆订房间时，柜台雇员会问你："是要睡觉，还是要跳楼？"

　　面对这样的经济现实，新古典学派既不能在理论上给予解释，又无法在政策上提出有效的应对措施。新古典经济学理论和资本主义现实之间的矛盾，使得长期在剑桥大学受到新古典经济学熏陶的凯恩斯不得不对传统经济学产生怀疑并逐步对其发起挑战。1926年凯恩斯发表《自由放任主义的终结》一文，开始否定传统经济学的基本命题，开始倾向于由国家来调节经济，企图通过政权的力量，解决市场机制的缺陷。1929年整个西方世界经济正处于危机深渊之中，此时英国正进行大选，自由党领袖劳合·乔治提出举办公共工程以减少失业的竞选纲领。凯恩斯和韩德森(H. Henderson)立即合写了《劳合·乔治能做到吗？》一书，积极支持乔治的主张，认为这一方案除了直接刺激建筑工业外，由于政府工程雇用的人购买力增加，其他工业也会间接受到积极的影响。

　　1931年凯恩斯的学生卡恩(R. F. Kahn, 1905—1989)发表《国内投资与失业的关系》一文，利用公式计算出政府追加投资扩大国民收入的极限值，于是就业乘数论宣告成立。1933年凯恩斯在《繁荣的途径》一文中，应用乘数理论，估计公共工程支出扩大就业的可能水平。1933年底，在《纽约时报》发表的《致罗斯福总统的公开信》中，凯恩斯特别强调政府要通过举债方式将借款使用出去，以增加国民购买力的重要性，进一步表明凯恩斯所想象的财政政策不是别的，而是赤字财政政策。但是，这时凯恩斯的政策主张还缺乏理论上的力量。《通论》出版，建立就业理论体系以后，他所提出的由西方国家政府通过赤字财政等政策干预经济的政策主张就得到了理论上的支撑。

　　《通论》不但为西方经济学界所接受，而且逐渐得到英、美等国的官方认可。1946年英国提出了就业政策白皮书，后由工党政府通过。1946年美国会通过就业法案。这些法案以促进就业为目的，实质是通过立法把政府调节经济、干预经济的责任和权力固定下来。

　　<u>凯恩斯革命</u>　　《通论》是一本革命性的书，这是凯恩斯自己首先作出的论断。在1935年1月1日给萧伯纳的一封信中，凯恩斯写道："我相信自己正在撰写一本颇具革命性的经济理论的书，我不敢说这本书将会立即改变世界对经济问题的看法，但在未来十年

间,它对经济理论必然会产生革命性的影响。"①《通论》之所以被认为具有革命性的影响,是因为凯恩斯在这本著作中提出了不同于传统经济学的诸多观点和政策主张。

首先,在理论上,以凯恩斯定律否定了萨伊定律及由此决定的就业理论。萨伊定律是传统就业论的理论基础。萨伊定律是指"供给本身会创造自己的需求"的原理,或如萨伊所说,生产是为了交换,一种产品生产出来就为另一些产品提供了需求或者说销路,因此,一切产品都能被卖掉。由于每个生产者都想享用品种最多、数量最大的各种商品,因此每个生产者都会在资源许可条件下生产最大数量产品和别人交换,于是社会上不但不可能出现全面生产过剩,还能使资源达到最高利用状态,即充分就业水平。显然,如果社会是一个物物交换的经济,上述定律可以成立。但对一个高度发展的资本主义商品社会而言,上述理论是否仍有效?对此,新古典经济学家作出了完全肯定的回答,理由有三:

一从劳动市场看,劳动就业量和实际工资率由劳动供求双方均衡决定。在均衡水平上,实际工资会等于劳动的负效用。一切愿意按劳动边际产品决定的工资就业的人员都会就业,只有那些嫌现行均衡工资水平太低而不肯就业者才会失业,这种失业是"自愿"的。此外,可能还有暂时因转换就业岗位之类原因造成的"摩擦性"失业。而这两者都和资本主义能经常保持充分就业的状态不矛盾。

二从资本市场看,通过利率的调节,储蓄总能转化为投资。因为储蓄是人们未消费掉的收入,代表资本供给,投资是企业扩大生产时投入的物质原料(资本物品),代表资本的需求,而利息率则是资本的使用价格,对储蓄而言是提供资本的报酬,对投资而言是资本使用的成本,只要利率能随资本供求自由涨落,利率一定能调节到使储蓄等于投资,因为储蓄大于投资时,利率会跌,从而抑制储蓄,刺激投资;投资大于储蓄时,则正好相反。于是,储蓄一定能全部转化为投资,从而保证使收入大于消费的需求缺口正好由投资补足,不产生生产过剩。

三从货币市场看,货币只是一种交换的媒介物,如果货币数量增加,其作用只是使商品价格和工资同比例上升,并不会对产业、实际工资和就业人数等实际经济变量发生变化,就是说,货币是中性的,是实际经济变量上的

---

① R.L.海尔布鲁洛:《改变历史的经济学家》,台湾志文出版社,1983年版,第480—481页。

一层面纱。

这三点结论相互有联系,统一构成萨伊定律的另一种表达方式。结论是,产品的销路总的来说不会发生问题,至多只会有个别商品的供求失调,但通过自由竞争,这种失调会最终消失,普遍的生产过剩危机不会发生。然而,凯恩斯通过提出有效需求不足理论,表述了与萨伊定律截然不同的观点。他认为,生产体系中存在一种特有的对物品和劳务的总需求不充足的缺陷。由于需求不充足,就会存在工作机会缺少。大量失业就反映了这种总需求(消费需求和投资需求)不足的状况。在凯恩斯的模型中,不是供给本身会创造需求,而是有效需求决定了产出和就业,从而决定了供给。这就是凯恩斯定律。在凯恩斯的有效需求理论中,上述传统理论中一些结论都被否定。一是在资本主义劳动市场上,除了自愿失业和摩擦失业,还有因有效需求不足而造成的非自愿失业;二是在资本市场上,利率不是由储蓄和投资来决定,而是由货币供求决定。任何计划投资和计划储蓄的不平衡只会导致产量或收入的调整,而不是利率调整;货币也不是中性的,在非充分就业情况下,货币数量变动会通过利率影响投资和产出,这样,就抛弃了货币数量说。凯恩斯提出,充分就业不是资本主义的"常态",由有效需求不足造成的非充分就业才是"常态",他的就业论、利息论和货币论才是能说明资本主义经济一般情况的理论,这就是他把自己这本代表作定名为"通论"的理由。

其次,在方法论上,凯恩斯回到了重商主义研究的宏观经济问题,开创了宏观经济的总量分析方法。在新古典学派看来,市场经济体系可以自行调节,整个经济运行不会发生严重失调,因此只要关心个别厂商和个别消费者的行为,以及单个商品市场和生产要素市场的交换过程及其相对价格的决定。而凯恩斯认为市场机制本身存在许多缺陷,须有国家干预才能实现"充分就业",才能使全社会的经济活动正常运转。为此,必须强调总支出所产生的收入效应。为了把就业、收入理论和利息、货币、消费、储蓄与投资理论纳入宏观理论结构,凯恩斯将实物经济和货币经济紧密结合于一体,坚持货币非中性,否定传统经济学的"二分法"。这样,就开创了宏观经济的分析方法。

再次,在政策主张上,凯恩斯反对传统经济学的"自由放任"主张,强调国家要干预经济。他认为,补救有效需求不足的政策措施是扩大政府支出或通过减税和货币扩张来诱导私人支出的增加。与传统经济学的政策主张相反,凯恩斯强调财政政策而不是货币政策,强调赤字财政而不是平衡预算,强调用增加有效需求而绝不能用降低货币工资办法以增加就业。这些都是凯恩斯政策主张的特征。

尽管凯恩斯对新古典经济学作了以上的"革命",但并不完全否定传统理论。在他看来,市场经济制度的主要缺陷在于其在保证充分就业方面的明显的无能。一旦通过管理消除了这个主要缺陷并恢复了充分就业,"从这一点开始,古典学派的理论仍然是正确的",它"所分析的私人的利己动机如何决定生产何种产品,以何种比例的生产要素来进行生产,以及如何把产品的价值在生产要素之间加以分配"等等都无可非议[①]。

第二节 就业理论

有效需求 凯恩斯就业理论的核心是有效需求学说。凯恩斯指出,所谓有效需求,指的是商品总需求价格与总供给价格相等时的社会总需求。什么叫总供给价格和总需求价格?按凯恩斯看法,厂商对自己企业里生产出来的全部商品所要求的卖价,称为总供给价格,这一价格至少要保证收回成本和获得起码的利润。而厂商估计社会上购买这些商品所愿意支付的价格,叫作总需求价格。只要总需求价格比总供给价格高,厂商就有利可图,就会多雇佣工人,增加生产,直到两者相等,厂商估计获得的总利润已达到最大值,这时就不肯再增雇工人,扩大产量,于是生产和就业达到了均衡状态。因此,有效需求决定着厂商实际提供的就业量。如果有效需求不足,就会使得实际就业量小于充分就业量,出现非自愿失业现象。

凯恩斯为什么强调有效需求?因为从市场经济的特点来看,生产是根据对市场需求的预期情况决定的。因此,要了解产量和就业水平是如何确定的,就必须了解整个经济对产出的需求是如何确定的。特别是在短期内,生产技术、资本设备和生产能力相对固定不变的情况下,总需求的水平就是确定就业水平的决定性因素。这样,就业理论基本上就是一个总需求决定理论。再从当时的历史背景来看,凯恩斯写作《通论》时,正处于大危机期间,大量工厂关闭,开工不足,设备闲置。工人失业,市场萧条,商品滞销,徒

[①] 凯恩斯:《就业、利息和货币通论》,商务印书馆,1999年版,第392页。以下引语未注明出处的,都引自《通论》1999年版本。

有生产能力而不能利用。如何使经济由萧条转向复苏,增加有效需求或购买力是关键。新古典经济学家遵循萨伊定律,不承认有效需求会出现不足,不重视总需求分析。与此相反,有效需求成为凯恩斯分析就业理论的起点,而对总供给的分析则退居次要地位。

有效需求又是由哪些因素决定的呢?凯恩斯指出,一般说来,在一个不和外国有经济往来的封闭经济中,产出水平(就业)取决于总的计划支出,这包括两个部分:居民户的消费支出(C)和厂商的投资支出(I)。消费支出是人们为满足自己物质生活、文化生活等需要而产生的对消费品的需求。投资支出是厂商为扩大生产规模而对资本品(厂房、设备、原材料)的需求。如果消费支出加投资支出能把社会生产出来的产品全部购买掉,则生产可以继续进行;如果不能全部购买掉,就会出现生产过剩。因此,整个社会的生产水平,或者说国民收入和就业量[①],决定于消费和投资这两部分。这种情况可用公式表示为:收入(Y) = 消费(C) + 投资(I)。

为何有效需求不足　凯恩斯把总需求划分为消费需求和投资需求两大类的分法可称为凯恩斯的两部门模型。后来,宏观经济学家把这个模型扩大到消费、投资和政府收支的三部门模型,以此来说明封闭经济的总需求结构。如果要说明开放经济的需求结构,还要加进对外经济往来,成为四部门模型。下面以两部门模型来说明凯恩斯的基本理论。

《通论》的目的在于诊断经济危机和失业的根源,并提出相应的救治之策。凯恩斯认为,危机和失业主要源于私人投资和消费不足而造成的有效需求不足。为何会产生有效需求不足?《通论》通过对人们的三个基本心理定律,即消费倾向、资本边际效率和流动偏好加以分析。

消费倾向　所谓消费倾向,意指消费和收入之间的一种函数关系。如果用 Y 表示收入,C 表示消费,则 $C=f(Y)$。消费倾向又有平均消费倾向和边际消费倾向之分。平均消费倾向表

[①] 凯恩斯认为,一个社会的总产量、国民收入和就业量在短期内是大致等价的概念,因为产量要用价值多少表示,产量的货币价值就是收入,而国民收入除以社会平均工资便成为就业量(高鸿业为《就业、利息和货币通论》重译本所写的译者导读第11页)。

示消费占收入的比例,可用 C/Y 来表示。凯恩斯指出,人们的消费量会随着他们收入的增加而增加,但消费的增加总没有收入量增加得那么快,这是一条基本的心理定律。如果用 ΔY 表示收入的增加量,ΔC 表示消费的增加量,则 $\Delta C/\Delta Y$ 可称为边际消费倾向。它总小于 1 而大于 0,而且,随着收入增加,它逐渐下降。也就是说,人们收入的绝对量愈大,收入减掉消费以后的余额($Y-C$)也愈大。这种余额称为储蓄。凯恩斯指出,必须替这笔储蓄找到一条投资的出路,把它全部花费出去,否则社会总需求就要减少,商品销售量就要下降,厂商就会缩小生产规模,导致就业量减少。这样,投资就成了反危机的关键性措施。

既然储蓄是现期收入中非消费的部分,因此储蓄也是收入的函数。设储蓄为 S,收入为 Y,那么储蓄函数是 $S=f(Y)$。储蓄倾向和消费倾向在概念上也是类似的。平均储蓄倾向为 S/Y,边际储蓄倾向为 $\Delta S/\Delta Y$。

凯恩斯还认为,在长期中,当一个社会变得比较富裕起来,真实收入绝对量不断增大时,收入与消费间的差距会愈来愈大。因为各个家庭一般是首先满足基本生活需要,然后当收入继续增加时,就开始增加储蓄。因此,"真实收入增加时,社会愿意从中用来消费的比重逐渐减少"。"大概当就业量增加时,边际消费倾向有减少的趋势"。这就是说,当一个社会变得比较富裕起来时,边际消费倾向是下降的,从而平均消费倾向也是下降的。

消费函数之谜　在宏观经济学中,以上凯恩斯的消费理论被称为绝对收入假说。因为凯恩斯认为,家庭收入的绝对水平是决定其消费支出的最主要因素。根据这个假说,在一个社会中,随着国民收入的增长,收入中储蓄所占比重会愈来愈大。但是,诺贝尔经济学奖获得者美国经济学家西蒙·库兹涅茨(Simon Kuznets,1901—1985)的统计分析,否定了凯恩斯的这种说法。库兹涅茨根据美国 1869—1938 年 70 年间的资料,研究了美国的消费函数。分析结果表明,在这 70 年间,虽然美国真实收入增加了 7 倍,但消费始终与收入维持一个固定的比例,平均消费倾向非常稳定,保持在 0.84—0.89 之间(1929—1933 年这一段时间除外),没有下降的趋势。库兹涅茨发现的这一关系,与前述的凯恩斯消费函数的特性不一致,这一矛盾称为"消费函数之谜"。

西方经济学家将凯恩斯的消费函数称为短期消费函数,而将库兹涅茨分析的长期中消费与收入之间的关系称为长期消费函数,可用公式 $C=kY$

表示,其中 k 为常数。这表明长期消费函数为过原点的直线,边际消费倾向是小于 1 的正数且始终与平均消费倾向相等。

对凯恩斯消费理论的修正与发展

二战以后,针对凯恩斯消费函数理论和库兹涅茨长期平均消费倾向不变的经验统计之间的矛盾,许多经济学家先后提出了一些解释性的理论,其中最重要的是杜森贝利(J. S. Duesenberry, 1918—2009)的相对收入假说、弗里德曼(M. Friedman, 1912—2006)的持久收入假说和莫迪利安尼(F. Modigliani, 1918—2003)的生命周期假说。

1. 相对收入假说。该假说从空间和时间两个方面来解决短期和长期消费函数之间的矛盾。(1)从空间看,消费支出不仅受自身收入的影响,也受其他人消费和收入的影响。如果一个家庭收入增加了,但周围的人或自己同一阶层的人的收入也同比例增加了,则他的消费在收入中的比例并不会变化。反之,如果他的收入没有增加,但他周围或同一阶层的人的收入增加了,则他的消费在收入中的比例也会提高。这是因为他周围的人对他的消费具有"示范效应"。(2)从时间看,现期消费不但受现期收入的制约,而且受到过去收入和消费的影响。如果某人当前收入超过以前高峰期收入,则他的消费与当前收入有关。如果当前收入低于从前高峰期收入,则人们在收入下降时为维持已经有过的生活水平,会改变消费倾向,提高消费在收入中的比例。这就是所谓消费的"棘轮效应"。正是由于示范效应和棘轮效应的作用,使得短期消费函数和长期消费函数出现差异。

2. 生命周期假说。美国经济学家、诺贝尔经济学奖获得者莫迪利安尼认为,人们的实际消费行为表明,每个人总想把他一生的全部收入在消费上作最佳的分配,以得到一生最大的满足。为此,消费者会估计他一生的总收入,从而考虑在人生全程中如何来支配这些收入。这一理论被称为"生命周期假说"。

莫迪利安尼认为,人生全程一般分为三个阶段,即青年期、壮年期和老年期。当个人在青年时期开始就业时,收入水平低,但平均消费倾向高,如果没有转移的收入,他要举债支出,发生负储蓄;在壮年时期,收入增加,并逐渐达于高峰,这时一方面要归还青年时的借款,另一方面要积些钱以备养老,因此储蓄率是正的,平均消费倾向相对降低;到了老年阶段,收入下降,消费会超过收入,开始动用为养老而进行的储蓄,因而储蓄率也是负的,平均消费倾向较高。

3. 持久收入假说。由美国经济学家、诺贝尔经济学奖获得者、货币主义主要代表弗里德曼提出。他认为,消费者的消费支出主要不是由现期收入决定的,而是由他的持久收入决定。所谓持久收入,是指消费者可以预计到的长期收入,即他一生中可得到收入的加权平均值。他认为,统计所表示的实际收入 Y,包含持久收入 Y_p 和暂时收入 Y_T 两部分,同样,实际消费 C 也包含持久消费 C_p 和暂时消费 C_T 两部分。由于不同家庭因临时的偶然因素所获得的暂时收入可正可负,因此就整个社会来说,暂时收入的数学期望值为 0,而实际收入的数学期望值即为持久收入。弗里德曼同时假设,暂时收入与持久收入、暂时消费与持久消费、暂时消费与暂时收入之间都没有相关性。但从长远看,每个家庭的持久消费与其持久收入有一个固定的比率,即 $C_p = kY_p$。

弗里德曼关注的主要问题是持久收入 Y_p 是如何形成的。他的看法是,持久收入是人们不同时期收入的加权平均数,各时期收入在持久收入中的权重大小应当是离目前越近,其权重越大;反之则越小。

由于消费取决于持久收入,因此如果持久收入为一个常数,长期消费倾向就会很稳定。这样,经济衰退时,虽然收入减少了,但消费者仍然按持久收入消费,故衰退时期的消费倾向高于长期的平均消费倾向。相反,经济繁荣时,尽管收入水平提高了,但消费者按持久收入消费,故这时的消费倾向低于平均消费倾向。根据这种理论,政府想通过增减税收来影响总需求的政策是不能奏效的,因为人们因减税而一时增加的收入,并不会立即用来增加消费。同样,即使人们因增税而减少了收入,也不会立即减少消费。

乘数理论

按照凯恩斯的说法,消费倾向不变时,就业量只能随投资的增加而增加。不但如此,他认为,当投资量变动时,能够使得就业量与总收入的变动程度远超过投资量本身的变动。这种现象,可用乘数原理来解释。

凯恩斯指出,增加一定量投资能够带来比它大几倍的收入量。如果用 ΔI 代表投资量,用 ΔY 代表由 ΔI 所引起的收入增量,则 ΔY 可等于 ΔI 的若干倍,这个关系可用 $\Delta Y = K \cdot \Delta I$ 表示。这里的 K 就代表倍数,或者说乘数。乘数大小和边际消费倾向直接相关。这种关系也可以从数学公式中直接推导出来。因为经济均衡时,$I = S$,而收入增量(ΔY)又等于投资增量

(ΔI)与消费增量(ΔC)之和,即 $\Delta Y = \Delta I + \Delta C$,按乘数的意义,$K = \Delta Y/\Delta I$,因此,$K = \Delta Y/(\Delta Y - \Delta C) = 1/(1 - \Delta C/\Delta Y)$。这就是说,乘数等于1减边际消费倾向即边际储蓄倾向的倒数。因此,边际消费倾向越大,乘数也越大,从而投资带来的收入和就业量就越大。

凯恩斯认定,消费倾向在短期内相当稳定,在长期还有下降趋势。既然是这样,消费需求的不足一时也就无法改变,留下的总需求缺口就不能消除,形成消费需求的不足,从而会发生生产过剩和失业。凯恩斯把"消除"危机、"解决"失业问题的关键放在投资上。乘数原理就是他用来说明投资增量能够成倍增加就业的理论根据。在失业情况严重、企业开工不足的经济危机期间,增加投资支出,在一般情况下会增加一定的就业量。如果没有各国政府通过财政政策增加就业的具体措施,那么在经济危机期间,利润率急剧下降的时候,私人企业就不会大量增加投资。为了分析私人投资支出的决定,凯恩斯又提出了他的资本边际效率和流动偏好这样两个基本心理法则。

资本边际效率 凯恩斯分析投资需求,又叫作分析"投资引诱"。他认为,厂商愿意投资多少是由资本边际效率与利息率这两个因素共同决定的。

所谓资本的边际效率,按凯恩斯的说法,是指这样一种贴现率,按此贴现率,获利性最高的新增资本资产在其使用年限内的预期各年收益的现值,恰好等于这项资本资产的供给价格。此供给价格不是现有该类资产的市场价格,而是重新生产这种资产所花费的成本,故又称重置成本。如果用 R 表示资产供给价格,Q_1、Q_2…Q_n 表示第1年、第2年……和第 n 年的预期收益,r 表示资本边际效率,则按凯恩斯定义有:

$$R = \frac{Q_1}{1+r} + \frac{Q_2}{(1+r)^2} + \cdots + \frac{Q_n}{(1+r)^n}$$

凯恩斯还说:"如果一笔钱投资于购买新近生产出来的资产,那么,资本边际效率即取决于这笔钱的预期收益。"可见,资本边际效率就是使用该资本资产的预期利润率。

凯恩斯又指出,随着投资的增加,预期利润率有下降的趋势,其部分原因在于:当该种资产的供给量增加时,预期收益会下降;另一部分原因在于:一般说来,该种资产的增加会使制造该种资产的设备受到压力,从而它的供给价格会得以提高。在短期中,这两种因素中的第二种通常具有较大的重要性来导致均衡状态。然而,时期越长,第一种因素就会越来越重要。这就是所谓的资本边际效率递减的规律,这是又一条基本心理法则。企业主的一念之差或其他影响情绪的种种因素(如神经不健全、消化不良、气候使人不愉快等)都可能使得他们对投资前景失去信心,从而停止投资。一旦资本边际效率突然崩溃,投资锐减,经济危机就要爆发,大批失业大军就要形成。因此,凯恩斯认为,为了能增加私人投资,应该创造乐观的环境和气氛,帮助厂商或企业家对未来充满信心。

厂商进行投资决策时,除了资本边际效率,还要考虑另外一个问题,那就是利息率。因为利息率是使用资金购买资产的成本。在这种情况下,资本家进行投资决策时,必然会将一项资本资产的边际效率 r 的值和市场利息率 i 相比较。在其他条件不变的情况下,凯恩斯认为实际的投资量一定会达到资本边际效率 r 等于市场利息率 i 时为止,这时 $V=R$。如果 r 小于 i,厂商不会扩大投资。

第三节 利息理论

两种利息观 利息率又如何决定?在传统的古典经济学理论中,利息被认为是"等待"和"抑制消费"的报酬。利息率由储蓄(资本的供给)和投资(资本的需求)共同决定。假定在某一利息率水平上,人们自愿储蓄的数额超过企业主愿意进行的投资,即资本的供给大于其需求,则利率将下降,从而刺激投资的增加。这样,通过利率的伸缩变化,总会使投资需求始终等于储蓄供给,就是说,不管国民收入和储蓄的数额有多大,总会有足够的投资需求来填补收入与消费之间差额(即储蓄)。因此,总需求和总供给达到平衡时,就业量必然稳定在充分就业水平上。

凯恩斯否定了上述传统的利息和利息率理论。在他看来,利息率的伸缩性并非如上所说使得储蓄与投资趋于一致,而是使得货币的供给与需求趋向一致。他认为,利息是放弃货币流动性的报酬,利息率测度的是人们放弃货币流动性的意愿程度。

> **流动性偏好及其陷阱**

凯恩斯提出，"流动偏好"也是一种心理因素，意思是人们总喜欢手头上保留一部分现金，以便灵活地应付各种需要。要人们放弃这种流动性偏好，必须给予一定的报酬，利息就是这种报酬。

凯恩斯认为，人们之所以宁愿牺牲利息收入而把本来能生利取息的货币储存在手中（即流动性偏好），是出于三个动机：交易动机、谨慎动机和投机动机。

交易动机指为进行日常经济交易而产生的持有货币的愿望。根据凯恩斯的说法，个人保留现金，目的在于度过从支出费用到取得收入这一段时间间隔。这个动机的强度主要决定于收入的大小和收支间隔的正常长度。企业持有现金为的是度过业务上从支出成本到收入售价这一段时间间隔。商人持有现金为的是度过从进货到售出这一段时间间隔。这种货币需求的强度主要决定于现期产量，也就是现期收入量，还决定于这些产量到达消费者手中所经过的中间环节。

谨慎动机指为应付紧急情况而产生的持有货币的愿望。凯恩斯认为，企业为了预防不时之需，或者准备用于事前没有料到的有利进货时机，个人为了应付失业、患病等的需要，都会持有一定的货币。

投机动机是凯恩斯所述的三大动机中最重要和最复杂的一个，也是理解凯恩斯的利息论和货币如何影响市场经济活动的关键。凯恩斯认为，人们之所以要选择以货币的形式持有财富，不去购买债券，而牺牲利息收入，是因为人们对利息率的前途捉摸不定，无法知道将来能以怎样的条件把债券换成货币。为了避免市价跌落时持有债券可能蒙受的损失，因此保留货币。同时，投机动机也使个人以货币形态保留一部分资产，以便在未来的市场活动中获利。满足交易和谨慎动机持有的货币主要是充当流通手段，因此满足这两个动机的货币需求称为交易性需求。满足投机动机持有的货币则充当贮藏财富的手段，满足这一动机的货币需求可称为投机性需求。

凯恩斯进一步指出，假定人们要想持有财产只有两种选择：一是持有债券，一是持有货币，不愿持有债券而宁愿选择货币，所牺牲的债券利息收入就是持有货币的机会成本。利息率愈高，持有货币而不持有债券的成本就愈大，作为资产持有的货币量也就愈少。这种情况表明，作为资产持有的货币量是利息率的减函数，两者变动方向相反。举例来说，假设有一张债券，每年可以凭券收息8元。假定当时市场利率为8%，则这张每年取息8

元的债券,不管它的面值是多少,市场价格只能是 100 元。假使现在的市场利率从 8% 上升到 10%,同样这张年息 8 元的债券不管其面值为多少,市场价格就下跌了。因为按照 10% 的利率,80 元本金就可以收取 8 元的利息,因而这张年息 8 元的债券在市场上只能以价格 80 元出售。可见,对于年息收入不变的债券来说,它在市场上的卖价是与市场利率成反方向变化的,即市场利率高(或上升),则债券的市价低(或下跌);反之亦然。从事货币买卖的投机者正是利用这种情况来牟利的。例如,如果某种债券市价是 120 元,投机者中间预计债券价格今后将上涨的人,就会用 120 元价格买进该种债券,以便日后以更高的价格卖出。反之,预计债券价格今后将下跌的人,则会卖出债券而在身边储存货币,以便日后再以较低的价格买进。所以,投资者究竟是储存货币(卖出债券),还是保存债券(买进债券),就取决于现行利率的高低和投机者对未来利率涨跌的预期。这样,交易性货币需求和投机性货币需求加在一起的货币总需求可用下式表示:

$$L(y, i) = L_1(y) + L_2(i)$$

按凯恩斯的说法,市场利率愈是低于正常利息率,作为财富而持有的货币需求就愈增加。当利率降低到一定水平时,流动性偏好可能变成几乎是绝对的。这就是说,当利率下降到很低水平时,即债券价格上升到很高水平时,人们预期其价格只会下降,因此人们不管有多少货币,都宁愿持有在手中而不肯去购买债券,生怕买了债券,价格下跌时要亏损,因而货币的投机需求成为无限大,这种现象称为"流动性陷阱"。

利率决定与投资

利率高低由货币需求和供给决定。凯恩斯认为,货币的供给(包括现金和信用货币)一般由中央银行的货币政策决定。假定货币供给量不随利息率变化,则货币供给量可看作一常数。这样,货币供给量和决定货币需求的流动性偏好函数共同决定均衡的利息率水平。如果某一时刻的利息率高于均衡水平,人们就会减少对货币的需求,从而促使利息率下跌。相反,如果利息率低于均衡水平,则人们会增加对货币的需求,从而促使利息率上升,直到人们愿意持有的货币数量与现有货币存量相一致为止。此外,在货币供给量不变的条件下,如果收入水平上升,则因交易动机和谨慎动机所形成的货币需求增加,可以用于投机的货币量相应减少,利息率就会上升,以维持货币市场供求平衡。如果货币需求保持不变,而中央银行增加货币供给,则利息率会下降。

在凯恩斯看来,在一定的货币供应量下,流动性偏好越强,对货币的需求越大,则利息率就越高,而投资是利息率的减函数,因此高利率是阻碍投资,从而影响就业量的重要因素之一。凯恩斯主张国家货币当局用增加货币供应量的办法来降低利率,以刺激投资。凯恩斯又指出,在一定情况下,即使中央银行大量增加货币,可能仍然无法达到充分就业。除了因为存在"流动性陷阱",另外的原因是,如果长期萧条使得投资获利的前景非常黯淡,这时,即使货币当局能够成功地使利率降下来,也难以使投资增加到恢复充分就业的程度。因此,凯恩斯认为,在 20 世纪 30 年代大萧条的情况下,政府的财政政策比货币政策更为有效、更为必要。

第四节 工资论与物价论

工资理论

在古典模型中,劳动市场是充分竞争的,价格和工资具有完全的伸缩性,存在失业时,工资率会下降,从而使充分就业得以恢复。工资率的自由伸缩变化,总能使经济社会保持充分就业状态,除非工会或政府干预劳动市场,形成工资刚性,才会导致长期失业。

凯恩斯不认为劳动市场总能出清,如果货币工资具有刚性,非自愿失业就很可能是劳动市场的一个特征。凯恩斯不同意古典学派用降低工资的办法来增加就业。他认为,如果消费倾向和投资倾向都不足以维持充分就业,降低货币工资率不仅不能恢复充分就业,还会相应地降低社会总需求,使市场进一步萎缩,物价下跌,这又会加重企业主的债务负担,使其丧失投资获利的信心,不利于增加就业。削减工资率还会在政治上造成不良后果,工人必然进行反抗。如果维持货币工资不变而增加货币供给量,造成一定通货膨胀,其对用购买力表示的实际工资所产生的影响,与维持货币供给量不变而仅削减货币工资所产生的影响完全一样,但不会遭到工人们的反抗。因此,凯恩斯主张,与其削减货币工资而招致工人反抗,不如实行一种刚性的货币工资政策,在保持货币工资不变的同时增加货币供给量,用通货膨胀的办法来降低实际工资,提高资本边际效率,以刺激厂商投资。历史证明凯恩斯的理论是符合实际的,现代世界上各国很少采用降低名义工资的办法,而是用通货膨胀以降低实际工资的办法来刺激经济并增加就业。

物价理论 在古典模型中,货币冲击对经济没有什么真实影响。货币是中性的。货币数量的变动不影响产量,只影响价格水平。但是,凯恩斯认为,扩张货币可以提高有效需求,对物价和产出会有影响。影响究竟如何?凯恩斯在《通论》的第二十一章中讨论了多种可能性。如果总供给曲线具有完全弹性,由货币数量增长而带来的有效需求的变化只会引起产出和就业的增加而不会影响价格水平,直至经济实现充分就业。在尚未实现充分就业但总供给曲线已不具备完全弹性的情况下,有效需求的增加,一部分用在增加就业量,一部分用在提高价格水平。换句话说,在凯恩斯模型中,当产出水平小于充分就业的产出水平时,货币扩张会带来产出和价格水平的同时上升。一旦充分就业实现,货币扩张将产生真正的通货膨胀。总之,有失业存在时,就业量随货币供给而增加;充分就业一经达到后再增加货币时,产量和就业不再增加,只是物价随货币数量同比例上升而已。

第五节 经济政策主张

国家干预 和理论相适应,凯恩斯对传统经济政策观点也进行了所谓的"革命",其中最根本的一条就是反对自由放任,主张国家调节经济生活。凯恩斯思想政策可以说有下列三个特点:(1)国家干预是其前提;(2)财政政策是重心;(3)举债支出是手段。

凯恩斯认为,在失业情况严重时,单凭市场价格机制无法把资本主义经济调节到充分就业水平。这是因为,就业量决定于收入中的消费和投资需求。在短期间,消费倾向不易变动,因此,就业量的变动主要取决于投资量的变化。投资量则由利息率和资本边际效率决定。其中,利息率的降低有一个最低限度,因此,投资量的变动主要决定于资本边际效率的变化。资本边际效率是由重置成本即供给价格和预期收益两个因素决定的。由于人们据以推测未来收益的一点知识,其基础异常脆弱,预测常缺乏信心,使得投资决定非常容易发生突然的变化。资本边际效率的特征就是其不稳定性。因此,凯恩斯指出:"安排现行的投资的责任决不能被置于私人手中。"更重要的是,凯恩斯对比了19世纪和20世纪的资本主义发展势态,认为现代资本主义的病情严重,只靠市场经济的自动调节作用、私人领域的分散活动,远不能及时地挽救资本主义于灭亡。他说:"失业问题,除了短暂的局势动荡时期以外,按照我的意见,这是不可避免地和现代资本主义的个人主义联系在一起。"可见,凯恩斯把失业的起因归诸个人主义而不归诸资本主义制度本身。在这种思想支配下,他要求国家对经济进行直接的干预。他说:"因为要使消费倾向和投资引诱相互协调,故政府职能不能不扩大。"这虽然是对于个人主义的严重侵犯,但是,"这是可以避免现在的经济制度完全被摧毁的唯一可行之道"。

财政政策 凯恩斯的政策主张以实行财政政策为重心。所谓财政政策,就是中央政府有意识、有目的地通过国家财政岁入(收入)和岁出(支出)活动来影响有效需求(或国民收入)和总就业水平的政策。货币政策则是由中央银行有意识地变动货币供给数量和利息率,以影响经济活动的政策,又称金融政策。

在《通论》出版以前,凯恩斯强调货币政策的有效性。但是,1929年爆发的世界性经济危机,证明货币政策无法解决失业问题。面对这种困境,他才转而主张以财政调节为主。我们知道,货币理论和利息理论是《通论》理论体系的重要组成部分。货币是凯恩斯学说的中心概念之一,利息率则是沟通凯恩斯产品市场和货币市场的关键因素,按理说货币政策仍应该是凯恩斯的一项主导政策主张。但是,凯恩斯指出,由于流动性偏好的存在和借贷双方的费用,利息率的降低有其极限,而资本边际效率又变化多端、非常不稳定,因此有效需求很难维持在足以实现充分就业的水平上。特别是出现经济衰退时,资本边际效率可能崩溃到一种程度,以至于在实际可行的范围内,利息率不论如何降低,都不足以使经济达到复苏的地位。因此,凯恩斯作出结论:"以我自己而论,我对仅仅用货币政策来控制利息率的成功程度,现在有些怀疑。"

需要指出,凯恩斯在《通论》中虽然积极拥护财政政策并怀疑货币政策的有效性,但不等于说他完全否定了后者的作用。他认为,在充分考虑了长期预期状态之中的短期变动的影响之后,利息率的改变至少在正常条件下是影响投资的重大因素——虽然并不是决定性的影响。因为在充分就业限度以内,鼓励投资的乃是低利率。特别是在经济衰退发生以后,利息率的下降会成为有助于复苏的重大因素,很可能也是必要的因素。根据这样的论点,凯恩斯的结论是:"由此可见,如果在既定的资本边际效率之下,把利率减少到使充分就业得以实现之处,那将是对我们最有利的。"凯恩斯的这种观点成为战后凯恩斯学派经济学家主张并推行需求管理的一个依据。

举债支出和通货膨胀　举债支出和通货膨胀是凯恩斯主张的执行财政政策的手段。凯恩斯所谓的举债支出,是指政府用举债方式进行公共投资和弥补其他预算项目的赤字而言,它包括一切政府举债的净额。按照凯恩斯的说法,用举债方式兴办资本项目,能增加投资;如果用于弥补其他财政项目的赤字,则为负储蓄,能增加消费倾向。总之,举债支出能够提高有效需求,增加总就业量。

一般说来,政府在国内举债可以采取两种方式。一种是在公开市场向公众(即个人和企业)出售政府债券,例如出售三个月到期的短期国库券或长期的公债券等。如果个人、企业和商业银行购买政府债券是用闲置的资金,如运用个人的多余现金或企业的基金或商业银行未贷放出的资金支付的,那么,政府收到款项,扩大支出以后,就会提高有效需求,刺激经济活动。如果公众用来购买政府债券的资金是由压缩个人消费、削减企业投资或动用商业银行准备金而来,通过这样的举债方式,政府虽然能扩大支出,但是它的效果却由于公众支出的减少而抵消掉了,对整个经济活动似乎没有多少刺激作用。另一种方式是由中央银行承购财政部发行的政府债券。中央银行为财政部设立相应的存款账户,财政部利用账上存款进行公共投资,扩大公共开支。支付对象不是个人就是私营企业,他们得到这笔款项将会存入商业银行,从而提高它的放款能力,增加货币供应量,产生扩张经济、增加就业的效果。

但是,现在的重要问题是:举债支出,实行赤字财政,扩大货币供应量会不会引起通货膨胀?这一点已在上一节的物价论中有过说明,总的意思是说只有在达到了充分就业,再增加货币供给才出现"真正的通货膨胀"。因此,当大量失业存在时,实行扩大政府投资、增加货币数量、降低利息率、刺激消费等措施,即使造成财政赤字,也能提高有效需求,扩大生产,减少失业,不必担心会有通货膨胀的威胁。处于早期阶段的凯恩斯学派就是这样主张的。西方国家的政府当时也是按照这种主张,推行以赤字财政政策为特点的反危机措施,企图实现没有通货膨胀的充分就业局面。

复习思考题

1. 凯恩斯经济学是在什么历史条件下出现的?它与传统的新古典经济学有哪些区别?
2. 凯恩斯定律怎样否定萨伊定律?
3. 为什么凯恩斯将其代表作命名为"通论"?
4. 凯恩斯就业理论的主要内容是什么?
5. 凯恩斯的利息论和货币论与传统理论有何区别?
6. 凯恩斯提出了哪些"救治"资本主义的经济政策主张?

第九章 凯恩斯主义的演变与发展

《就业、利息和货币通论》发表后，引来许多追随者。他们按照自己的立场和观点解释、发挥凯恩斯的学说，形成了凯恩斯主义两大派别：一派称为新古典综合派，一派称为新剑桥学派。到了当代，主张政府干预与经济自由的宏观经济争论仍然没有偃旗息鼓，其中新凯恩斯主义代表了凯恩斯主义发展的新趋势。自由主义中最具代表性的货币主义则发展成新古典宏观经济学，它从反面彰显了凯恩斯主义政策主张与理论观点。

第一节 新古典综合学派

"新古典综合"的产生及含义

凯恩斯《通论》的理论体系经过他的早期支持者希克斯、汉森等人的解释、订正、修补和延伸以后，逐渐形成了凯恩斯学派的理论体系。不过，希克斯（J. R. Hicks）和汉森（A. Hansen，1887—1975）等人基于他们的立场和素养，在解释和校正凯恩斯理论的同时，并未抛弃以马歇尔和瓦尔拉斯等人为代表的新古典经济学，有时曾将两者进行对比，甚至把两者沟通起来。例如，希克斯在他 1937 年发表的《凯恩斯先生和"古典学派"》这一重要文献中，用三个方程式①和 IS-LM 曲线概括了凯恩斯的理论。在目前，IS-LM 曲线已成为表现凯恩斯主义宏观经济一般均衡的标准模式，并广泛地应用于宏观经济学中。但是，希克斯撰写此文的主要目的却在于说明他所看到的《通论》和新古典经济学之间的"联系"。他认为，凯恩斯的三个方程式不过是向马歇尔的正统经济学跨回了一大步，以致他的理论很难与经过修订的和在限定范围内的马歇尔理论相区别。从以上情况看，希克斯的《凯恩斯先生和"古典学派"》一文是进行新古典综合的开始。它把凯恩

---

① 指货币需求决定于收入和利率的方程式、投资决定于利率的方程式以及投资等于储蓄的方程式。

斯理论综合为宏观一般均衡理论并且把它和新古典理论联系起来。

萨缪尔森（P. Samuelson，1915—2009）在这方面走得更远。他将整个凯恩斯理论和新古典理论结合在一起，首创"新古典综合"一词来概括这种结合。萨缪尔森在其《经济学》的第5版(1961)中把自己的理论体系正式命名为"新古典综合"，以说明该理论体系的特色。所谓"新古典综合"，实际上是将马歇尔为代表的新古典经济学与凯恩斯主义经济理论"综合"在一起，这一综合的核心思想是：只要采取凯恩斯主义的宏观财政政策和货币政策来调节市场经济活动，使经济避免过度的繁荣或萧条而趋于稳定的增长，实现充分就业，则在这种经济环境中，新古典经济学的主要理论（如均衡价格论、边际生产力分配论等）将再度适用。因此，新古典综合的特色，就在于将凯恩斯的就业理论（国民收入决定理论）同马歇尔为代表的新古典经济学的价值论和分配论结合为一体，组成一个集凯恩斯宏观经济学和马歇尔微观经济学之大成的经济理论体系。

奥利维尔·布兰查德（Olivier J. Blanchard）断定："与老的新古典经济学不同的是，新的综合并不认为在自由放任的条件下充分就业会出现。但是它却相信，通过适当地使用货币政策和财政政策，早期古典主义的真理就仍然会恢复它的合理性。"①在《经济学》第6版(1964)中，萨缪尔森进一步解释："新古典综合"就是"总收入决定理论的要素与早先的相对价格和微观经济的经典理论相结合"②，即以政府的"需求管理"对经济的调节作用为重点，又需补充以市场机制对生产要素供求的自发调节的作用。所以，有经济学者断言，"新古典综合"就是在瓦尔拉斯的困境中结合凯恩斯而产生的，解决的方案是，当瓦尔拉斯定律（在均衡中，超额供求之总和等于零）似乎不产生充分就业时，那就加入少许凯恩斯的财政货币政策，直到这个定律生效为止。

除了希克斯和萨缪尔森提出的两种综合以外，托宾提出了第三种意义的综合，即政策上的综合。托宾指出："我们坚持'新古典综合'，强调货币成分和财政成分可以按照不同比例结合在一起，以达到所要求达到的宏观经济效果。"③从这个意义上说，新古典综合既是凯恩斯主义和新古典学派

---

① 《新帕尔格雷夫经济学大辞典》第3卷，经济科学出版社，1998年版，第680页。
② 萨缪尔森：《经济学》，1964年英文第6版，第809页。
③ 托宾："理论和实践方面的凯恩斯主义政策"，《挑战》杂志，1983年11—12月号，参见《托宾的凯恩斯式的经济繁荣政策论文集》，1987年英文版，第9—12页。

在理论上的结合,又是两者在政策上的结合。

由于20世纪60年代末期至70年代西方发达国家的经济相继出现了通货膨胀与失业并发症,即所谓"滞胀",以萨缪尔森为首的新古典综合派受到各方面的抨击,因此,萨缪尔森在他的《经济学》第8版(1970)中就以"后凯恩斯主流经济学"(简称"主流经济学")取代原先的"新古典综合"这一术语来表明他的《经济学》教科书的理论体系。1985年,萨缪尔森与诺德豪斯(W. D. Nordhaus,1941—)合作,出版了《经济学》第12版,他们把这本书的理论体系又改称为"现代主流经济学的新综合"。1992年,他们两人合著的《经济学》第14版问世,这版书的内容又进一步作了重大改变,其中最重要的有两方面:一是"微观开端",即将微观经济学置于宏观经济学的前面;二是"市场再发现",即以此作为一个主题,阐明"遍及世界的各个国家正发现市场作为配置资源的一种工具的力量"。除此而外,这版《经济学》教科书还强调了开放经济的考察和研究;强调了博弈论和不确定性的重要性;强调了历史和政策,利用经验证据来阐明经济理论;重新注意到形成长期经济增长的力量,生产率增长缓慢的根源,新技术知识的产生,从而把经济增长理论结合到宏观经济学中,作为总供给和潜在产出量的一个组成部分;简明扼要地描述了宏观经济学的微观经济基础[①]。

由此可见,以萨缪尔森为代表所提出的"新古典综合"是随着时间推移而不断演变和发展的。而"新古典综合"也经历了由"原始的综合"到"成熟的综合"的演变。

"混合经济"模型 新古典综合学派继承了凯恩斯和汉森关于市场经济是一种"混合经济"的理论观点,以"混合经济"作为新古典综合理论分析的制度前提。

凯恩斯在《通论》第二十四章中曾说过,挽救资本主义制度的"唯一切实办法"就是扩大政府机能,"让国家之权威与私人之策动力量互相合作"[②]。这是关于"混合经济"论点的最初由来。汉森在他1941年发表的《财政政策和经济周期》一书中,较为系统地解释了"混合经济"的含义。他指出,从19世纪末期以后,世界上大多数国家的经济,已经不再是单一的纯粹的私人经

---

① 参见萨缪尔森、诺德豪斯:《经济学》第14版,北京经济学院出版社,1996年版,有关章节。
② 凯恩斯:《就业、利息与货币通论》,商务印书馆,1983年版,第326页。

济，而是同时存在着"社会化"的公共经济，因而成了"公私混合经济"。汉森认为，必须从双重意义上来理解这种"混合经济"，即生产领域的"公私混合经济"（如国有企业与私营企业并存）和收入与消费方面的"公私混合经济"（如公共卫生、社会安全和福利开支与私人收入和消费的并存）。

萨缪尔森在《经济学》一书中也用专门的篇幅来阐述"混合经济"，认为"混合经济"就是国家机构和私人机构共同对经济实施控制，也就是政府和私人企业并存，垄断与竞争并存的混合经济制度。萨缪尔森认为，普遍存在于世界各地的事实是：现代混合经济国家的人民都要求他们的代议制政府采取各种经济政策，来维持高额的就业数量、旺盛的经济增长和稳定的物价水平。可见，"混合经济"的特点，就是以市场经济为基础，通过价格机制来调节社会的生产、交换、分配和消费；同时，政府必须根据情况，通过财政政策和货币政策来调节和干预经济生活，以熨平经济波动，保证宏观经济的稳定增长。

根据凯恩斯的收入—支出理论，一国一定时期的国民收入(Y)可以从供给和需求两个角度加以考察：从供给角度看，国民收入等于消费(C)和储蓄(S)之和；从需求角度看，国民收入等于用于消费的支出(C)和用于投资的支出(I)的总和。如果社会经济中总收入等于总支出，即$C+S=Y=C+I$，或者，投资等于储蓄，即$I=S$，则社会经济中总需求与总供给之间达到均衡。如果由$C+I$所决定的国民收入(Y)之值小于潜在的国民收入（即实现充分就业会有的国民收入），就表现为由于有效需求不足引起的失业。反之，假如总需求超过了按固定不变的价格计算的潜在国民收入，就将出现凯恩斯在其物价理论中所说的由于过度需求引起的通货膨胀。

为了避免经济生活中常常出现的过度需求或有效需求不足，新古典综合派根据凯恩斯主义国家干预经济生活的思想，在收入—支出模型中引进了政府税收(T)和政府支出(G)两个因素，建立了一个所谓"三部门经济"模型。这样，国民收入从收入（或供给）角度看，$Y=C+S+T$；从支出（或需求）角度看，$Y=C+I+G$。因而，在总需求等于总供给的均衡条件下，"三部门经济"的收入—支出模型可表示为：$C+I+G=C+S+T$。

由于在模型中引进了政府财政收入和支出的因素，就可以通过政府的活动来调节社会经济中总需求与总供给之间的关系：（1）如果出现总需求大于总供给的通货膨胀局面，政府可以采取减少财政开支，或者增加税收，或者双管齐下的经济政策，来抑制总需求，使总需求与总供给在没有通货膨胀的条件下达到充分就业均衡;(2)如果出现总需求小于总供给,即有效需求不足的局面,政府可以采取增加财政开支,或者减少税收,或者双管齐下的经济政策,刺激有效需求,使总需求等于总供给,实现充分就业均衡。

IS-LM一般均衡模型　　IS-LM模型最先是由英国经济学家希克斯提出的,后来又经过美国经济学家汉森的补充发挥,使它成为极其流行的宏观经济学分析工具。因此,该模型又称作"希克斯—汉森模型"。它在新古典综合的收入—支出分析理论中占有非常重要的地位。

希克斯根据凯恩斯的理论体系推导出了 IS 曲线和 LM 曲线。IS 曲线上的每一点代表与某一给定的利息率相应的投资和储蓄相等的国民收入水平,它反映了商品市场上总需求与总供给一致时,国民收入水平与利息率之间的反方向变化关系。LM 曲线表示的是在货币供给量给定的条件下,国民收入与利息率之间的同方向变化关系。IS 曲线与 LM 曲线的交点表示社会经济活动中商品市场和货币市场同时达到均衡状态时的国民收入和利息率的均衡值。IS-LM 分析所采用的是新古典经济学的均衡分析方法,所说明的却是凯恩斯的国民收入决定理论,它是凯恩斯的"有效需求"理论和新古典的"一般均衡理论"结合的产物。这一结合的产物有别于凯恩斯的经济理论,因为后者着重宏观经济的需求分析,强调以财政政策为重点的需求管理。

希克斯将 IS 曲线和 LM 曲线放在一个图式中,形成有关经济体系的一般均衡模型。这个模型表明在凯恩斯理论体系中,利息率和收入水平之间是相互同时确定的,表明经济中的商品领域和货币领域是通过利息率联系在一起的。

在图 9-1 中,IS 曲线和 LM 曲线相交于 E 点,E 点代表经济体系的一般均衡状态。相应于 E 点的利息率 i_e 是均衡利息率,Y_e 是均衡的收入水平。这一均衡状态表明,当计划的储蓄等于计划的投资、货币需求等于外生的货币供给时,相应于这种均衡状态的利息率和收入水平的组合是一般

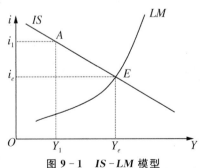

图 9-1　IS-LM 模型

均衡的组合。当经济体系实现一般均衡时,收入水平就没有发生变化的趋势。

当商品领域和货币领域达到一般均衡状态后,如果 IS 曲线或 LM 曲线中的任何一条发生移动,收入和利息率的均衡水平就会发生变化,据此,可以分析各种宏观经济政策的效果。希克斯还指出,IS-LM 模型可类比于供求曲线,他说,收入和利息率同时决定于 LM 曲线和 IS 曲线的交点。它们是同时决定的,正像现代供求理论中价格和产量的同时决定一样。这样,他把凯恩斯体系和边际学派理论相提并论,认为就这方面来说,凯恩斯的创新和边际学派学者们的创新确实是非常相似的。

IS-LM 模型与劳动市场　从理论结构上看,新古典综合派不但考虑商品市场和货币市场的均衡状态,而且同时考虑劳动市场的均衡状态,明斯基(Hyman P. Minsky, 1919—1996)指出,IS-LM体系和劳动市场的结合自然发展为新古典综合。这句话的含义是,IS-LM 模型加进劳动市场机制以后,就会得出新古典的原来结论,即通过市场的调节能实现充分就业的均衡,凯恩斯小于充分就业的理论体系只能是新古典理论中的一个特例。

在资本存量、自然资源和技术水平一定情况下,劳动力就成为决定产量的基本因素。设劳动就业量为 N,产量为 Y,则总生产函数为

$$Y = f(N)$$

总生产函数如图 9-2(c)所示。

在完全竞争情况下,当每家厂商雇用的劳动量都达到它的边际产品价值等于其边际成本,即等于工资率时,劳动的雇用量达到均衡状态,厂商获得最大利润。这时

$$\Delta YP = \Delta Nw$$

式中,ΔY 是增加的产量,P 是一般价格水平,ΔN 是增加的劳动量(工人),w 是货币工资率。该方程式可以重新排列为

$$\Delta Y/\Delta N = w/P$$

式中,w/P 是实际工资率,$\Delta Y/\Delta N$ 是劳动的边际产量。上式表明各厂商处于均衡状态和实现最大利润时,实际工资必然等于劳动的边际产品。凯恩

斯在《通论》的第二章中肯定了这个命题,它的含义为:劳动需求是实际工资的函数。因此,劳动总需求曲线可以表示为

$$N_d = f(w/P)$$

在劳动供给方面,新古典综合论中的劳动总供给曲线是经典式的,即劳动总供给也是实际工资的函数,它与实际工资同方向变动,而劳动需求与实际工资成反方向的变动。设劳动供给为 N_s,则有

$$N_s = f(w/P)$$

在工资和价格可变情况下,劳动需求曲线 N_d 和劳动供给曲线 N_s 的交点确定了均衡就业量和实际工资率,如图 9-2(d)所示。将工资和价格可变情况下的经典式的劳动市场和以 IS 曲线和 LM 曲线表示的商品市场和货币市场结合起来,求得这三种市场的一般均衡。图 9-2 表示了这三种市场达于一般均衡的过程。

先从商品市场和货币市场的情况进行分析。假定一国经济的初始均衡状态,如 9-2 图(b)中所示,以 IS 和 LM 的交点表示。在这种均衡状态下,人们需要的总产量为 Y_1。通过图 9-2(a)的 45°转换线,可以确定厂商为满足这项总需求,根据图 9-2(c)中的总生产函数的具体情况,将雇用 N_1 数量的劳动力。

根据新古典的观点,从劳动的需求曲线 N_d 来分析,总产量水平为 Y_1 时,实际工资率为 $(w/P)_1$。这意味着实际工资率等于劳动的边际产品,厂商可获取最大利润。同时,也表明这时的总供给等于总需求。

图 9-2(d)表明,劳动的供给也决定于实际工资。但在实际工资水平为 $(w/P)_1$ 时,有失业存在,其数量为 N_2-N_1。这时,通过劳动市场中的竞争,促使货币工资率下降,从而实际工资率也随之下降。劳动就业将会增加,导致总供给的扩大。由于总需求无变化,因此商品供给大于需求,价格水平下降。价格水平的下降,意味着实际货币 M/P 供应量增加,LM_1 曲线向右下方移动,使总需求逐渐增加到和总供给相一致。

从另一方面看,物价水平的下降意味着实际工资率上升,整个经济体系回到劳动供给过剩的状态,因此调整行动还要继续下去。经过几轮的调整,当价格下降到使 LM_1 曲线移到 LM_2,工资率下降到 $(w/P)_e$ 时达于均衡状态。在这个水平上,劳动领域和商品领域以及货币领域同时处于充分就业的均衡状态。这时就业量为 N_e,总产量为 Y_e,没有非自愿失业存在,达到

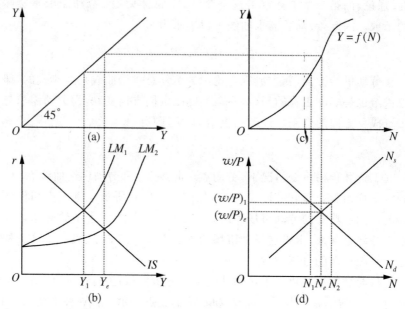

图 9-2 工资和价格可变情况下的充分就业均衡

了产品市场、货币市场和劳动市场的一般均衡。

本来,按照凯恩斯的理论体系,在总需求不足的情况下,除非政府进行干预活动,否则市场经济本身不可能自行调整到充分就业水平。但是,引进了价格和工资率可变的假定后,新古典综合论者表明,通过市场机制的调节,就有可能实现充分就业的均衡。可见,新古典综合论与凯恩斯理论有了背离。

通货膨胀与失业理论

标准的凯恩斯经济学认为,有效需求不足引起经济萧条和失业,过度需求产生通货膨胀。如果社会经济生活中由于有效需求不足而存在着闲置的生产资源和劳动力,则为了刺激有效需求所采用的增加财政支出和货币供应量的政策,其主要效应是使生产进一步扩大,不会导致物价大幅度上升,物价只会在生产扩大的过程中随着生产要素的边际生产力递减而逐渐缓慢上升。但是,有效需求的增加一旦使经济达到充分就业时,生产资源和劳动力都已得到充分利用,产量无法进一步扩大,此时继续增加货币供应量刺激有效需求,就会引起物价同比例上涨,出现真正的通货膨胀。这种认为通货膨胀的原因是强制流通的纸币和信用货币对商品和劳务的需求(以货币代表的社会总需求)超过了按现行价格可以得到的商品和劳务的总供给量的理论,被称为"需求拉动的通货膨胀"理论。按照这一理论,需求过度和需求不足是不可能在经济生活中同时发生的,所以通货膨胀与失业也不可能同时并发。

但是,20 世纪 50 年代后期,西方各国出现了一种"需求拉动论"无法解释的经济现象,一方面失业人数较以前有所增加,另一方面物价也温和地持续上涨。为了解释这一经济现象,力求使得经济既能保证充分就业,又能维持物价水平的稳定,新古典综合派便将"菲利普斯曲线"引入自己的基本理论框架中。新古典综合派经济学家认为,这一曲线分析有助于政府在制定经济政策时,在失业和通货膨胀之间作出权衡选择。

在菲利普斯之前,许多西方经济学家就已用"成本推进论"来解释失业与物价水平上涨并存的现象,即认为,物价水平上涨是由于生产成本(特别是工资水平)的上升造成的。工会要求提高工资水平,引起生产成本上升,物价水平上涨,由于这种物价上涨是由供给一方的成本上升引起的,所以抑制货币总需求并不能阻止物价上升,而只会导致企业减少雇佣劳动力,失业人数相应增加。

1958 年,英国伦敦经济学院教授菲利普斯(Alban Phillips, 1914—1975)在《经济学报》上发表了《1861—1957 年英国的失业和货币工资变动率之间的关系》一文,指出货币工资率与失业水平之间存在着一种此消彼长、互相替代的逆向变化关系。他根据英国 1861—1957 年的统计资料,利用数理统计方法估算出一条货币工资变动率与失业率的依存关系的曲线。菲利普斯曲线表明,货币工资变动率与失业率之间存在一种此长彼消的互相替换关系。在一定限度内,当失业率较低时,货币工资率的增长就变得较高;失业率较高时,货币工资率的增长就变得较低,甚至成为负数。菲利普斯根据他的研究所得出的结论是:在英国,要是能保持 5% 的失业率,货币工资水平就会稳定;而如果保持 2.5% 的失业率,货币工资增长率就会超过劳动生产率的增长率。

菲利普斯曲线提出后,新古典综合派很快将它纳入了自己的基本理论框架,运用它来解释失业率和通货膨胀之间的关系。他们认为,在失业率和通货膨胀两者之间也存在着此长彼消的反方向变动关系,只要货币工资增长率超过劳动生产率增长率,就会导致通货膨胀或物价水平上涨。从图 9-3 可以看出,两个纵坐标分别代表通货膨胀率和工资变化率,横坐标

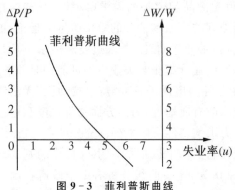

图 9-3　菲利普斯曲线

代表失业率,自左上方向右下方倾斜的菲利普斯曲线表明,失业率较高时,工资增长率和通货膨胀率都较低;失业率较低时,工资增长率和通货膨胀率都较高。

20 世纪 60 年代末期,特别是到了 70 年代以后,西方各国的通货膨胀率和失业率都在不断增高,最终酿成了"滞胀"的局面。这种高通货膨胀率和高失业率的并发症,使得菲利普斯曲线的位置大幅度地向右上方移动,菲利普斯曲线已不能成为政府实行需求管理的菜单选择了。当新古典综合派经济学家们认识到靠标准的凯恩斯经济理论的需求分析和菲利普斯曲线已经无法解释"滞胀"问题时提出,必须运用凯恩斯以前的新古典学派的微观经济理论来补充宏观经济理论,对 70 年代的现实经济问题作出新的解释。

海勒(Walter Heller,1915—1987)认为,个别生产部门供给异常以及价格变化,是引起滞胀的主要原因。例如,20 世纪 70 年代世界性石油危机——石油供给严重短缺和石油价格猛涨——推动了各国通货膨胀日益严重,但是通货膨胀不但没有促使有关部门的生产扩大从而有助于解决失业问题,反而使一些与石油有关的生产部门因成本上升过高而使产品销路锐减,结果生产萎缩,失业增加,导致经济陷入了停滞膨胀的困境。

萨缪尔森则从另一角度来解释"滞涨",指出:由于福利国家制度的建立,在社会的经济活动中,政府在财政支出中有相当大的一部分并不是用于公共工程的支出,而是用于各种福利支出。这种财政支出的结构,不利于刺激生产扩张和供给增加。福利支出,像失业津贴之类的政府转移支付并没有使接受者提供相应的劳务和商品,只是弥补了失业者的家庭收入,使得失业者不急于寻找工作。因此,财政支出结构中福利支出的比重不断地增加,一方面增加了人们的收入,使经济在萧条时期物价不下跌,甚至促使了通货膨胀;另一方面又无助于尽快消除失业,从而形成滞胀。

托宾(James Tobin,1918—2002)对"滞胀"的解释被认为是新古典综合派对"滞胀"理论的"新成就",是现代凯恩斯主义理论方面的一个"突破"。托宾指出,劳动市场上过度供给采取失业的形式,过度需求却未能填补的工作空位的形式。不论什么时候,劳动市场在过度的供求中广泛地变化着,因此整个看来,经济就显示了既有空位又有失业。

托宾断定,在任何一个劳动市场上,货币工资增长率是两种成分的总和,即均衡成分和失衡成分。按理说,当劳动市场出现失衡状态时,工人们将从过度供给市场转移到过度需求市场,从低工资转移到高工资市场。除非他们走过头,这些行动正促使空位与失业趋于平衡,但由于产品生产、技术革新、部门构成、地区差别等变化的涌现,新的失衡会不断发生,于是一定的失业率与未填补的工作空位数额就会同时存在,还可以假定工资变动同过度需求和过度供给相联系的函数是非线性的,即失业对货币工资增长速度的减缓不及空位对货币工资增长的加速,于是就必然会发生如下情况:(1)每个连续失业增量在降低通货膨胀率方面有着更小的影响(因有空位存在,势必抵制货币工资下降,从而物价仍将上涨);(2)在整个经济的空位多于失业为已知的条件下,过度的需求与劳动供给市场之间的变化愈大,工资膨胀将愈显著(因空位多于失业,势必加速货币工资增长);(3)甚至当空位总额至多等于失业的时候,由于劳动市场分散性和市场结构不断变化,通常的失衡成分也将确实存在。所以,托宾认为,在空位与失业相等的意义上的充分就业是与物价稳定有矛盾的。零通货膨胀需要失业多于空位。无通货膨胀标准要求有足够的另外的失业来扫除通货膨胀倾向。

杜森贝利(James S. Duesenberry)在托宾以上论证的基础上又作了进一步的分析。他认为,劳动市场是不完全竞争的市场,劳动有不同工种、技术熟练程度之分。劳动的供给和对劳动的需求,还有地区的限制。这样,尽管劳动的供求总量可能平衡,但由于工种、技术熟练程度和地区的限制,就必然出现失业与工作空位同时并存。工会的强大力量促进了工资易涨不易跌这样一种"工资刚性"的作用,这样,失业与空位的并存就转化为失业与工资率上升的并存,由于物价水平随工资水平而定,因此失业与工资率上升的并存就必然转化为失业与通货膨胀的并发。

经济政策主张　　新古典综合派的经济政策主张的核心是凯恩斯主义的"需求管理"思想。二战后,"需求管理"思想一直是美国历届政府制定经济政策的基本理论依据。所谓"需求管理",就是由政府积极采取财政政策、货币政策和收入政策,对社会总需求进行适时的和适度的调节,以保证经济的稳定增长。作为需求管理对象的主要经济变量有投资、储蓄、消费、政府支出、税收、进口和出口等。需求管理的任务就是政府通过各种经济政策来设法直接地或间接地影响这些经济变量的变化,使社会经济的总产量或总收入水平符合政府的意图。政府实行需求管理的主要目标有充分就业、价格稳定、经济增长和国际收支平衡等。

新古典综合派还强调了货币政策的重要性。托宾指出:"现在几乎没有一个人——当然也没有一个新经济学的实践者或支持者——会认为货币无关紧要,货币政策与名义国民生产总值无关。"他甚至断言:"在美国,标准的新凯恩斯学说,即我前面所说的新古典学派的综合,至少从1951年签订了财政部—联邦储备系统协议以来,也就是说,远在货币主义兴起之前便认为货币是具有重要作用的。至少从1951年签订了财政部—联邦储备系统协议以来,政府就已经根据这种看法制定政策了。"①本来,凯恩斯相信,由于货币流动性的限制,利息率的降低是有它的一定限度的(不可能低于2%或1.5%以下),所以货币政策对总需求所起作用甚小。现在,新古典综合派则断定"货币也要紧",虽然不像货币主义那样强调"唯有货币要紧",但新古典综合派的经济学家们已肯定了货币政策在经济活动过程中的重要作用,这的确与凯恩斯的政策观点有所不同。正因为如此,新古典综合派便积极主张通过赤字财政政策和货币政策的适当搭配来保证"充分就业"和经济的"稳定增长"。

此外,新古典综合派还提出补偿性财政政策和货币政策。所谓补偿性财政政策的主要内容是:在经济萧条时期扩大政府财政支出,降低税率,减少税收,实行赤字财政,以刺激社会总需求;在经济繁荣时期压缩政府财政支出,提高税率,增加税收,抑制社会总需求。所谓补偿性货币政策的主要内容是:中央银行在经济萧条时期放松信用,增加货币供给量,降低利息率,刺激投资及社会总需求;在经济繁荣时期则紧缩信用,减少货币供给量,提高利息率,抑制投资及社会总需求。补偿性财政政策和货币政策的实施,虽然防止了严重的预算赤字和通货膨胀,但由于传统的预算平衡仍占据支配地位,经济增长速度并不快,还出现过两次经济危机。例如,1953—1960年,艾森豪威尔总统虽采纳了新古典综合派经济学家的政策建议,美国的实际国民生产总值年均增长率仍是2.5%,这一时期被人们称为"艾森豪威尔

---

① 托宾:《十年来的新经济学》,商务印书馆,1980年版,第55—56页。

停滞"。

为了克服50年代的"艾森豪威尔停滞",进一步提高就业量,加快经济增长速度,新古典综合派的托宾和阿瑟·奥肯(Arthur Okun,1928—1980)等人在肯尼迪总统执政时期,提出了"潜在国民生产总值"和"充分就业预算"这两个新概念,试图使人们注意到财政政策的长期目标和长期水平必须与充分就业增长轨道保持一致。

奥肯通过著名的"奥肯定律",即失业率每高于自然失业率1%,实际国民生产总值便低于潜在国民生产总值3%,阐述了充分就业经济政策的必要性。根据奥肯的研究,社会经济中存在着某种"潜在的产出量",即在充分就业条件下的国民生产总值。估计"潜在的产出量"的方法,是将它与失业率联系起来,把失业率作为一个变量,代表由于资源闲置对产出量产生的影响,只要求出超过4%的失业率给产出量造成的损失,再加上实际已达到的产出额,便可得出"潜在的产出量"。奥肯强调说,新的经济政策从注重一般性的经济扩张转移到强调实现"潜在产出量"具有三点重大意义:第一,它注重消灭"潜在的产出量"与实际产出量之间的差距(称为"奥肯差距");第二,它突出了经济增长问题;第三,以"潜在的产出量"为目标进行扩张是防止经济衰退的最好办法。

托宾在《十年来的新经济学》一书中,也对实现充分就业政策作了详细的阐述,认为只有在政府的经济政策指导下,才能促使经济稳定增长,摆脱经济衰退。为此,政府必须实行充分就业的财政预算。在某一年份内,只要实际的产出量小于潜在的产出量,即使在经济上升时期,也要通过赤字财政与扩张性货币政策来刺激总需求,使实际产出量达到潜在的产出量,实现充分就业。托宾和奥肯提出的充分就业政策修改了原来只主张在经济萧条时期实行扩张性政策的观点,因而被称为"新经济学"。

但是,面对20世纪70年代各主要西方国家出现的"滞胀"局面,调节总需求的宏观经济政策,无论是财政政策还是货币政策,都无力解决这个难题,标准凯恩斯式的财政货币政策只能对付单独发生的通货膨胀或单独发生的失业。因此,新古典综合派主张,为对付"滞胀",应当在推行宏观财政政策和货币政策的同时,配合实行收入政策和人力政策。

收入政策是用来限制垄断企业和工会对物价和工资操纵的一种重要政策,即实行以管制工资—物价为主要内容的政策。一般说来,它包括如下措施:(1)工资—物价"指导线",即由政府当局根据长期劳动生产率增长趋势来确定工资和物价的增长标准,要求企业和工会通过双方协商,自愿地把工资—物价增长率限制在全社会劳动生产率平均增长幅度以内。(2) 对某种具体的工资或物价形势,由政府进行"权威性劝说"或施加压力来扭转局势。(3) 实行工资—物价的硬性管制,即由政府颁布法令对工资和物价实施管制,甚至暂时加以冻结。(4) 以税收为基础的收入政策,即政府以税收作为惩罚或奖励的手段来限制工资增长。如果工资增长率保持在政府规定的界限下,则以减少个人和公司所得税作为奖励;如果工资增长率超出政府所规定的界限,则以增加公司所得税作为惩罚。

人力政策是用以改进劳动市场状况,消除劳动市场不完全性,以便克服失业和通货膨胀进退两难的困境的。这种政策包括如下措施:发展多吸收劳动力的服务部门;由政府直接雇用私人企业不愿招雇的工人和非熟练工人,让他们从事社会公益事业,并使这些处境不利的工人通过有用经验的传授和劳动习惯的养成而能够从事那些正规的永久性的工作;加强劳动力的重新训练;指导和协助失业人员寻找工作,以增加就业机会;增大劳工在地区或职业方面的流动性等。

第二节 新剑桥学派

对"新古典综合"的批驳

新剑桥学派是在与新古典综合派的论战过程中形成和发展起来的。英国剑桥大学的经济学家琼·罗宾逊(J. Robinson,1903—1983)、尼古拉斯·卡尔多(N. Kaldor,1908—1986)等认为,美国新古典综合经济学家的做法是对凯恩斯经济思想原意的曲解,是向传统经济理论的倒退。作为曾经和凯恩斯长时期共事和密切合作过的剑桥同仁,他们认为,凯恩斯的《通论》是努力从传统经济学的束缚中摆脱出来的成果,虽然凯恩斯本人做得并不彻底,这也正说明了从传统理论的束缚中彻底摆脱出来的艰难性,即凯恩斯本人所说的"所以困难不在新说本身,而在摆脱旧说"[①]。因此,新剑桥学派把凯恩斯作为和他们具有相同思想的开拓者,以凯恩斯理论正宗自居,要在凯恩斯理论基础上进行经济学上的第二次革命。由于该学派主要代表人物都在英国剑桥大学任教,但他们的理论又以叛离"剑桥学派"(以马歇尔为代表的

---

① 凯恩斯:《就业、利息和货币通论》,商务印书馆,1983年版,第3页。

新古典经济学)为特征,所以称为"新剑桥学派"。

琼·罗宾逊认为,凯恩斯革命是对传统经济学的理论和方法论的彻底决裂,因此凯恩斯理论的继承者就应该坚持并进一步发展这种决裂。凯恩斯虽然曾经讲过,当社会实行充分就业后,新古典学派的理论还是对的,但这是未经充分思考的一种失误,与《通论》的主要论点是相对立的。新古典综合派利用了这一点,错误地把经济学分成宏观和微观两部分,并且把根本不相容的所谓微观分析同凯恩斯体系拼凑在一起,这种做法严重损害了凯恩斯经济学的统一性,也无法使人提出清醒的政策建议。

她进一步强调,有效需求学说当然十分重要,但凯恩斯在理论上的革命主要是用历史观代替了均衡观。传统经济学宣扬资本主义能自动走向经济均衡,还把人们看成都是从追求最大利益这一点出发来决定自己经济行为的。《通论》摆脱了这种均衡观点的束缚,坚持了现实生活中的昨天和明天是有区别的思想,用历史的观点分析经济现象。说得具体点,一方面要对经济生活中发生的各种现象追溯历史的根源。例如,凯恩斯主张物价主要由工人的货币工资率所决定,而一个国家实际存在的货币工资率,一是由历史原因形成的,二要看劳资之间力量的对比。那种认为工资由劳动供求关系决定的传统观点是不对的。另一方面对未来的事情则要考虑它的不确定性,即变化莫测,人们不可能按照追求最大利益的原则办事,而只能凭经验推测或公认惯例来决定自己的经济行为。例如,凯恩斯根据对未来预期的不确定性,得出了资本边际效率会急剧变化而引起经济危机的结论。琼·罗宾逊认为,萨缪尔森等人名曰"综合",实际上是用传统学说的均衡观取消了上述凯恩斯的历史观,因而实际上也否定了凯恩斯的"革命"。

琼·罗宾逊还强烈指责新古典综合派贩运了被凯恩斯直接批判和否定过的东西。例如,彻底否定"萨伊定律"是凯恩斯经济学的基本前提。然而,萨缪尔森鼓吹"混合经济"能够为充分就业创造所必需的购买力,宣扬凯恩斯讲的"非自愿失业"一类现象已经消灭。这实际上是恢复了"萨伊定律",使得"所有旧学说都偷偷地又回复过来了"。

琼·罗宾逊还指出,由萨缪尔森"综合"进来的价值论和分配论也应坚决摒弃。她认为凯恩斯具有强烈的现实感,当时迫切需要解决的是萧条和失业问题,因此只对经济作短期的静态的分析,没有机会和兴趣去关注价值论和分配论,以及详述自己与传统理论的根本区别。现在为了研究长期经济问题,固然需要补充价值论和分配论,但它们应当与整个社会经济发展的现状与趋势密切结合,才能说明现实问题。萨缪尔森宣扬的均衡价格论和边际生产力分配论,非但无法做到这一点,并且与凯恩斯体系不相容,因而是不足取的。新剑桥学派提出他们要面对现实经济状况,把凯恩斯经济学与当前的实际需要结合起来,"重建政治经济学",确立真正正统的后凯恩斯主义。

方法论和理论前提　　新剑桥学派指出,凯恩斯理论的最重要论点是《通论》第二十四章中关于社会哲学的论述,但正是这一章的论述却被新古典综合派舍弃,而凯恩斯本人也言之过简,未充分展开。他们认为,凯恩斯在《通论》第二十四章中有两段话是值得重视的。

凯恩斯说:"因之我们可以得到结论:在当代情形之下,财富之生长不仅不系乎富人之节约(像普通所想象的那样),反之,恐反遭此种节约之阻挠。故主张社会上应当有财富之绝大不均者,其主要理由之一已经不成立了。"① 凯恩斯还说:"我相信资本之需求是有严格限度的;意思是说:资本数量不难增加到一点,使其边际效率降至极低。这并不是说,使用资本品可以几乎不出代价;而是说,从资本品得到的收益,除了抵补折旧折陈以外,所余下的一点,只是负担风险、行使技巧与判断等功能所必需的代价而已。……故我认为,资本主义体系中之有坐收利息阶级,乃是一种过渡时期现象,其任务完毕时即将消灭。坐收利息阶级一经消灭,资本主义便将大为改观。"②

新剑桥学派认为,从上面所引的凯恩斯的第一段话中,可以看出凯恩斯断定社会上财富与收入的分配不均状况是不合理的,财富既然不是来自节约,也就没有理由为财富分配不均进行辩护,而政府则有理由对社会的贫富不均进行干预和调节。从上面所引的凯恩斯的第二段话中可以看出,凯恩斯从理论上已推论出资本主义社会将走向一个没有食利者阶级的新阶段,这是自然发展趋势,即不是一个骤然的过程,因此革命是不需要的。琼·罗宾逊说:"凯恩斯沉迷于一个乐观世界的幻想,在那个世界里,当投资按照充分就业水平保持三十年左右时间以后,资本装备的一切需要就会得到满

---

① 凯恩斯:《就业、利息和货币通论》,商务印书馆,1983 年版,第 322 页。
② 同上书,第 323—324 页。

足,财产收益就会被废除,贫穷就会消灭,而文明生活就可能开始。"①

因此,新剑桥学派便以维护"凯恩斯革命"的理论传统为己任,试图根据凯恩斯关于社会哲学的论证来建立和发展新的收入分配理论,并据此探讨和提出向没有食利者阶级存在的文明生活新阶段过渡的社会政策。

琼·罗宾逊明确指出,凯恩斯革命从理论方面来说,就在于从均衡观向历史观的转变;在于从理性选择原理向以推测或惯例为基础的决策问题的转变。她还说:"在理论方面,《通论》的主要论点是打破均衡的束缚,并考虑现在生活的特性——昨天和明天的区别。就这个世界和现在说来,过去是不能召回的,未来是不能确知的。"②琼·罗宾逊在这里所说的"过去是不能召回的,未来是不能确知的"这两句话,反映了新剑桥学派研究经济问题的方法论的特点,意思是说,未来和过去两者之间是有区别的,经济现象是时间上的存在,是有其历史过程的,因而现实经济生活中的各种事件的发生都有其历史的、制度的渊源。在琼·罗宾逊看来,"因为未来实质上是不确定的,所以严格的理性行为是不可能的。经济生活很大部分都是根据公认惯例来处理的"。她认为,"如果整个经济横竖始终处于均衡状态中,那么哪里还有预期存在的余地呢?"③正是由于预期变化和未来不确定性,就使得投资容易发生波动。

总之,因为强调历史、制度因素的作用,所以新剑桥学派反对新古典综合派的那种没有区分过去和未来的均衡分析方法,认为"没有时间的均衡状态是不存在的",因而新古典综合派的分析方法是复旧,是滑到凯恩斯理论以前的老槽上去了。因为强调未来的不确定性,所以新剑桥学派反对新古典综合派的那种建立在理性选择原则基础上的生产要素供给函数分析和市场需求函数分析。特别由于强调制度因素的作用,新剑桥学派认为,收入分配是社会制度和社会关系的结果,因而反对新古典综合派所坚持的边际生产力分配理论。

可见,新剑桥学派的方法论是与新古典综合派的方法论相对立的。

新剑桥学派认为,凯恩斯本人对价值论与分配理论并没有多大兴趣,因此,要使凯恩斯宏观经济学理论具有"微观经济学基础",那就应研究价值理

---

① 《现代国外经济学论文选》第1辑,商务印书馆,1979年版,第11页。
② 同上书,第20页、第5页。
③ 同上书,第8页。

论和分配理论。价值论应研究价值的"客观的""物质的"基础,而不能把价值视为"主观的"概念,像边际效用价值论那种看法。分配论应研究收入分配的相对份额是如何决定的,以及它们又是如何变动的。价值论和分配论是不可分的,没有价值论的探讨,也就不可能解决收入分配理论问题。琼·罗宾逊断言,皮罗·斯拉法(P. Sraffa, 1898—1983)的《用商品生产商品》一书由于对李嘉图—马克思价值理论作出了"重大发展",并据此确立了工资和利润之间的分配关系——利润率的增加和工资的全部扣除成比例,已为新剑桥学派的收入分配论提供了理论依据。因此,琼·罗宾逊宣称,需要把李嘉图、马克思和凯恩斯的理论相互"补充",以便实现经济理论上的"第二次凯恩斯革命"。

收入分配和价值理论

新剑桥学派的经济学家认为,分配论是价值论的引申,为了建立客观的价值理论,就必须批判边际效用学派的主观价值论,回复到古典经济学的传统,从李嘉图的劳动价值论出发进行研究。琼·罗宾逊认为,斯拉法的《用商品生产商品》一书,为新剑桥学派的收入分配理论提供了一个价值论基础。

众所周知,李嘉图的经济理论是以分配问题为研究中心的,但由于他混淆了价值与生产价格,因而无法解释劳动时间决定商品价值量的法则与等量资本取得等量利润这一经济现象的矛盾。为解决这一理论难题,李嘉图花费了毕生的精力企图寻找一种"不变价值尺度"——这种商品的价值在投入劳动量不变的条件下不会随着工资和利润分配份额的变化而变动。斯拉法在《用商品生产商品》一书中,通过建立一套由合成商品组成的"标准体系",解决了李嘉图遗留下来的理论难题。斯拉法证明,在"标准体系"中,国民收入在工资和利润之间的分配,不会影响到商品价值(或生产价格)本身的变化,在全部国民收入对全部生产投入量的比率 R(或称工资为零时的最大利润率)既定时,利润率 r 和工资率(W)的关系如下式:

$$r = R(1-W)$$

这一式子表明,在经济生活中,如果工资是由国民收入支付的,则工资和利润之间存在着一种线性关系,且两者呈反方向变动。

斯拉法的分析说明了剩余(国民收入)的生产和商品价值(或生产价格)的形成是由物质生产条件决定的一个客观的过程,而剩余的分配则是与社会制度因素和生产关系有关的过程,涉及阶级之间的利益关系。斯拉法明确指出,这样的命题有一个特征,虽然它没有对价值和分配的边际学说进行任何讨论,它们仍旧是为了作为批判那一学说的基础而设计的。新剑桥学派正是以斯拉法的理论为基础,批判了新古典综合的理论观点,提出了自己的价值论和分配论。

新剑桥学派认为,斯拉法的理论坚持了自重农学派魁奈以来的、并为李嘉图和马克思所继承和发展的古典经济学的分析方法,把资本主义生产看作是一个循环往复的再生产过程,拒绝了新古典学派(新古典综合派亦持有)的把生产看作是一种从"生产要素"的使用开始到消费者"偏好"得到满足而结束的"单行道"观点。在价值论和分配论方面,斯拉法抛弃了把主客观因素混淆在一起的供求论,根据物质生产条件和社会制度因素来解释价值的形成和收入分配的决定。新剑桥学派据此提出,在资本主义经济制度下,在国民收入的分配中工资和利润是对立的。收入分配结局的形成与历史上形成的财产占有制度有关,也与劳动市场的历史条件有关,在研究收入分配问题时,绝不能撇开所有权因素和历史因素对分配的影响。工资可以划分为货币工资和实际工资,前者受到一国历史上形成的工资水平、国内劳资双方议价的力量对比等因素的影响,后者则与利润率、商品和货币流量以及收入分配构成有关。在斯拉法的生产方程中,国民收入是由年投入劳动量生产的,利润作为国民收入的一部分是资本所有者凭借其财产所有权而取得的非劳动收入。

在此基础上,新剑桥学派批判了新古典综合派的边际生产力分配理论,后者认为,工资和利息(利润)各自取决于劳动和资本的边际产量。新剑桥学派认为,新古典综合派的边际生产力分配论是完全错误的:其一,新古典综合派企图不考虑社会制度因素,只从生产的技术条件方面来解释收入分配方式,把现行制度中的工资和利润分配格局看成是公平合理的,这一理论不仅不能说明经济中收入分配的实际状况,而且歪曲了真实的状况;其二,按照新古典综合派的边际生产力分配论,必须先依照一定的价值(或价格)计算出各种异质资本品的价值(或价格)总量,然后才能计算出资本的边际产量的价值(或价格),再得出利润率和利润额,而斯拉法的生产方程体系已经证明,计算资本总量必须以一定的收入分配条件(即利润率与工资的确定)为前提,因此,边际生产力分配论在逻辑上是一种循环论证。琼·罗宾逊曾指出:"资本概念本身意义的含混……这一错误使得新古典学派(指新古典综合经济学)的主要部分是不合逻辑的。"①

对"滞胀"的解释

新剑桥学派著名代表尼古拉斯·卡尔多断言："通货膨胀和经济衰退的并发症是一个新的现象,解释这种现象是对经济学家提出智力的挑战。"②在他看来,要寻找一个单纯的基本原因(例如各国的货币供应的增加,或因集体议价的工资而引起成本的普遍推进)来解释通货膨胀的发生是无用的。因此,新剑桥学派便从区分不同商品市场类型或不同类别的经济部门入手来解释通货膨胀发生的原因,进而说明为什么出现"滞胀"。

新剑桥学派区分了两类商品市场——初级产品市场和制造品市场,或者三类部门——初级部门(为工业活动提供必需的食物、燃料和基本原料)、第二级部门(将原料加工为成品以供投资或消费之用)和第三级部门(提供辅助其他部门的各种服务,如运输、销售或各种专门技术,以及提供欣赏的服务)。新剑桥学派认为,尽管第三级部门不会发生重大问题,但是初级部门和第二级部门都可能成为通货膨胀的根源。卡尔多指出:"持续和稳定的经济发展要求这两个部门的产量的增加应符合必要的相互关系——这就是说,可出售的农矿产品产量的增加,应该和需求的增加相一致,这种需求的增加又是反映第二级(以及第三级)部门的增长的。"但卡尔多认为:"从技术观点看,不能保证由节约土地的革新所推动的初级生产的增长率,正好符合第二级和第三级部门的生产和收入的增加所要求的增长率。"③换言之,初级产品生产的增长和制造业生产活动的增长之间存在着比例失调现象,这就导致了世界经济中的滞胀。为什么?

原因在于,初级产品的市场价格对个别生产者和消费者来说是既定的,其价格变动是调节未来生产和消费的信号;制造品市场价格则是被"操纵"的,即是说由生产者自己确定的,生产对需求变动的调节不是通过价格机制而是通过库存调节机制来进行的,即商品积存时,就减少生产,而库存空虚时,则增加生产。工业品的这种"操纵价格"是由成本决定,而不是由"市场

---

① 琼·罗宾逊:"生产函数和资本理论",《经济学论文选集》第2卷,麻省理工学院出版社,1980年英文版,第114页。

② 琼·罗宾逊:"经济理论的第二次危机",《现代国外经济学论文选》第1辑,商务印书馆,1979年版,第12—13页。

③ 《现代国外经济学论文选》第1辑,商务印书馆,1979年版,第322页。

决定"。这样,在一定的生产能力的条件下,供求对价格的影响便非常微小。从世界经济角度看,农矿产品价格的任何巨大变动——不论它对初级生产是有利还是不利——对工业活动往往起抑制作用。它在两种情况下都阻碍工业增长。这是因为,农矿产品价格下降时,初级生产者对工业品需求会下降。相反,农矿产品价格的上涨很可能在工业部门引起工资—物价螺旋上升的通货膨胀,它反过来又使工业活动受到限制,产生大量失业。美国1972—1973年的通货膨胀就是起因于农矿产品价格的上涨(工资随着生活费用的上涨而上升),这使政府采取了强有力的抑制性的货币政策来对付通货膨胀,因而又造成了一次相当严重的经济衰退。

琼·罗宾逊认为,在失业和通胀中,人们容易接受"通货膨胀是两个问题中更为严重的"这种教义,并愿意支持政府当局采用减低就业的政策来制止通货膨胀,但结果适得其反。货币的限制提高了利息率,削减了私人投资。政府和地方支出减少了,税收增加了。随着支出增长的降低,利润便下降,进一步的投资计划也削减。在琼·罗宾逊看来,"现在,正如30年代那样,企业和居民都被迫节约。然而,通货膨胀并未消除。不论什么时候,都存在商品供应线上的最近经历的成本上升,这也不得不传递下去。强大的工会、企业经理和有组织的同业仍都不断使他们自己提高收入"①。这样,通货膨胀必然有增无减,而且在通货膨胀过程中,低收入家庭为了弥补实际工资的减少还不得不增加劳动力的供给,因此,通货膨胀不仅不提供较多的工作职位,反而会在劳动市场上增加供给,物价同失业一起都往上升,即菲利普斯曲线已破产了。

政策主张 新剑桥学派强调政府在分配领域内进行干预的必要性,既反对货币主义学派关于听任市场机制充分发挥作用的观点,也反对新古典综合派关于调节总需求和实行工资—物价管制的办法。他们认定市场经济主要弊病的根源在于收入分配的失调,所以琼·罗宾逊等积极主张对市场经济的调节措施应放在收入分配领域和其他可能影响现有收入分配格局方面,调节措施应该是:(1)通过合理的税收制度(如累进制所得税)来改进收入分配不均的状态;(2)给予低收入家庭以适当的补助;(3)减少用于军事等方面的支出,用以发展民

---

① 以上参见琼·罗宾逊:"解决滞胀难题",《挑战》杂志,1979年11—12号,第42—46页。

用服务、环境保护和原料、材料生产等部门；(4)提高失业者的文化技术水平，以便他们能有更多的就业机会；(5)制定适应经济增长的逐渐达到消灭赤字的财政政策和预定的实际工资增长率政策；(6)实施进口管制，发展出口品的生产，增加出超，从而为国内提供更多的工作职位。琼·罗宾逊特别主张实行没收性的遗产税以便消灭私有财产的集中，抑制食利者阶层的收入增长，并把政府由此得到的财产及其收入专用于公共目标。此外，还可用政府预算中的盈余去购买公司股份，把公司股份所有制从个人转移到国家手中。

第三节 新凯恩斯主义经济学

新凯恩斯主义的产生　20世纪80年代的经济实践证明，货币主义、新古典宏观经济学派的市场连续出清假设与现实显然不符，英、美等国政府采取的新自由主义政策也并未消除经济的周期波动，非自愿失业依然存在。一些经济学家开始思考产生这些经济问题的根源及相应政策的选择，并对市场机制表示怀疑。种种迹象表明，新自由主义风行十年后，遇到了前所未有的困惑，凯恩斯主义"复活"出现了契机，新凯恩斯主义应运而生。

"新凯恩斯主义"(New-Keynesianism)一词是迈克尔·帕金(Michael Parkin)首先提出来的，他于1984年出版的《宏观经济学》一书，始创"新凯恩斯理论"(New-Keynesian)这个术语。而在学术论文中最先使用"新凯恩斯主义经济学"这一术语的，是劳伦斯·鲍尔(Lawrence Ball)、格利高里·曼昆(Gregory Mankiw)和戴维·罗默(David Romer)，他们于1988年发表了《新凯恩斯主义经济学和产出量——通货膨胀交替关系》一文(载《布鲁金斯经济论文集》，1988年第1期)。

然而，新凯恩斯主义绝不是传统凯恩斯主义的简单复活，因为传统凯恩斯主义没有也不可能回答新古典宏观经济学家提出的责难：为什么商品价格和工资会具有刚性或黏性？为什么凯恩斯宏观经济理论模型与经济主体的最大化行为不一致？新古典宏观经济学家对凯恩斯主义批评与冲击，使得凯恩斯主义的经济学家从满意地接受固定工资和价格的传统凯恩斯模型回过神来，引发了一场对凯恩斯主义理论和政策基础的再认识。结果是，在20世纪80年代发展出一种带有新古典宏观经济学风格(包括理性预期在内)但具有凯恩斯主义结论的新凯恩斯主义模型。

新凯恩斯主义主要代表人物有哈佛大学的格利高里·曼昆和劳伦斯·萨墨斯(Lawrence Summers),麻省理工学院的奥利维尔·布兰查德(Olivier Blanchard)和朱利奥·罗坦伯格(Julio Rotemberg),哥伦比亚大学的爱德蒙·费尔普斯(Edmund S. Phelps, 1933—   ),加州大学伯克利分校的乔治·阿克洛夫(George Akerlof, 1940—   )和珍尼特·耶伦(Janet Yellen),斯坦福大学的约瑟夫·斯蒂格利茨,威斯康星大学的马克·格特勒(Mark Gertler)以及普林斯顿大学的本·伯南克(Ben Bernank)等人。

新古典经济学的新老版本都认为市场会连续出清,在这样一个世界中经济永远不会受到有效需求不足的约束。但是,凯恩斯主义经济学的标志就是市场不会连续出清。新老("老"是指新古典综合)版本的凯恩斯主义模型中,价格不能足够迅速地调整以出清市场,这意味着需求和供给冲击将导致经济中产量和就业的巨大的真实变动。凯恩斯主义认为,产量和就业对其均衡值的偏离可能是巨大而长久的,而且毫无疑问这种偏离对经济福利有害。正如戈登(Robert Gordon, 1940—   )所说:"凯恩斯主义经济学出现的原因就在于衰退和萧条期间工人和厂商的不幸。工人和厂商们的行为不像是在自愿选择削减产量和工作时间。"①

新凯恩斯主义认为,以市场非出清为基础的经济周期理论比新古典宏观经济学派或实际经济周期理论更为现实一些。新老版本的凯恩斯主义经济学的关键区别是:新古典综合派的模型倾向于假定一个固定的名义工资和价格,而新凯恩斯主义观点则试图为解释工资和价格黏性现象提供一个可以接受的微观基础。

理论特征 新凯恩斯主义仍然保留了凯恩斯主义的研究方法和某些基本假设,但又从非凯恩斯主义经济理论那里汲取了某些新的论点或研究方法,由此引导出一些新的论点。

非市场出清假设是新凯恩斯主义最重要的假设,这一假设使新凯恩斯主义和原凯恩斯主义具有相同的基础。但是,两者的非市场出清理论存在重大差别:原凯恩斯主义非市场出清模型假定名义工资刚性即难以向下调整,而新凯恩斯主义非市场出清模型假定工资和价格的黏性,即工资和价格

---

① Gordon, R., *Macroeconomics*, 6th edition, New York: HarperCollins, 1993.

不是不能调整,只是调整十分缓慢,需耗费相当的时日。新凯恩斯主义还增添了原凯恩斯主义模型所忽略的两个假设:一是经济当事人最大化原则,即厂商追逐利润最大化和家庭追求效用最大化,这一假设源于传统的微观经济学;二是理性预期,这一假设来自新古典宏观经济学。经济当事人最大化原则和理性预期的假设使新凯恩斯主义突破了原凯恩斯主义的理论框架。他们从个体经济当事人(个体居民户和单个厂商)具有理性预期并追求自身利益最大化(效用最大化和利润最大化)出发来解释工资和价格的黏性,为凯恩斯宏观经济学提供坚实的微观基础。

除了强调并解释工资和价格的黏性外,新凯恩斯主义还特别重视经济体系在其他方面的不完全性,如经济中存在的工资和价格的实际刚性、不完全竞争、不完全市场、异质劳动以及不对称信息等。这些都是新凯恩斯主义用来解释宏观经济波动的重要因素。

名义工资—价格黏性　　工资和价格黏性理论又可以分为"名义的"和"实际的"工资和价格黏性。名义工资和价格黏性是指名义工资和价格不能按照名义需求的变化而迅速地作出相应的调整,即理性的、追求自身利益最大化的经济主体不随总需求或其他冲击来调整自己的工资和价格。

在新凯恩斯主义经济学中,关于名义工资黏性研究最有影响的是费希尔(Stanley Fischer)和泰勒(John B. Taylor)提出的长期交错合同理论。长期交错合同是指厂商和工人不是在同一时期,而是在不同时期交替地签订长期劳动合同。只要存在长期交错合同,即使经济主体的预期是理性的,政府的货币政策变化能够被他们充分估计到,货币政策也可以影响到短期的产出和就业水平。其原因在于:当政府在调整货币供给量时,总有些厂商与工人的劳动合同未到期,货币供给量的变动不影响这些劳动合同,与这些合同有关的工人的名义工资不变。只有合同已到期的那些工人的名义工资可以调整。

这种长期劳动合同形成的理由又是什么?按照费尔普斯的意见,缔结长期劳动合同,对厂商和工人都存在如下利益:第一,工资谈判对工人和厂商而言都要付出代价。例如,谈判双方对工资结构必须进行研究,一些关键变量,诸如生产率、通货膨胀、需求、利润和价格,其未来变化情况也需要预测。合同时期愈长,这样的交易成本就愈少。第二,谈判如果破裂,工人可能需要通过罢工加强其谈判地位。这对于厂商和工人双方代价都是很大的。长期劳动合同可以大大减少这种代价。

如果经济中所有工资合同不是在同一时点签订的,那么工资调整一般也是交错作出的。合同一旦签订后,总需求变动对未到期的工资合同没有影响,只影响那些已到期合同的工资调整。这样,总工资水平就有某种惯性或者说稳定性。总工资水平越稳定,名义工资黏性就越大。不少经济学家对交错合同对名义工资黏性的意义和影响都有分析,这些经济学家包括霍尔(Robert Hall)、鲍尔(Laurence Ball)和西切蒂(Stephen Cecchetti)等[1]。

关于商品价格水平黏性的原因,新凯恩斯主义经济学家曼昆、阿克洛夫和耶伦等人也从微观角度着手给出了解释。例如,曼昆发展了一个关于垄断厂商价格黏性的简单的静态局部均衡模型,这就是著名的"菜单成本"理论。所谓菜单成本,是指厂商每次调整价格要花费的成本,包括研究和确定新价格、重新编印价目表、将新编印价目表通知销售点、更换价格标签等所用的成本。因价格变动如同餐馆的菜单价目表的变动,所以新凯恩斯主义者将这类成本称为菜单成本。这些成本是厂商调整价格时实际支出的成本。在面临总需求冲击时,厂商只有在调整价格后的利润增加量大于菜单成本时才会调整价格,否则,厂商将保持原来的价格不变。菜单成本的存在,使厂商不愿意经常变动价格,所以价格水平呈相对黏性。

实际工资—价格黏性

上述费希尔的长期交错合同理论、曼昆的菜单成本理论证明,价格和工资具有名义黏性,使得经济中的货币量等名义变量能够影响实际的产出和就业水平。而鲍尔和罗默则从实际黏性角度解释名义工资和名义价格存在黏性的原因[2]。

实际工资—价格黏性是指实际工资和价格并不对经济活动中的变化作出反应。实际工资黏性意味着名义工资与物价水平之比不变动;价格黏性指的是各产品之间的相对价格比有黏性。显然,实际黏性不等于名义黏性,比方说,假设名义工资和一般价格水平同时发生同方向同比例的变化,实际

---

[1] Ball, L. and Cecchetti, S. G., "Imperfect Information and Staggered Price Setting", *American Economic Review*, 1988, Vol. 78, pp. 999 – 1018.

[2] Ball, L. and Romer, D., "Real Rigidities and the Non-neutrality of Money", *Review of Economic Studies*, 1990, Vol. 57, pp. 183 – 202.

工资则保持不变,此时实际工资具有黏性,但名义工资却具有弹性。

对于商品市场上的实际价格黏性,新凯恩斯主义者通过一些模型给予解释,例如斯蒂格利茨指出了厂商在需求降低时不愿降价的原因。在市场上,当顾客对他所希望购买的产品特点具有不完全信息时,价格就可能会被看作其产品质量的标志。如果降低价格,某个厂商会冒这样的风险:它的顾客(或潜在顾客)可能会认为这标志着产品质量的下降。因此,厂商不愿轻易变动价格。当所有厂商都不改变价格时,经济中各种产品的比价维持不变,价格就有了实际黏性。

对于实际工资黏性,新凯恩斯主义在最大化行为和理性预期的假定下作出了解释。这种解释可以分为三类:隐性合同理论、效率工资理论和局内人—局外人理论。

1. 隐性合同理论。隐性合同理论最初由戈登等人在20世纪70年代提出。在隐性合同理论中,就业或雇佣关系不再仅仅被看作是劳动与工资的一次性现货交易关系,而是被视为一种较长期的类似于保险与被保险的合同关系:具体说来,经济总处于不断的波动中,这种波动会导致对劳动的需求剧烈变化。由于厂商比工人具有更强的承担风险的能力,因此可以假定厂商是风险中立的,而工人是风险厌恶的。为了降低工人收入的不确定性,厂商通过雇佣关系向风险厌恶的工人提供一份没有明确说明的合同,即"隐性合同"。该合同提供给工人的工资具有相对稳定性,合同工资不再完全按照劳动的边际产品确定,而由两个部分组成:除了通常我们所熟知的劳动的边际产品这一部分外,还有一个保险赔付部分。在经济衰退或萧条时期,劳动的边际产品较低,为了维持"正常"的收入,厂商支付给工人一个正的保险赔偿,合同工资就高于劳动的边际产品;反之,在经济繁荣时期,劳动的边际产品较高,净保险是负的,工资低于劳动的边际产品。通过加入一个可正可负的净保险保护,工资就不再随着劳动的边际产品的变动而同等程度地变动,实际工资出现了黏性。

2. 效率工资理论。任何合理解释非自愿失业的理论都必须说明,为什么失业工人无法将工资降至充分就业水平?在劳动市场存在非自愿失业时,厂商本来可以用较低的工资雇佣到工人,但厂商并未这样做,而宁可支付较高的工资。效率工资理论对这一点给出了解释:实际工资的高低会影响工人的生产效率,而工人的生产效率又会影响厂商的利润。如果厂商削减工资,可能会更大程度地降低劳动生产率,反而增加平均的劳动成本,降低厂商的利润。因此,厂商宁愿支付超过市场出清水平的实际工资,以保证工人有较高的生产效率,从而获得更多的利润。具体来说,厂商根据利润最大化原则确定的雇佣工人工资对劳动效率的弹性等于1时,可称此时的工资为效率工资,即工资增加1%,劳动效率也提高1%,在这个工资水平上,厂商的平均劳动成本最低。当效率工资超过工人的最低期望工资时,总需求减少将引致劳动需求下降,就业率下降,劳动市场上就存在非自愿失业。

3. 局内人—局外人理论。实际工资黏性的局内人—局外人理论于20世纪80年代由林德贝克(Assar Lindbeck)和斯诺尔(Dennis Snower)提出。一般而言,存在大量的失业工人时,厂商的理性反应应该是,或者降低在职工人的工资,或者招收失业工人来替代现职工人,如果他们反对降低工资的话。但在现实经济中,我们很少看到这种情况的发生,主要原因在于失业工人并不是在职工人的完全替代物。对于厂商而言,现有的在职工人是所谓的"局内人",厂商了解他们,他们也具有在企业中工作的丰富经验;失业工人则是所谓的"局外人",厂商缺乏对他们的了解,他们也不熟悉企业内部的情况。如果厂商执意用失业工人替代在职工人,则尽管工资成本可能会下降,但却可能会增加其他方面的成本,如解雇在职工人的成本、雇佣新工人的成本、培训新工人的成本。此外,林德贝克和斯诺尔还强调一种新型的成本,即局内人与来自局外人阶层的新雇员可以合作也可以压制他们的能力和激励。如果局内人感到其地位受到局外人的威胁,他们可能拒绝与新工人合作并培训他们,这种不友好和不合作的态度既影响局内人和局外人的工作积极性,也会影响整个工人集体的生产效率。

信贷配给理论　　信贷配给理论是由新凯恩斯主义经济学家斯蒂格利茨和韦斯(Andrew Weiss)提出来的[①]。

信贷配给是指即使在市场运行良好的情况下,借款者即使出很高的利率也不能得到他所希望借到的一定数量的资金,贷款者即银行是用信贷配给而不是通过提高利率去出清市场。这是因为高利率会引致借款者把借款运用到风险更大的活动中去,形成所谓"刺激效应",即借款者不按借款合同运用资金,出现了道德风险。借款者的风险更大,失败率

---

① Stiglitz, J. and Weiss, A., "Credit Rationing in Market with Imperfect Information", *American Economic Review*, 1981, Vol. 71, pp. 393–410.

更高,很可能使他们不能还贷,宁愿承受破产的成本。提高利率还会吓退一部分信誉好、有还款能力的优良客户,迎来一批本来就不想还款的高风险客户,这就是利率的逆选择效应。在充分考虑银行厌恶风险的行为后,新凯恩斯主义经济学家进一步指出,抵押贷款和其他非价格配给机制也不能消除信贷配给的可能性。这是因为,肯抵押的相当多是不愿冒风险的贷款者,他们更不愿借高利率贷款;而对于那些风险偏好者,他们会采取更加冒险的计划,并愿意付出更多的抵押品。于是,银行会发现,对抵押品的要求超过某一点之后,收益会降低。

由于信息不对称和银行的厌恶风险行为,使银行最优利率通常不等于市场出清时的利率,所以信贷市场出现配给。信贷市场中利率机制和配给机制同时起作用,市场出现多重均衡,使得市场机制失灵,这时只有通过政府干预才能纠正信贷市场失灵。政府可以推行信贷补贴政策或提供贷款担保,从而降低市场利率,提高借款人的还款概率,改善资源配置,增进社会福利。在自由信贷市场失去效率时,政府干预最能提高效率。

经济周期理论　　新凯恩斯主义经济学家承认,产生总量扰动的冲击之源可能来自供给方面或需求方面,经济中存在着一些摩擦和缺陷将放大这些冲击,从而导致真实产量和就业较大的波动。

新凯恩斯主义者遵循两条不同的思路研究这个问题:一是在名义工资和价格黏性的基础上说明经济的周期波动;另一是追随凯恩斯和托宾,从工资和价格灵活性的潜在的不稳定影响这一角度分析经济周期。

先看第一条思路,假定货币供应下降,如果菜单成本和实际黏性的共同作用使得价格水平保持不变,那么总需求的下降将使产量下降并降低对劳动力的有效需求。这时即使降价最终对所有企业都有利,企业也可能不降价,这是因为,在一个分散化决策的市场经济中,当事人无法成功地协调他们的行动,因为其他当事人都不采取行动的前提下,任何单个的厂商都没有削减价格增加产量的激励。经济系统中的单个厂商无力协调经济整体行为,在需求变动而其他厂商都不调整价格时,单个厂商的最优决策是不改变价格,黏性的价格不能吸纳需求的冲击,只有通过产量的变动调整供求,产量和就业率随需求变动,经济出现周期波动。

新凯恩斯主义经济周期理论的第二条思路认为,工资和价格黏性不是主要的问题。即使工资和价格是充分灵活的,产量和就业仍然可能极不稳定,厂商厌恶风险与工资和价格的灵活性的不确定性等因素是经济波动的原因。

分析工资和价格灵活性的潜在不稳定性和经济周期波动的模型是格林沃德和斯蒂格利茨等人提出的①。他们假定：产品市场上的厂商都是风险厌恶者；金融市场是不完全竞争市场,这个市场中信息不完全。厂商以证券形式进行融资受到一定约束。这样,厌恶风险的厂商只能通过有限的证券部分地转移其风险,厂商更多地依赖贷款而不是新发行的证券进行融资,从而增加了厂商破产的概率。特别是在萧条时期,需求的减少使厂商更容易破产。由于工资和价格弹性所产生的不稳定性远大于数量调整的不确定性,所以,在需求减少时,厌恶风险、证券发行受限制的厂商会降低其产量。厂商感觉到的风险越大,降低产量的激励也大,产量下降得也越多。

新凯恩斯主义者还研究了信贷市场的不完全性对经济的影响。在经济衰退时期,由于缺乏完备的信息,风险厌恶的厂商可能将其证券投资转向较为安全的投资项目上,从而降低了厂商的产量,放大了经济冲击的影响。在经济衰退时期,银根紧缩,厂商借贷的成本太高或者难于借到贷款,这也迫使厂商不得不减少产出,经济从衰退滑向萧条。由于高利率提高了拖欠贷款的概率、降低了银行利润,所以银行通常实行信贷配给,这进一步加剧了金融市场贷款紧缺,恶化了经济波动。

政策主张 新凯恩斯主义的基本政策主张是政府必须干预经济。因为种种事实表明自由市场是低效率的,微观市场的不完全必然导致宏观经济中的失业和经济波动。在强调黏性价格的新凯恩斯主义模型中,货币不再是中性的。由于市场经济中调整过程过于缓慢,如果出现了将导致持久效应的巨大冲击的话,那么政策干预就是必要的。

新凯恩斯主义者在微观经济学基础上阐释了工资黏性和失业问题,并提出若干专门用于降低持续性高失业的政策。局内人—局外人理论提出,由于局内人比局外人有大得多的市场力,局外人在劳动市场上处于劣势,他

---

① Greenwald, B. and Stiglitz, J. "Financial Markets, Imperfections and Business Cycles", *Quarterly Journal of Economics*, 1993, Vol. 108, pp. 77-114.

们愿意接受比局内人低得多的工资仍然得不到就业机会,所以失业存在并会持续。林德贝克和斯诺尔指出,为降低局内人权力并使局外人对雇主更有吸引力,有必要进行一些制度改革。理论上说来,降低局内人权力的政策包括:(1)弱化就业保障立法以降低劳动力的招募和辞退(替换)成本;(2)改革劳资关系以降低罢工的可能性。可能加强局外人权力的政策有:(1)重新培训局外人,以改善其人力资本和提高其边际产品;(2)增加劳动力流动性的政策,如运行更为良好的住房市场;(3)采用使工资灵活性更大的利润分享制度;(4)重新设计失业救济制度以鼓励找工作。

魏茨曼(M. L. Weitzman,1942—　)指出了利润分享制度的好处。他认为,利润分享制度提供了一个分散化的、自动的和市场激励的鼓励工资灵活性的方法,而工资灵活性将削弱宏观经济冲击的作用。魏茨曼列举了具有灵活报酬制度的日本、韩国和中国台湾的经历,这种灵活报酬制度使得这些经济体以相对较高的产量和就业水平度过经济周期[1]。

许多新凯恩斯主义经济学家认识到了失业救济制度对失业的扭曲作用。一个提供无限期失业救济而不要求失业工人必须接受所提供的工作的制度,很可能降低局外人的努力,并提高为减少偷懒所需的效率工资[2]。在偷懒模型中,如果失业福利增加,均衡的非自愿失业将增加。

新凯恩斯主义者认为,货币政策能稳定总产出和就业率,提高社会资源利用率。在市场机制失灵时,价格对总需求变化的反应过于迟钝,仅凭市场机制不能逆转总需求的冲击,经济处于无效率状态。这时,只有政府干预,推行与需求变动相适应的货币政策、工资政策和价格政策,才能改变经济中的无效状态,推动经济向高产出的均衡态运动。即使厂商对价格和工资变动的信息作出了反应,只要有关总需求外生性的信息对货币当局仍然有效,那么政府推行有针对性的货币政策能稳定产出和就业。在政府的货币政策已为公众所知的情况下,货币政策虽然对产出和就业的影响大大减弱,但仍然能在稳定物价方面发挥积极的作用。为了实现稳定产出的目标,政府最优的货币政策是货币量的调整与影响价格的实际冲击相适应,与引起价格变动的名义冲击反向行事。要想既反通货膨胀又避免衰退,通货紧缩政策

---

[1] Weitzman, M. L., "Profit Sharing as Macroeconomic Policy", *American Economic Review*, 1985, Vol. 75, pp. 41–45.

[2] Shapiro, C. and Stiglitz, J., "Equilibrium Unemployment as a Worker Discipline Device", *American Economic Review*, 1984, Vol. 74, pp. 433–444.

必须渐进实施,或者在工资、物价合同制定之前预先宣布并保证其可信性,使人们能预期到通货紧缩而不至于把工资、物价定得太高。

复习思考题

1. 萨缪尔森为何自称"新古典综合派"?"新古典综合"的主要特征是什么?
2. 略述新古典综合派的"混合经济"的含义。
3. 在对"滞胀"的解释上,新古典综合派和新剑桥学派有什么区别?
4. 简述新剑桥学派的收入分配和价值理论。
4. 托宾如何解释通货膨胀与失业并发症?
7. 新剑桥学派的政策主张有什么特点?
5. 略述新剑桥学派方法论特点。
6. 在收入分配问题上,新剑桥学派如何批判新古典综合派?
7. 新凯恩斯主义如何用工资黏性和价格黏性解释市场非出清和货币非中性?
8. 简述新凯恩斯主义的信贷配给理论。
9. 简要论述新古典宏观经济学与新凯恩斯主义的根本分歧。

第十章 新自由主义诸流派

经济自由主义和国家干预主义,一直是西方经济理论发展和政策演变当中不断冲突、较量的两大思潮。应该说,20世纪的大部分时间里,国家干预主义(以凯恩斯主义为代表)居主导、统治地位。但是,经济自由主义从未消失过,不管凯恩斯主义的光环有多么耀眼,很多自由主义经济学家一直都坚持自由市场经济理念,通过对国家干预主义的批判、对自由市场经济的进一步研究,继承和发展古典自由主义的传统。由于他们的不懈努力,以及凯恩斯主义后遗症——滞胀的出现,在20世纪的后30年里,新自由主义思潮终于重新风靡,在经济学界重振雄风。本章主要介绍20世纪中下叶以来的几个新自由主义流派的主要经济观点。

第一节 现代货币主义

代表人物和思想渊源 现代货币主义(Monetarism)是20世纪五六十年代在美国出现的一个经济学流派,它一开始就以凯恩斯主义经济学对抗者的面貌出现。其领袖和奠基者是美国芝加哥大学经济学教授米尔顿·弗里德曼(Milton Friedman,1912—2006),其他代表人物有美国经济学家卡尔·布伦纳(Karl Brunner,1916—1989)、艾伦·梅尔泽(Allan Meltzer,1928—   )等,英国经济学家艾伦·沃尔特斯(Alan Walters,1926—2009)、戴维·莱德勒(David Laidler,1938—   )、迈克尔·帕金(Michael Parkin,1939—   )等。弗里德曼是自由企业制度和货币主义政策最热情和最有效的倡导者,并以此摘得了1976年诺贝尔经济学奖的桂冠。

货币主义根源于传统货币数量论。货币数量论的核心论点是:物价水平的高低和货币价值的大小由一国货币数量决定,货币数量增加引起物价上涨,货币价值下降,货币数量减少则引起相反的变化。

至少从18世纪以来,货币数量论就构成了古典货币经济学的理论基础之一。19世纪的许多经济学家,包括英国古典政治经济学大师大卫·李嘉图,都信奉货币数量论。20世纪初,货币数量论得到了进一步发展,美国经济学家欧文·费雪提出了"现金交易说";英国经济学家马歇尔和庇古提出了"现金余额说"。

关于费雪的现金交易说,前面第九章中已经作过介绍,现在说明一下现金余额说。1917年,庇古根据马歇尔的学说,在《货币的价值》一文中提出了以"现金余额说"为基础的剑桥方程式,即 $M = kPy$。其中,P 代表一般物价水平,y 代表真实的国民收入,M 代表人们手中持有的货币数量,k 代表人们手中经常持有的货币数量与名义国民收入 Py 的比率,相当于费雪的交易方程式($MV=PT$)中 V 的倒数。庇古认为,人们自愿在手中持有的实际现金余额取决于实际国民收入 y,两者之间存在稳定的关系,在 ky 保持不变的情况下,M 与 P 就成正比例变化。可见,剑桥方程式和交易方程式的结论是相同的,都认为物价水平的高低取决于货币数量的多少;所不同的是,交易方程式强调货币在支付过程中的作用(货币供给的作用),而剑桥方程式则强调人们手持现金的作用(货币需求的作用)。

除了传统的货币数量论外,货币主义的另一个直接的理论渊源是20世纪30年代前后形成的芝加哥学派的经济理论,其主要特点是:(1)继承货币数量论的传统,重视货币理论的研究;(2)主张经济自由主义,赞扬市场机制的调节作用。60年代以后,当凯恩斯主义日益陷入困境时,芝加哥学派的传统得到恢复和发扬,其中弗里德曼是最重要的领头人物。

| 货币主义的主要理论观点 | 弗里德曼曾经说过:"从长期看,货币主义几乎全盘接受早期货币数量论。它对早期货币数量论的主要贡献,就是它对短期后果作了更详细、更深入的分析,并对这些后果作了更详细的整理概括。"[①]货币主义主要论述 |

这样一个观点:货币供给在短期内决定名义国民收入,而在长期内决定价格水平。这种分析是在货币数量论的框架中进行的,并且依赖于对货币流通速度保持稳定(在极端情况下恒定不变)的分析。

---

① 弗里德曼:"论货币"(1980年版《大英百科全书》的"货币"条),《世界经济译丛》,1981年第5期,第29页。

1. 货币需求理论。货币主义的理论基础是弗里德曼提出的货币需求理论。弗里德曼按照剑桥方程式来表述现代货币数量论，认为剑桥方程式实际上从供给和需求两个方面对货币现象作了分析，其中货币的供给由法律和货币当局决定，所以现代"货币数量论首先是货币需求的理论"①。按照弗里德曼的观点，影响人们货币需求的因素很多，所以货币需求是一系列可供选择的资产组合的多元函数：

$$\frac{M}{P} = f\left(y, w; r_m, r_b, r_e, \frac{1}{P}\frac{\mathrm{d}P}{\mathrm{d}t}, u\right)$$

这一货币需求函数表明，实际货币需求（M/P）是实际收入 y，非人力财富获得的收入（或财产收入）与恒久性收入的比例 w，预期货币名义收益率 r_m，预期的债券名义收益率 r_b，预期的股票名义收益率 r_e，预期的价格变动率 $\frac{1}{P}\frac{\mathrm{d}P}{\mathrm{d}t}$ 和其他非收入变量 u 的函数。

弗里德曼的货币需求函数继承了传统货币数量论中"现金余额说"的重要传统，同时又受到凯恩斯的流动性偏好理论的重要影响。但是，他的货币需求函数也有自己的独特之处。从研究方法上来说，在建立这一货币需求函数时，他运用了实证经济学的方法，用大量实际统计资料来分析各种因素对货币需求的影响；从理论上来说，这一货币需求函数很大程度上得益于他在《消费函数理论》一书中提出的持久性收入假说。可以说，强调持久性收入对货币需求的主导作用是弗里德曼的货币需求函数的最显著特征。

什么是"持久性收入"呢？在分析消费与收入的关系时，凯恩斯认为消费随着收入的增长而增长，但有一个递减的边际消费倾向，这里，他指的收入是消费者的当期收入。弗里德曼将消费者的当期收入分为当时收入和持久性收入。当时收入是消费者在短期内得到的，具有非连续性和偶然性的收入流量；持久性收入是消费者凭借自己所拥有的物质资本和人力资本在长期内能得到的，具有长久性和稳定性的收入流量。若用 Y 表示消费者当期收入，Y_t 表示当时收入，Y_p 表示持久性收入，用 C 表示消费者当期消费，C_t 表示和当时收入相应的当时消费，即非经常性开支，C_p 表示和持久性收入相应的持久性消费，即经常性开支；则可以用下列方程组概括持久性收入

---

① 弗里德曼：“货币数量论——一个重新表述”，《货币数量论的研究》，芝加哥大学出版社，1956 年英文版，第 4 页。

假说：

$$Y = Y_p + Y_t \tag{10-1}$$

$$C = C_p + C_t \tag{10-2}$$

$$C_p = k(i, w, u)Y_p \tag{10-3}$$

从前两个方程可以看出，当时收入和持久性收入之间、当时消费和当时收入之间、当时消费和持久性收入之间都没有任何固定比例的关系；但是，从第三个方程可以看出，持久性消费和持久性收入之间却存在着固定比例的关系。这一比例 k 依赖于利率 i、财产收入与持久性收入的比例 w 和其他非收入变量 u，例如消费者的年龄、家庭结构和偏好等因素。

弗里德曼认为，货币的需求主要取决于总财富，但总财富实际上无法衡量，可以用人们的收入来代表。然而，人们现期的收入非常不稳定，不能确切地代表总财富，所以弗里德曼在货币需求函数中引入了"持久性收入"来代表总财富状况。因此，可以说货币需求主要取决于持久性收入。由于持久性收入具有相当的稳定性，所以货币需求也是高度稳定的，也就是说，货币流通速度是比较稳定的，而不是像凯恩斯说的那样，利率变动会引起货币流通速度按同方向变动。弗里德曼根据美国 1867—1960 年的统计资料计算出，利率每增加 1%，人们对货币的需求只减少 0.15%，这说明利率变动对货币需求的影响是微不足道的。因此，货币流通速度是相当稳定的，传统的货币数量论关于物价随货币供应量变动的理论就基本上仍然有效。

当然，弗里德曼也不是简单地恢复传统的货币数量论。传统的货币数量论假定整个经济处于充分就业状态，货币流通速度和商品与劳务的产量在短期都是固定的，所以货币供应量的增加会直接影响物价同比例上升。弗里德曼则认为，在短期经济可能处于失业的状态，货币供应量的变动既影响物价水平的变动，也影响总产量或国民收入的变动。

2. 通货膨胀与自然失业率。如何解释通货膨胀和失业之间的关系，一直是经济学家争论的话题。凯恩斯革命以后，经济学家普遍抛弃了古典学派认为经济能够自动实现充分就业的观点，开始接受菲利普斯曲线。菲利普斯曲线表明通胀率和失业率存在着稳定的反向变化关系，即：较高的通胀率伴随着较低的失业率，较低的通胀率伴随着较高的失业率，宏观经济政策就是在通胀率和失业率之间进行权衡。

货币主义一开始就怀疑是否存在一条稳定的菲利普斯曲线。弗里德曼引入了"适应性预期"和"自然失业率"两个概念对传统的菲利普斯曲线作了改进。所谓的自然失业,实际上就是摩擦性失业和自愿失业,它是由劳动市场和商品市场的现实结构特征决定的。所谓的适应性预期,是指工人和企业会根据上一期的通货膨胀率调整工资报价,以保证实际工资不会由于通货膨胀而下降。通货膨胀可以在短期内使得失业率降低到自然失业率以下,因为货币工资的涨幅可能低于物价的涨幅,工人的实际工资水平下降,企业愿意雇佣更多的工人。但在长期,一方面,一旦工人意识到通胀率高于工资的涨幅,就会要求提高工资;另一方面,物价的提高也抑制了商品的需求。这两方面的作用使得失业率又回到自然失业率的水平。根据这一分析,弗里德曼认为,菲利普斯曲线所反映的通货膨胀与失业率之间的交替关系,只有在短期内一定条件下才存在;在长期内,经济趋于自然失业率的水平,扩张需求的政策只能因为增加货币供给而引起通货膨胀。

弗里德曼从货币数量论出发,把通货膨胀说成纯粹是一种货币现象,"无论何时何地通货膨胀总是个货币现象"①,是货币数量增长快于产量增长的结果。

弗里德曼关于通货膨胀与失业关系的理论,有着明确的政策含义。这一理论是要说明,自然失业现象不是靠政府调节总需求的政策所能解决的,政府用财政政策和货币政策干预失业和通货膨胀不可能奏效。

3. 经济自由主义的市场经济理论。货币主义不仅仅是一种货币理论,也体现着一种自由主义的经济思想和主张。但是,货币主义提倡的经济自由主义不是简单地回到古典自由主义那里,而是一种"新自由主义"。

凯恩斯主义认为价格和工资具有"黏性",因此市场经常处于非充分就业的状态。货币主义认为,价格和工资是相对灵活的,在自由交换的市场活动中,充当着有效的协调者和组织者的作用。弗里德曼认为,价格的具体作用主要表现在传递信息、"刺激效应"和分配收入三个密切联系的方面,如果没有外来干预(主要是来自政府的干预),在价格机制的作用下市场将会体现出最好的资源配置效率,私人经济就是趋于稳定的。

弗里德曼认为,名义国民收入的波动大多来源于政府行为,特别是货币供给的变动。20世纪70年代以来资本主义国家经济发展中的"滞胀"问

---

① 弗里德曼:"米尔顿·弗里德曼访华演讲",《米尔顿·弗里德曼论通货膨胀》,中国社会科学出版社,1982年版,第21页。

题,主要是政府庞大化的产物。政府庞大化,财政支出必然增加,为了给庞大的政府开支筹措资金,政府不能仅仅依靠增加税收,因为增税要受到人们的抵制,所以最"廉价"的办法就是靠发行货币来弥补财政赤字,结果自然是货币供给增加和通货膨胀。另外,庞大的政府必然过多地干预经济运行,从而削弱了价格制度配置资源的能力,削弱了私人部门参与经济活动的积极性,结果自然降低了经济增长率和就业率。

弗里德曼强调,他所赞成的经济自由主义,既不是完全自由放任的市场经济,也不是像凯恩斯主义所主张的那种国家和政府的干预。政府要保护产权和契约的履行,解决市场的不完全性,对国防这样的公共产品必须由国家和政府提供或进行干预,但要把指令性因素降至最小,主要依靠自愿合作来解决经济问题。

货币主义的政策主张

货币主义的政策主张是建立在现代货币数量论基础上的,主基调是反对国家过多地干预经济,鼓吹经济自由主义。

1. 减少政府对经济的干预。弗里德曼对二战以后政府对经济生活日益扩大的干预,特别是美国政府对经济生活的干预,提出反对意见。他认为,这种干预不但构成对自由的威胁,而且缺乏效率,从而不会取得干预所期望达到的效果,所以一些不必要的干预(如发放营业执照)应该取消,一些一般认为必要的产业(如邮政)应该改由私人经营。国家对经济生活的干预不但要限制在最低水平上,而且应该尽可能地通过市场和价格制度来完成,这样不但可以取得最有成效的结果,而且可以保卫自由竞争的资本主义。

2. "单一规则"的货币政策。原则上,货币主义也建议利用货币政策对经济进行微调。弗里德曼把正确的货币政策的积极作用归纳为三条:(1)防止货币本身成为经济混乱的主要源泉;(2)给经济运行和发展提供一个稳定的背景;(3)有助于抵消经济体系中其他原因引起的比较重要的干扰。

货币主义的政策主张和凯恩斯主义完全不同。凯恩斯主义者提倡一种相机抉择的货币政策,即由中央银行根据经济情况,随时用调整贴现率和买卖政府债券等方法来调整货币供应量的货币政策。弗里德曼通过大量历史统计数据的实证分析表明,名义收入增长率的变化滞后于货币增长率的变化平均为6—9个月,而通货膨胀率的变化又要滞后于名义收入增长率的变化平均为6—9个月,也就是说,通货膨胀率的变化和货币增长率的变化这两者之间的时滞平均为12—18个月①。根据这一分析,弗里德曼坚决反对凯恩斯主义相机抉择的货币政策,认为,由于货币数量变化对实际经济和通货膨胀的影响存在时滞,使得政府扩大和收缩货币供应量时经常做过了头(刺激过度或收缩过度),结果不但没有克服经济的不稳定,反而导致经济波动更加频繁、更加剧烈。因此,最佳的货币政策应该是货币供给以固定的速度增长,并且在任何经济形势下都维持这一速度,即"单一规则"的货币政策。弗里德曼根据过去100年的统计资料计算出,美国年产出平均增长3%,劳动生产率年平均增长1%—2%,因此他建议美国货币供应量应该按照每年4%—5%的固定增长率增长。货币主义相信,"单一规则"的货币政策能够消除现代经济中造成不稳定的重要因素——货币政策反复无常的变动。

3. "收入指数化"方案。为了对付20世纪70年代的滞胀问题,主要资本主义国家都推行了对工资、物价实行冻结或管制的"收入政策",但收效甚微。弗里德曼提出了"收入指数化"方案来代替收入政策,将工资、政府债券和其他收入同生活费用(如消费物价指数)紧密联系起来,使它们根据物价指数的变化进行调整。因为收入指数化可以消除通货膨胀带来的不公平,剥夺政府通过制造通货膨胀产生的收益,这样可以消除政府搞通货膨胀的动机。这样,弗里德曼认为实行收入指数化可以抵消物价波动的影响,减少通货膨胀造成的痛苦,甚至医治通货膨胀。当然,由于指数化不可能覆盖经济生活的全部,因此货币主义认为,要彻底医治通货膨胀,唯一有效的方法就是控制货币供给的增长。

4. 实行浮动汇率制。二战后,国际金融领域实行的是布雷顿森林体系,实际上是一种钉住美元的固定汇率。弗里德曼在1950年写的文章《浮动汇率问题》中,明确反对固定汇率,主张采用浮动汇率。20世纪60年代末70年代初,资本主义国家普遍存在严重的通货膨胀,弗里德曼认为,主要原因之一就是固定汇率制导致各国都从美国输入了通货膨胀。根据他的看法,浮动汇率具有自动调节功能,有助于国际贸易和国际收支的自动均衡,

---

① 弗里德曼:"论货币"(1980年版《大英百科全书》的"货币"条),《世界经济译丛》,1981年第5期,第29页。

减轻国际收支失衡对国内经济的不利影响。这对于实现国内经济的稳定增长、发展多边贸易都是十分有利的。20世纪70年代，频频爆发的美元危机最终迫使尼克松政府宣布暂停外国中央银行以美元兑换黄金，这就宣告了布雷顿森林体系的瓦解，随后各主要资本主义国家都陆续实行了各种形式的浮动汇率制，这也就证实了弗里德曼等人的观点，使得货币主义浮动汇率制的政策主张得以实现。

对货币主义的简要评价　现代货币主义是从反对凯恩斯主义起家的，弗里德曼是1945—1985年这40年当中自由企业制度和货币主义政策最热情和最有效的倡导者，他不仅影响了一个时代的经济学家和政治家，而且西方国家的舆论和整个知识分子阶层都明显受到他倡导的经济自由思想的影响，就这种影响的有效性、广度和范围而言，可能20世纪的经济学家中唯一能与其相比的是凯恩斯。

在理论上，弗里德曼及其追随者继承了传统货币数量论的精髓，建立了现代货币主义，坚持并复兴了经济自由主义的思想，掀起了反对"凯恩斯革命"的浪潮。货币主义使人们对市场经济特别是对货币经济的认识加深了一步，对货币供给和通货膨胀的认识更加深入人心。20世纪80年代开始，货币主义出现不同的分支，其中一支坚持原有的传统，另一个较年轻的分支成为今天颇具影响的新古典宏观经济学派。

在实践中，货币主义从20世纪70年代开始在英美等国逐渐成为政府制定政策的理论依据之一。美国总统里根曾声称他的经济政策的一个"指导理论来自米尔顿·弗里德曼"，英国首相撒切尔夫人更是制定了以货币主义为纲领的经济政策，在英国大力推行缩减货币供给、削减政府开支等经济政策。美联储和英格兰银行在1979年先后开始以货币供应量作为政策的中间目标，通过控制货币供给量来稳定经济。应该说，这些经济政策对西方国家走出滞胀起到了一定作用，特别是单一规则的货币政策几乎根除了美国经济中的通货膨胀。

尽管现代货币主义对传统的货币数量论进行了修正和补充，分析了货币数量对经济的影响和传递机制，但本质上仍然没有脱离货币数量论的范围。他们提出的"自然失业率"概念尽管已经从"充分就业"的概念向现实前进了一步，但仍然和现实有距离。在实践中，货币主义的政策建议的确发挥了一定作用，但它并没有创造奇迹：美国从1979年到1982年通货膨胀率迅速下降,但失业率由6%上升到10%。"货币主义的菜单上没有免费的午餐"[①],它的反通货膨胀政策为降低通胀率所付出的经济代价就是失业和产出损失。更加重要的是,货币主义提倡单一规则的货币政策,理论基础是人们的支付习惯是比较固定的,因此货币的流通速度比较稳定,但是按照理性预期学派的观点,一个政策本身能够改变人们的行为方式,使得政策失效。20世纪80年代以来的高利率激发了金融创新,并推动了支付利息的支票账户的广泛使用,人们的支付行为发生了变化,使得货币流通速度变得极不稳定,这就动摇了货币主义的现实经济基础,因此中央银行不能再使用货币总量作为货币政策的目标工具。

第二节 供给学派

代表人物和理论渊源

供给学派(Supply-side School)是20世纪70年代后期在美国兴起的又一个直接与凯恩斯主义相对抗的自由主义经济学流派,主要代表人物有阿瑟·拉弗(Arthur B. Laffer, 1940—)、马丁·费尔德斯坦(Martin S. Feldstein, 1939—)、布鲁斯·巴特利特(Bruce Bartlett, 1951—)、裘德·万尼斯基(Jude Wanniski, 1936—2005)、保罗·罗伯茨(Paul C. Roberts, 1939—)、罗伯特·蒙代尔(Robert Mundell, 1932—)、乔治·吉尔德(George Gilder, 1939—)等人。

供给学派注重供给,倡导经济自由主义,反对凯恩斯主义的有效需求管理理论及其政策主张,强调刺激储蓄、投资和工作的积极性,主张让市场机制更多地自行调节经济。但是,供给学派的理论基础是比较薄弱的,他们没有能够提出能和凯恩斯主义相对抗的新理论,而只是把古典经济学的那套东西重新搬了出来。供给学派"不过是穿上了现代服装的古典经济学",它的理论基础是"萨伊定律"。

这里所指的古典经济学,主要是指从斯密经过萨伊到约·穆勒所建立起来的,以供给为理论出发点,以生产、成本、生产率为研究重点,以经济自由主义为主要政策主张的经济理论体系。古典学派认为,经济的正常情形是充分就业的稳定均衡,商业周期是一种可以自我校正的暂时偏

---

① 萨缪尔森:《经济学》第16版,华夏出版社,1999年版,第509页。

离。他们的分析都是围绕"萨伊定律"展开,认为供给会创造出对它自身的需求。生产决定了消费,所以经济研究的重点应该放在关注生产和供给上。

萨伊定律曾经遭到凯恩斯主义的严厉批判。凯恩斯认为,供给绝不可能创造对其自身的需求,产出也会在不确定的长期内偏离充分就业的水平。凯恩斯主义在二战以后的几十年里一直占统治地位,其需求管理理论成为西方主要资本主义国家制定经济政策的指导思想。但是,20世纪70年代西方国家经济普遍出现了"滞胀"局面,使得凯恩斯主义束手无策。这时候,供给学派重新把"萨伊定律"搬了出来,认为正是凯恩斯主义长期以来不断地刺激需求,持续地损害了资本主义经济;要想克服"滞胀"危机,必须放弃凯恩斯主义的需求管理政策,回到注重供给、提倡经济自由的"老路"上来。

供给学派并不是一个体系严密、理论统一的经济学流派,它注重政策分析,学派内部存在很大的分歧,但它有两个核心特征:强调激励和倡导大规模减税。

对激励的强调　供给学派的第一个主题是强调激励所起的关键作用,激励意味着对工作、储蓄、投资和企业家才能给予足够的报酬。他们认为,凯恩斯主义理论无非是一种"需求自行创造供给"的理论,而需求其实并不会自行创造供给。需求管理政策使得政府开支日益增加,为了弥补赤字,只能依靠增税和增加货币发行,结果严重挫伤工作、储蓄和投资的积极性,供给不足导致经济停滞和通货膨胀同时出现。

1. 高税率特别是高的边际税率是妨碍工作积极性和造成劳动生产率下降的重要原因。当税率特别是边际税率(增加的税收在增加的收入中的比率)提高时,高税收和通货膨胀就会使人们进入更高的纳税等级,努力工作的边际收益很低,闲暇变得很"便宜",这会妨碍工人工作的积极性。另外,高的边际税率对就业结构也会产生影响。高的边际税率使单单依靠男性劳动者工资维持的家庭受到了惩罚,从而把大量的家庭妇女赶入了劳动大军,降低了平均劳动生产率。"鉴于在美国赚取高薪的已婚男子是劳动生产率增长的主要源泉,不难看出我们的、因受到通货膨胀的影响而提高的高度累进的税率,在劳动大军不断壮大的同时,只会使劳动生产率不断下降。"①

2. 高的边际税率是导致储蓄和投资不足、经济停滞不前的根本原因。首先,高的边际税率使得消费的成本变得较低,用于投资和储蓄的收益也变得很低,从而鼓励人们多消费、少储蓄、少投资,这是美国储蓄和投资下降的根本原因。"通常作为经济发展锋芒的上层阶级——大部分投资的源泉——纷纷转向可以躲避税捐的非生产性活动,囤积黄金,购置不动产,从事投机买卖。"②其次,劳动力结构的改变导致投资结构的改变。由于广大妇女和临时工等非熟练工充斥到劳动大军中,导致维持高生产率职位的新投资严重不足,各个公司不是把钱用在购买耐用机器设备上,而是倾向于雇佣一些低薪工人(季节工和临时工)。

3. 高边际税率不仅阻碍了个人和企业的财富积累和创造,更重要的是它使企业家的革新、发明、创造的精神丧失殆尽,这是对经济增长和社会进步最大的危害。供给学派认为,任何经济制度中创造性和主动性的主要来源都是个人投资者,经济不会自行增长,也不能靠政府的影响而发展,"经济是由于对人们的事业心,即甘冒风险,把设想变成垄断,垄断变成工业,并在知道得到什么回报之前就给予的这种意愿做出反响而增长的"③。但高的边际税率使得创新活动得不到足够的回报,从而扼杀了经济增长的动力。

4. 供给学派竭力抨击李嘉图以来经济学的研究集中于收入分配。他们认为,大规模的福利开支,是"劫富济贫"的行为,这一方面从富人那里拿走收入,从而减少他们的投资,另一方面把资金给予穷人,从而减少他们的工作刺激。这样做的后果是使得全社会的"经济蛋糕"越做越小,阻碍了贫困的改善。

对减税的分析 供给学派政策主张的另一个主题是提倡大规模减税。在凯恩斯主义的乘数模型中,税收变化可以通过税收乘数影响总需求,并影响产出。供给学派认为,凯恩斯主义夸大了税收对总需求的影响,结果导致政府过多地运用税收政策增加

---

① 乔治·吉尔德:《财富与贫困》,上海译文出版社,1985年版,第70页。
② 同上书,第29页。
③ 同上书,第59页。

收入或刺激需求,而忽略了税收负担对激励的影响。他们认为,高税率减少了劳动和资本的供给,一些供给学派的经济学家甚至认为,高税率实际上可能会减少政府总的税收收入。

阿瑟·拉弗通过"拉弗曲线"来说明税率和税收总额的关系,以及减税在刺激经济增长中的作用。从图10-1可以看出,当税率为零时,税收也为零;税率增加,税收也增加,一直到达税收最高额 AC 为止;税率高于 C 点,税率继续提高时,税收则开始逐渐减少,因为高税率挫伤了人们经济活动的积极性,税基变小了;当税率高达100%时,税收降为零,因为此时无人愿意从事工作和投资了。

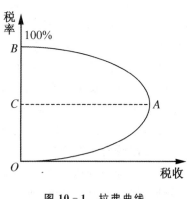

图10-1 拉弗曲线

拉弗曲线表明,税率是有限度的,高税率抑制了经济活动,从而缩减了税基。除了税率 C,总存在能产生同样税收收入的两种税率,一种是高税率(伴随着较低的产量),一种是低税率(伴随着较高的产量)。在区域 CBA,如果政府只想增加税率,税收收入反而会因产量的下降而减少,因此拉弗称区域 CBA 为"税收禁区"。对于政府来说,主要任务就是找到税率的最佳点 C,避免在"税收禁区"内征税。

供给学派认为,二战以后因为政府实行凯恩斯主义的经济政策,为了弥补政府日益增加的开支实行了很高的税率,使得美国的大多数税率一直处于"禁区"之中。因此,供给学派认为,当时美国首要的经济政策应该是减税,降低边际税率,从而提高工作、投资的积极性。他们声称,凯恩斯主义是将日益缩小的经济"蛋糕"从富人那里重新分配给穷人,而只有减税可以不断扩大这块"蛋糕"本身,使得政府的收益和私人储蓄、投资同时增加。

供给学派的其他政策主张

当然,从开始减税,到储蓄和投资增加,技术变革加快,生产率上升,再到增加产量和就业,增加税收,消除财政赤字,需要一个相当长的时间过程。为了尽可能减少因减税引起的扩大需求和通货膨胀的副作用以及由减税带来的预算不平衡,供给学派主张在减税的同时,相应地实行其他一些政策。

1. 减少政府开支,大规模缩减福利开支,提高私人投资的能力。这样做不但可以减少赤字、平衡财政收支,而且可以增加供给,发展生产。

2. 采取相对紧缩的货币政策,使货币供应量的增长和长期的经济增长相适应。这一点供给学派和货币主义的观点相同,但在如何控制货币供应量上,两者又有分歧。货币主义认为,由货币主管部门控制货币供应量以适应经济增长率就可以了,而供给学派更加极端,认为要切实有效地控制货币供应量,应当恢复某种形式的金本位制。

3. 尽可能减少国家对经济的干预和控制,更多地依靠市场力量来自动调节经济,充分发挥企业家的积极性,让企业自由经营。供给学派认为,二战以后,美国政府所制定的很多法令规章,如关于价格、工资、生产安全、环境保护、商品检验等法令条例,阻碍了企业经营的积极性和创造性,限制了生产发展,加重了企业负担,增加了生产成本,削弱了产品的国际竞争力,因此应当撤销或放宽。

可见,供给学派和凯恩斯主义之间的分歧,不仅仅是供给自行创造需求还是需求自行创造供给之争,更是经济自由主义和国家干预主义之争。

对供给学派的简要评价

总的来说,供给学派是对凯恩斯主义的直接否定,是20世纪70年代资本主义经济"滞胀"的产物。供给学派继承和发展了古典经济学的传统,强调生产和供给,把凯恩斯颠倒了的供给和需求之间的关系纠正过来。在短期内,固然会出现凯恩斯所说的有效需求不足造成失业的现象,但决定经济长期增长的,还是微观主体的生产积极性和市场配置资源的效率,因此供给学派主张经济自由,减少政府干预,发挥市场机制的作用,可能是符合市场经济的运行规律的。

在实践上,供给学派的经济理论得到了美国总统里根和英国首相撒切尔夫人的赞同。它曾经成为里根政府"经济复兴计划"的主要依据之一,从而成为"里根经济学"的主要组成部分。供给学派的政策主张对美国经济走出"滞胀"阴影起过一定积极作用,当然里根的"经济复兴计划"也包含现代货币主义和其他一些经济理论的内涵。虽然"经济复兴计划"的效果当时来看低于预期的水平,但要看到供给学派强调激励和供给的药方,其实是一副见效较慢但效果持久的补药,应该说20世纪90年代以后美国经济的高速增长,可能也是"经济复兴计划"结出的果实。

当然,供给学派只是简单重申了古典经济学的理论观点,本身在社会哲学基础和经济理论方面较为薄弱和贫乏,缺乏一套完整的理论体系来与凯恩斯主义相抗衡。而且,供给学派的一些理论比较粗糙,例如拉弗曲线是拉弗吃饭时随意在餐巾纸上画出来的,没有严格的理论和实证的检验。主流经济学家、整个政界,甚至一些供给学派的经济学家,都对降低税率会增加税收收入的拉弗假说嗤之以鼻。更主要的是,供给学派从凯恩斯主义只强调需求这一极端走向了只强调供给的另一个极端。事实上,供给和需求是相辅相成的两个方面,片面强调一面可能都不正确。

第三节 弗赖堡学派

代表人物和理论渊源

弗赖堡学派(Freiburg School)是当代西方经济学中一个具有较大影响的新自由主义流派。它产生于 19 世纪 30 年代,在二战后的联邦德国盛行,成为联邦德国政府制定经济政策的理论依据,从而成了联邦德国的国家经济学。

弗赖堡学派是一个比较严格意义上的学术团体,其核心与领袖人物是弗赖堡大学的瓦尔特·欧肯(Walter Eucken,1891—1950),他也是该学派的创始人和奠基人。其他成员多数是欧肯在弗赖堡大学的同事和学生,有弗莱茨·伯姆(F. Bohm,1895—1977)、格劳斯曼·道艾尔特(H. Grossman Doerth,1894—1949)、弗里德里·卢茨(F. Lutz,1901—1975)、威廉·罗普凯(W. Ropke,1899—1966)、路德维希·艾哈德(L. Erhard,1897—1977)等,其中最重要的是罗普凯和艾哈德。罗普凯与哈耶克、欧肯、米塞斯是公认的德语国家的新自由主义经济学家,继承了新奥地利学派的传统。艾哈德是弗赖堡学派政策主张最主要的实践者,曾经担任联邦德国经济部长和总理等职,是战后联邦德国经济政策的主要制定者,其政策实践最终创造了战后德国的经济奇迹,因此被称为德国的"经济奇迹之父"。

自 18 世纪下半叶到 20 世纪初,重农主义者和亚当·斯密等古典经济学家倡导的经济自由主义在西方主要资本主义国家一直处于正统地位,但德国是个例外,主张国家干预的历史学派一直是主流。一战期间,德国政府为了战争需要全面控制了经济;一战以后,战败的德国一片废墟,物价飞涨,马克形同废纸,整个国民经济处于十分困难和混乱之中。在政治上,德国的东方出现了社会主义苏联,当时对无产阶级和部分知识分子很有吸引力。在这种情况下,本来在德国盛行的新历史学派的理论和政策,既不能解决国内经济问题,也不能抵御社会主义思潮。于是,从19世纪30年代起,原来倾向于历史学派的德国经济学家欧肯开始转向新自由主义,并最终创立了弗赖堡学派。

弗赖堡学派有三个理论支柱:自由主义的社会秩序观、个人主义的社会哲学观和经济学的边际分析方法。

自由主义的社会秩序观念是弗赖堡学派的核心观念。这种观念和原则高度推崇个人自由,又致力于建立一种法治国家,以保证个人自由尽可能地得到保护,使每个人能够得到自由发展。

弗赖堡学派的社会哲学观沿袭的是古希腊以来就有的个人主义,特别是亚当·斯密等古典经济学家所阐述的经济自由主义的原则。他们主张,一切价值都要以人为中心,人是终极的价值目标;人又体现在个人身上,社会只是实现个人目标的手段;一切人在道德上都是平等的,不应该把任何人看作仅仅是为别人谋幸福的手段。新自由主义把个人主义作为最高的价值标准。

在经济学理论上,弗赖堡学派信奉的是边际主义的经济理论,特别是边际效用递减规律、边际收益递减规律和迂回生产理论。

总之,弗赖堡学派的理论是以社会秩序观念为框架,以个人主义为标准,以边际主义为分析工具的一个综合。

社会市场经济理论

"社会市场经济"这个概念,首先是在1947年,由缪勒尔·阿尔玛克(A. M. Armack,1901—1978)在《经济管理与市场经济》一书中提出的,他认为,"社会市场经济是依据市场经济规律进行的,以社会补充和社会保障为特征的经济制度","可以理解为一种秩序政策的思想","目的在于在经济竞争的基础上将自由的积极性同恰恰由于市场经济成就而得到保障的社会进步连接在一起"①。

社会市场经济就是市场经济和法治的结合,可以从三个方面来阐述弗

---

① 荣裕民:"西德社会市场经济的运行特征",《经济社会体制比较》,1985年第2期,第14页。

赖堡学派的这一基本理论。

1. 经济秩序理论。欧肯认为，人类社会的经济秩序或经济制度，从纯粹意义上说，只有两种"理念模型"，一种是"自由市场经济"，一种是"集中管理经济"。自由市场经济也称"交换经济"，是由市场价格机制自动调节的社会经济秩序，个人是市场活动的主体。集中管理经济也称"计划经济"，是靠政府计划和命令进行管理、调节的社会经济秩序，个人是被计划的客体。现实中出现的各种经济秩序，无论是古罗马的还是中世纪各国的，无论是现代欧洲的还是现代亚非拉各民族的，无论是历史上曾经存在过但现已消亡的还是现存的，都是两种"理念模型"的某种交替或组合。

欧肯认为，资本主义的自由市场经济和社会主义的集中管理经济这两种现存的经济制度，都有各自的缺陷。现代人类社会最完善、最理想的经济制度，是"社会市场经济"，它既非自由市场经济又非集中管理经济，而是人类社会发展的"第三条道路"。社会市场经济，一方面强调自由竞争，但又不同于古典理论的自由放任；另一方面主张国家干预，但又有别于集中管理经济和凯恩斯主义的需求管理经济。社会市场经济所要求的是国家有限干预下的自由竞争，通过国家积极、适当和有效的干预来维持正常的竞争秩序，以自由竞争来实现社会的繁荣富裕。

2. 自由竞争。弗赖堡学派认为，自由竞争是实现社会富裕这个基本经济目标的唯一有效手段。因为社会的富裕要靠经济的发展；而经济的发展在极大程度上取决于社会创业精神的有无与大小，取决于人们能不能抓住一切发展机会努力奋进，敢不敢冒一切风险对自己的命运负责。只有当所有人的精神、智慧和胆识得到充分发挥时，社会经济才能迅速发展起来；而个人这种能量的释放，全部依赖于人的独立、自由与竞争。所以，艾哈德说："竞争是获致繁荣和保证繁荣最有效的手段。只有竞争才能使作为消费者的人们从经济发展中受到实惠。"[1]

弗赖堡学派的经济学家还认为，独立和自由的意志不仅仅是人类社会最基本的动力，而且它本身就是人类的最高价值。只有当个人能够自愿从事一种有用的事业，能对自己的所作所为和自己的命运负责时，他才能证实自己存在的价值。实行集中管理经济，个人失去了独立的人格，没有了活动自由，就失去了自己固有的价值。

---

[1] 艾哈德：《来自竞争的繁荣》，商务印书馆，1983年版，第11页。

3. 国家的有限干预。弗赖堡学派倡导的社会市场经济,与古典经济学所主张的自由放任经济是不同的。自由放任经济是一种放弃国家管理的"非社会"的自由市场经济,它好比是无人管理的"野生植物"。作为野生植物,自由市场经济坚持自由放任主义,国家只是社会经济的守夜人,完全依靠价格机制这只看不见的手来自动协调经济的发展,这会引起种种弊病。资本主义制度下的贫富悬殊、失业、危机、通货膨胀等"不人道"现象,就是由此引起的。因此,弗赖堡学派认为,社会市场经济中不能否认国家的作用,需要国家采取相应的法律法规和政策措施,来确保正常的自由竞争秩序,保障社会市场经济体制的顺利运行,这样的"人工培育的植物"才会比野生植物长得更好。

弗赖堡学派反对自由放任主义,主张国家干预,但是国家的作用不是干预私人企业的自由竞争,而是组织形成一种能使每个人都可以在其中充分发挥其积极作用的"竞争秩序"。竞争是国家保障下的真正的自由竞争,干预是以完善自由竞争为目的的有限干预;积极的、有限度的、间接有效的国家干预,是保障自由竞争的根本手段,自由竞争是国家干预的基础和目的。

那么,什么是积极的、有限度的和间接有效的国家干预呢?弗赖堡学派认为,他们提出的积极的干预,是针对凯恩斯主义而言的。凯恩斯主义也主张国家干预,但他们的重点放在国民收入决定因素的分析和控制上,因而是一种消极的事后干预,这种干预扭曲了自由竞争和价格机制。弗赖堡学派主张积极的事前干预,通过国家的干预为企业创造一个相对平等的自由竞争环境,实现价格机制的自动调节功能。另外,所谓有限度的、间接有效的干预,是指国家不应该直接干预私人企业的经营,国家干预的范围只应限于自由竞争秩序的维持,而且政策法令必须明确有效,不能模棱两可、朝令夕改。对此,罗普凯举例说,国家的职责好比足球裁判员的任务,不是亲自去踢球,也不是对运动员指手画脚,而是不偏不倚地保证比赛的正常进行。

弗赖堡学派的政策主张 弗赖堡学派倡导社会市场经济,并且将他们的经济理论运用到二战后联邦德国的经济重建当中,可以说,战后联邦德国的社会市场经济体制就是在弗赖堡学派社会市场经济理论的指导下,通过一系列的政策法规而逐步建立起来的。弗赖堡学派的政策主张以及联邦德国的政策实践,主要体现在以下五个方面。

1. 保护私有产权。弗赖堡学派认为,私有制是社会市场经济存在的前提,国家的首要职责是通过宪法保护私有制,捍卫私有财产的神圣不可侵犯。因为只有私有产权得到保护,个人才有活动的自由,他们的积极作用才能得到发挥,自由竞争才有存在的可能。

2. 反对垄断。弗赖堡学派认为,垄断是阻碍自由竞争的不利因素,所以不仅要反对私人组织的垄断,也要反对社会组织(如工会组织等)的垄断,因为任何形式的经济垄断都是对自由竞争的排斥和破坏,都隐藏着欺骗消费者的危险,它会吞噬技术进步和经济发展的成果,使广大消费者蒙受损失,使社会经济停滞不前。联邦德国于1957年制定了《防止限制竞争法》,并成立了执法机构联邦卡特尔局,以防止私人或社会组织对市场的垄断,保证价格机制的自动调节功能,促使经济顺利运行。

3. 稳定通货。二战以前,德国经常饱受通货膨胀之苦,魏玛共和国时期的德国甚至创造了物价上涨几亿倍的世界纪录。因此,弗赖堡学派认为稳定通货是国家一切经济政策的中心环节。通货稳定是公民应该享受的基本权利,货币的贬值使每个公民的收入降低,而且通货、物价一旦失去稳定,人们就会对经济和社会失去信心,就会减少储蓄和投资,阻碍经济发展。所以,艾哈德认为:"经济政策的中心问题是在没有通货膨胀的趋势下,让经济继续向前发展。货币稳定是平衡经济发展和确定社会进步的基本条件。"①

4. 自由贸易。这是社会市场经济理论的向外延伸。弗赖堡学派主张自由贸易,反对贸易限制,认为国家应该积极设法取消国际贸易中的一切限制,取消关税壁垒,实行货币自由兑换,以促进贸易自由。联邦德国政府以社会市场经济理论为依据,积极发展对外经济联系和贸易活动,扩大在国际经济关系中的作用和影响。第一,通过财政税收政策和货币信贷政策支持出口部门,提高出口部门的国际竞争力,刺激出口;第二,积极倡导和推行经济一体化,参与和领导欧洲联盟(其前身是欧洲经济共同体)的建设;第三,积极发展与欧盟以外各国的经济联系和贸易,特别注重同发展中国家的经济交往。

5. 公平分配。弗赖堡学派批评自由放任的资本主义经济,认为它在经

---

① 荣裕民:"西德社会市场经济的运行特征",《经济社会体制比较》,1985年第2期,第81页。

济发展的同时带来了贫富悬殊、失业等问题，是"不人道"的市场经济。弗赖堡学派的经济目标是实现经济人道主义，使每个人都成为财产的所有者，使人人都生活安定幸福。为此，他们推动联邦德国政府从20世纪50年代起积极推行"人民股票"措施，分散社会财富，打破旧的阶级界线；实施各种福利政策，提高穷苦劳动者的生活水平。

但是，弗赖堡学派也反对过分全面的社会福利政策，因为这样必然会破坏自由竞争。更主要的是，艾哈德认为，社会福利措施越是全面，个人就越依赖于国家，结果是原先平等自由的、有主见的公民就会变成没有头脑的"臣民"。所以，任何现代社会都需要一定的社会福利政策，以保障社会公平，但这种政策的实施必须适当，不能损害自由竞争的基础。

对弗赖堡学派的简要评价

弗赖堡学派的社会市场经济理论与政策主张，是亚当·斯密及其以后西方经济中的经济自由主义理论在二战后的联邦德国具体条件下的运用与发展。众所周知，第二次世界大战使战败的德国生产力遭到了极大的破坏，当时世界各国对战后德国经济的恢复都很悲观。但是，联邦德国政府，特别是在艾哈德主持经济工作的20年左右时间里，完全奉行了弗赖堡学派的经济理论与政策思想，使联邦德国经济获得了迅速的恢复和发展。到1950年，工业生产水平就已恢复到战前1936年的水平；从1950年到1966年，GDP增长了近4倍，平均年增长率为10.5%，工人工资年增长率为5.9%，失业率平均仅为2.27%，平均年通胀率仅为2.27%。对外贸易方面，虽然德国马克持续升值，从1950年1美元兑4.20马克升到1986年1美元兑1.95马克，但并没有损害联邦德国出口品的国际竞争力，1986年德国的出口总额超过美国，居世界第一，当年一年的外贸顺差就高达1 102亿马克。在40余年的时间里，一片废墟的联邦德国发展成了资本主义世界中的第二大经济强国，应该说其奉行的社会市场经济理论和政策功不可没。

弗赖堡学派继承了古典经济学自由主义的传统，但并不主张完全的自由放任；主张政府对经济的有效管理和有限干预，但也反对凯恩斯主义的需求管理政策。他们力求在自由主义和政府干预之间寻找一种妥协，走"第三条道路"，即社会市场经济的道路。应该说，弗赖堡学派的探索是成功的，是符合市场经济运行规律的。我们中国长期受到"左"倾思想的束缚，认为在社会经济发展的道路上"不是东风压倒西风，就是西风压倒东风"，不存在所谓的第三条道路。但社会历史进程却常常说明,常规的、健康的发展道路总是在几个极端之间寻找一种折中、一种协调。

第四节　哈耶克的新自由主义学说

生平简介和主要著作　　哈耶克(Friedrich von Hayek,1899—1992)是20世纪最坚决的自由主义斗士,一生经历丰富,著作等身。1899年生于奥地利,1938年加入英国国籍,获得过维也纳大学法学、政治学和经济学的博士学位以及伦敦大学经济学博士学位。曾经在奥地利维也纳大学、英国伦敦经济学院、美国芝加哥大学、德国弗赖堡大学任教。这几所学校都是新自由主义的大本营,因此哈耶克的名字和几个新自由主义流派都联系在一起。

哈耶克沿袭了奥地利学派的理论传统,但研究视野很宽,从社会学、政治学、法学、伦理学、心理学等广阔的领域来研究经济学。从方法论上讲,具有德国唯心主义色彩,侧重于纯经济理论的研究,反对英美经验主义的方法,反对将经济理论数量化。一贯坚持自由主义立场,反对国家干预和福利政策,猛烈地批评社会主义计划经济。1974年,他与瑞典经济学家缪尔达尔一起获得了诺贝尔经济学奖,获奖的主要原因是:"对不同经济系统的可行性的分析",这种分析"对于广泛的、扩大的比较经济体系研究领域有重要的激励作用"[1]。他的研究"无疑对广泛和正在发展的'比较经济制度'的研究领域,提供了显著的激励"。

哈耶克是多产作家,影响比较大的作品有:《货币理论与经济周期》(1929)、《物价与生产》(1931)、《货币的国家主义与国际稳定》(1937)、《利润、利息与投资》(1939)、《资本的纯理论》(1941)、《通向奴役的道路》(1944)、《个人主义与经济秩序》(1948)、《自由宪章》(1960)、《哲学、政治学与经济学研究》(1967)、《法、立法与自由》三卷本(1973、1976、1978)、《货币的非国家化》(1976)和《致命的自负》(1988)。

下面是哈耶克的主要经济思想。

---

[1] 《诺贝尔奖获得者演说文集》(经济学奖)(上),上海人民出版社,1999年版,第183—184页。

货币理论　哈耶克的货币理论包括中性货币理论和自由货币理论两部分。"中性货币"这个概念首先是由瑞典学派的维克赛尔提出来的，货币中性意味着货币数量使得市场利率等于自然利率①，一般物价水平保持稳定，从而货币对实际经济保持中立状态。

哈耶克采用的"中性货币"这一术语和上述定义有很大的改变。他认为，货币对物价和生产的影响，与货币对一般物价水平的影响无关，几乎货币数量的任何变动，总会影响商品相对价格，从而影响到受相对价格制约的生产的数量和方向，而此时，一般物价水平可能变化也可能不变。由于相信货币数量的变动直接影响相对价格，而不需要一般物价水平这个中介，哈耶克的中性货币含义是：货币对相对价格不发生影响，不引起相对价格的失衡，从而不会引起生产方向的误导，即货币对商品的相对价格保持"哈耶克中性"。货币保持哈耶克中性有三个条件：一是货币总流量一定；二是价格可以随供求关系的变动而灵活变动；三是所有长期契约都建立在对未来的正确预期的基础上。

哈耶克的中性货币理论是他全部经济理论的基础。他的周期理论是以货币保持中性的第一个条件遭到破坏，货币量变动破坏相对价格的均衡为前提的。他的自由主义观点，则与他货币保持中性的第二个条件有逻辑关系，因为完全灵活的价格只有在自由竞争的环境中才能实现。他的第三个条件，即要求所有长期契约都建立在对未来价格变动的正确预期基础上，实际上就要求决策者对未来具有完全信息，而这在现实中是做不到的，这也就意味着经济生活中的货币难以保持完全中性，从而周期性的波动也是不可避免的。

针对20世纪30年代的经济大危机，哈耶克提出了"中性货币"理论，目的是要限制中央银行的行为；针对70年代的经济"滞胀"，他又提出了"自由货币"理论，这次是要根本取消中央银行发行货币的权力。

哈耶克相信，通货膨胀的主要麻烦在于它扭曲了经济生活中的生产结构。他反对货币主义的理论和单一规则的货币政策，认为这种做法可能"造成有史以来最严重的金融恐慌"②。因为货币数量的管理只强调对一般价

---

① 前面第七章已说过，维克赛尔的自然利率指的是：如果不使用货币，一切借贷以实物形态进行，在这样情况下的供求关系决定的利率。自然利率实际上是物质资本的收益率或边际生产力。

② 转引自阿兰·艾伯斯坦：《哈耶克传》，中国社会科学出版社，2003年版，第322页。

格水平的影响,忽视了大量通货注入或退出流通对相对价格结构的更重要、因而危害更大的影响。对此,哈耶克在《货币的非国家化》一书中给出了自己的药方:实行货币的非国家化,让私人发行的竞争性货币(也就是自由货币)来替代政府垄断发行的货币。他从以下三个方面来论证他的货币非国家化的观点。

1. 政府垄断货币发行权的危害。哈耶克认为,政府完全是从自身利益而非社会利益出发来垄断货币的发行权的,因为这种权力可以给政府带来丰厚的财政收入。这种发行权垄断的危害,在铸币时代还不是很明显;但是在纸币时代,其不良后果就非常严重了。纸币的历史就是通货膨胀的历史。因为政府更加关心自己财政支出的需要量而不是通货的稳定,它不会自觉地把纸币的发行限制在与贵金属储备相适应的范围内。政府滥用货币发行权的结果,造成了持续的、广泛的通货膨胀。

2. 货币可以多元化。哈耶克根据门格尔给货币下的定义指出,货币通常是被人们普遍接受的交换手段,但这并不意味着一个国家或地区在一定时期内只能有唯一的一种交换手段,人们有时会接受两种或两种以上的交换手段,只要这些交换手段之间可以按一定的比率迅速兑换,货币是可以多元化的。

3. 私人能够发行稳定的、良好的货币。因为竞争使得那些发行货币的私人银行从自身利益出发,将自己控制货币发行量,并保持足够的储备,以应付各种待支付的债款,否则它发行的货币就会被公众所抛弃。那些不发行货币的银行,其扩张信用的行为受到它选择的货币发行银行的钳制。这样,整个银行体系在相互竞争中会以一种谨慎的态度来对待货币发行,从而避免政府垄断货币发行时的通病——通货膨胀。

| 经济周期理论 |

哈耶克的经济周期理论直接受到奥国学派经济学家米塞斯的信用周期学说的启示,其根源则是维克赛尔的货币理论和庞巴维克的资本理论。

哈耶克继承了庞巴维克的迂回生产理论(见前面第四章第二节),并进一步分析:迂回的生产包括顺次相继的若干生产阶段,其中每一个阶段都以上一阶段的产出为投入,又以自己的产出为下一阶段的投入。除了最后一个阶段外,其他阶段的产品都是中间品。哈耶克把这种具有纵向顺序的诸生产阶段,叫作"生产结构"。当生产的迂回程度不变时,生产结构一定;

当生产的迂回程度增加时,就意味着出现了新的生产阶段,使生产的纵向结构不断扩张。这种生产结构的变化和经济周期有重大的关系。

哈耶克认为,整个社会的货币数量一定、消费和储蓄的比例一定,从而生产的纵向结构一定时,经济就处于均衡状态。此时,用于购买消费品的货币和用于购买资本品的货币之间的比例,就等于消费品的产量与资本品产量之间的比例,即两类产品的需求之比等于供给之比,他把这个比例称为均衡比例。当然,哈耶克的均衡是充分就业的均衡,因为在他看来,非充分就业现象是经济失衡的结果,是周期理论需要说明的现象。

然而,生产结构的稳定与否,取决于各生产阶段上企业的赢利状况,而赢利状况又取决于各阶段产品的成本和相对价格,因此,相对价格是决定生产结构的最重要因素,也是造成经济周期性波动的最重要因素。哈耶克指出,现代经济的问题在于,货币体系打破了稳定的相对价格体系,也就是货币中性的第一个条件遭到了破坏,从而打破了经济供给与需求的均衡。比如增加货币流通量,使得市场利率低于自然利率,原有各生产阶段的企业就会用资本品来替代劳动、土地等原始生产要素;而储蓄并没有相应增加,消费和储蓄的均衡比例就遭到了破坏,经济必须经过波动才能恢复均衡。他在《价格与生产》中的一个比喻,或许可以清楚地表达他的观点。他说,人为地对货币进行刺激后的情形,就好像一个孤岛上的居民打算制造一部巨大的机器以供应他们的一切必需品,结果发现在这部新的机器能够生产出它的产品之前,已经耗尽了他们所有的储蓄和可以动用的自由资本。他们没有选择,只能暂时不去使用这台机器,而必须投入全部劳动在没有任何资本的情况下生产每天的必需品。这时,这台机器就出现了闲置,整个经济就出现了衰退和失业。

所以,哈耶克认为,政府人为的货币政策,使得经济部门的生产不是取决于实际的消费和储蓄,而是取决于货币。在一定时间,生产结构反映的不是消费者的需求和储蓄的供给,而是中央银行行长的决策。更重要的是,如前面说到的,即使货币政策的目标是稳定一般物价水平,仍然会影响相对价格水平,从而干扰实际经济。换句话说,即使是稳定的价格,也会导致经济出现周期性衰退。所以,哈耶克认为,要克服经济周期性波动,最重要的不是通过稳定的货币供应来维持一般物价水平的稳定,而是要保持货币的中性,即货币不干扰商品的相对价格。

经济自由主义的思想

哈耶克主要从两个方面来论述他的经济自由主义思想：一是分析了经济自由主义所依据的具体事实，指出了自由竞争制度之所以比其他制度有效率的原因；二是揭示了集体主义制度在经济上的低效率和政治上的不民主，来反证经济自由主义的合理性。

1. 经济自由主义的依据。哈耶克认为，经济自由主义是个人主义在经济上的必然结论。但他强调，他所说的个人主义不是利己主义和自私的代名词，而是指尊重个人，承认个人在限定的范围内，个人的观点和爱好是至高无上的，个人的目标是高于一切而不受任何他人命令约束的。个人主义哲学所依据的基本事实是：首先，社会成员的利益不可能用一个统一的具有先后次序的目标序列来表达；其次，不仅不存在无所不包的统一的目标序列，而且对相互竞争的有限资源，任何人都没有能力去了解它们对所有人的各种需要，并给这些需要排出先后次序。

任何人都不可能获得关于所有其他人的需要的完备知识，这是哈耶克证明市场机制优于计划机制的基本观点。市场机制的优越性"确实就在于它在资源配置方面，运用着许多特定事实的知识，这些知识分散地存在于无数的人们中间，而任何一个人是掌握不了的"[①]。由于知识是分散的，不可能集中起来，因此就需要经济决策的分散化，需要有为分散的决策导向、纠偏的市场。市场是一种整理分散信息的机制，它比人为设计的任何机制都更为有效。

由此，哈耶克阐述了经济自由主义的基本原则，即尽量运用社会的自发力量，尽可能少地借助于强制。当然，他也强调，经济自由主义并不是19世纪所盛行的自由放任主义。在哈耶克的经济自由主义字典里，政府不是一个被要求束缚手脚只能袖手旁观的角色，而是建立和维持一种有效的竞争制度的积极参与者，创造条件使竞争尽可能地有效；在不能使市场有效运行的场合则加以补充；提供那些对社会有益，但私人经营却得不偿失的服务。这就是哈耶克提出的有限政府行为原则。

2. 对集体主义的批判。哈耶克的"集体主义"指的是，为了实现任何一种分配目标而进行的计划经济制度。不用"社会主义"这个概念，是因为他

[①] 哈耶克："知识的虚伪"，《现代国外经济学论文选》第2辑，商务印书馆，1982年版，第73页。

反对的不是社会主义者追求的最终目标,如社会正义、平等、安全等,而是反对他们实现目标的手段,即建立公有制,实行计划经济制度。他为什么反对这种"集体主义"呢?

(1) 集体主义不是技术进步、经济发展的必然结果。哈耶克反驳了三种认为技术进步必然导致计划化的论点。第一种是认为技术进步使垄断取代了竞争,于是人们只能在私人垄断和国家计划管理这两者之间进行选择,显然计划管理更可取。哈耶克反驳道,垄断不是技术进步造成的,而是国家保护主义政策的结果。第二种是认为技术进步和分工发展使得现代经济异常复杂,必须有计划。哈耶克反驳道,正是这种复杂性才需要市场的分散决策,计划没有办法处理分散的私人信息。第三种是认为计划能够保护新技术和促进产品标准化。哈耶克反驳道,技术进步只能在竞争中产生,标准化则牺牲了消费者选择的自由,尤其是社会失去了让各种产品、技术互相竞争、优胜劣汰的可能。

(2) 集体主义在经济上是低效率的。哈耶克认为,计划当局不可能具有计划所需的一切资料和数据,也不可能迅速作出各种决策,因此资源配置的效率将低于市场经济。更加重要的是,计划当局决策失误的时候,将带来资源配置的极大扭曲。虽然市场分散决策也有失误,但不是全社会性质的,损害要小得多。

(3) 集体主义与民主政治不相容。哈耶克认为,民主政治在制定全面计划上是无能为力的,必然使人们要求把制定具体计划的工作交给一个享有专断权力的专家班子,而这个班子必然把自己的偏好贯彻到计划中,这就导致了专制。即使政府首脑是全民投票选出来的,专家班子的全面计划要由国会来决定取舍,也仍然无法保持民主政治的实质,因为"防止权力成为专断的不是它的来源而是对它的限制"[①]。

(4) 集体主义与法治不相容。哈耶克认为,真正的法治必须包含两层意思:一是政府的一切行动都要受到事前规定和公开规章的约束;二是法律本身必须对任何人不偏不倚。只有在私有制和自由竞争制度下,法治才能实现。为什么集体主义不能实现法治呢?按照他的观点是因为:集体主义的全面计划使得政府不能按事前规定的法律行事,因为政府要做的事情太多太具体,需要因时因事因地因人而异;竞争制度中由自发力量决定的各

---

① 哈耶克:《通向奴役的道路》,商务印书馆,1962年版,第69页。

种人的不同境遇,现在必须由计划来规定,计划当局必须为不同的人规定不同待遇,这样,法律将不再是普适的而是特适的了。因此,在集体主义中,专制和人治将应运而生。

(5) 集体主义和自由不相容。哈耶克首先指出,自由主义者的自由是指摆脱他人专断,是个人进行选择的自由,而不是社会主义者所说的自由是免除贫困。在公有制下,国家控制了全部生产资料,也就控制了个人的全部活动。计划经济意味着一切经济问题都将由社会(确切地说是社会的代表者)而不再是个人来解决,经济计划几乎涉及个人生活的所有方面,从个人的原始需要到各种人事关系,从工作的性质到闲暇时间的安排。总之,一切个人活动都将由计划安排,个人不再有选择的自由。

哈耶克不仅仅从经济学角度分析集体主义的低效率,从道德角度分析了集体主义对自由、民主、法治的破坏;从更深层次讲,他是从心理学和哲学的角度揭示了集体主义在认知上的错误,也就是人类对理性的滥用,批判了自笛卡儿以来的"建构主义者"错误地将自然科学方法应用于社会科学的"唯科学主义",即认为理性可以认知一切,可以设计社会的发展方向,可以据此设计进行有效的社会控制。他认为,理性在认知上是有限的,而带着理性万能的自负去设计和控制社会的发展必然导致灾难性的结局。

第五节 新古典宏观经济学

新古典宏观经济学的产生

新古典宏观经济学派沿着货币主义的思路,特别是依据弗里德曼关于市场经济具有它本身强有力的自动稳定趋势这一命题,从维护和发挥新古典经济学理论原则出发,着重从宏观上分析理性预期在市场经济活动中的作用及其对于经济政策实施效果的影响,故有时也被称为理性预期学派[①]。这个学派的理论观点和政策主张与货币学派有着密切联系,甚至可以说是

[①] 当然,严格说来,新古典宏观经济学和理性预期学派还不完全是一回事。尽管前者由后者发展而来,但由于理性预期学派进入20世纪80年代后有了重要发展,理性预期学派的名称已不足以体现该学派的全部特色,因此,西方学者才将其称为"新古典宏观经济学",以表示该学派的新古典主义的基本倾向。由于新古典宏观经济学的基本假设、基本理论观点和政策主张与理性预期学派大体相同,只是在部分理论和政策分析方面有所不同,因此,一些经济学家也将新古典宏观经济学称为理性预期学派。本书也这样处理。

货币学派的延伸,因此该学派又被称为"新货币主义"、"货币主义第二代"或"激进的货币主义"。新古典宏观经济学派主要代表人物有罗伯特·卢卡斯(Robert Lucas,1937—)、托马斯·萨金特(Thomas J. Sargent,1943—)、尼尔·华莱士(Neil Wallace,约1938—)等。进入20世纪80年代后,新古典宏观经济学有了新的发展。一批学者自称为新古典宏观经济学第二代,向卢卡斯的货币经济周期理论提出了挑战,试图用实际因素解释经济波动的根源,此外,他们还对政策的时间性一致等问题进行了研究。第二代的代表人物有罗伯特·巴罗(Robert Barro,1944—)和爱德华·普雷斯科特(Edward Prescott,1940—)、芬恩·基德兰德(Finn Kydland,1943—)、罗伯特·金(Robert King,1951—)、查尔斯·普洛瑟(Charles Plosser,1948—)等。目前,这批学者以其与众不同的周期理论和令人眼花缭乱的统计检验技术,活跃于西方宏观经济学界。

新古典宏观经济学派发端于20世纪60年代,形成于70年代。理性预期这个概念最早是由美国经济学家约翰·穆斯(John Muth,1930—2005)提出的,他指出:"由于预期是对未来事件有根据的预测,所以它们与有关的经济理论的预测,在本质上是一样的,我们把这种预测叫'理性'预期。"① 按照他的观点,除非发生反常的扰动,人们在进行经济决策时依据当时所取得的信息,能够对有关变量的未来变动作出正确的预测。也就是说,经济主体的主观概率分布的期望值与客观概率分布的期望值是一致的。

当然,这一假定并不是说,每个人对某一经济变量根据当前信息而形成的主观预期都会与未来的实际数值会完全一致,而只是说,尽管每个人的预期有误差,但是每个人的误差可以相互抵消,因此,平均来说,一般的预期与未来的实际数值必将相等,而实现这一联系的机制就是形成预期时所取得的信息。同时,这一假定也并不排除在现实经济中存在不确定因素,而这种不确定因素的随机变动可以使人们的预期偏离其预期变动的实际数值。但是,它强调人们一旦发现有偏离,就会立即作出正确的反应,把预期很快调整到与实际变量相一致的水平。因此,人们在预测未来时绝不会有全局性、系统性的失误。

进入20世纪70年代后,西方各国都陷入了严重的通货膨胀、失业和经

---

① Muth, J., "Rational Expectations and the Theory of Price Movements", *Econometrica*, 1961, Vol. 29, pp. 315-335.

济停滞的困境,二战后盛行多年的凯恩斯主义经济理论和经济政策在扭转"滞胀"的局面时没有产生神效,凯恩斯主义与货币学派为短期的宏观需求管理政策的有效性争论不休,理性预期的分析被许多人认为能够解决双方争论的难题,也能为解决"滞胀"的困境寻求一条新的出路,因而受到普遍的重视。

理论假设

构成新古典宏观经济学理论基础的是三个假说,即理性预期假说、持续市场出清假说和总供给假说。

理性预期假说包含三方面的含义。第一,作为经济决策的经济主体是有理性的。为了追求最大利益,他们总是力求对未来作出正确的预期。第二,为了作出正确的预期,经济主体在作出预期时会力图得到有关的一切信息,其中包括对经济变量之间因果关系的系统了解和有关的资料与数据。第三,经济主体在预期时不会犯系统性错误,他们会随时随地根据得到的信息来修正预期值。

理性预期假说与正统的货币主义所使用的适应性预期假说不同。适应性预期假设经济当事人把对一变量未来值的预期(如通货膨胀)仅仅建立在该变量过去值的基础之上,是一种"回顾式"预期,而理性预期是一种"前瞻式"预期。

再看持续市场出清假说。持续市场出清假说是指劳动市场和产品市场上的工资和价格都有充分的弹性,可以根据供需的变化作出迅速的调整,一旦产品市场出现超额供给,价格就会下降,需求就会扩大,从而产品市场的供求最终会达到平衡,劳动市场上出现供给过剩,工资会下降,工资下降使厂商愿意雇佣更多的工人,从而劳动市场达到供求平衡。一种产品的市场出清称为局部均衡,经济中全部产品和劳务市场同时处于出清状态,称为一般均衡。

最后看总供给的假说。这里要区分两个有关总供给的观点。

第一个观点认为,在任何时期工人必须确定时间在工作和闲暇之间的分配。假设工人对正常工资有一主观标准,如果目前实际工资在正常实际工资之上,工人就会有激励多工作。这种用目前闲暇替代未来闲暇或相反的替代行为的反应被称为跨期替代。

第二个观点是,假设厂商知道自己产品的目前价格,而对整个市场的一般价格水平的了解在时间上滞后,当厂商自己产品的目前市场价格提高时,它必须确定这种价格变化是否反映需求实际转移到自己的产品上。如果是,厂商应该(理性地)通过增加自己的产量以对自己产品的价格相对于别的商品的价格的上升作出反应;如果不是,而仅仅只是所有市场价格名义上的提高,那就不需要在供给上作出反应。就是说,它们必须区分相对价格变化与绝对价格变化。

当自己产品的实际价格水平高于预期值时,如果厂商错误地把这种价格的普遍上升当成它们自己产品的相对价格的上升,就会导致经济中就业和产出上升到它的自然率水平以上。

理性预期与货币中性　新古典宏观经济学派理论的一个重要特点,是把货币看成是中性的。他们给货币中性下的定义是:总产量和就业水平同包括系统地对经济周期发展作出反应的货币和财政政策活动无关。系统的货币活动,仅仅影响诸如价格水平、通货膨胀率等名义变量。

传统的凯恩斯主义经济学把货币政策作为克服经济周期的一个有效的手段。当经济衰退时,央行增加货币供给,可以使利率下降,投资增加。同时,货币供给增加形成的物价上涨又降低了工人实际工资,从而会增加对劳动的需求。这些都会使生产和就业水平上升。这样,货币对经济的影响就不是中性的。新古典宏观经济学家认为,这种所谓的货币非中性是由于人们有"货币幻觉"。如果经济当事人是以理性预期进行经济活动的,就能克服"货币幻觉"。例如,当经济不景气从而人们预期政府要增加货币供给时,就会事先提出提高名义利率和名义工资的要求,以对付通货膨胀。于是,投资、生产和就业就都不会受货币扰动的影响,因而货币政策就会无效。

巴罗—李嘉图等价定理　如果说理性预期与货币中性是新古典宏观经济学企图否定凯恩斯主义货币政策的话,那么,"巴罗—李嘉图等价"定理的矛头则是指向凯恩斯主义的财政政策。

众所周知,凯恩斯主义的赤字财政政策包含有减税和发行公债的重要内容。减税和增加政府支出都会提高总需求,但会带来赤字。赤字可用发行公债来弥补。公债把政府公共开支的负担推迟到了将来,但有刺激当前需求的作用,比用当前就增税来筹集公共开支经费的办法似乎好得多。新古典宏观经济学家罗伯特·巴罗运用理性预期假说,复兴了大卫·李嘉图曾提出的一个重要观点,提出了公债效果也是中性的观点,这就是所谓"巴罗—李嘉图定价"定理。

李嘉图认为,在某些条件下,政府用债券或税收筹资的效果是一样的,即等价的,原因是政府的债券将来总要偿还,如果人们意识到这一点,就会增加储蓄以备将来应付政府增加用以还债的税收。这样,人们可支配的财富和征税的情况一样。李嘉图自己并不认为上述推测在现实中行得通,但巴罗认为,按理性预期行动的人恰恰是如此做的。因此,对于政府支出的筹资,税收和公债两种办法的效果一样。他认为,即使人们不会永远活着,一些人在政府发行的债券到清偿时已经死去,从而还债任务不会落到他们头上,也不会使李嘉图等价定理失效,因为人们会关心后代,感知即使自己死了,纳税负担仍会落到后代身上。为了不让下一代面临更严重的纳税负担,就会更多储蓄一些以留更多遗产给后代。

这一"等价"定理的政策含义很清楚:如果人人认识到公债发行只是把纳税负担推迟而已,那么,政府收入的任何增加都将被私人储蓄所抵消,消费不会因公债而扩张。因此,政府用发行公债和减税的办法来刺激经济的财政政策无效。

理性预期与自然失业率

按照古典宏观经济学派的观点,变动货币和政府收支的政策不会影响实际经济变量。他们不但否定凯恩斯主义者按菲利普斯曲线所订菜单来调节经济的主张,还否认弗里德曼关于短期内菲利普斯曲线存在的说法,认为失业作为一种实际经济变量是由诸如劳动市场供求关系、生产技术条件、经济技术结构等实际因素决定的,而与货币数量及货币数量决定的价格水平无关。

新古典宏观经济学派认为,菲利普斯曲线之所以认为失业与通胀存在交替关系,是因为假定工人是根据前期的物价水平来确定自己工资要求的。如果政府提高了物价水平,但工人还不清楚因而并没有提出新的工资要求,而厂商则以为自己的产品价格上升是产品需求增加,同时由于物价上升事实上降低了实际工资,于是就乐意增加生产,增雇工人。这样,就产生了一条向右下倾斜的菲利普斯曲线。

弗里德曼认为,通货膨胀尽管在短期内会造成对失业的替代(因为工人来不及调整对物价变动的预期),但过了一段时期,迟早会感到自己利益受损,从而要求提高工资,使实际工资恢复到通胀前水平。于是厂商就会把生产和就业回归到原来水平。这就是说,失业和通胀的交替在短期内会存在,但长期内不可能存在。在长期内,失业率总是在自然率水平上。

新古典宏观经济学认为,上述弗里德曼关于菲利普斯曲线和自然失业率关系的分析,仍属于适应性预期分析,而在理性预期分析中,短期和长期的区别并不特别有用。真正要区别的是预期到和未预期到的通货膨胀。如果人们具有完全的信息,能对经济变动作出理性预期,那么,菲利普斯曲线即使在短期内也不存在,失业率总保持在自然率水平上。这是因为,在理性预期情况下,如果政府在经济衰退时想通过增加货币供给来刺激经济的话,那么,人们一定会事先就作出相应的行动决策。例如,在通货膨胀即将发生时,人们就会事先提出提高名义利率和货币工资的要求,以免自己利益受损。这样,增加货币所导致的通胀就不会产生刺激经济的效果,通胀不会使失业率下降,失业率始终会停留在自然率水平上。

| 经济周期理论 | 在现实经济生活中,产出和就业是波动的。经济的周期性波动如何得到解释呢?这里出现了两种新古典宏观经济学的经济周期理论:一是货币周期理论,二是实际周期理论。|

货币周期理论由卢卡斯提出,其基本思想是:经济周期的原因是货币量和价格水平的不完全信息,造成了一般价格水平和相对价格水平的混淆,进而形成了就业和产出的波动。

具体来说,在短期内,如果政府超出经济当事人的意料而增加货币供给并造成一般价格水平上升,拥有不完全信息的厂商和工人误把这种价格水平的上升当作是相对价格的上升,即以为是市场对他们产品和劳务需求的真实增加,因而就增加劳动和产品供给,使经济上升到自然率水平以上。可见,经济的这种对自然率的偏离是经济当事人预期误差的结果。这时,货币呈现出非中性。

然而,这种偏离不可能持久。一旦经济当事人掌握了更充分的信息,意识到自己预期错误时,就会立即加以纠正,产出和就业就会回到长期(完全信息)均衡(自然)水平。

卢卡斯上述货币周期理论在20世纪70年代提出,曾产生一定影响,但自80年代起,新古典宏观经济学家对经济总量不稳定性的解释已集中于实际冲击而非货币冲击,这就是实际经济周期理论。

实际经济周期理论由基德兰德和普雷斯科特（Kydland and Prescott, 1982）等提出。这种理论认为，现实经济中经常受到一些实际冲击，如战争、人口数量变化、技术创新等，其中技术冲击具有持续的影响，从而是经济波动之源。这种技术冲击通常发生在某一部门内，但个别部门的技术变化能够传导到整个经济中去。例如，如果机械行业出现了机器人，而后，其他能从这项技术中获益的行业诸如仪器制造企业、汽车生产企业等，将向生产机器人的企业订货，从而对机器人的需求增长，生产机器人的企业会增加工人，就业量和实际工资都能增加。生产和使用机器人的企业的工人的工资增加后，一部分用于消费，就带动了其他部门需求增加，引起生产扩张，从而部门的技术冲击带来了整个经济的波动。

政策无效性和卢卡斯批判

如上所述，新古典宏观经济学家根据理性预期假说认为，即使在短期内，失业率总保持在自然率水平上，被人们预期到的货币冲击不会对产量和就业产生影响，只会影响物价水平，只有未被预期到的货币意外冲击才会影响短期真实产量。因此，政府想通过增加货币供给，用通货膨胀来降低失业、促进经济增长的政策是无效的。如果政府当局希望持久提高产量并降低失业，就应当采用微观经济激励的政策，包括减少工会权力、增加对工作的激励（如降低所得税率、降低失业和社会保障津贴等）、鼓励劳动力地区间流动（如用较多资金援助迁移）、鼓励劳动力在职业间流动（如举办更多的政府培训）等。

新古典宏观经济学派关于宏观经济政策的另一个含义就是众所周知的"卢卡斯批判"。卢卡斯抨击了使用大规模的宏观计量经济模型来评价不同政策方案的效果的一贯做法，因为这种计量模型建立在这样的假设之上，即当政策变化时，模型的参数保持不变。卢卡斯认为，面对政策的变化，大规模的宏观经济计量模型的参数不可能保持不变，因为经济当事人会随着经济环境的变化而调整他们的行为。通过理性预期，当事人将迅速对公布的政策变化作出反应，此即为"上有政策，下有对策"。无论政策怎么变，理性的经济当事人都会根据政策的变化来调整自己的行为，使其结果对自己最为有利。因此，政府应该尽量不使用经济政策去积极主动地干预经济。但是在当今现实社会中，要政府完全不介入经济活动是不可能的，所以，政府在使用经济政策时，一定要注意政策的"信誉"，也就是让政策保持连续性。

复习思考题

1. 货币主义的主要理论观点是什么？什么是"单一规则"的货币政策？
2. 供给学派经济理论的两大特征是什么？他们是怎么论述税率和税收总额之间的关系的？
3. 弗赖堡学派提出的"社会市场经济理论"的主要内容是什么？其中，自由竞争和国家干预间有何关系？
4. 略述哈耶克的经济自由主义思想。
5. 哈耶克提出的"中性货币"和传统的"中性货币"概念有什么异同？他是怎样用"中性货币"的概念来阐述经济周期理论的？
6. 新古典宏观经济学的主要政策含义有哪些？为什么它比货币主义更坚决地反对国家干预经济？
7. 试述实际经济周期理论的主要观点。
8. 新古典宏观经济学派的货币经济周期理论与实际经济周期理论的区别有哪些？

第十一章 新制度学派和新制度经济学

20世纪60年代,西方经济学界差不多同时形成了两个被称为"异端"的经济学流派,那就是新制度学派和新制度经济学。从性质和理论来源看,两者有重大区别,但从它们都批判现有资本主义制度和传统经济学这些方面看,它们也有某些共同或类似之处,故本章将它们放在一起加以阐述。

第一节 新制度学派

<small>形成背景、理论渊源、代表人物和作品</small>

新制度学派是美国20年代旧制度学派的继承和发展。新制度学派既反对凯恩斯主义,又反对货币主义和其他自由主义流派,以现代资本主义"批判者"的面貌出现,因此被正统经济学家看成是离经叛道的"异端"。

新制度学派是资本主义经济"滞胀"和凯恩斯主义衰落的产物。第二次世界大战以后,凯恩斯主义,特别是以萨缪尔森为代表的"新古典综合"理论体系,即"后凯恩斯主流经济学"一直居于西方经济学的"正统"地位。但是,一方面由于科学技术日新月异,经济发展比较迅速,另一方面生产过剩的危机也仍然频繁发生,各种社会问题十分尖锐,所以制度改革的呼声日益高涨。然而,"后凯恩斯主流经济学"却无视资本主义经济、社会、政治、文化等"制度"问题,不考虑技术进步对制度演化的作用,不能对资本主义世界所存在的各种严重问题作出令人满意的解释和提出有效的解决方案;特别是对20世纪60年代中期以后出现的"滞胀"问题无能为力,这就标志着"后凯恩斯主流经济学"的失灵。在这种情况下,各种凯恩斯主义的反对派纷纷登场,新制度学派也是其中之一。

新制度学派与早期制度学派中的"凡勃伦传统"一脉相承,没有根本区别。所谓的"凡勃伦传统"主要表现在两个方面:(1)批判正统的经济学,建立以研究制度演进过程为基本内容的经济理论;(2)批判资本主义的弊病,主张从制度或结构上改革资本主义社会。

这两点为新制度学派所继承,但由于新制度学派是在战后凯恩斯主义失灵的情况下来同正统学派及其他学派抗衡的,所处的时代不同了,所要解决的问题也不同,这就必然使新制度经济理论具有某些新的特点。旧制度学派和新制度学派之间的区别,"大部分是20年代和60年代之间的区别"①。新制度学派比早期制度学派更加注重对资本主义现实问题的研究、对资本主义社会弊病的"诊断"和揭露,对政策的批评更加直截了当,而不仅仅停留在理论探讨上。

新制度学派的主要代表人物有美国的经济学家加尔布雷思(J. K. Galbreth,1908—2006)、包尔丁(K. E. Boulding,1910—1993)、格鲁奇(A. G. Gruchy,1906—1900)、科姆(G. Colm,1897—1968)、海尔布罗纳(R. L. Heilbroner,1919—2005)、沃德(B. Wald)、贝尔(D. Bell),以及瑞典经济学家缪尔达尔(K. G. Myrdal)、英国经济学家甘布尔(A. Gamble)、法国经济学家佩鲁(F. Perroux,1903—1981)等人。他们的主要代表性作品有加尔布雷思的《丰裕社会》(1958)、《新工业国》(1967)、《经济学和公共目标》(1973),包尔丁的《组织革命》(1953)、《经济政策原理》(1958),海尔布罗纳的《在资本主义和社会主义之间》(1970),沃德的《经济学错在哪里?》(1972),还有缪尔达尔的《美国的两难处境:黑人问题和现代民主》(1944)、《亚洲的戏剧:对一些国家贫困的研究》(1968)、《反潮流:经济学评论集》(1973)等。1958年,新制度学派的经济学家成立了自己的学术团体"演进经济学协会",并创办了理论刊物《经济问题杂志》。

新制度学派经济理论的基本特征　新制度学派与早期制度学派一样,并不具有严格、统一的理论观点和政策主张,它的一些重要经济学家的理论都自成体系,对许多问题的看法不尽相同。但是,他们都继承了凡勃伦的传统,注重从制度或结构方面来分析资本主义社会的变化及其存在的问题,几乎一致认为资本主义的弊病在于制度结构的不协调。应该说,他们在经济学的研究对象、研究方法和价值判断标准方面,还是有一些基本的共同特征的。

---

① 格鲁奇:《当代经济思潮——新制度学派经济学的贡献》英文版,第18页。转引自蒋自强等:《当代西方经济学流派》,复旦大学出版社,1996年版,第356页。

1. 关于经济学的研究对象,认为应该是制度。这一点,新制度学派经济学家承袭了凡勃伦的基本观点。他们所说的制度,既包括各类有形的机构或组织,如国家、公司、工会和家庭等;也包括无形的制度,如所有权、集团行为、社会习俗、生活方式和社会意识等。新制度学派经济学家批评正统经济学研究范围过于狭窄,只是研究所谓"稀缺资源的配置"问题并且把经济因素和非经济因素截然分开,使得经济学成为一门"封闭式"学科。他们认为,经济学应该是"开放式"的,研究对象不能只局限于经济问题,还应该研究正在变化的经济制度以及与经济有关的一切事物。

2. 演进的、整体的方法,是制度学派经济理论的共同研究方法。新制度经济学家批判了正统经济学所用的静止的和机械的均衡分析方法,认为资本主义经济制度和社会结构总是处在由于技术的不断变革而引起的持续的演变过程中,所以经济学要研究变化,研究过程,而不是研究静止的横断面。新制度学派也反对把个人从社会和历史中抽象出来,以孤立个人的经济行为来说明社会经济现象的抽象演绎法。他们认为,在经济研究中应该把注意力从传统经济学的个人(家庭)和企业,转移到处于演进过程的整个社会总体,这就是强调与演进方法相联系的整体的方法。

3. 新制度学派质疑正统经济学的价值标准,认为从亚当·斯密到凯恩斯都只注重经济价值而忽略经济以外的其他价值。以经济增长为例,正统经济学家都认为"产品越多越好",用国民生产总值作为衡量社会进步与落后、发达与不发达的标志,新制度经济学家对此提出了这样的疑问:经济增长是增进了人们的幸福呢,还是增进了人们的痛苦?在新制度经济学家看来,资本主义的经济增长与生活质量的提高不成比例,经济增长不仅不能解救资本主义,而且还给后工业社会造成一系列社会经济问题,如环境污染、生态失衡、国内资源浪费、城市管理腐败、收入分配不公、个人独立性丧失等等。新制度学派要求重新确立经济政策目标,不再把国民生产总值和产品的增加作为价值判断的标准,不再以经济增长本身作为经济政策的目标。新制度学派的这种观点被称为"价值增长怀疑论"。

加尔布雷思的制度经济理论和政策主张

加尔布雷思是当代美国著名的制度经济学家,同时又是一名哲学家、教授、作家、杂志编辑和外交家。作为经济学家,他之所以著名,主要是因为他在《丰裕社会》《新工业国》《经济学和公共目标》等著作中,最先从理论上探讨了"工业化以后社会"的问题,创立了他的新制度经济学理论,并提出了改革建议。

1. 企业权力结构论。加尔布雷思认为,现代资本主义社会和100年前甚至50年前相比,已经发生了巨大的变化,经济研究不应该无视这种变化。以美国为代表,随着社会的进步、技术的发展,新的大公司(成熟的公司)不断出现,但大量分散的中小企业(原有的企业)仍然存在着,因此美国的企业结构是"成熟的公司"和"原有的企业"并存。

不同规模的企业,内部的权力结构是不一样的。"各个公司规模的大小不同,其规模越大,个人在其中所起的作用就越小,组织的权威就越大。就那些成立已久的极其巨大的公司来说——我把它们称作成熟的公司——组织的权力是绝对的。"[1]原有企业规模较小,权力掌握在股东手中;成熟企业规模很大,权力从股东手中转移到了新的"技术结构阶层"即"专家组合"手中。

企业权力掌握在股东手中时,股东目标就是企业目标,就是要追求利润最大化;企业权力转移到"专家组合"手中时,"专家组合"的目标就成了公司的目标,这一目标就不再是追求利润最大化。"专家组合"目标有保护性目标和积极性目标:前者是要排除外来因素对"专家组合"作出决定的干扰,追求适当的利润,因为从利润最大化中得到最大好处的是股东而不是专家组合,追求适当利润既不用承担过多的风险,又不致使股东卖掉股票;后者是保持企业的发展与稳定,从而使企业有较高的增长率,扩大公司规模,增加技术结构阶层的收入。

2. 二元体系论。加尔布雷思从企业权力结构论中引出了二元体系论,认为整个资本主义社会经济当中存在着二元体系即计划体系和市场体系。所谓计划体系,是那些有组织的、由若干大企业组成的经济,它们有权控制价格,支配消费者,从而用生产者主权代替了消费者主权,并且和政府关系密切。所谓市场体系,是那些大量分散的小企业和个体生产者组成的经济,它们受市场力量支配,无法控制价格和支配消费者。市场体系所使用的动力、燃料和机器等是计划体系提供的,计划体系是市场体系产品的重要买主,所以两者相互依赖。但是,计划体系力量强大,市场体系力量弱小,两个体系存在着矛盾和冲突。

二元体系的存在,是现代资本主义这个"丰裕社会"仍然存在贫穷、罪恶

---

[1] 加尔布雷思:《经济学和公共目标》,商务印书馆,1980年版,第84页。

等各种矛盾和冲突的根源。首先,它造成社会经济各部门发展不平衡。其次,它造成两个体系间人们收入不平等。此外,二元体系还给资本主义社会带来一系列其他问题,如因汽车、化工、塑料等产业过度发展而导致环境污染日益严重以及军火生产膨胀(这些产业都属于计划体系),但公共服务部门落后、城市衰败等。

因此,加尔布雷思认为必须对资本主义二元体系进行"结构改革":第一,加强市场体系的权力,基本途径是运用政府的立法和经济措施,提高市场体系中那些分散小企业的组织化程度,增强其保护能力;第二,减少计划体系的权力,例如,通过政府立法和经济措施,限制计划体系中大企业的过度发展,管制计划体系的价格,不使计划体系的目标侵犯公共目标,防止他们损害市场体系中中小企业的利益和消费者的利益。在加尔布雷思看来,在资本主义范围内,通过提高市场体系的地位和增加它的权力,抑制计划体系的权力和消除它对市场体系的剥削,可以使两个体系的权力和收入实现均等化。

3. 信念解放论。正统经济学家把"经济增长"当作"公共目标",但加尔布雷思认为,在二元体系下,资本主义进入"丰裕社会"的同时却带来一系列弊病,给社会和家庭带来一系列不利的影响。于是,他提出"公共目标"应该是"最大限度地满足公众需要,考虑公众的利益"①。要实现这个目标,就必须把人们从正统经济学家所造成的错误信念中解放出来,把注意力集中到"质的分析"上来。

加尔布雷思所谓的"信念解放",就是指摆脱当前西方经济学教科书上对政策目标的解释,以及企业高级经理们和政府官员们对"经济增长"的宣传影响,使人们从一切错误的信念下"解放"出来,重新树立对"人生"的看法,选择"生活的道路",确立应当争取的正确"目标"。"信念解放"是他整个社会改革计划的重要的起点。

| 缪尔达尔的制度经济理论和政策主张 |

1. "循环累积因果联系"理论。缪尔达尔认为,正统经济学家沿袭了约翰·穆勒以来的观点,把生产领域和分配领域截然分开,避开价值判断问题,只重视静态分析,忽视社会平等问题,不关心不发达国家的贫困问题。

---

① 加尔布雷思:《新工业国》,波士顿,1971年第2版,第164页。

他则运用整体性的方法,对经济、社会和制度进行综合分析,认为在一个动态的社会过程中,社会各种因素之间存在着因果关系,某一个社会经济因素的变化会引起另一个社会因素的变化,后者反过来又加强了第一个因素的变化,导致社会经济过程沿着最初的那个变化的方向发展。所以,社会经济各个因素之间不是守恒或趋于均衡,而是循环运动,而且是一种具有累积效应的运动,这就是他的"循环累积因果联系"理论。缪尔达尔认为,这个理论具有普遍的适用意义。

缪尔达尔指出,事物之间的"循环累积因果联系",不仅存在着上升的循环累积运动,即"扩展效应",也存在着下降的循环累积运动,即"回荡效应"。"扩展效应"的例子如某个地区兴办了若干工业后,逐渐形成了一个经济中心,其发展促进了周边地区的发展,周边地区的发展又反过来加强了这个经济中心,实际上就实现了一个良性循环。"回荡效应"的例子如缪尔达尔在《美国的困境:黑人问题和现代民主》一书中提到的问题:白人对黑人的歧视导致黑人就业困难、收入比较低,使得黑人的物质文化水平低下;而黑人的贫困和缺乏教育又反过来加强了白人对他们的歧视,实际上就出现了一个恶性循环。

缪尔达尔认为,由于存在着"扩展效应"和"回荡效应",国际贸易会加剧发达国家和不发达国家之间的不平衡。因为发达国家技术先进、产品价廉,所以在自由贸易的情况下,廉价的进口商品必然冲击发展中国家的相关产业,从而导致该国经济遭受打击,使社会经济衰落。

2. 对发展中国家的社会改革主张。根据"循环累积因果联系"理论,缪尔达尔认为影响发展中国家发展的因素很多,主要有产量和收入、生产条件、生活水平、对工作和生活的态度、制度、政策等方面,因此改革要考虑方方面面,而不能仅仅考虑经济因素。发展中国家社会改革的基本目标是实现"社会平等",为了实现这一目标,他提出了下列改革主张。

(1) 权力关系的改革。缪尔达尔认为,在许多发展中国家权力掌握在特权集团手中,包括地主、实业家、银行家、大商人和高级官僚等,这些人只考虑自己的利益,不关心国家的发展。因此,要实现国家的发展,首先要改革这种权力关系,把权力从特权集体手中转移到下层大众手里。

(2) 实现工业化、重视农业的发展。缪尔达尔认为,"从一开始,工业化就成为不发达国家进行发展的首要目标",但为了扩大就业,"更加重视农业是大势所趋"①。而工农业可以相互促进。

（3）实行土地改革。缪尔达尔认为，发展中国家发展农业所受到的最大阻碍是土地所有制和租佃制度，限制了耕者的劳动机会和积极性，降低了农业生产的效率。因此，必须进行土地所有制关系的改革，如把土地平均分配给农民、组织合作农场或土地国有化等。

（4）节制生育。缪尔达尔看到，几乎所有的发展中国家其人口都以前所未有的速度在增加，人口压力吞噬了摆脱贫困的努力，所以发展中国家的政府必须不顾根深蒂固的成见和许多流行的错误观念和侥幸心理，下定决心制定强有力的政策节制生育。他认为，必须这样做，"别的出路是没有的。不论在什么地方，如果计划生育失败，就会严重打击发展的希望，而在许多大的国家，那简直就是大难临头"②。

（5）教育改革。在缪尔达尔看来，许多发展中国家的教育制度不但不能促进发展，反而阻碍了发展。他提出要在发展中国家广泛开展成人教育，优先发展初级教育、技术教育和职业教育，采取鼓励高等学府的毕业生到贫困落后的地区去等等措施。

（6）制定国民经济发展计划。缪尔达尔认为，发展中国家应该用计划干预市场经济活动，促进社会过程的上升运动。但是，他反对正统经济学家把发达国家制定的模型照搬到发展中国家来；也反对在不平等条件下在国际贸易中实行自由贸易政策，主张发展中国家的对外贸易要置于国家计划管理之下，实行贸易保护政策。

对新制度学派的简要评价

新制度学派继承并发展了旧制度学派的传统，以经济学"异端"的面貌出现，对资本主义市场经济及其相关的主流和正统经济学观点展开了批评，提出了自己从制度方面进行分析的各种理论观点，在经济学诸流派当中独树一帜。首先，它扩大了经济学科研究的领域和范围，突破了传统经济学仅仅研究稀缺资源配置效率的狭隘观点。其次，新制度学派提出了新的价值判断标准，即社会发展并不仅仅是国民生产总值的增长，而应该是最大限度地满足公众需要，考虑公众的利益。以这个"公共目标"为标准，新制度学

---

① 缪尔达尔：《反潮流：经济学批判论文集》，商务印书馆，1992年版，第94、98页。
② 同上书，第102页。

派的经济学家对资本主义社会存在的弊病进行了深刻的揭露,比如产业结构失调和贫富悬殊、环境污染、城市衰败等等,都是非常深刻和中肯的。最后,新制度学派突破了正统经济学只强调均衡的调和主义态度,敢于揭示矛盾和问题,比如认为自由贸易没有给贸易国双方带来利益,全球化没有缩小而是扩大了发达国家和发展中国家之间的差距等。

更重要的是,新制度学派的理论研究,使人们开始思考市场经济运行背后的制度因素。市场经济是一个综合的系统工程,不仅仅是一种经济资源配置的方式,还包括与其相适应的一系列制度安排和文化传统。传统经济学家把这些制度安排都当成是既定的前提,这在研究发达资本主义国家的经济问题时,麻烦还不是很大,因为发达国家和市场经济相配套的其他制度也比较完善。但在研究发展中国家,特别是中国、俄罗斯和东欧这些转型国家的经济问题时,如果忽略市场经济背后的制度因素和文化传统,将造成巨大的失误。而市场经济健康运行所需要的制度因素和文化传统,是不能在短期内建立起来的。制度和文化等因素对市场经济的重要性,就像空气对人的重要性一样:平时没有人注意空气对人的重要,只有在那些缺少空气的地方,我们才会意识到空气是人生存必不可少的。这也是新制度学派的理论在发展中国家,尤其是转型国家特别流行的原因。

不过,新制度学派的理论毕竟不具有严密而完整的体系,它们更多地注重对资本主义市场经济运行中一些问题的揭露和批判,但是对于制度是怎么演变的、为什么是这样演变而不是那样演变却不能很好解释,从而他们的一些政策主张也很难实现。比如关于结构改革的主张,要靠政府力量来限制计划体系的权力、加强市场体系的权力,实际上等于要取消垄断企业的政治与经济权益。在计划体系和政府关系密切的前提下,这是不可能实现的。因此,新制度学派在西方经济学中也只能是一种"异端"的命运,不能真正取代正统经济学的地位。

第二节 新制度经济学

20世纪六七十年代以来,以科斯(Ronald H. Coase, 1910—2013)为代表的一批经济学家开创了以交易成本和产权分析研究制度问题的新思路。这种研究制度问题的思路不但与以凡勃伦和密契尔为代表的旧制度学派不同,而且与加尔布雷斯、缪尔达尔等人为代表的新制度学派也不同。新制度学派的经济学有时也称新制度经济学,其英文是 The Neo-institutional Economics,而这里所讨论的新制度经济学的英文是 The New Institutional Economics。

对新古典经济学的反思　20世纪30年代,经济学处于以马歇尔为代表的新古典经济学时代。在新古典经济学那里,所有经济问题似乎均可看作一个经典的最优化问题。尽管这样的分析十分优美和简洁,但在科斯眼里,它忽视了古典经济学中许多有益的见解,存在着重大缺陷。

譬如,它视野过于狭窄,忽视了价格体系之外很多重要内容。科斯解释道,新古典经济学家感兴趣的是市场上发生的事情,包括产品销售、生产要素购置,换句话说,经济学几乎成了价格理论的同义语,但现实中大量经济现象发生于市场之外的所谓企业当中。企业中生产制度如何安排和运行、为什么工人愿意在行政性管理命令下进行生产活动等等,新古典经济学都将它们当作外生因素放在生产函数中处理。如果说这种做法在生产活动和企业实践较为不发达的早期年代尚可容忍的话,那么,在20世纪企业在社会经济生活中作用日显重要时实在难以令人满意。

科斯还认为,新古典经济学过于抽象化,舍弃掉了人们日常生活中很多制度因素。比如,新古典经济学家只关注价格,认为经济系统中所有其他因素的作用均可反映到价格当中,价格信号既是市场信息的灵敏显示器,也是其他有关制度安排效率的检验器。在现实世界中,恰恰是很多制度安排统治着市场上的交换以及生产本身,并且价格制度也不是"省油的灯",它的运行也需要成本,对此,新古典经济学却不甚了解。又如,新古典经济学认为,人人理性,信息完备,对外界事物和可选择集的变化十分敏感,也就是说,经济体系运作以及人们相互之间的交易不存在成本,但实际上不同的政治、文化、法律制度恰恰孕育着完全不同的交易效率和运行结果。

科斯等人还认为,新古典经济学研究的具有自利本性的经济人有些脱离实际。事实上,经济人不可能有完全理性,而只能是有限理性。他们在交易中不可能对未来可能发生的情况全部掌握。为此,人们需要创设种种制度来减少未来不确定性以及合同不完全性给交易当事人可能带来的损失,约束和规范人们的行为,抑制他们的说谎、欺骗和毁约等为自己利益而损害别人利益的机会主义行为。科斯等人认为,制度分析会使新古典经济学所研究的经济人从纯粹的抽象概念回到现实世界中来。

《企业的性质》
——理论基础之一

1932年,科斯在一个名为邓迪(Dundee)的讲座上已经初步阐发了企业是市场的替代这一思想。1937年,他的《企业的性质》一文问世。在该文中科斯指出,企业是市场的一个替代,当市场不能有效发挥作用时,企业一定能取而代之。这是因为,价格机制的运作也是有成本的,不仅发现价格、举行谈判、草拟合同会涉及交易成本,而且进行监督、解决争端等也必定成本高昂,因此,交易成本的存在暗含着这样一个事实:在市场之外一定还有可供选择的协调人们活动的方式。如果将这些市场交易"内部化"成一个企业,那么,就只需某一生产要素与其他合作性要素签约,市场交易中一系列合约将被一个合约替代。这样,在企业内部,行政性命令就能替代在市场中要素组合时的讨价还价过程,显然,这将有助于节约交易费用。当然,企业的运作也有成本,随着企业规模扩大,企业家从事监督、管理的费用也将随之上升。于是,当企业内部组织一笔交易的成本等于它在公开市场上完成交易所需的成本时,企业便会达到它的最佳规模。如图11-1所示。图中,C代表企业的总成本大小;C_m代表企业在市场上的交易成本,随着交易量的增大,交易成本增加,很多原先在市场上的交易就会改为企业内协调,所以C_m会逐步递减;C_o代表企业内部组织协调成本,随着企业规模扩大,管理才能的收益将出现递减趋势,故C_o随着企业规模增大而递增。这

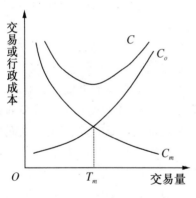

图11-1 市场、企业与交易成本

样,企业总成本就取决于这两者之和的大小,于是,当企业内部组织一笔交易的成本等于它在公开市场上完成交易所需的成本时,企业便会达到它的最佳规模T_m,这时,必定是企业总成本的最低点。

《企业的性质》阐述了两个方面思想。第一,一种组织或者制度,不管它是企业还是市场,抑或是价格机制,均具有运行成本或交易费用。这无疑突破了新古典经济学所谓的零交易费用假定。在新古典经济学中,企业仅等同于生产函数本身,其组织含义被完全舍弃。而按科斯的观点,如果交易费用为零,或者可以忽略不计,那么,企业作为一种特殊的经济组织将毋需存

在。但问题是,在现实交易过程中,交易费用不仅不能忽略,而且还在很大程度上影响均衡结果。第二,科斯对企业性质的阐释表明,企业不仅能作为一种生产的制度安排,而且同市场一样,是一种可供选择的经济组织。这样,经济组织的具体形式不再是既定的,或者外部强加的既成事实,而是人们可以选择的某种制度安排。人们将如何在这些替代性的经济组织之间进行取舍呢?显然,交易费用将成为关键性的解释变量。

《社会成本问题》
——理论基础之二

在《企业的性质》发表 23 年后的 1960 年,科斯的另一篇文章《社会成本问题》面世,并很快受到经济学界关注。

在该文中,科斯从不同于庇古的角度考察了外部效应问题。庇古在阐述政府在经济活动中所应当发挥的作用的基础上,主张当私人净收益与社会净收益发生偏离时,由此造成的外部性问题应该由政府来解决。国家可对造成负外部效应的一方征税,并对产生正外部效应的一方提供补贴,以使外部效应内部化,这样,私人净收益将与社会净收益相等。科斯不同意庇古的这一看法,认为对于政府在经济生活中的作用应作两面观。一方面,政府具有市场或企业等组织形式所不具备的某种优势,可以通过行政命令影响生产要素的使用,但与此同时又不同于企业,因为它不会受到任何其他组织形式的竞争,从而在很大程度上具有强制性或者暴力特征;另一方面,人们也要看到,政府行政机构的运作也需要成本(这一成本有时候非常大)。此外,政府行为还常常受到很多利益集团的影响和制约,从而它作出的决策或行为本身也会偏离经济效率要求。正是基于以上两方面的考虑,科斯认为,"直接的政府管制未必会带来比市场和企业更好的解决问题的结果"①。

科斯对外部效应问题的回答是:假定不存在交易费用,初始产权界定明晰,那么,不论造成负外部效应的一方是否有权这样做,当事人双方讨价还价的结果都将产生有效的资源配置结果。这个重要结论后来被施蒂格勒(George Joseph Stigler,1911—1991)概括为"科斯定理"(Coase Theorem)。

---

① Coase,R.,"The Institutional Structure of Production",*American Economic Review*,1992,Vol. 82,pp. 713-719. 转引自谭崇台:《发展经济学的新发展》,武汉大学出版社,1999 年版,第 163 页。

从表面上看,科斯定理似乎并未对外部效应问题给予正面回答,然而科斯真正要阐述的是它的推论:由于现实世界中的交易费用不可能忽略不计,在许多场合往往十分高昂,因而产权安排对资源配置来说极为关键。进一步说,科斯要阐述的不过是:如果交易成本为正,在产权已经明确界定的情况下,相互作用的各方也会通过谈判找到成本最低的制度安排,至于具体制度安排的选择,则取决于它带来的产值增加与这种制度安排运行成本之间的两难冲突与抉择。

新制度经济学形成和代表人物

《企业的性质》奠定了交易成本在新制度经济学中的地位。1987年,美国耶鲁大学为纪念该文发表50周年专门举行了一次学术讨论会,该文终于受到经济学界的重视,被公认为新制度经济学的开山之作。若从1937年算起,新制度的产生距今已60多年,但新制度经济学的大规模发展不过是近30多年的事。

新制度经济学的形成与一系列学者的贡献分不开。这些人除了科斯外,还有阿尔钦(Armen A. Alchian,1914—2013)、张五常(Steven Cheung,1935—)、威廉姆森(Oliver E. Williamson,1932—)、德姆塞茨(Harold Demsetz,1930—)、诺思(D. North,1920—2015)、戴维斯(L. Davis)、舒尔茨(T. W. Schultz,1902—1995)、巴泽尔(Y. Barzel)等。在他们的努力下,科斯两篇著述的重大意义逐渐被挖掘出来,并广为传播,使科斯在1991年获得诺贝尔经济学奖、使福格尔和诺思分享了1993年的诺贝尔经济学奖。此后,科斯理论不仅在经济学、法学领域产生持续影响,而且更重要的是,围绕交易成本、产权和科斯定理等核心范畴或概念,新制度经济学的框架建立起来了:一是很多学者将交易成本概念运用到分析企业制度和市场制度,产生了所谓企业契约论和"交易成本经济学";二是很多人运用这两个概念研究产权的本质及其与资源配置的关系,产生了所谓的"产权经济学";三是在这两个概念基础之上,很多经济学家还研究了经济学界关注越来越多的纵向一体化、现代企业制度以及经济史的变迁,产生了所谓的"一体化理论"和"新经济史学"。

交易成本经济学

所谓交易成本经济学,是指用交易成本节约这一点来分析企业与市场的关系,分析为什么企业会取代市场。通常认为,交易就是买卖双方以货币为媒介进行的商品交换活动。交易最早表现为物物交换,后来才出现货币。然而,在制度主义者眼里,交易不光是商品、服务或者货币在交易双方之间的转移,更主要是指产权的让渡。

在科斯的开创性贡献之后,很多经济学家受到启发,对交易的制度含义的认识大大深化和扩充。例如,威廉姆斯指出,交易的性质由三个维度组成:不确定性、交易频率和资产专用性。不确定性在很大程度上影响交易活动的发生与否,交易频率也有偶尔发生与经常发生之分,另外,为了供给成本最小化,对交易的投资还存在专用性问题。如果我们暂不考虑不确定性对交易活动的影响,那么,仅仅交易频率和资产专用性这两个性质不同的组合就将影响交易和有关的契约关系。比如,如果交易是偶尔进行且没有太多专用投资,那么,市场组织就将是比较合理的组织选择,因为这样做符合交易双方的利益;反之,如果交易经常进行,并且用于交易的投资具有高度专用性,那么人们选择工厂或者企业并将这些交易活动纳入企业内部便是他们的理性选择,原因是这样可以节约交易费用和时间损耗。例如,某矿企若每天要运送矿石至某一码头,则与其每天与运输公司谈运输交易,还不如投资建一条专门运线,组织自己的专门的运输车队更节省些。由此看来,新制度经济学家所谓的交易不过是权利交换,它广泛存在于市场和组织内部以及经济生活当中。市场和企业都只不过是一种交易载体,它们均是特定制度环境下的产物。又如,阿尔钦和德姆塞茨均认为,交易活动广泛存在于市场和企业中,而企业中所谓权利关系与市场上人们之间的契约关系并没有什么实质不同。在市场上,某人损害了交易另一方,后者就可以中止与前者的交易往来,或者干脆诉诸法律裁决而获得一定补偿。在企业中,也是如此。老板要你干活快一点,你可以按他要求加快干活进度,你也可以中止和老板的契约关系。但是,一旦你接受老板命令,就意味着你们之间的契约关系成立。所以,新制度经济学家们认为,从组织角度看,交易并不是只发生于市场上的活动,也广泛存在于企业组织内部。

与上述观点有关的,还有他们的所谓"企业契约论"。阿尔钦和德姆塞茨虽然都接受科斯的交易成本理论,但对企业存在理由的解释,却又不同于科斯。他们不认同科斯关于通过长期契约用行政命令指挥雇员以节省交易费用是企业存在理由的观点,而用团队去说明企业的内部关系,把企业说成是不同要素所有者为了提高效率而进行合作,依靠协商形成的契约去维系关系的经济组织,把企业主说成是生产要素"某一方",在其他要素所有者自愿让与下成为处于中心地位的"中心契约主体",他们也是团队中防止偷懒的"监督者",并有权获取"剩余索取权"以得到激励。

交易成本及其扩展

科斯在《企业的性质》一文中指出,正是出于对市场交易成本的规避,企业这种现代组织形式才会出现,并成为对市场的一种替代。然而,在科斯提出交易成本之后,有关交易成本的含义却屡次受到经济学家们质疑,原因是科斯本人对交易成本说法存在诸多含糊之处。比如,霍奇逊(H. Hodgeson)认为,科斯的交易成本隐含三层意思:一是获取相关信息的成本,二是讨价还价的成本,三是作出决策、控制与执行合同的成本。他认为,这些成本并不是什么交易成本,而恰恰是市场交易中减少了的成本。例如,市场的作用就在于允许买卖双方公开他们的买卖价格和产品信息,所以,市场的作用恰恰减少了获取信息、讨价还价的成本,而不是增加了这些成本。正是在经济学家对交易成本问题的质疑和讨论中,交易成本概念多次扩充、细化,认识也不断深化。

经济学家达尔曼(K. Darman)就曾指出,交易成本的不同概念层次其实均与信息有关。讨价还价成本的实质就是人们之间有关商品和供求情况的信息存在不完全性,而监督和执行成本只不过是人们缺乏对契约对方了解的结果。如果这些情况交易双方均了解的话,所谓的交易成本就会大大减小。这样,交易成本与运输成本并没有什么显著差别。施蒂格勒也曾阐述过类似观点,认为"交易成本是人们从无知到无所不知的运输成本"[①]。换句话说,在信息不完全情况下,经济活动当事人之间权利交换的许多活动都将存在交易成本。具体而言,这些活动主要有:(1)收集有关价格、产品质量与劳动投入信息,寻找潜在买卖者,了解他们的诚信与买卖行为;(2)价格变动时的讨价还价;(3)签订契约;(4)监督与执行契约;(5)保护产权以防第三者侵犯。这样,交易成本的概念便更进一步细化。

可见,新制度经济学家眼中的交易成本,从狭义来看,是指一项交易所需的所有时间和精力耗费;从广义来看,它是一系列包括谈判、执行和实施

---

① Stigler, G., "Imperfections in the Capital Market", *Journal of Political Economy*, 1967, Vol. 75, pp. 287 - 292. 转引自邹薇:《经济发展中的新古典政治经济学》,武汉大学出版社,2000 年版,第 196 页。

契约、界定和控制产权等的制度成本。

产权经济学 产权经济学研究产权的制度安排对社会经济活动的影响。产权是什么？科斯在《社会成本问题》一文中并未明言。他只是说，假定不存在交易费用，初始产权界定明晰，那么，不论造成负外部效应的一方是否有权这样做，当事人双方讨价还价的结果都将产生有效的资源配置结果。但他文中的一个隐含推论表明，若交易成本为正，则产权初始界定便会对经济绩效和资源配置产权产生重要影响，这正构成了产权经济学的逻辑起点。此后，德姆塞茨、阿尔钦、弗鲁博腾和佩乔维奇等人则进一步深化了对产权的认识。

德姆塞茨认为，产权规定了人们使自己或他人获益或受损的权利，界定了人们如何受益或者受损的方式。他运用加拿大东部印第安人有关海狸贸易与畜养的例子说明了外部性与产权的关系。18世纪以前，当地人捕猎海狸主要是为了自身需要，那时不需要也没有建立排他性产权。后来随着海狸皮毛商业性贸易的发展，皮毛价值提高，狩猎规模扩大，结果，当地人自愿建立了私有狩猎区并畜养海狸。这里，我们看见，正是皮毛贸易发展提高了畜养经济性，而畜养促使了排他性海狸产权的出现。可以说，新产权的出现就是对技术变迁和物品相对价格变化的一种理性反应。用他的话说就是："新产权的出现是对一种愿望的反应，这种愿望即相互影响的人们愿为新的成本收益的可能性而做出反应。"[1]

阿尔钦对产权的说法更具代表性。他认为，"产权是一个社会所强制实施的选择一种经济品的使用的权利。"[2]按他的说法，一个人拥有产权不仅可以表明他能采取什么样的行动，而且也表明他的权利得到了政府、非正规社会行动或者道德伦理规范的首肯。他认为，实质上，经济学是关于稀缺资源产权的研究。产权的出现是与专业化生产发展相联系的。诺思和托马斯也论及产权，认为产权的产生与资源稀缺难以分开，而人口过快增长则会使资源更加稀缺，从而导致人们之间相互对抗，此时产权的出现便不可避免。

---

[1] Demsetz, H., "Towards a Theory of Property Rights", *American Economic Review*, 1967, Vol. 57, pp. 347-359. 转引自邹薇:《经济发展中的新古典政治经济学》，武汉大学出版社，2000年版，第205页。

[2] A·阿尔钦:《产权：一个经典性的注释》，引自《财产权利与制度变迁》，上海三联书店，1994年版，第166页。

弗鲁博腾(E. Furubootn)和佩乔维奇(S. Pejovich)对产权给出了一个比较合理的定义:"产权不是物与人之间的关系,而是指由于物的存在和使用而引起的人们之间的一些被认可的行为关系……每个人在与他人的相互交往中都必须遵守这些规定。"[1]

由此看来,产权的含义可表现为以下层面:第一,它是人与物之间的归属关系,但其实质是依附于物上面的人与人之间的关系;第二,在资源无限供给或者零交易成本下,产权是不起作用的;第三,产权表现为一权利束,它包括占有权、使用权、收益权等方面。

更进一步,新制度经济学家眼中的产权的基本性质可被概括如下:

第一,完整性。所谓完整性,是指产权拥有者具有排他性使用权、收益权和自由转让权。其中,排他性使用权主要指资产拥有者在被许可范围内,对其资产具有不受限制的使用选择权,并且这种选择权可以依法排斥他人对其资产的使用和限制;收益权是指资产拥有者能完全享有其资产所能产生的任何收益和利益,他人和组织(包括政府)不能强制夺取或者侵犯他的这一权利;自由转让权是指资产所有者有决定资产是否转让或者转让给谁,以怎样的方式转让等权利。产权完整性是保证人们有效利用资源的必要前提,也是市场和分工发展的前提。产权越完整,人们对自己产权的预期越稳定,人们利用自身资产的效率就越高,从而人们越愿意在相互之间进行有效劳动分工并在市场上交换他们的产品。

第二,可分性。可分性是指一个完整产权可以分解为使用、收益、转让等权利。例如,街边的一块地既可以用来造房子居住,也可以租借给他人以收取租金,还可以转卖他人,这样,这块地的产权便可以划分为使用权、收益权和自由转让权等形式,并且,这些权利可以由不同的人来行使,比如,这块地的主人可以将这块地租借给他人并收取租金,于是,这块地的所有权和使用权便在实际上发生分离。显然,产权的这种可分性使得同一资产可以满足不同人在不同时间的不同需要,从而增加资源使用或者配置效率。

第三,有限性。产权的有限性是指同一产权结构中并存的各项权利只能在规定的范围内行使,而不能超出这一范围,否则就要受到其他权利的约束,或者将会对其他权利造成损害。比如,一块地的租借人只拥有这块地的

---

[1] Furubootn, E. and Pejovich, S., "Property Rights and Economic Theory: A Survey of Recent Literature", *Journal of Economic Literature*, 1972, Vol. 10, pp. 1137-1162.

使用权,而没有这块地的所有权,因此他不能将这块地卖给别人,否则就违反了产权的有限性,这种行为会构成非法买卖而得不到法律支持。科斯曾经说过,"对个人权利的无限制实际上是无权利的制度"[①]。因此,产权的有限性表明了这样一个事实:产权的各项权利之间是相互依赖和难以分开的,共同构成一个完整产权。

第四,产权与不同的契约安排之间不存在单向联系,即不同产权可以采取相同的契约安排,相同的产权制度也可以对应于不相同的契约安排。张五常曾指出,在私有产权制度下,农业中出现过各种不同的契约安排——定租契约、分成租佃契约和工作契约。其实在考虑交易成本和风险偏好特性之后,它们的效率结果是相同的。这表明在社会主义公有制条件下,也可以实行资本主义的一些契约安排来发展经济、提高效率。

产权、资源配置与经济发展

要研究产权制度对社会经济活动的影响,就要分析产权与资源配置和经济发展的关系。20世纪60年代以前的新古典经济学不考虑产权因素和交易成本,而只在一个完全竞争、毫无摩擦的世界里考察资源配置问题,因此每个"经济人"均能准确找到有关各种资源边际生产效率和不同经济活动边际成本的信息,从而最终能实现所谓的帕累托最优。但在新制度经济学家有关交易成本和产权的概念提出后,这样的观念则备受冲击。

新制度经济学家认为,产权制度是一个经济体运行的基础。有什么样的产权制度就必然有什么样的经济组织、技术和经济效率。张五常举例说,一棵杏树,如果归大家共有,但不具体界定产权的话,大家都唯恐落后,竞相去摘杏,结果杏的生产根本达不到成熟程度。反之,如果该杏树产权明确界定给某个人,该人便会有很强激励去保护该杏树,因为与杏树相关的收益全归他一人所有,因此,只要该杏树的收益足够大,他就会投入人力和物力去保护它免遭他人损害。产权界定越明确,它对资源的配置效率就越高,人们将外部性内在化的激励就越强,人们对自己资产的未来预期就越稳定,从而每个人均从自身效用最大化角度去努力,并形成整个社会的经济发展。

[①] Coase, R., "The Problem of Social Cost", *Journal of Law and Economics*, 1960, Vol. 3, pp. 1-44. 转引自邹薇:《经济发展中的新古典政治经济学》,武汉大学出版社,2000年版,第212页。

产权的明确界定固然重要,但要想保证经济发展,还要维护市场竞争以及产权在市场上的合理分解、转让、重组和优化。张五常指出,在市场上,"产权的竞争和可转让性发挥了两个契约功能。其一,竞争汇集了所有潜在产权所有者的知识;产权的可转让性确保了(通过有弹性的相对价格)能够实现最优价值的用途。其二,潜在契约参与者之间的竞争和所有者实现其资源使用权转移的能力,降低了执行契约中规定条款的成本……因为竞争各方将会随时提供和接受相似的条款"[①]。这说明,产权的明确界定很重要,因为它增强了私人将外部性内在化的激励,而市场竞争也很重要,因为它降低了产权界定契约执行的成本,没有这两者,市场经济和经济发展也许只是一句空话。

第三节 新经济史学

制度的含义、构成与其本质

新经济史学就是从制度变迁视角探讨经济发展历史过程的科学。诺思是新经济史学家中最重要的理论家。制度(Institution)是什么?诺思说,制度是一种社会博弈规则,是人们所创造的、用以限制人们相互交往的行为框架。在舒尔茨看来,制度是为经济提供服务的,制度可以划分为:(1)用于降低交易费用的制度,如货币和期货市场等;(2)用于影响生产要素所有者之间配置风险的制度,如合约、公司、保险分成制等;(3)用于提供职能组织与个人收入流之间联系的制度,如财产(包括遗产)法、资历和劳动者的其他权利等;(4)用于确立公共品和服务生产与分配框架的制度,如高速公路、飞机场、农业实验站等。舒尔茨对制度的分类被很多新制度经济学家所接受。具体而言,可以对制度含义进行这样的归纳:制度通过一系列规则界定人们的选择空间,约束人们之间的相互关系,从而减少环境中的不确定性,减少交易成本,保护产权,促进生产性活动的正式或者非正式的安排,它是社会成员行为中某种带有规律性、被大家公认的规范。

一项制度通常有三部分组成。第一是非正式规则,主要是人们在长期交往中无意识形成的,具有持久生命力并能代代相传的文化的一部分。非

[①] Cheung, S., "The Structure of a Contract and the Theory of a Non-exclusive Resource", *Journal of Law and Economics*, 1970, Vol. 13, pp. 49 - 70.

正式规则主要包括价值信念、伦理规范、道德观念、风俗习惯、意识形态等，其中，意识形态起决定作用，可以节约信息费用，减少强制执行以及实施其他制度的费用。第二是正式规则，主要是人们有意识创造的一系列政策规则，包括政治规则、经济规则、契约以及由这些规则构成的等级结构等。正式规则可以界定人们在分工中的责任，规范人们的行为（什么可以干，什么不能干），以及如果违反这些规则将面对的惩罚等。第三是实施机制，这是一项制度必不可少的组成部分。有规则但缺乏实施机制就等于没有规则。历史上以"人治"为主要管理规则的国家，并不是没有制定法律，而是没有建立起与法律制度相配套的实施机制，结果其经济绩效和政治效率难尽如人意已有目共睹。

制度为什么能形成？怎样形成？诺思曾指出，博弈论是解释制度本质最简洁的概述。"囚徒困境"就是一个经典的博弈问题。它告诉人们，每个囚徒从自身理性出发所达到的均衡对集体来说恰恰是一个对双方均较坏的结果。但是，试想该博弈连续重复进行的话，博弈的性质就会发生急剧转变。因为双方均会在博弈过程中学会以合作方式行事从而实现双方共同利益最大化。这说明：在重复性交易或者交换过程中，制度自然产生并得到人们行为习惯和理性的支持。但是，人们最终是否会选择合作还取决于博弈人数、博弈次数，以及不合作的收益等等。因此，随着经济发展，要促使生产和交易以较低成本进行，还必须借助一些正式规则制度来解决问题。由于经济不断发展，专业化水平不断提高，制度还必须随着时代变迁而不断发展。正如诺思所说："制度是逐渐演进的，联系着过去、现在与未来，结果，历史上大体上是一个制度不断演进的故事，在其中，经济绩效只能理解为一个连续故事的一部分。"①

制度的功能　　诺思指出，制度至关重要。一般而言，新制度经济学家眼中的制度具有以下三个方面的核心功能。

第一，信息传递。奈特（F. H. Knight，1885—1972）说过："一个人仅当所有其他人的行为是可预测的并且他能够正确地预测的时候，才能在任何规模的群体中理智地选择或计划。"②制度就是这样，一

---

① 转引自邹薇：《经济发展中的新古典政治经济学》，武汉大学出版社，2000年版，第244页。
② 哈奇逊：《现代制度主义经济学宣言》，北京大学出版社，1993年版，第158页。

方面,制度的形成本身就是建立在一定行为规范和惯例基础之上,这些规则大多为人们熟悉或者知晓,因而它本身就是一个信息节约机制;另一方面,制度形成以后,对新加入者或者尚不熟悉它的人来说,就具备了发送信息的功能。比如,交通路口的"红灯停,绿灯行"就是这样一项制度,它形成于交通实践当中,并不断地向那些行人和车辆传递通行与否的信息。

第二,降低交易成本。重复性的交易和生产活动在客观上孕育了制度的产生。制度之所以会形成,显然是因为能降低交易成本。科斯说过,企业形成的原因在于,能将本身需要很多谈判才能确定的业务单位巧妙地组织在一起,因而企业相对于市场而言具有自身优势。张五常更进一步说,企业是用一种长期雇佣契约代替短期要素市场契约。为什么要用长期契约代替短期契约?因为短期性不断缔约的过程成本高昂,而用长期契约则可以大大节省与之相关的频繁的谈判和缔约过程的成本。因此,制度的一项重要功能就是节约交易成本,否则这项制度就不成其为制度,而只是徒有虚名而无其实的"影子制度"(shadow of institution)。

第三,激励功能。为什么有些国家人们的积极性很高,而有些国家人们的积极性不高?原因在于这些不同国家制度或者规则不同。如果一项制度比较合理,那么,它就能有效地激励并规范人们的利己心,从而在人们追求自身利益的同时不会对他人造成很大负外部性,这样,人人自利的行为就与对社会有效的结局比较接近;反之,如果一项制度缺乏相应的激励功能,那么该制度很可能起不到它应有的作用。诺思很看重制度的激励功能,甚至将整个西方世界的兴起归因于制度的有效激励功能:"有效率的经济组织是增长的关键要素;西方世界兴起的原因就在于发展了一种有效率的经济组织。有效率的组织需要建立制度化的设施,并确立财产所有权,把个人的经济努力不断引向一种社会性的活动,使个人的收益率不断接近社会收益率。"[①]

| 制度变迁的主体、源泉与供、求分析 | 制度变迁是一种具有更高效益的制度对另一种制度的替代过程。任何制度变迁都包括制度变迁主体——经济组织、变迁的源泉——相对价格与偏好等因素。 |

---

① 道格拉斯·诺思等:《西方世界的兴起》,学苑出版社,1988年版,第1页。

首先,有效率的经济组织是制度变迁的关键。人类社会的基本特征是资源稀缺和相互之间的竞争。在此环境下,为了生存,企业或组织便会在技术和知识方面进行投资,而这些技能、知识以及获取这些技能、知识的方法将渐进地改变组织或制度;同时,一个组织和企业家本身最大化活动还会决定制度变迁的方向。如果一个组织具有较强创新性和生命力,则制度变迁就比较容易;反之就比较困难。比如,在西方国家,股份制成为企业的主要组织形式。股份制的主要特征在于产权比较明晰、使用权和产权可以分离,经营者要向所有者负责,其活动要受股东监督等,而这些均是企业经营活动顺利和有效运行的重要支撑。

其次,制度变迁来源于相对价格和偏好变化。制度变迁是一个动态、复杂的过程,在其中,相对价格变化能够改变人们之间的激励结构。比如,诺思曾指出,在 12 世纪的西欧,由于人口增加、劳动的价值下降、土地价值上升,结果便逐步产生了土地的排他性所有权和可转让性权利。又如,如果大部分人离开农村并聚居到城市,则城市地价会上升,农村地价会下跌。由于务农人数减少,农产品价格会上涨,从而很可能为都市现代农业制度的诞生创造条件,同时可能为城市地产中介业的繁荣带来契机。偏好变化也能孕育出制度变迁。比如,20 世纪家庭结构小型化往往是人们工作、闲暇和避孕观念变化的结果,而这些观念的变化又与相对价格变化关系密切。如果没有工作、只有闲暇,人们可能难以应付激烈的现代竞争带来的高压力,也就是说,闲暇成本的增加、工作重要性的上升,在客观上促使某些制度变迁的发生。但是,制度变迁最终是否发生还有赖于其他很多因素。

更进一步,制度变迁源泉还会引出制度变迁的需求因素和供给因素。诺思等人认为,从需求方面看,导致相对价格变化和制度变迁的因素有市场规模变化、技术变化,以及人们对收入预期的改变。比如,随着市场规模扩大,制度创新收益会大大增加,而成本并不会有太多变化,一项新制度变迁便很可能发生;反之,一个小的市场规模便很难孕育出制度变迁。从供给方面看,组织成本、技术进步和知识积累以及政治支持等都可能影响制度变迁。比如,拉坦(V. W. Ruttan,1924—2008)就论述过双重决策者对制度变迁的作用,并假定制度变迁的供给函数是企业家的供给函数。只有当企业家从制度中获得的预期收益超过为此付出的成本时,制度创新才有保证。

在考虑以上有关制度变迁需求因素和供给因素之后,便可以运用成本—收益分析法(cost-benefit analysis)对制度变迁进行分析。一个一般原则是,只有当制度变迁的收益大于为此付出的成本时,一项制度变迁才有可能被创新和实施,否则原有制度仍有可能继续存在。

诱致性制度变迁与强制性制度变迁 说到制度变迁,人们就一定会想起诱致性变迁和强制性变迁两种方式。诱致性制度变迁和强制性制度变迁是林毅夫(1952—)于1989年在美国《卡托》杂志夏季号上提出的两个概念,后来发展成为新经济史学有关制度变迁的两个重要模型。

所谓诱致性制度变迁,就是现行制度安排的变更或替代,或者是新制度安排的创造,它由个人或者一群(个)人在响应获利机会时自发倡导、组织和实行①。制度变迁的主体是一群人或者一个团体。由于这些人知识、信息有限,并且经验、经历不同,他们对制度变迁的认识不同、期望收益不同,因此一项诱致性制度变迁的发生一般要在不同个体之间经过讨论后才能最终达成。一个一般的原则是:只有当制度变迁的预期收益大于预期成本时,有关群体才会推动制度变迁。另外,诱致性制度变迁还有这样几个特征:一是自发性,也即有关群体对制度不均衡和新制度可能的获利机会的自发反应;二是渐进性,也即这种制度变迁是一种自下而上、从局部到整体的制度变迁过程。比如,我国的农村联产承包责任制这项制度安排就是一个诱致性制度变迁的好例子。农村改革之前,安徽凤阳的一些农民自发地实行土地的联产承包业务,原因是他们发现这样可以利用各自优势、提高生产效率,使每个参与人从中受益。其中没有政府行为,完全是民间行为,是"经济人"对外在的可能的获利机会的一种自然反应,结果当地越来越多的人认可它并起而仿效。

强制性制度变迁则完全不同。它是由政府命令和法律引入并实现,主体是国家。国家为什么要进行强制性制度变迁呢?按诺思的说法,国家是一种在暴力方面拥有比较优势的组织,也就是说,国家可以利用它的强制性来实施制度变迁,而不顾及民众对它的反应。国家实施强制性制度变迁的原因包括:制度供给本身就是国家的一项功能;制度安排往往带有公共产品性质,按经济学说法,政府提供要比私人提供更加有效;弥补诱致性制度

---

① 林毅夫:《关于制度变迁的经济学理论:诱致性变迁与强制性变迁》,引自《财产权利与制度变迁》,上海三联书店,1994年版,第384页。

变迁的不足,原因是诱致性制度变迁经历的时间长,变迁的速度慢,有时难以满足人们对新制度安排的需求。但强制性制度变迁还要受很多因素影响,如统治者的偏好和有限理性、意识形态刚性、利益集团的干扰等。强制性制度变迁的优点是可以快速、有效地实施制度变迁,因而其实施成本较低,但缺点是可能违背大多数民众的意愿。

路径依赖与经济发展　　制度变迁有一个路径依赖问题。路径依赖(path dependence)原指技术变迁过程中自我强化、自我积累的性质,也就是说,新技术的采用往往会由于某些先占优势而具有收益递增、不断强化的趋势。反之,一种较其他技术更优良的技术很可能由于晚入一步而步步皆晚。诺思的"路径依赖"借鉴了这一术语,用以描述制度变迁的连续性问题。

当收益递增普遍发生时,制度变迁不仅能得到巩固和支持,而且还能在此基础上一环紧扣一环,沿着良性轨道发展;反之,当收益递增不能普遍发生时,制度变迁很可能朝着一个无效或者不利于产出最大化的方向发展,从而在痛苦的深渊中愈陷愈深,甚至长期被"锁定"(locked-in)在某种无效率状态。诺思列举了英国和西班牙在17世纪的"变迁"为例论证道,同样是面临财政危机,英国自此以后确立了议会的权威和民法体系,并走向繁荣,而西班牙一直保持集中的政权,只把议会当作可有可无的摆设,结果只能采取价格管制、增加税收和没收商人财产等办法来解决财政危机,最后导致了它长期的经济停滞。

制度变迁为什么会存在路径依赖呢?第一,正式规则对经济发展的作用是连续的和累积的,并且在很长时间内难以改变。比如,法律和法令尽管可以修改,但是其变更的速度总是落后于实践。第二,非正式规则对经济发展的作用更是持久难衰,结果制度变迁在很大程度上受制于人们过去习惯、信念、意识形态等。普特那姆(Putnam)曾考察过意大利20世纪70年代经济发展水平参差不齐的20个地区以及它们在20世纪90年代的发展变化,结果发现,20世纪80年代的经济发展与19世纪80年代乃至14世纪这些地区不同的非正式规则的存量之间保持着密切关系。

制度变迁的"路径依赖"带来了这样三个值得思考的问题:第一,制度变迁的路径并不唯一,不同的初始条件可能孕育完全不同的变迁路径;第二,昨天的习俗、习惯、意识形态以及正式规则和制度对今天乃至将来均有重要影响,其过程可能是良性的,也可能是恶性的;第三,不同国家经济发展水平的差异与它们不同的制度背景存在密切关系。因此,发展中国家要想缩小与发达国家的差距,就需要努力完善其政治、法律和经济制度,消除其中阻碍经济发展的一些制度性因素。

国家理论 产权实施要靠国家。因此,国家理论是新经济史学的重要组成部分。新制度经济学中的国家理论主要论及的是国家起源、功能,以及它在制度变迁和经济发展中的作用问题。新制度经济学家认为,国家带有"契约"和"掠夺"双重属性。所谓"契约"属性,是指国家是公民达成契约的结果,它要为公民服务。所谓"掠夺"属性,是指国家是代表某一利益集团或者阶级的代理人,它的作用是向其他阶级或者集团的成员榨取收入。正如诺思有关国家的"暴力潜能论"所指出的那样,若暴力潜能在公民间进行平等分配的话,便产生了契约性国家;反之,若暴力潜能在公民之间分配是不平等的,便产生掠夺性国家。据此,诺思认为,"国家可视为一种在暴力方面具有比较优势的组织"①,这种组织凭借规模经济和垄断优势,为社会提供保护和公正,换取收入并使其财富或者效用最大化。同时,由于国家总是受到其他国家或者现存潜在政治竞争力量的约束,所以,各国统治者总是会把公共服务的供给配置给各个利益集团,以尽量争取其政治支持,减少潜在威胁。由于国家是由统治者代为管理的,所以,政治家出于追求自身最大福利的考虑,必然在为整个社会制定竞赛规则过程中考虑这样两个目标:一是为统治者垄断租金最大化提供一个产品和要素市场的产权结构;二是在满足第一个目标过程中尽可能促进社会产出最大化,达到为国家增加税收的目标。但是,常常由于这两个目标之间的冲突,使得统治者以及统治集团租金最大化的结果与促进经济增长的有效产权结构之间存在矛盾。因此,诺思曾指出:"国家的存在是经济增长的关键,但国家又是人为经济衰退的根源。"②

在制度变迁和经济发展中,国家的作用巨大。它可以通过法律等强制性手段,以较低的成本来进行正规规则的变化与调整,从而克服制度变迁中大家都愿意"搭便车"而不愿进行制度变迁的难题;可以对意识形态进行大

---

① 道格拉斯·C·诺思:《经济史中的结构与变迁》,上海三联书店,1991年版,第20—21页。
② 转引自贺卫:《寻租经济学》,中国发展出版社,1999年版,第1—4页。

量投资,以提高现存制度的合法性,减少现存制度的运行成本;还可以纠正某些制度不均衡而强制实施制度变迁。当然,国家还可以利用自己在建立或实施产权中发挥的作用,降低社会交易成本。新制度经济学家对国家的作用的这些看法,值得我们重视。

复习思考题

1. 什么是"凡勃伦传统"? 新制度学派的研究重点是什么?
2. 加尔布雷思所谓的"二元体系"经济结构具体指什么?
3. 什么是缪尔达尔的"循环累积因果联系"理论? 按这种理论,自由贸易对所有贸易国都有利吗?
4. 《企业的性质》和《社会成本问题》各自阐述了什么样的思想?
5. 试述交易成本的含义和实质。
6. 产权的含义和性质是什么?
7. 产权与经济效率之间的关系怎样?
8. 制度的功能是什么?
9. 什么是制度变迁中的"路径依赖"? 它与经济发展有什么关系?

第十二章 市场失灵与规制经济学

在古典和新古典经济学那里,自由竞争的市场机制是非常完美的。它们认为,在价格机制的自发调节下,市场能够实现资源的最优配置,因此,亚当·斯密用他的"看不见的手"把国家的经济职能限定在最小范围。但20世纪20年代末的一场经济危机宣告了"市场神话"的结束,"市场失灵"这一经济术语在西方经济学界被广泛使用。于是,从30年代起,西方经济学家开始大力分析市场的缺陷,深入探讨国家干预的合理性和必要性。

第一节 外部性理论

"外部性"的含义　一般均衡理论阐述了一个重要道理:经济主体或各个市场之间会发生相互影响或相互冲突。这就是说,一个人最大化自己利益的行为会构成所有其他经济主体最大化自身利益的约束条件或约束环境,每个人都面对一定的价格体系来进行选择、采取行动,这种相互影响和相互作用是通过供求和价格变动而产生的。但是,现实生活中还存在另外一种相互影响,即不通过影响价格和供求而直接影响他人的经济利益或经济环境,这就是经济学上所说的外部性或外部影响(externality)。一般认为,外部性是指经济主体在自己的活动中给其他经济主体带来利益或产生危害,而该经济主体又没有因为这种利益或危害而得到报酬或支付赔偿。例如:果园附近的养蜂场在酿蜜的过程中传播了花粉使果园获得丰收,工厂将没有处理过的污水直接排入江河而影响了河边的居民。外部性可分为两类:积极的外部性(positive externality)又称外部经济;消极的外部性(negative externality)又称外部不经济。积极的外部性是指某一经济主体的行为使别人受益,但受益者无须为受益花费代价,如前面举的第一个例子。消极的外部性指经济主体的行为使别人受害,但无须为别人支付赔偿或代价,如前面第二个例子。现实生活中,无论是消费活动还是生产活动都有可能产生外部性。

外部性理论的演进　外部性问题的提出是和历史上对政府作用的争论联系在一起的。由亚当·斯密开创的古典经济学认为,每个人在追求自身利益的同时会被一只"看不见的手"引导着去促进社会利益,因此个人利益和社会利益是一致的。只有当人们需要某些公共物品,而这些物品对私人企业来说又无利可图时,才需要政府发挥作用;除此之外,政府在经济方面的作用就是为市场的良好运行创造条件。到了19世纪,英国经济学家、剑桥学派的奠基者之一亨利·西奇威克(Henry Sidgwick,1838—1900)对上述关于政府作用的观点产生了怀疑。他在《政治经济学原理》(1887)一书中已说到由于今天称之为外部性因素的存在而导致的经济活动中个人成本、个人收益和社会成本、社会收益不一致的问题,认为个人对财富拥有的权利并不是在所有情况下都是他对社会贡献的等价物。他举了灯塔的例子来说明:假设某人从个人利益出发建造了一个灯塔,由于灯塔这种物品的特性,其他人可以不付费就享受服务。同样,在某些情况下,人们会负担由于他人行为所产生的不能得到补偿的额外货币或精神成本。他认为,要解决经济中的外部性问题,就需要政府出面干预。

西奇威克虽然认识到了外部性问题的实质,但他并没有用"外部性"或"外部经济"这样的词语。阿尔弗雷德·马歇尔在其巨著《经济学原理》中,首创了"外部经济"和"内部经济"这一对概念用于分析个别厂商和行业的经济运行。所谓"外部经济",是指一个厂商的产量扩展决定于一个部门的发展状况和部门环境的一般进步状况。

在西奇威克和马歇尔的开创性研究之后,福利经济学的创始人庇古进一步深入研究,并形成了一套基本完整的外部性理论。他在《福利经济学》一书中补充了"内部不经济"和"外部不经济"这一对概念,并以私人边际成本和社会边际成本、边际私人净产值和边际社会净产值作为分析工具,奠定了外部性理论的基础。

1928年,阿林·A.杨格(Allyn Abbott Young,1876—1929)发表了他的经典论文《收益递增与经济进步》,进一步发展了由亚当·斯密提出的分工思想并形成了动态外部性理论。所谓动态外部经济,是指产业增长所产生的劳动分工扩大,从事专门活动厂商(即一部分厂商专门从事为其他厂商开发资本设备或为之服务的工作)的出现。该理论后来发展成为欠发达国家的"平衡增长"学说和"联系效应"学说。

1931年,雅各布·瓦伊纳(Jacob Viner,1892—1970)在其论文《成本曲线和供给曲线》中区分了技术外部性和货币外部性。货币外部性是指由于价格体系作用引起的外部性,例如,消费者增加对某一物品的需求从而导致该物品价格的上涨,对其他消费者产生了影响。当时经济学家对货币外部性进行了一场争论,最后基本形成一致意见:货币外部性不影响市场对资源达到最优配置,与福利经济学无关。因此,我们现在意义上的外部性是指技术外部性,即在本节开头时定义的外部性。

二战后,对外部性的研究日渐纷繁复杂,归结起来主要有三个方向。(1)遵循庇古的研究思路,继续研究负向外部性,如埃兹拉·米香(Ezra Mishan,1917—2014)对交通拥挤问题的研究,还有英国经济学家鲍莫尔(W. J. Baumol)对环境经济的研究。(2)针对外部不经济问题提出的各种解决方案,主要有罗纳德·科斯(Ronald Coase)提出的明晰产权的思路,以及由詹姆斯·E. 米德(James Edward Meade)提出的,而后又被肯尼思·J. 阿罗进一步发展了的另一种方式,即认为外部性的存在内在地等同于竞争性市场的缺乏。(3)沿着马歇尔尤其是杨格关于规模经济(动态的外部经济)的思路进行发展。1970年,齐普曼(J. S. Chipman,1926—   )在《经济学季刊》上发表了《规模的外在经济与竞争均衡》一文,再次继承了这一思路。1986年,保罗·罗默(Paul Romer)在《政治经济学杂志》上发表了《收益递增与长期增长》一文,首次系统地建立了一个具有外部效应的竞争性动态均衡模型。1988年,罗伯特·卢卡斯(Robert E. Lucas)在《货币经济杂志》上发表了《论经济发展的机制》一文,明确地把人力资本的外在效应当作经济增长的一个重要因素。

应对外部性的策略

由于外部性导致市场失灵,损害了社会福利,因此对外部性研究的目的就是要找出解决方案使外部性能够内部化,从而恢复市场有效配置资源的能力。

根据外部性造成市场失灵的原因(私人成本、私人收益和社会成本、社会收益不一致),以庇古为代表的一批经济学家主张政府干预,当私人成本低于社会成本时,由政府出面向私人或企业收税,其税额为私人成本和社会成本的差额；反之，则由政府给予补贴。这就是"庇古税"方案。

芝加哥学派的创始人之一弗兰克·H. 奈特（Frank Hyneman Knight，1885—1972）在他的论文《对社会成本阐述的谬误》中对庇古用税收或补贴来纠正私人成本和社会成本之间的差异的观点提出批评。他认为，庇古所证明的市场机制的失灵实际上仅仅意味着政府建立和保护私人财产权利的失败。他重新阐述了新古典的观点——完全竞争的社会机制将产生资源的有效配置。

1960年，罗纳德·科斯发表了他的经典论文《社会成本问题》，为解决外部性问题提供了另一种新思路：如果产权是明确定义的，并且协商成本为零或很小，那么在有外部性的市场上，交易双方总能通过协商达到某一种帕累托最优配置，不管初始产权归哪一方。科斯定理表明，即使是在有外部性的市场上，无需政府干预也有可能达到资源的最优配置。

关于外部性的对策还有其他一些观点。道格拉斯·C. 诺斯（Douglass C. North）等人认为，制度本身可以内部化外部性问题。诺斯在《西方世界的兴起》一书中指出："一个有效率的经济组织在西欧的发展正是西方兴起的原因所在。""有效率的经济组织"可以通过在制度上作出安排和确立所有权使"个人的经济努力变成私人收益率接近社会收益率的活动"[①]。同时，他们还指出：市场进化和生产力提高的历史，也就是一个外部性被制度不断内部化的过程。

第二节 公共物品理论

"公共物品"的定义

现实经济生活中，人们经常会碰到上述外部性的一个特例：有些产品或服务如国防、灯塔等，一旦供应了，所有的人都能够而且必须享用同一数量，这种产品或服务就是公共物品（public goods）。公共物品由于其自身的特殊性质，使得分散决策的市场机制不能有效地配置资源。

1943年，霍华德·鲍恩（Howard Bowen）开创性地表述了公共物品供给中配置效率的思想。1954年，保罗·萨缪尔森（Paul Samuelson）在《经济

---

① 道格拉斯·诺思等：《西方世界的兴起》，华夏出版社，1999年版，第5页。

学和统计学评论》上发表了其经典论文《公共支出的纯理论》，进一步发展了鲍恩的思想。在萨缪尔森的理论框架中，他首先用个人消费和总体消费关系来区别个人物品和公共物品。对于个人物品而言，全社会总的消费量为每个人不同消费量的加总；但公共物品则不一样，每个人的消费量都相等，而且每个人的消费并不会减少其他人的消费，也就是说，纯粹的公共物品具有非竞争性（non-rival）和非排他性（non-exclusive）。非竞争性指某个消费者对该物品的消费，并不影响其他消费者对该物品的消费，如无线广播，增加或减少一个收听者，并不影响其他消费者的收听；非排他性指只要提供了该物品就无法拒绝其他消费者对该物品的消费，如上述的无线广播、国防等。

1956年，蒂鲍特（C. M. Tiebout）发表了《一个地方支出的纯理论》一文，研究所谓的地方公共物品，即只有居住在特定地方的居民才能够消费的公共物品。1973年，桑德莫（Agnar Sandmo，1938—　）发表了《公用物品和消费技术》一文，从消费技术角度研究了准公共物品（quasi-public goods），认为具有非竞争性和非排他性的纯粹公共物品在现实生活中较少，而准公共物品（只具有局部非竞争性和局部非排他性的产品，如桥牌俱乐部）较多，推动了公共物品理论的进一步发展。

公共物品的供给　公共物品的非排他性给市场机制带来了严重的问题：即使提供某种公共物品的成本小于其所带来的收益，私人市场也不愿意提供这种公共物品，因为存在所谓"搭便车"问题。萨缪尔森在其论文《公共支出的纯理论》（1954）中分析公共物品的提供问题，认为在一定的条件下由政府提供公共物品可以达到资源配置的帕累托最优。在由政府提供公共物品的情况下，政府必须了解每个消费者的效用函数和不同单位的公共物品对个人的边际替代率或边际价值。但是，消费者不会如实地报告他们自己的偏好，因为按照受益和成本对应的原则，消费者为公共物品所承担的成本必须与他所获得的收益相关，而他所获得的收益要通过显示偏好来反映。为此，必须设计一种机制来揭示人们的真实偏好。克拉克（E. H. Clark）和格罗夫斯（T. Groves）分别于1971年和1973年发表了他们在这方面的研究成果，人们把这一机制称为"说真话机制"（Revelation Mechanism）或克拉克—格罗夫斯机制。其主要内容如下：

（Ⅰ）根据某项公共物品的总成本C，向每个人指派成本C_i。

（Ⅱ）V_i 为每个人从公共物品上获得的收益，$N_i = V_i - C_i$ 是他从该公共物品上所获得的净收益。

（Ⅲ）当 $\sum N_i \geqslant 0$ 时，就提供该公共物品；当 $\sum N_i \leqslant 0$ 时，则不提供该公共物品。

（Ⅳ）让轴心人物（pivoted agent）为其决定负责。因其决策而使社会决策改变的人物就叫轴心人物。例如，所有其他人所汇报的总净值 $\sum N_i \geqslant 0$，但是加上第 j 个人的净值后使得 $\sum N_i < 0$，那么这第 j 个人就是轴心人物（其中 $i \neq j$）。轴心人物必须缴税。假如轴心人物的决策使公共物品由提供变为不提供，那么他得为他的决策缴纳的税收为 $L_j = \sum N_i$，其中 $i \neq j$；如果他的决策使得公共物品由不提供变为提供，那么他得缴纳的税 $L_j = -\sum N_i$，其中 $i \neq j$。

在上述的机制下，个人决策对其他成员所造成的外部效应被内部化了，个人利益和社会利益相一致，每个人的最优决策都是说真话。但是，该机制也有缺陷：首先，它假定社会成员是独立决策的，如果社会成员结成联盟，那么该机制就会失灵；其次，在考虑收入效应的条件下，事先规定的成本分配就会影响社会成员的决策。

长期以来，人们都认为应该由政府来提供公共物品，但随着实验经济学、博弈论等的发展，关于公共物品的提供又有了如下两方面新的进展。

一是博弈论框架的扩展。迈克尔·泰勒（Michael Taylor）讨论了稳定的社会制度（以稳定的超博弈均衡的形式出现）可能会解决像囚徒困境博弈这类公共物品问题，避免非最优结果的可能性。考虑到集体行动具有动态博弈的性质，博弈各方都会认识到反复使用撒谎策略对自己是不利的，随着情况的重复出现，一个显示真实偏好的规范将得以发展，在这个规范上，说真话的机制将被建立起来。阿玛蒂亚·森（Amartya Kumar Sen）则从理论上说明利他主义道德观可以通过合作行为摆脱囚徒困境。

二是将公共物品与私人物品相联系的激励机制。其中一种是使公共物品具有私人物品一般的排他性，从而避免公共物品的搭便车问题，但这只能局限于少数的几种公共物品，如收费电视。另一种是科斯提出的将公共物品和私人物品搭配提供的思路。

公共支出理论

公共财政建立的理论依据,从广义上讲,是市场失灵的一切问题,包括市场无法完全消除外部性、无法提供公共物品以及市场不能解决的收入分配不均等。市场的这些不足决定了政府介入和公共财政建立的必要性。从狭义上讲,则是公共物品理论,即分散决策的市场无法提供公共物品满足消费者需求,需要政府的介入。因此,在公共物品理论中就必然会涉及公共支出理论。税负的分配是公共支出中的一个相当重要的问题,因为任何个人对一种物品的需求既以其边际价值为基础,又以其成本为基础。因此,公共支出中的一个主要问题就是设计一种能提供任何公共物品的最优数量的方法,使其能产生这样一种税负分配,即对每一个公民兼消费者来说该公共物品的边际定价等于边际税额。

早在1919年,瑞典经济学家埃里克·R.林达尔(Erik Robert Lindhal, 1891—1960)就在其论文《公平税收———一个实证解释》中论述了公共支出问题。林达尔假定政治集团不会影响税负的分配问题,税负分配问题可以通过自由协商或"经济交易"来解决,每个人或集团根据自己的意愿确定价格,并均可按照这种价格购买公共物品的总量,处于均衡状态时,这些价格使每个人需要的公共物品量保持一致。在达到均衡时,公共物品的价格趋向于同每一集团的边际效用相一致。这意味着税收价格将等于相关个人对公共物品的边际定价。因此,林达尔均衡使人们对公共物品的供给水平问题取得了一致,即消费者分摊的成本与边际收益成比例。

1969年,萨缪尔森发表了《公共支出和税收的纯理论》一文,指出林达尔均衡是假均衡。因为,每个人都有将其真正边际支付愿望予以支付的共同契机,因此该机制下产生的公共物品量将会远低于最优水平。后来邓肯·K.费利(Duncan K. Foley, 1942—)在其文章《林达尔解与拥有公共物品经济的核》中证明了萨缪尔森的观点。

第三节 有关竞争和垄断的争论

竞争理论及其发展

市场权力,包括垄断和过度竞争,会妨碍市场的正常竞争,影响市场的效率,这是一种传统的主流观点。围绕着垄断与竞争这两大主题,西方经济学家展开广泛的讨论并形成了各种各样的垄断理论和竞争理论。

美国经济学家乔治·J.施蒂格勒(George Joseph Stigler,1911—1991)是这样描述"竞争"的:"竞争系个人或集团或国家间的角逐;凡是两方或多方力图取得并非各方均能获得的某些东西时,就会有竞争。竞争至少与人类历史同样悠久,所以达尔文从经济学家马尔萨斯那里借用了这个概念,并像经济学家用于人的行为那样,将它应用于自然物种。"[1]西方经济学家的竞争理论有一个发展和演变的过程。

1. 古典竞争理论。古典竞争理论,又称自由竞争理论,是在和重商主义的论战中发展起来的。重商主义主张国家应当通过各种措施来干预经济,扩大对外贸易。而亚当·斯密则认为,通过把私人经济主体从国家干预下解放出来,让经济主体自由竞争,可以达到个人利益和社会利益的和谐一致。在自由竞争中,市场这只"看不见的手"会整合独立分散主体的决策,往往会比真正出于本意的情况下更有效地促进社会利益。

2. 完全竞争理论。完全竞争理论是一个很广泛的概念,大体上是自19世纪70年代到20世纪20年代,围绕市场均衡和价格理论而发展起来的。这种理论最早可以追溯到1838年法国学者古诺的《财富理论的数学原理研究》一书。在该书中,他从垄断入手,通过不断地引入厂商数量,达到完全竞争,认为价格超出边际成本的部分会随着厂商数目的增加而趋于零。此后,英国的杰文斯进一步发展了完全竞争理论,认为"完全市场"应具备两个条件:一是每个市场参与者都了解市场供求状况,二是市场参与者之间不能有合谋行为。其后,英国经济学家埃奇沃思可说是第一个系统而又严密地阐明完全竞争概念的经济学家。他所阐述的完全竞争存在于这样的一个"竞技场"(field of competition):它由所有愿意或能够就拟议中的货物重新签约并有自由信息交流的人员组成,交易者数量的增大会导致统一的静止竞争价格。在埃奇沃思理论的基础上,美国的约翰·B.克拉克(J. B. Clark,1847—1938)又补充了资源的自由流动这一条件。1921年,芝加哥学派的创始人之一弗兰克·奈特(F. H. Knight,1885—1927)在其著作《风险、不确定性和利润》中完整地阐述了完全竞争的概念。"他在这本书中的详细论述与其他一些态度严谨地阐释这一概念的经济学家相比,确实是最准确地切中了完全竞争的定义,并因此能够为本世纪30年代广泛展开的

---

[1] 《新帕尔格雷夫经济学大辞典》第一卷"竞争"条目,经济科学出版社,1992年版,第577页。

反对完全竞争的思潮开通了道路。"①

然而,完全竞争理论存在着严重的缺陷,它就像是物理学中无摩擦的体系一样,是一种理想化状态的描述,很难解释一些重要经济事实,因此招来许多批评和指责,同时催生了各种各样的现代竞争理论。

3. 现代竞争理论。现代竞争理论主要包括以下几类。

(1) 动态竞争理论。约瑟夫·A·熊彼特(Joseph Alois Schumpeter)在《经济发展理论》(1912)一书中系统地阐述了他的"创新理论",并初步提出了动态竞争的观点,在后来的《资本主义、社会主义与民主》(1942)一书中,又进一步完善了动态竞争理论。他认为完全竞争仅仅是一种特例,而且完全竞争是低效率的,因为在完全竞争情况下企业没有动力也没有压力去开发新产品和运用新技术。他认为市场竞争的过程实际上是具有创新精神的企业家不断地运用"新组合"替代"旧组合"的"创造性毁灭的过程"(creative destruction)。因此,不管是从时序上还是从内部结构上看,竞争都是一种演进的动态过程。只有这种关于"新商品、新技术、新供给来源和新组织类型(例如大规模的控制单位)的竞争",也就是创新的动态竞争,才是有价值的②。

(2) 有效竞争理论。有效竞争理论是由美国经济学家约翰·M.克拉克(John Maurice Clark,1884—1963)提出的。受熊彼特创新的动态竞争理论的影响,他于20世纪50年代初开始提出该理论,并在1961年出版的《竞争作为动态过程》一书中系统地阐述了有效竞争理论。他认为,严格的完全竞争是脱离实际的静态理论的假设,而少数大企业之间的寡头竞争才是实际发挥作用的竞争,即有效竞争,这种有效竞争是由"突进行动"和"追踪反应"两阶段交织在一起的永无止境的动态过程,即"先锋企业"采取"突进行动",运用新技术,推出新产品,开发新市场,从而获得"优先利润",然后其他企业采取"追踪反应",对"先锋企业"进行模仿,使得利润平均化。然后,先锋企业再进行创新,这种循环交替不断地发生,其结果就是技术不断进步与创新。

(3) 哈佛学派的竞争理论。哈佛学派的竞争理论是由一批曾在哈佛大学求学或任教的经济学家提出的一种理论。其主要代表有梅森(E. Mason, 1899—1992)、贝恩(J. S. Bain, 1912—1991)、谢勒(F. M. Scherer,

---

① 库尔特·勒布等编:《施蒂格勒论文精粹》,商务印书馆,1999年版,第308页。
② 熊彼特:《资本主义、社会主义与民主》,商务印书馆,1999年版,第149页。

1932—)等人。20世纪30年代,梅森在哈佛大学对竞争过程中的市场结构、市场行为和市场结果进行研究。到了50年代,由贝恩等人继续在该领域进行研究,最终形成产业组织的可行竞争理论。该学派对特定市场的研究主要是从市场结构(structure)、市场行为(conduct)和市场绩效(performance)三方面入手,由此形成结构—行为—绩效的分析框架,简称S—C—P框架。市场结构是指一个市场的组织结构,主要从市场集中度、产品差异度和进入壁垒等方面进行衡量;市场行为是指企业根据市场状况所采取的一系列行动;市场绩效则是指企业在市场竞争中所获的最终成果。该学派认为市场结构、市场行为会影响市场绩效并强调市场结构对市场绩效的影响,因此该学派的理论有时也被称作"结构主义学派"。他们认为,适度的市场集中度、较低的产品差异度和取消人为的市场进入壁垒均有助于取得有效竞争的市场绩效。因此,要保持有效竞争,就必须对市场结构和市场行为进行干预。该学派的理论曾一度成为美国政府制定竞争政策的理论依据,直到20世纪50年代芝加哥学派竞争理论兴起为止。

(4) 芝加哥学派的竞争理论。芝加哥学派的竞争理论,是由乔治·J. 施蒂格勒、哈罗德·德姆塞茨(Harold Demsetz)和理查德·A. 波斯纳(Richard A. Posner, 1939—)等一批芝加哥大学的经济学家在同哈佛学派垄断政策思想的论战中发展起来的。该派竞争理论的基础是社会达尔文主义和经济自由主义思想。他们认为,市场竞争过程是一个没有国家干预的由市场力量自由发挥作用的过程,国家对市场的作用是为市场自由竞争过程确立制度框架,企业则在自由竞争的市场中"适者生存,不适者死亡",即施蒂格勒所称的"生存检验"。同时,他们还以为,只要不是人为地设置市场进入壁垒,从长期看,市场自由竞争过程是有效的,可以达到资源的最优配置,因此政府应减少对经济的干预。他们认为,政府的反托拉斯法应该是保护竞争,而不是简单地保护竞争者,只要市场集中能带来市场绩效的提高,政府的干预就没有必要。由于该学派强调市场的绩效(效率)方面,因此又被称为"效率主义学派"。该学派的竞争理论对20世纪80年代以来美国竞争政策的转变有很大影响。

| 垄断和竞争之争 | 资本主义自由竞争会引起生产和资本的集中,到了一定阶段就形成垄断。虽然垄断会带来规模经济,降低单位产品成本,进而降低售价,增进社会福利,并

且生产集中和垄断也有助于推进科学研究,采用新技术,从而促进社会生产力发展,因此围绕垄断与竞争,西方经济学界展开了长期的争论,主要集中在经济效率、技术创新和社会福利等几方面。

1. 关于经济效率之争。毫无疑问,在古典、新古典经济学那里,自由竞争、完全竞争是最有效率的,从亚当·斯密"看不见的手"到帕累托效率标准,以及阿罗—德布鲁一般均衡模型,无不展示着经济学家们对自由竞争的钟爱。完全竞争论的主张者认为,只有在完全竞争的市场结构下,企业的产量才最高,价格最低,社会福利水平最高,市场配置资源的效率才最优。而企业一旦有了市场势力,形成垄断,就会降低产量,提高价格,从而造成社会福利损失。爱德华·H. 张伯仑(Edward Hastings Chamberlin,1899—1967)在他的《垄断竞争理论》中提出"过剩的生产能力",即企业在垄断的市场结构中为了使自身利润最大化,会将产量定在平均成本下降的阶段,即企业开工不足,从而浪费社会资源。阿诺德·C.哈伯格(Arnold Carl Harberger,1924—)则研究了垄断造成的社会福利损失。在他 1954 年的论文《垄断和资源配置》中提出了后来被命名为"哈伯格三角"的垄断的社会成本区域,如图 12-1 所示。

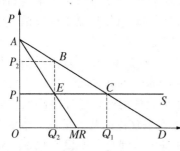

图 12-1 哈伯格三角和塔洛克方块

假设需求曲线为 AD,企业边际成本不随产量变化且等于平均成本,在图 12-1 表现为 P_1S 线,在完全竞争情况下,消费者剩余为 AP_1C,生产者剩余为零。在垄断情况下,消费者剩余减少为 AP_2B,而 P_1P_2BE 转化为生产者剩余,BEC 部分则损失掉了,BEC 部分就是所谓的"哈伯格三角"。1967 年,公共选择学派的戈登·塔洛克(Gordon Tullock,1922—2014)在其论文《关税、垄断和盗窃的福利成本》中提出了寻租理论的雏形,为研究垄断造成的社会福利损失提供了新的角度。他认为,图 12-1 中 P_1P_2BE 是垄断产生的租(所谓租,是指一种生产要素的所有者获得的收入中超过这种要素的机会成本的剩余部分)。企业为了获得这部分经济租,就乐意花费不大于这一区域的成本获得垄断地位。芝加哥学派的波斯纳进一步发展了塔洛克的思想,认为在寻租者之间的竞争会使得社会中用于寻租的成本与垄断利润相等。而这些寻租的成本是不会增加社会财富的。因此,垄断带来的福利损失,还应包括区域 P_1P_2BE,该区域后来被称为"塔洛克方块"。

但是,另一部分经济学家则认为垄断企业有规模经济的优势,可以采用新技术,企业可以以较低的价格出售更多的产品。因此,垄断导致产量下降、价格上升的观点是不能成立的。同时,一些经济学家在进一步研究了垄断导致的社会福利损失之后认为,垄断的产量减少所造成的社会福利损失被夸大了,更何况垄断企业产量还不一定下降。

熊彼特批判了完全竞争具有高效率的观点,认为完全竞争的效率是低下的,而且还会带来资源和机会的损失:"引进新的生产方法和新的商品很难想象从一开始就使用——完全迅速地——完全竞争的办法。这即是指,我们称为经济进步的大量东西和完全竞争是不能共存的。"[1]"一个完全竞争的企业在进步的冲击或外部的干扰下比大企业更容易垮台,因而更容易扩散经济萧条的细菌。……就这方面说完全竞争不但不可能而且效果不佳,它没有资格被树为理想效率的模范。"[2]

2. 关于技术创新之争。这一争论大体上分为两派。一派认为只有竞争才能带来技术创新,推动技术进步,而垄断的市场结构则会影响技术进步。这一派经济学家主要有哈罗德·德姆塞茨,还有哈佛学派的谢勒、谢菲德(W. G. Shepherd)等人。他们认为,垄断企业没有技术创新积极性,因为垄断企业没有外在的竞争压力,也没有技术革新的内在动力。另一派则持相反观点,认为垄断的市场结构有利于技术创新和进步,这一派经济家以熊彼特、保罗·罗默和法国经济学家让·梯若尔(Jean Tirole)等人为主。熊彼特认为,大企业由于创新和技术进步形成的垄断并不是真正的垄断,而且企业中的垄断利润是资本主义社会"给成功者的奖金"。他还认为,这种在"创造性毁灭过程"中形成的技术上的垄断企业并不是可以高枕无忧的,它们一方面要同原有旧技术、旧产品的企业竞争,另一方面又受到潜在竞争者的威胁,因此它们必须不断地进行技术创新以保持其垄断地位。保罗·罗默从技术创新的外溢性分析了垄断企业从事研究与开发的积极性。他认为,技术创新的成本远远大于仿造成本,如果没有一个机制来对创新进行保护,企业就没有积极性进行技术革新,而垄断企业由于具有垄断权力,可以垄断技术革新的成果,因此它就会积极进行技术创新而不用担心在耗费大

---

[1] 熊彼特:《资本主义、社会主义与民主》,商务印书馆,1999年版,第174页。
[2] 同上书,第176页。

量资源进行技术创新后被别的企业轻易复制。

第四节 收入分配不均及其对策思路

市场竞争与贫富差别 市场失灵的又一表现是无法解决贫富差别问题。在市场经济中,国民收入分配实际上是要素价格决定或报酬问题。在现实世界中,人们占有要素状况不一样,有人占有资本、土地多些,有人少些;有人工作能力强些,有人弱些,甚至完全没有。根据要素在生产中的贡献来分配收入,人们的收入必然有差别或者说不均等。

1905年,奥地利统计学家洛伦茨(Max Otto Lorenz,1880—1962)提出了一条用以表示社会收入或财产分配不平等程度的曲线。他把社会总人口分成10个等级,每个等级为10%的人口数,再将10%的人口收入除以国民收入,得出每一等级人口的收入在国民收入中所占的比重。然后,将人口百分比作为横轴,以国民收入百分比(也相应分为10个等级,每个等级都占10%)为纵轴,绘出一个正方形图,再将正方形的两个对角连接起来。最后,根据一国人口与收入分配的具体数据绘出一条实际收入分配曲线即洛伦茨曲线,如图12-2所示。图中OY线(对角线)是收入分配的绝对平均线,因为该线上任何一点所代表的人口百分比和这部分人的收入在社会总收入中的百分比总是相等的。根据社会收入分配实际数据描绘出来的洛伦茨曲线上任何一点可表示出占人口一定百分比的人们占有社会收入的百分比。例如,M点表示80%的人口占有40%的社会收入,而其余20%的人口(富人)倒占有社会收入的60%。这条曲线与收入分配绝对平均线(对角线OY)偏离程度越大,表示收入分配越不平均。

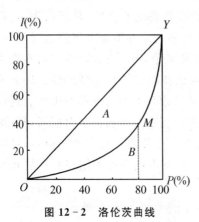

图 12-2 洛伦茨曲线

为了更好地用指数来反映社会收入分配的平等或不平等程度,意大利经济和统计学家基尼(Corrado Gini,1884—1965)在洛伦茨曲线的基础上提出了一个表示社会收入分配不平等程度的指标,称为基尼系数。它是把洛伦茨曲线图中实际收入分配曲线和绝对平均线之间的面积(用 A 表示)同这部分面积(A)加上实际收入分配曲线与绝对不平等线即直角形曲线 OPY 之间的面积(用 B 表示)之和(即 $A+B$)相除所得之商,即基尼系数 $G=A/(A+B)$。设 $Y_1,\cdots,Y_n$ 代表递减的收入,Y^* 代表中位收入,n 为人数,则基尼系数亦可用下式求得:

$$G = 1 + 1/n - 2(Y_1 + 2Y_2 + 3Y_3 + \cdots + nY_n)/n^2 Y^* \qquad (12-1)$$

这一系数在 0 与 1 之间,数值越大,表示收入分配越不平等。

公平与效率的关系　　收入分配差距大一点好,还是小一点好,涉及对公平和效率的不同观点。这些观点大体有如下三种。

1. 效率优先论。持这一观点的主要是新自由主义者,如弗里德里希·哈耶克(Friedrich A. V. Hayek)、米尔顿·弗里德曼(Milton Friedman)、罗纳德·科斯等。哈耶克认为,市场经济可能会造成人与人之间的不公平,但是,如果只是为了收入和财富上的平等而采用行政手段去纠正自由竞争中出现的不公平现象,最终结果将会是更大的不公平。弗里德曼则将效率与自由联系起来,认为实现配置效率的前提条件是自由经营、自由竞争以及资源的自由流动,但他并不是提倡一味的放任自由,而是认为促进机会平等的政府措施可以增进自由,而致力于所有人公平分配的政府措施将会损害自由,一个把自由放在首位的国家将会得到更大的自由和更多的平等。科斯则认为:产权的界定会影响经济效率,因此在产权界定中,应该以效率优先为标准。

2. 公平优先论。持这一观点的主要有勒纳(A. P. Lerner,1903—1982)及新剑桥学派的琼·罗宾逊(Joan Robinson,1903—1983)等人。他们认为,不公平会损害工作热情,从而降低效率。勒纳认为,由于效用是不能测量的,因此无法预知哪一种分配方式可以获得最大福利。琼·罗宾逊认为,收入分配是决定经济增长的内生变量,因此公平决定着效率,追求效率的结果只会使得收入分配越来越不平等,从而阻碍经济的进一步增长,因此政府应该干预经济,实现收入均等化。

3. 公平和效率兼顾。公平与效率间确实存在某种矛盾,正如美国经济学家阿瑟·奥肯(Auther Okun,1928—1980)所说,"为了效率就要牺牲某些平等,或者为了平等就要牺牲某些效率"①。但是,他摒弃了罗尔斯的"平等优先论",也摒弃了弗里德曼的"效率优先论",而坚持调和"公平"和"效率"、兼顾两大价值目标的所谓"第三条道路"。他认为,市场能激励工作热情从而提高效率,因此应该给市场足够的作用范围;同时,市场也会带来收入的不平等,因此市场应受到约束。具体是要通过政府干预以实现效率与公平兼顾。持这一观点的经济学家还有萨缪尔森、伯格森等人。

公平优先、效率优先以及公平和效率兼顾,这三种观点中可能第三种更可取些,因为公平(或者说平等)和效率之间存在着对立统一关系,这种关系是在市场经济运行中产生的,也体现了市场经济发展的内在要求。在市场经济中,效率的发挥是建立在不平等基础上的。不平等就是差别,有差别才有运动,才有发展变化,才有所谓效率。不平等的存在对效率起着重要的经济作用。但是,如果不平等的差别过大,势必造成社会动荡,危及市场经济秩序,会影响劳动力再生产。可见,市场经济运行机制本身要求有一点平等,但又不能过分平等;差距要存在,又要适当。平等和效率难以兼得,但要兼顾。

第五节 规制经济学

什么是规制 规制经济学是20世纪70年代以后兴起的,并且是与市场失灵联系在一起的。"规制",又译"管制",是指"依据一定的规则对构成特定社会的个人和构成经济主体的活动进行限制的行为"②。

现实经济生活中由于外部性、公共物品、垄断或过度竞争等因素的存在,会使市场作用受到限制,影响资源的有效配置,市场失灵构成了政府规制的重要理由。

根据日本经济学家金泽良雄的定义,政府规制是指在以市场机制为基础的经济体制条件下,以矫正、改善市场机制内在问题(市场失灵)为目的,政府干预和干涉经济主体(特别是企业)活动的行为。在此基础上,日本经济学家植草益进一步将政府规制分为间接规制和直接规制。间接规制指政府不直接介入经济主体的决策,而是未雨绸缪地先进行制度建设,从而防止

---

① 阿瑟·奥肯:《平等与效率——重大的抉择》,华夏出版社,1999年版,第80页。
② 植草益:《微观规制经济学》,中国发展出版社,1992年版,第1页。

破坏市场机制的行为的发生,如制定反垄断法、民法及商法中对不正当竞争等的限制。直接规制(狭义的政府规制)指"以防止发生与自然垄断、外部不经济及非价值物品(如毒品等)有关的,在社会经济中不期望出现的市场结果为目的"的规制,这种规制,"具有依据由政府认可和许可的法律手段直接介入经济主体决策的特点"①。直接规制又可分为经济性规制和社会性规制。前者是针对自然垄断行业和存在信息不对称的部门,对其进入、退出、投资和价格等进行规制,以防止无效率的资源配置的发生;后者则是指针对消极外部性和有害物品等所作的规制,如关于环境保护和食品卫生的立法。而美国经济学家丹尼尔·F.史普博(Daniel F. Spulber)在其著作《管制与市场》(1989)中为了将规制与法律区分开来,将规制限定于那些由行政机构执行的施加于市场的一般性法规和特殊行为,并在这一框架下理出三种类型的规制:第一,直接干预市场配置资源机制的规制,如价格规制;第二,通过影响消费者决策而影响市场均衡的规制,如汽车尾气排放量限制;第三,通过干扰企业决策从而影响市场均衡的规制,如排污配额。简言之,"规制就是由行政机构制定并执行的直接干预市场配置机制或间接改变企业和消费者的供需决策时的一般规则或特殊行为"②。

规制经济学发展的背景 1887年,美国政府为了限制铁路运输业的过度竞争,控制铁路货运费率和旅客车费,成立了州际商业委员会(Interstate Commerce Commission,简称ICC),开创了政府规制的先例。1890年,美国的第一部联邦反托拉斯法——《谢尔曼法》(Sherman Act)诞生,该法的主要内容是:禁止竞争对手串通起来控制市场和企业的垄断行为。1929年,一场大萧条席卷了整个资本主义世界,在这次危机中,经济急剧下降,银行大量破产,企业倒闭,失业率迅速上升,一向被古典学派和新古典学派所推崇的市场机制对此无能为力。1933年,美国开始实施政府干预经济的"罗斯福新政"。其内容很大一部分是加强对公用事业部门的规制,尤其是电力、天然气、电话、航空、公路货运和铁路等具有自然垄断性质的公用部门。到了20世纪70年代后期,美国已有14个联邦机构和100多个州立机构被授予规制公司活动的权力,

---

① 植草益:《微观规制经济学》,中国发展出版社,1992年版,第21页。
② 丹尼尔·F·史普博:《管制与市场》,上海三联书店、上海人民出版社,1999年版,第45页。

国民生产总值的近四分之一是由受规制的行业来生产的。1978年,政府规制达到顶峰,仅经济性规制的产业就占到国民收入的15%(萨缪尔森,1996)。

这一时期,对政府规制的解释是一种被称为"规制的公共利益"的学说,该学说来源于以庇古为代表的福利经济学。"公共利益学说"认为,政府规制是为了弥补市场失灵所引起的资源配置的无效率,增加公众利益。这一理论把政府对市场的规制当作是政府对公共利益和公共需要的反应,是从公众利益出发而制定规则,目的是为了防止和控制受规制的企业对价格进行垄断或者对消费者滥用权力。

但是,从20世纪60年代起,随着政府规制的加强,许多问题不断暴露出来,如官僚主义、制度僵化、企业技术创新缓慢,等等。"公共利益学说"开始受到怀疑,人们开始考虑规制的成本问题。这一时期的两篇论文引起了人们对政府规制的普遍反思。一篇是乔治·施蒂格勒和克莱尔·弗里德兰(Clarie Friedland)合写的《规制者能规制什么?——电力部门的实例》(1962)。在这篇论文中,他们通过对1912—1937年美国电力行业的分析表明:政府规制对价格下降的作用并没有如"公共利益学说"所讲的那么大;相反,规制仅有微小的价格下降效应。另一篇是《规制约束下的厂商行为》,作者是哈威·阿弗奇(Harvey Averch)和里兰德·L. 约翰逊(Leland L. Johnson)。他们提出了一种面临被规制的收益率约束的厂商行为理论,认为在某种条件下被规制厂商会过度地投资于固定资本,从社会角度看,过多的固定资本投入会使得社会所承担的公用事业服务成本上升。

规制经济理论

1971年,乔治·施蒂格勒在《贝尔经济学杂志》上发表了其经典论文——《经济规制论》,通常被认为是开创了经济学的又一分支——规制经济学。后来,佩尔兹曼(Sam Pelzman)和加里·S. 贝克尔(Gary Stanley Becker)在施蒂格勒研究的基础之上又进一步发展和完善了规制经济理论。

在《经济规制论》这篇论文里,施蒂格勒认为经济规制理论的中心任务是"阐明哪种产业会因管制而得益,哪种产业又会因管制而遭受损失;政府将会采取何种管制的形式;其管制又会对资源的配置产生什么样的影响"[①],其出发点(理论前提假设)是国家拥有强制别人服从的权力;像其他

---

① 库尔特·勒布等编:《施蒂格勒论文精粹》,商务印书馆,1999年版,第357页。

商品一样，规制也是其供给和需求相互作用的结果。通过对民主政治体制特点的分析，施蒂格勒得出结论：规制是产业谋取来的，而且其设计和实施都主要是为了使该产业获得更大的利益。

佩尔兹曼 1976 年在《法和经济学杂志》上发表了《关于规制的一般理论》一文，进一步完善了施蒂格勒的理论，这一理论的关键假设是：制定规制政策的主体（行政机构、立法者）会选择使其政治支持最大化的规制政策。他认为最优的规制价格一般低于垄断产品的价格，但高于竞争产品的价格，因此最有可能被规制的产业是那些具有相对竞争性或具有相对垄断性的产业。在竞争产业中生产者将从政府规制中获益，而在垄断产业中消费者将会从政府规制中获益。

施蒂格勒和佩尔兹曼的分析基础是规制者会选择实现其政治支持最大化的规制政策，而加里·S.贝克尔认为规制主要是用来提高更有势力的利益集团的福利。他认为规制的实质是不同利益集团之间相互影响的结果。这从他的论文题目"关于压力集团之间争取政治影响的理论"（《经济学季刊》1983 年秋季号就可以显示出来。贝克尔得出的一个重要结论是：如果规制产生的边际净损失增加，规制活动的数量将减少。这一结论的政策含义是：能改善福利的规制政策更有可能被执行。

在施蒂格勒研究的基础上，除了佩尔兹曼、贝克尔的发展外，以詹姆斯·M.布坎南（James M. Buchanan, 1919—2013）和戈登·塔洛克（Gordon Tullock）为代表的公共选择学派也形成了一种被称为"规制俘获论"（Capture Theory of Regulation）的理论。该理论认为：政府官员、国会议员是在某些利益集团的资助下被选举出来的，因而要为这些利益集团服务，特别是为那些希望得到垄断权力、避免竞争、维持垄断利润的大企业集团服务，因此政府是被俘获的政府。不管规制方案如何设计，规制机构对某个产业的规制实际上是被这个产业"俘获"，因此规制提高了产业利润而不是社会福利。

自然垄断与政府规制

对自然垄断的规制是政府规制的一个主要组成部分。

自然垄断是指一种自然条件，它恰好使市场只能容纳一个有最适度规模的公司。自然垄断的判断标准是：市场需求只要有一家成本不断降低的厂商就能满足了。传统经济理论认为，从社会利益出发，政府必须对自然垄断行业进行规制，因为自然垄断行业具有规模经济的特征,其平均成本会随产量的上升而下降,只有一家厂商提供产品对整个社会来说总成本最小,如果放任其自由竞争,则会造成资源配置的低效率。对自然垄断行业进行规制的另一个原因是自然垄断行业定价的两难困境。根据微观经济学的基本原理,当价格等于边际成本时社会总福利最大,但由于自然垄断行业中平均成本是随产量增加而不断下降的,因而边际成本始终低于平均成本,因此,当价格等于边际成本时,自然垄断的厂商是亏损的。

20 世纪 80 年代以后,人们对自然垄断有了新的认识。1982 年,鲍莫尔(W. J. Baumol)、潘则(J. C. Panzar)和威利格(R. D. Willig)在其合作论文里用部分可加性(subadditivity)重新定义了自然垄断。他们认为,只要由一家厂商生产多种产品的成本小于几家厂商分别生产的成本之和,不管平均成本是上升还是下降,该产业都可以被认为是自然垄断行业,由单一企业垄断市场的社会成本就仍然最小。他们根据平均成本的不同情况区分了强自然垄断(平均成本大于边际成本)和弱自然垄断(平均成本小于或等于边际成本),最后得出结论:对自然垄断的企业要根据其平均成本的升降及企业承受力(英文 sustainability,即企业保持垄断地位,防止潜在竞争者渗入市场分享利润的能力)来决定是否要对自然垄断的企业进行规制。这就有别于只要是自然垄断就要规制的传统看法。

20 世纪 70—80 年代,美国出现了一场放松规制的运动,其中很大一部分是放松对自然垄断的规制,这一运动在一定程度得益于自然垄断理论的新发展。

对政府规制的批评

随着政府规制领域从原先的公用事业领域扩展到竞争性领域,以及政府规制手段的增加,对政府规制的批评也越来越多,主要是来自芝加哥学派和奥地利学派的声音。

芝加哥学派对政府规制的批评可以追溯到其早期的代表人物——亨利·C.西蒙斯(Henry C. Simons, 1899—1946)。早在 20 世纪 30 年代,他看到联邦政府规制制度急剧扩张,就提出将规制经济的权力赋予行政机构是很危险的。他认为,对垄断部门实施规制是一种不规范的安排,只能算是一种权宜之计,可行的办法是实行公共所有权。1959 年,罗纳德·科斯发表了对联邦通讯委员会进行批评的长篇论文。另外,米尔顿·弗里德曼在《资本主义与自由》一书中对政府规制提出了批评,但他的观点与前述西蒙斯的观点正好相反,认为公用事业行业私人垄断方式比国有化的方式更好。公有公用事业的价格政策的出发点是最大限度地获取选票而非市场配置资源的效率,私人垄断的问题可以无须规制而受到竞争性利润水平的制约而解决,这一点是前芝加哥学派与新芝加哥学派最显著的区别。理查德·A.波斯纳也认为应该用私人垄断来替代政府规制或国有化,因为私人垄断厂商会迎合消费者的愿望,因此应该取消在产业进入和价格方面的限制,用超额利润税来替代它们。哈罗德·德姆塞茨也否认政府对具有规模经济行业的规制的必要性,认为在这些行业中,政府可允许"对抗性竞争者"对在某种不确定的"合同"期内供给商品或服务的排他性权利进行竞价。

奥地利学派在对待政府规制的问题上比较激进,认为市场竞争在本质上是一个事实和信息的发现过程。不诉诸市场竞争这种发现过程,许多事实就不会为人们所知晓,或者至少不会为人们所利用。从这一角度出发,他们提供了一种批评政府规制的新视角,认为政府规制的危险性主要来自规制对市场作为一个信息或知识的发现过程所产生的影响。他们指出,信息发现的过程如此重要,以至于它可能在以下几个方面给实施"恰当的"政府规制带来重大困难:

(Ⅰ)"没有被发现的发现过程",即政府规制的实施会阻挠市场本身能够引致的发现过程。

(Ⅱ)"不能模拟的发现过程",即政府的规制活动不能模拟市场的发现过程。

(Ⅲ)"被窒息的发现过程",即政府的规制会影响其他未受规制市场的发现过程。

(Ⅳ)"多余的发现过程",即政府的规制会引发不必要的发现过程乃至资源流向的重新安排。

| 规制经济学的最新进展 | 随着经济学其他分支如产业组织学、信息经济学等的发展,对政府规制的研究也日渐深入和完善起来。规制经济学的一个最新发展是在委托—代理模型基础上产生的激励规制理论。 |

这一理论认为,无论是规制的公共利益理论、施蒂格勒等人的理论,还是规制的俘获理论都隐含着一个前提假设:规制机构和被规制企业在制订

规制方案和实施规制的过程中都具有对称的信息。但是,现实经济生活中,规制机构了解的信息往往比被规制企业要少。激励规制理论的出现在很大程度上弥补了这一不足。它根据规制机构和被规制企业之间的信息不对称,把规制问题当作委托—代理问题来处理。劳伯和玛各特(Loeb and Magat,1979)是最先将规制过程看作一个委托—代理关系的经济学家。他们认为一般的规制过程中存在如下三层委托—代理关系:公众—政治委托人、政治委托人—规制者和规制者—被规制企业。委托人和代理人之间的信息不对称会产生一个激励和监督的问题。关于这一点,巴隆(David P. Baron,1940—)和梅耶森(R. Myerson)、拉丰(J. J. Laffont,1947—2004)和梯若尔分别建立了复杂的数学模型,对信息不对称条件下的政府规制作了深入分析。他们发现,在信息不对称情况下进行规制,必然存在效率和信息租金这一对矛盾,也就是说,虽然公平可以避免企业获得垄断利润,但必须付出降低效率的代价。

复习思考题

1. 在应对外部性的策略方面,经济学家有哪些不同观点?
2. 在公共物品供给问题上,经济学家有哪些主要观点?
3. 围绕垄断与竞争,经济学家有哪几方面的争论?
4. 在公平和效率的关系问题上,经济学家有哪些不同看法?
5. 在政府对经济进行规制的问题上,西方经济学家有哪些不同的看法?

第十三章 博弈论与信息经济学

20世纪80年代起,博弈论在现代经济学中的应用已成为现代经济学最新进展的一个重要组成部分,成为众多应用经济学科甚至政策研究中普遍应用的一个有力的分析工具。本章不研究博弈论和与此相关的信息经济学的基本内容,只研究它们的产生、发展及其与现代经济学的关系。

第一节 博弈论产生、发展及其与现代经济学的关系

产生与发展

博弈论(game theory)是研究决策主体的行为相互作用时的决策,以及这种决策的均衡问题,换句话说,当一个人和一个企业的选择受到其他人或其他企业选择的影响,以及该人和该企业的选择也反过来影响到其他人和其他企业的决策时,博弈论便会派上用场。所以,博弈论也译为"对策论"。

一般认为,西方博弈理论开始于1944年冯·诺依曼(John von Neumann,1903—1957)和摩根斯坦(Oskar Morgenstern,1902—1977)合作的《博弈论和经济行为》(*The Theory of Games and Economic Behavior*)一书的出版。但是,现代博弈理论跟他们讲的东西关系并不大,尽管有一些概念特别是预期效用理论等都是由他们创立的,但是当时的博弈论是作为数学的一个分支出现的,与经济学并没有多大的关系。

到20世纪50年代,博弈论迎来了它发展史上的春天。其表现之一是合作博弈发展到它的鼎盛期,包括纳什(John F. Nash,1950)和夏普里(L. S. Shapley,1953)的"讨价还价"模型,吉利斯和夏普里(Gilles and Shapley,1953)提出合作博弈中的"核"(core)的概念,以及其他一些人的贡献,均大大丰富了人们对合作博弈的认识;表现之二是20世纪50年代成为博弈论发展史上巨人辈出的时代,现代博弈论中提及的很多博弈论专家大

多在那个年代就有相当的成果面世。当时,合作博弈论已达到自己发展的顶峰,同时,非合作博弈论也开始创立。纳什在1950年和1951年发表了两篇关于非合作博弈的重要文章,塔科尔(A. W. Tucker)1950年定义了"囚徒困境"(prisoners' dilemma)的概念。他们两个人的著作基本上奠定了现代非合作博弈论的基石。

到了20世纪60年代后,博弈论的发展史上又出现了另一些重要人物。比如,泽尔腾(Selten,1965)将纳什均衡的概念引入了动态分析,提出了所谓的"精炼纳什均衡"概念,为动态完全信息条件下博弈的求解提供了思路;而另一位博弈论的领军人物——海萨尼(Harsanyi)则把不完全信息引入博弈论的研究中,将"不完全信息博弈"转化为"完全但不完美信息博弈",这样,不完全信息条件下的博弈问题就变得可以分析了,在这个基础上,海萨尼定义了"贝叶斯纳什均衡",从而为不完全信息博弈提供了解法。

20世纪70年代以前,博弈论尽管有了很大发展,但是,博弈论真正成为主流经济学的一部分只不过是其后二三十年的事,其主要原因是当时的经济和社会条件发生了剧烈变化。

在20世纪70年代以前,整个西方资本主义世界从根本上说还处于自由竞争时期,自由竞争的市场经济仍然是大部分经济学家理想中的美好制度,完全竞争及其市场均衡理论仍然是当时的主流经济学。当时的经济理论模型大多忽视经济个体之间的相互作用,而常常在经济个体之间不存在相互作用的假定下进行经济分析。然而,到了20世纪70年代以后,这种情形发生了急剧的变化。首先,西方各国的生产日益集中,生产规模不断扩大,垄断和寡头势力不断增强,经济生活中各种力量的联合与对抗不断强化。其次,各国政府出于一定目的,开始加强对经济生活的干预,使得经济生活中的相互作用和制约更进一步强化。所有这些都使得当时的经济和社会条件越来越严重地背离了自由竞争的市场均衡。这样,忽视经济个体之间的相互作用、片面强调完全竞争的传统经济学已越来越不适应社会和经济实践,而注重经济生活中各个方面相互影响、作用、依赖和制约的博弈论则更符合经济和社会发展的要求,博弈论开始广泛地应用于经济学的研究领域并成为主流经济学的一部分。

到了20世纪80年代,出现了博弈论发展史上的几位比较有影响的人物,包括克瑞普斯(David M. Kreps)和威尔逊(Robert Wilson,1937—),他们在1982年合作发表了关于动态不完全信息博弈的重要文章。还有,克瑞普斯、米尔格罗姆(Milgrom)、罗伯茨(Roberts)和威尔逊于1982年发表的"KMRW声誉模型"等都大大提高了经济学中有关信息和时序问题的分析能力。

1994年诺贝尔经济学奖授给了三位博弈论专家,即纳什、泽尔腾和海萨尼,这说明了三个问题。第一,博弈论作为一种有效的分析工具,已经取得了经济学界的普遍认同。第二,经济学中的很多问题,在引入博弈论的研究视野以后出现了前所未有的新局面和新结果。比如,法国经济学家让·梯若尔用博弈论的观点和方法研究现代产业组织理论,出版了《产业组织理论》,等于改写了整个产业经济学,使之更趋科学和实用。另外,将博弈论引入制度经济学的研究,也使制度经济学有了自己的方法论基础,使其在融入主流经济学的道路上大大前进了一步。还有,在理性预期的基础上,把博弈论引入宏观经济分析,也是现代经济学发展的一个新的方向。第三,博弈论在经济学中的应用,大大加速了博弈论在世界范围内的传播和应用。

| 与现代经济学的关系 | 为什么博弈论会融入主流经济学当中,而不是其他学科中,或者说博弈论与经济学的融合为什么会如此迅速?这可以通过博弈论和传统经济学的研究内容和研究范式两者的比较来说明。|

阿弗里德·马歇尔(Alfred Marshall)在其《经济学原理》(1890)的开篇第一句话就说到:"经济学是一门研究财富的学问,同时也是研究人的学问。"莱昂内尔·罗宾斯(Lionel Robbins)在其《经济科学的性质和意义》(1948)一书中论述道,由于时间和资源的稀缺性以及它们的约束作用,所以"经济学是把人类行为当作目的与具有各种不同用途的稀缺手段之间关系来研究的一门学问"。显然,在新古典经济学那里,经济学更主要是研究稀缺资源如何在各种用途之间进行有效配置的一门学问。然而,从现代的观点看,特别是随着经济学对社会问题和人类行为的研究得到主流经济学认可以来,更为恰当的对经济学的定义也许应该变为:经济学是研究人类行为的一门学问。这样,我们就可以得出这样的结论:现代经济学与博弈论之间具有内在的一致性。

经济学假定人是理性的,理性人是指人有一个稳定的偏好,在面临给定的资源约束的条件下要最大化自己的偏好,但在传统经济学那里,一个人的决策是在给定价格参数和收入约束的条件下最大化他的效用。个人的效用函数只依赖于他自己的选择,而不依赖于其他人的选择,他的最优选择只是价格和收入的函数而不是其他人选择的函数。在这里,经济作为一个整体,人与人之间的选择是相互作用的,但对个人来说,所有其他人的行为被总结在一个参数——价格——当中。这样,一个人作出决策时面临的似乎是一个非人格化的东西,而不是另外一个决策主体,他既不考虑自己的选择对别人的影响,也不考虑别人的选择对自己的影响。显然,这种假定不符合实际,博弈论就是要纠正这种假定。尽管博弈论本质上也是研究理性的经济人如何实现效用最大化的问题,但它研究的问题要比传统经济学更前进一步。它认为个人的效用函数不仅依赖于个人的选择,也依赖于他人的选择,于是,个人的最优选择不仅是自己选择的函数,也是其他人选择的函数。这就大大扩展了经济学的研究方法和研究视野,使经济研究变得更加科学。因此,20世纪70年代以后,博弈论在经济学中的应用便出现了加速趋势。博弈论成了主流经济学一个不可分割的部分。

进一步看,对于博弈论与现代经济学之间的关系还可以通过考察新古典经济学中以下两个基本假设而获得更深刻的认识:第一,市场是充分竞争的;第二,局中人之间信息充分,不存在信息不对称现象。但是,在现实中,这两个假设均难以满足:第一,市场局中人的人数常常很有限,市场是不完全竞争的,于是市场局中人之间往往是直接相互影响的,所以,局中人一方在进行决策时就必须考虑对方的反应,而这一扩展恰恰是博弈论研究的主题;第二,现实中市场局中人之间的信息往往是不充分的,在信息不对称的条件下,要进行一项有效的制度安排,就必须满足"激励相容"和"自选择"条件,而这一扩展恰恰是信息经济学研究的范畴。可见,传统经济学研究的是不存在外部性条件下的个人决策问题,而博弈论以及由之衍发出来的信息经济学研究的是存在外部性条件下的个人决策问题,从而使融入了博弈论和信息经济学的新古典经济学真正成为所谓的"现代经济学"了。

第二节 信息经济学的产生和发展

信息的特性　　与博弈论联系最紧密的是信息经济学,因为人们如何决策,取决于他们掌握的信息。可以认为,在过去的多年里,经济理论中成长最迅速的领域就是信息经济学。

信息是什么?按照施蒂格勒的解释,"学术界的人士不需别人提醒,便知道信息是一种很有价值的资源"①。另一位信息经济学家马尔萨克(J. Marschak)则将信息的价值解释为"拥有信息和没有信息时能达到的最大效用之间的差额"②。显然,这两位信息经济学家对信息以及信息的价值的分析表明:信息具有很多属性,它是一种无形的但能给经济人带来效用或价值的资源。具体而言,可以对信息的特性进行如下简单概括。

1. 高固定成本、低边际成本。这是信息产品特有的成本结构。高固定成本意味着生产第一份信息产品往往要投入很多的资源、花费很大的气力。比如,要写成一部皇皇巨著何其难也,你不仅要查找很多的资料,而且要将这些资料之间的含义、本质与异同搞清楚,还要有别于他人而创造出新的知识内容。低边际成本意味着你一旦将这本书交给出版商,他便可以用不到你撰写时百分之一的气力将它大量印刷出来。这样的成本结构对经济学而言具有重大的意义:第一,信息产品的定价规则不同于传统的以边际成本为基础的定价方法;第二,信息产品具有巨大的规模经济性,生产得越多,平均成本便越低;因此,信息产品的交易与市场竞争不同于传统商品。

2. 经验产品的性质。如果消费者必须尝试一种产品才能评价这样产品,经济学家便将它称为"经验产品"。信息就是这样。比如,竞争对手的生产成本信息对某一厂商来说,便是关键的信息,因为竞争对手不可能告诉你他的成本是高还是低,但是该厂商却可以通过购买它的产品来考察它的成本高低。一般说来,价格高的话,成本也高。另外,如果一家客户购买了这种信息产品,它便可以向其他客户传递有关该产品质量好坏的信息,于是,品牌和信誉等信号传递对信息产品而言便十分重要。

3. 信息的不对称性和风险性。信息的不对称性是信息在交易双方之间的不均等分布的状况。信息之所以会不对称,主要原因包括:第一,信息本身在传递的过程中会发生错误、遗漏或损失,比如,在喊话游戏中,信息的失真程度最高;第二,信息的人为阻隔使之产生不对称,比如在旧车市场上,卖方不可能准确地传递他的旧车的所有信息,商业活动中,"走遍东南西北中,买家没有卖家通",讲的就是这个道理;第三,信息本身的不完全性以及消费者偏好的差异性也会使信息在交易双方之间产生不对称,比如,微软的操作系统拥有广泛的声誉,但是,张三买了也许并不喜欢,因为它不符合张

---

① 库尔特·勒布等编:《施蒂格勒论文精粹》,商务印书馆,1999年版,第58页。
② 韩建新:《信息经济学》,北京图书馆出版社,2000年版,第187页。

三的个人偏好。由于信息的不对称性,因此,信息本身常常隐含一定的风险性。

> **信息经济学与相关科学**

1. 信息经济学与博弈论。信息经济学研究非对称信息情形下的决策或者对策问题,因此信息经济学和博弈论密切相关,但是信息经济学和博弈论又有着本质的区别。第一,两门学科研究的着眼点不同。博弈论研究的是:在给定信息结构的条件下,最终的均衡结果是什么?信息经济学研究的问题则是:在给定信息结构的条件下,最优的契约安排是什么?由于信息经济学仅仅研究非对称信息条件下的对策问题,因此,严格地说,信息经济学是博弈论的一个分支。第二,信息经济学虽然是博弈论的一个分支,但是,由于信息经济学中的很多理论是从研究具体的制度安排、制度设计或者契约安排的过程中独立发展出来的,因此信息经济学又不同于博弈论。可以进行这样粗略的概括,即:博弈论是一门纯理论学科,信息经济学则是一门应用性学科,两者之间存在着关联,但也有实质性不同。

2. 信息经济学和不确定性经济学。1986年,著名的经济学家让-雅克·拉丰(Jean-Jacques Laffont)在美国麻省理工学院出版了一本新书《不确定性与信息经济学》。在这部著作中,不确定性经济学与信息经济学是两个密切相关的内容,因为两者都研究不确定性条件下的资源配置以及均衡结果。但是,信息经济学和不确定性经济学并不等同,两者之间存在着原则的差别:第一,两者的研究侧重点不同。不确定性经济学是在信息有限的情况下,通过个人的最佳选择来适应这些有限的信息,而信息经济学则通过个人的信息获取、搜寻等行动来克服自己的信息不足,从而帮助自己获得满意的结果。第二,两者的研究方法不同。在不确定性经济学中,个人主要依赖自己对事件发生的概率分布来主观地进行经济决策,而信息经济学中,个人主要通过设计最佳的制度和契约来促使代理人作出符合委托人利益的选择。一个很显然的例子是:今天出门带伞与否的决策,在不确定性经济学那里,带伞与否主要依赖于个人对今天下雨概率大小的主观判断,而在信息经济学那里,带伞与否则可以通过搜寻有关天气预报和温、湿度等更多的信息来强化或者改善自己的信念,从而获取更优的决策结果。

信息经济学的产生、发展和历史演进

信息经济学的产生和发展与很多事物的产生和发展一样,有一个从孕育到产生乃至成熟的演进轨迹。

有人说信息经济学的启蒙思想早在凡勃伦(T. Veblen)那里就诞生了,因为他在1919年的《资本的性质》一书中提到有关知识的增长构成财富的源泉这一思想[1],但是,把凡勃伦的这句话看作是信息经济学启蒙思想的证据,恐怕还难以令人信服,因为这句话中的"知识"和现代经济学中所说的"信息"的概念有一定的差距。按施蒂格勒1961年的《信息经济学》一文[2]和拉丰1986年的《不确定性与信息经济学》一书[3]的解释,经济学中所说的"信息"主要是与市场交易相关的交易信息,比如产品质量、价格、质量保证等。

1959年,马尔萨克在加利福尼亚大学"西方数据处理中心"发表了一篇《信息经济学评论》的文章,这可看作是信息经济学诞生的标志。文章认为,一个观察信号的后验条件分布一般与先验分布存在差别,该差别恰恰就是获取信息的收益;同一时期,申农(E. Shannon)则提出,有关事件状态的信息量难以构成一般经济理论中所谓信息价值的基础以及信息系统的一般选择理论。

20世纪60年代,可以算作信息经济学的产生阶段,因为这一时期出现了很多对信息经济学作出杰出贡献的人物。比如,被称为信息经济学奠基人的施蒂格勒(George J. Stigler)在这一时期发表了《信息经济学》《劳动市场的信息》和《论寡占》三篇文章。他批判了传统经济学中的完全信息假设,认为信息和其他商品一样有成本也有收益,市场中的信息并不是完全的,恰恰相反,它存在着严重的不对称,因而它常常会导致资源的错误配置以及政府干预的错位。因此,信息搜寻可以产生预期的收益,信息的价格应该位于零和无穷大之间,当事人的信息集位于信息完全和不确定性两者之间。施蒂格勒对信息搜寻的研究为信息经济学的发展作出了贡献。这一时期,其他对信息经济学作出贡献的人物还有西蒙(H. Simmon)、阿罗(K. J. Arrow)和维克里(W. Vickrey, 1914—1996)等等。

20世纪70年代,更多的经济学家开始投入到信息经济学的研究行列,这一时期也产生了很多有意义的研究成果。比如,阿克洛夫(George

---

① 韩建新:《信息经济学》,北京图书馆出版社,2000年版,第1页。
② 芝加哥大学《政治经济学杂志》,1961年6月号,第69卷第3期。
③ 让-雅克·拉丰(Jean-Jacques Laffont):《不确定性与信息经济学》,麻省理工学院出版社,1986年版。

Akerlof，1940—　）的次品市场理论、赫什拉法（J. Hirshleifer，1925—2005）的信息市场理论、马尔萨克和拉德纳的团队经济理论、斯本思（Michael Spence，1943—　）的信号理论、格罗斯曼（S. J. Grossman）和斯蒂格利茨（J. E. Stiglitz）的"格罗斯曼—斯蒂格利茨悖论"以及维克里的委托人—代理人理论，均构成了信息经济学的基本内容。值得一提的是，这一时期，阿罗发表了大量经典文献，对信息、信息成本、信息的经济价值、信息对经济行为的影响、不对称信息与市场失灵、不完全信息下风险转移等问题都进行了深入系统的研究。另外，斯蒂格利茨在这一时期的工作，使经济学界加深了对不对称信息条件下产品市场、资本市场和保险市场中经济行为以及信息在资源配置中的作用的认识程度。

20世纪80年代，信息经济学的发展进入了系统化、逻辑化的阶段，这标志着信息经济学逐步走向成熟。第一，相继出版了信息经济学的代表作。如1981年加兰廷（M. Calatin）和莱特（R. D. Leiter）的《信息经济学》；1982年施蒂格勒的《信息经济学》；麦卡尼（E. Mackany）的《法律与信息经济学》；1983年唐纳德·金（Donald. W. King）等人合编的《信息经济学精选论文集》以及1984年阿罗的《信息经济学》等。第二，信息经济学学科体系基本形成。赫什拉法和瑞利（J. G. Riley）1979年首次将信息经济学学科体系划分为微观信息经济学和宏观信息经济学，并认为它们分别讨论了市场不确定性和技术不确定性；同时还出现了专门研究信息经济学的期刊——《信息经济学与政策》（*Information Economics and Policy*）。

1982年，施蒂格勒荣获诺贝尔经济学奖，他对经济管制和信息经济学均作出了杰出的贡献；1994年，与信息经济学密切相关的三位博弈论大师获得诺贝尔经济奖；1996年，由于米尔利斯（J. A. Mirrlees，1936—　）和维克里对不对称信息条件下的激励理论的突出贡献，他们两人也获得了诺贝尔经济学奖；2001年，信息经济学领域再次捧回诺贝尔经济学奖，至此信息经济学的研究已产生了广泛的影响，其研究也得到了世界各国经济学家和企业家的认可，无疑，它在21世纪的经济学中的地位将越来越重要。

委托人—代理人基本模型　　信息经济学把博弈论中拥有私人信息的局中人称为"代理人"（agent），不拥有私人信息的局中人称为"委托人"（principal），据此，信息经济学的所有模型都可以在委托人—代理人的框架下进行分析。委托人—代理人基本模型可以被分为四类:(1)逆向选择模型;(2)道德风险模型;(3)信息传递模型;(4)信号显示与信息甄别模型。

逆向选择(adverse selection)是这样一种情形:在信息不对称的条件下,当参加交易的一方拥有有关交易的私人信息时,他会利用或者隐藏这种信息优势借以取得对自己有利的交易结果。例如在人寿保险市场上,投保人对自己的健康状况可能要比保险公司了解得多,而保险公司对投保人索要的保费率却是建立在投保人健康水平平均值的基础之上,在这种情况下,最想购买保险的人便往往是那些健康状况不佳、对寿险需求最旺盛的人,结果,保险公司面临的风险便大大高于与保费率对应的风险水平,于是,保险市场上只剩下高风险的投保人,而保险公司则受到损失并导致下一轮的保费上升,最终可能使保险市场走向瓦解。

1970 年,美国经济学家乔治·阿克洛夫在《次品市场》一文中对逆向选择进行了系统研究,这一研究成果证明了这样一个重要的事实:逆向选择的存在会影响市场的有效运行,导致价格配置资源这一功能的失灵,从而带来社会福利在整体上的无谓损失。逆向选择并不是保险市场上特有的现象,而是商品市场、资本市场以及很多的非市场领域经常出现的现象。其根本原因是信息在买卖双方之间的不对称分布,因此,解决逆向选择问题的根本的办法,是找到能够传递商品真实价值的既便宜又可靠的方法,这些方法主要有:(1)通过设计某种机制或者契约,使拥有信息优势的一方愿意公开其私人信息或提供其真实信息,这便是"信号传递理论"所要解决的问题。(2)由卖方根据自己商品质量的高低对其商品进行所谓的"差别化定价",因为价格的高低是传递商品质量好坏的一个简便的方法。(3)有时候运用强制性的购买计划也是解决逆向选择的一种有效办法。比如,国家可以将保健计划作为一揽子的福利提供给每个公民,并以补助或者补贴的方式让所有的人都参加健康保险,这样,逆向选择的问题便可以得到解决。

道德风险(moral hazard)不同于逆向选择,它并不是在签约前的信息不对称导致的结果,而是签约以后交易一方的行为不易为另一方觉察而导致的结果,换句话说,是一种签约后的"损人利己"行为。对道德风险的研究作出贡献的经济学家有赫尔普曼和拉丰(E. Helpman and J. Laffont,1976)以及威尔逊(C. A. Wilson,1979)、沙维尔(S. Shavell,1979)等。

关于道德风险可举这样一个例子。假设存在一个自行车失窃的保险市场。在大家为自己的自行车进行保险以前,都会十分注意看护自己的车,以确保自己的自行车的完好与安全。可是,在该居民区要求大家参加自行车保险以后,主人的行为发生了变化:第一,他不用这么认真去关心自己自行车的安全了;第二,原先用来防盗的很多"投资"如保险锁、防盗警报等,现在均可以大大减少。因为自行车被盗以后可以向保险公司进行索赔并重新购置新的自行车。像这种由于保险而致使被保险方缺乏防范激励的行为被称为"道德风险"。

信息不对称问题如何解决呢?一种可供选择的思路是由信息较多的一方向信息较少的一方提供有关交易的信息,这便是"信号传递"(signalling);另一种思路则是由信息较少的一方去主动搜寻信息,减少信息不对称,这便是所谓的信息搜寻(information searching)。

信号传递的方式有多种:一是以品牌和信誉或者产品质量保证书等向消费者传递信息优势一方有关生产工序、产品质量、售后服务、技术服务等方面的信息;二是所谓的广告方式;三是"二次信号"发送,其方式主要有三种,一种是在产品上粘贴防伪标志,另一种是名牌产品与名牌商家的结合,第三种是产品与保险公司相结合。

信号传递的原理也可以通过教育市场上的信号传递模型加以说明。由于就多数人而言,受教育多的或者说学历高的人要比受教育少的或者说学历低的人的智商高些,能力强些,于是,学历和文凭就成了传递人力资本大小的一个信号。

信息搜寻最早由施蒂格勒提出,其主要的含义是:在消费者面临同质商品的多种价格时,应该如何寻找最低的价格水平。后来,经过美国经济学家麦考尔(John Mc-Call)将之运用到劳动市场上而得以发扬光大。

有效的激励机制设计

激励机制问题也许正是研究信息经济学的目的所在,因为委托—代理框架的核心不是如何最大化委托人的效用函数,而是如何在满足代理人效用函数的同时促使委托人效用的最大化。

有效的激励机制设计的本质是,代理人的最优选择就是委托人的最优选择,或者说,代理人最大化效用的目标与委托人最大化效用的目标不存在冲突。因此,一个有效的激励机制应该考虑以下因素:

第一,代理人参与委托人的事业所得的净收益不低于他不工作时获得的收益,这是所谓的"参与约束"。

第二,代理人最大化净收益的结果也是委托人最满意的结果,这是所谓的"激励相容约束"。

第三,为鼓励代理人努力工作,代理人所获得的报酬必须与他的努力程度相关;为避免代理人出现道德风险,代理人所获得的报酬必须与他最终的工作结果相关。这是以上两个约束条件的细化,也是以上两个约束在委托—代理关系契约中或者企业的经营实践中一个可行的应用法则。

第四,对代理人进行监督具有重要意义。监督可以获得更多的有关代理人行动的信息,从而减少代理人的风险;监督是委托人的正当职责,是资本要求正常利润回报的客观要求。当然,如果监督的成本过高,监督便没有意义,即使它可以提供更多的信息。

第三节 大数据及其对经济学的影响

大数据方兴未艾　　大数据(big data)近年来成为经济、社会生活中最热的词汇。2012 年,Twitter(非官方汉语通称"特推",是一家美国社交网络及微博客服务的网站,是互联网上访问量最大的十个网站之一)上每天更新的微博超过 4 亿条,Facebook(美国一个社交网络服务网站)上每天更新的照片超过 1 000 万张。Gartner(全球最具权威的 IT 研究与顾问咨讯公司)预测未来五年全球大数据将会增加 8 倍,其中 80% 是非结构化的数据。著名的未来学家阿尔文·托夫勒在其经典著作《第三次浪潮》中,将大数据热情地赞誉为"第三次浪潮的华彩乐章"。2011 年 5 月,麦肯锡发布了《大数据:创新、竞争和生产力的下一个前沿领域》报告,标志着大数据时代的到来。该报告指出:"数据已经渗透到每一个行业和业务职能领域,逐渐成为重要的生产因素;而人们对于海量数据的运用将预示着新一波生产率增长和消费者盈余浪潮的到来。"[①]2012 年世界经济论坛发布了《大数据、大影响》的报告[②],从金融服务、健康、教育、农业、医疗等多个领域阐述了大数据给世界经济社会发展带来的机会。2012 年 3 月,奥巴马政府发布《大数据研究和发展倡议》,投资

---

① http://www.mckinsey.com/business-functions/business-technology/our-insights/big-data-the-next-frontier-for-innovation.

② https://www.weforum.org/reports/big-data-big-impact-new-possibilities-international-development.

2.5亿美元,正式启动大数据发展计划,计划在科学研究、环境、生物医药等领域寻求突破。显然,大数据将成为影响今后二三十年人们经济、社会、政治、商业、科技、教育、医药等每一个领域生产、生活的最重要趋势。

何谓大数据?目前业界还没有一致的说法。比如,Dumbill(2012)认为,所谓大数据通常有三个特点:规模性、多样性和实时性。国际数据公司IDC 认为,大数据有四个的特点,分别是规模性、多样性、实时性和价值性。也就是说,大数据是在工业传感器、互联网、移动数据等固定和移动设备上产生的结构化、半结构化数据与非结构化数据的总和。

大数据与大数据经济学

何谓大数据经济学?斯坦福大学教授、沃尔玛全球电子商务的高级副总裁、WalmartLabs 的共同创立者 Anad Rajaraman(2012)专门发明了一个词汇——大数据经济学(Econinformatics),其含义是指将计算机科学和信息技术应用于经济学领域,特别是应用于大数据的经济分析。俞立平(2013)认为,该词汇和信息经济学意义相近,且翻译过来后与生态信息学 Ecoinformatics 相近,所以,他定义了一个大数据经济学(big data economics)的概念——"大数据经济学是在经济学研究和应用中采用大数据并且采用大数据思想对传统经济学深化的交叉学科。大数据经济学不仅要研究如何建模、管理和应用大数据,而且要深入研究传统经济学如何应对大数据带来的挑战并进行改良。大数据经济学需要经济学家、领域专家和信息技术专业等密切合作,对人文社科与自然科学的跨学科研究提出了更高的要求,并且对整个经济学、社会学、公共管理等将带来革命性变革"①。他认为,大数据经济学的研究内容包括大数据计量经济学、大数据统计学、大数据领域经济学等。

大数据经济学对经济学的影响

Victor(2012)在其新著《大数据时代——生活、工作和思维的大变革》中指出,大数据时代人们的思维方式将发生三大变革:第一,要分析与事物相关的所有数据,而不是分析少量的样本数据;第二,要乐于接受数据的纷繁复杂,而不追求数据的精确性;第三,不在探求难以捉摸的因果

---

① 俞立平:"大数据与大数据经济学",《中国软科学》2013年第7期,第177—183页。

关系,而更应该注重相关关系①。

俞立平(2013)将大数据经济学对传统经济学的影响归纳为如下几点：

第一,大数据经济学的研究对象变成了数据的总体,而不仅仅是样本。原因是,传统经济学受时间、条件等限制,无法获得全体数据,因而只好运用样本数据进行相关的统计检验。大数据经济学时代将有足够的变量和丰富的数据,甚至可以采用人工智能来进行数据挖掘和知识发现,因而得到的结论可能是成百上千种的。这和传统经济学需要验证假设的数据永远不是一个量级。此外,大数据时代需要对数据处理的多样化结果进行分析,这可以是基于经济学的理论研究,也可以是基于应用的技术研究,甚至可以辅助人们进行决策。

第二,大数据使得经济学中所说的因果关系变得不重要。原因是大数据时代数据非常充分,可用的变量如此众多,因而传统经济学基于简化假设所得到的因果关系可能就靠不住。比如,经济学家在研究房价的变化趋势时,往往遴选出影响房价的主要影响因素,然后通过计量经济学来检验哪些变量是真正影响房价的因素。但在大数据的条件下,比如谷歌就根据住房搜索查询量变化进行房价预测,结果往往比不动产经济学所获得的预测更为准确和及时。

第三,传统经济学研究往往具有滞后性,而大数据经济学却能给出动态的实时的经济分析与预测。一般而言,传统经济学要等到事情发生并成长到一定规模之后才能搜集到相关的数据进行研究。在大数据条件下,海量数据的产生是迅速和及时的,因而,这就使得在此基础上的经济分析比较及时,甚至也可以对这些新生的事物进行早期干预与分析,因此具有相当的前瞻性。因此,有人就说,大数据本身具有一定的智能性质,可以辅助经济学发现新的知识。

第四,大数据对基于统计检验的计量经济学和经济理论模型造成了较大的挑战。建立在回归和统计检验基础上的计量经济学以其严谨的逻辑成为经济学的重要方法论。然而,在大数据时代计量经济学通常所认为的95%—99%以上的统计显著性水平,在数以亿计的大数据面前往往也意味着会有5%—1%的概率或者成千上万种情形会犯错。另外,现有的经济学

---

① 维克托·迈尔·舍恩伯格、肯尼斯·库克耶:《大数据时代:生活、工作与思维的大变革》,浙江人民出版社,2012年版。

理论模式往往是在严格的假设条件下所获得的模型,当这些假设放松之后,模型的结论将面临着严峻的挑战。比如,在研究同一个问题时,即使采用一个理论模型,但由于模型的变量选择、估计的方法、参数的设置等不同,也会导致出现非常不同的结果。

第五,大数据将对经济学研究工具和手段产生很大的冲击。传统经济学研究,一个团队、几台电脑、一些软件和数据就可以进行研究了。在大数据时代,经济学研究发生了巨大的变化。在人员的组成上,不光要有经济学和领域专家,而且还要有大数据维护专家、大数据挖掘专家与建模专家;在计算工具上,只有几台电脑很显然已难以解决问题,而往往需要广泛借助云计算、互联网挖掘、移动通信等多种技术手段才能进行研究。可以这样说:大数据时代的经济学研究,将必须依赖跨学科的团队、多样化的方法与技术、创新的思维才能完成。毫无疑问,这将给传统经济学研究工具和手段带来严重冲击。

大数据经济学与传统经济学的关系 有人认为,大数据经济学与传统经济学可能是一种替代和竞争关系。因为大数据经济学将依赖大数据、跨学科化的方法、多样的方法和技术,因此,其所得的结论肯定与传统经济学存在很大差别。然而也有人认为,大数据经济学与传统经济学是一种互动共存关系(比如,俞立平,2013)。具体来说,大数据经济学诞生之初,由于理论和技术尚不成熟,虽然大数据经济学发展很快,但仍然以传统经济学为主。随着大数据经济学的发展,两者之间就会势均力敌。因为一定会有一些研究大数据无法完成,还需要借助于传统经济学解决问题的方法。笔者比较同意后一种观点并认为,随着时间的发展,传统经济学一定会借鉴很多大数据的特点,来补充、丰富和发展传统经济学,因此,两者之间的融合、渗透也会逐步加强。

大数据经济学与信息经济学、信息技术学科的关系 从目前的情况来看,大数据经济学在很大程度上与信息经济学的概念范畴是重叠的。因此,信息经济学传统的信息不对称理论、信息商品的分析、信息的成本与价格、信息市场分析、信息搜寻等理论仍将在一定程度上对大数据经济学有借鉴意义。但随着大数据的进一步发展、大数据经济学的逐步丰富和完善,它可能产生一些不同于信息经济学的内容,比如,信息不对称的情形可能完全改变,搜寻的成本会进一步降低,信息的价格可能完全免费,等等,因而,相关的经济学理论一定会产生。

从大数据经济学与信息技术学科的关系来看,毫无疑问,大数据经济学将离不开现代信息技术,一定是现代信息技术发展到大规模计算与存储阶段的必然结果,甚至在信息技术专家眼里,大数据仅仅是一种技术。可以这样说,大数据经济学更重要的是一种思想,而非技术,但是,如果说大数据经济学与信息技术没有关系,则不符合事实。公允地说,大数据经济学应该是以现代信息技术为基础,是一个跨越经济学、管理科学、统计学、信息技术、情报学、心理学等多个学科的交叉学科。

复习思考题

1. 试述博弈论产生的时代背景。博弈论与现代主流经济学有什么关系?
2. 试述逆向选择和道德风险的实质和联系。
3. 试述信号传递模型的基本原理。
4. 试述一个有效的激励机制应该具备的条件。
5. 简述大数据经济学对传统经济学的影响。

第十四章 经济学新发展及其与其他学科的相互渗透和影响

20世纪70年代以来,西方经济学的演变中出现了一个经济学与其他学科相互渗透、相互影响的新动向。一方面,经济学研究开始逐渐超出了传统的范围,经济分析的对象扩张到几乎所有人类行为的现象,经济学打破了时间和空间的局限,向社会生活各个角落、各个方面渗透,不少非经济学科都面临着来自经济学的挑战;另一方面,其他学科也向经济学领域渗透,涌现了一些由其他学科领域发展而来的新的经济学学科或门类。本章选述其中一部分这些方面的内容。前面三节讨论经济学向其他学科领域的扩张,后面三节讨论其他学科领域向经济学的渗透。但在此前,要简单介绍一下超边际分析和新兴古典经济学。

第一节 超边际分析和新兴古典经济学

以杨小凯等为主要代表人物而创立的新兴古典经济学(New Classical Economics),其思想萌芽于中国本土,其体系则形成于美国、澳洲与中国大地,而今已成长为一颗枝繁叶茂的理论大树。过去20多年,它被介绍到世界各地,在经济学界特别是青年学者中激起了热烈反响并得到迅速传播。本节介绍新兴古典经济学与超边际分析及其对经济学理论所作的贡献。

边际分析与超边际分析　边际分析是马歇尔以来经济学界熟知的一个经济学分析方法。它意味着,在现实生活中或者经济学分析中,人们所作的决策大多是在给定的选择下做一件事情做多做少的决策。比如,某人决定了学习数学这门功课,那么,他现在所作的决策就是学习数学这门功课多少时间最好,能获得最多的知识或者效用。但以杨小凯等为代表所创立的新兴古典经济学却使用了所谓超边际分析(Infra-marginal Analysis)的框架,并在分析框架的基础上复活了古典经济学的很多经典思想。

什么是超边际分析？按照杨小凯、张永生(2003)的说法,所谓超边际分析是指,在现实的经济生活中,人们首先要作的决策是选择什么作为自己的选择这样的决策问题,其次,在给定的选择基础上,下来所作的决策才是所谓的边际分析,也就是做这件事情做多做少的决策问题。最后,在做一件事情做多做少之后,人们还可能会从做这件事情的选择跳跃到做其他事情的选择上去。换句话说,超边际分析不仅涉及在多个选择之间的选择问题,而且还涉及在一个选择给定基础上做多做少的决策,显然,这样的决策已经超越了边际分析的范畴,因此,他们将之命名为超边际分析。

举个例子,张三不知道到底自己适合做什么样的职业？一开始假定他选择以工程师作为职业的话,这时,他所作的决策就是自己到底做一个初等、中等还是高等的工程师,这个决策就是经典的边际分析,但是在做了若干年的工程师之后,他也许不满意自己目前的职业或者价值实现。他也许会突然发现自己的艺术天赋,想改做艺术家,于是他就必须作从工程师到艺术家的新决策,显然这就不是边际分析的问题了,而是超边际分析的问题。因为他要决定的是,继续作为工程师,他的效用和价值有多少,如果今后做艺术家,对自己和社会价值会有多少这两个的比较问题。

按照杨小凯、张永生(2003)的说法,"完整的超边际分析应该包括三个步骤：第一步,利用文定理排除那些不可能为最优的角点解(选择这个职业,而不选择其他职业的问题)；第二步,对剩下的每一个组合用'边际分析'求解,求出每一个局部最优值(比如,这个职业干多干少的问题)；第三步,比较各组合之间的局部最大目标函数值,整体最优解就是一般均衡最优解(比较各个职业到底哪个最优的问题)"。从这一说法来看,超边际分析应该脱胎于新古典的边际分析,但这种分析方法的威力却要大于边际分析,因为它不仅有助于理解一件事情做多做少的决策,而且也有利于在不同的选择之间相互比较,从而有助于选择出全局最优解的问题。

新兴古典经济学及其主要特征

所谓新兴古典经济学(New Classical Economics),是指相对于古典经济学和新古典经济学而言的一个新的经济学流派。之所以称之为新兴古典经济学,主要是在超边际分析的基础上,被新古典经济

学所遗弃的、古典经济学又十分强调的分工和专业化的思想,新古典经济学十分强调的边际分析及其所奠基的经济学思想,以及新古典经济学不太重视的制度等,均能较为完整而系统地统一在新兴古典经济学的分析框架中。

用杨小凯自己的话说,"新兴古典经济学有一个非常大气的分析框架,此框架能将现代经济学的各个流派整合成一个新的经济学主流学派"。同新古典经济学相比,一般认为,新兴古典分析框架有如下基本特征:

第一,它扬弃了新古典经济学中的规模经济概念,而用专业化经济来表征生产条件。换句话说,新古典经济学只考虑工厂层面的规模经济,而不考虑个人层面的专业化问题,而新兴古典经济学则将个人层面和工厂层面的问题统一在所谓专业化层面统一考虑。第二,不像新古典经济学那样,消费者与生产者是两分的,各自只承担消费与生产两项单独的任务,在新兴古典经济学当中,已经没有纯消费者与生产者的绝对分离。每个单个的人,都既是生产者,同时又是消费者,这样,工厂无非就是多个人所组成的一个组织,而它也一定既是生产者,又是消费者,这样,个人与工厂的决策就内在统一起来。第三,与新古典经济学不考虑交易成本相较而言,在新兴古典经济学中,交易成本扮演了重要作用。因为在交易成本较高的条件下,社会上很多本该出现的现象不会出现,相反,在交易成本较低水平下,个人、组织、市场、社会就会出现不同层次的发展演进,并且这些演进过程中将会出现很多复杂的网络连接等问题,而新兴古典经济学能够综合考虑随着不同的交易成本水平下出现的各种经济体系和组织的动态演进过程。

新兴古典经济学的主要研究内容 按照经济学当中从微观到宏观的基本逻辑顺序,新兴古典经济学主要研究以下主要的经济学问题:(1)新兴古典微观主体生产者-消费者与专业化理论,主要研究新兴古典经济学框架下的微观主体生产者-消费者及其最优专业化水平的决策问题;(2)新兴古典贸易理论,主要研究随着不同交易成本而演进的贸易模式,斯密的绝对优势学说、李嘉图比较优势学说怎么统一在一个分析框架下;(3)新兴古典企业理论,主要研究随着交易成本水平演进下不同的合约、所有权与剩余索取权理论;(4)内生交易费用与分工演进,主要讨论随着内生交易费用的变化而出现的分工模式和分工程度的演进;(5)新兴古典城市化理论,主要讨论城市的形成、城乡二元结构的产生以及随着交易成本降低、交易效率的提高而出现的交易集聚、城市级层体系及其动态演进等;(6)新兴古典工业化和层级结构理论,主要研究随着技术的发展、交易效率的提升而出现的工业化程度的演进、产品种类数的增长以及经济发展水平,包括分工程度加深、网络拓展等螺旋上升现象;(7)新兴古典产权理论;(8)分工的自发演进和社会组织试验;(9)新兴古典宏观经济学,包括宏观景气循环等。

新兴古典经济学简要评价

第一,新兴古典经济学体现了经济学家对新古典经济学缺陷的一次弥补和努力,在某种程度上,具有掀起经济学领域新一场革命的可能。因为新兴古典经济学能够很好地联通传统微观经济学和宏观经济学,在两者之间建立起一座桥梁;此外,新兴古典经济学将古典经济学所强调的而新古典经济学遗弃的分工和专业化理论在新兴古典经济学分析框架中复活;它对新古典经济学不太重视、难以模型化分析的新制度经济学、组织的自发演进等内容,给予了很好地诠释。

第二,新兴古典经济学思想萌芽于中国本土,大大深化了经济学对经济发展进程中的分工、产权、贸易模式、城市、社会试验、经济模式演进等领域的理解,这些理论对于发展中国家的经济发展,后工业化国家的分工、贸易网络、服务经济、电子商务与互联网经济学等都有很大的帮助。对于丰富经济学的分析框架和多样性也会起到很好的示范意义。

第三,新兴古典经济学的影响力目前局限在澳大利亚、中国等地,而在北美和西欧经济学界的影响力较有限,其分析工具涉及大量复杂的模型化运算,包括线性规划;此外,截至目前该学派的相关理论只得到相对有限的经验证据证明,这些都很大程度上影响该学派学说的传播与应用。

第二节 非市场行为的经济学分析

非市场行为的经济学分析

加里·S.贝克尔(Gary S. Becker,1930—2014)是现代西方经济学领域中最有独创性的思想者之一。他以非凡的才华和活力,把经济理论运用于非商业性的社会关系和人类行为的分析中,开拓了经济学新的研究应用领域,是家庭经济学、消费者新学说的先驱人物。1992年被授予诺贝尔经济学奖。

贝克尔不仅具有很强的哲学思维和概念化能力,还有着十足的想象力。他几乎可以把普通观察到的和经济学没有任何关联的现象,同经济学原理相联系,并运用经济数学进行量化分析,从而开拓了经济分析的新视野。比如,他以经济学方法分析犯罪和惩罚问题、自杀原因、利他主义行为和社会相互影响问题、宗教态度以及离婚问题等,还在一些意想不到的领域作出了经济分析的尝试,如语言的进化、动物品种和人类行为的自然选择、政治行为(其研究成果对公共选择理论有重要影响)、革命现象的经济理论及社会制度结构的演变(诺思的制度变迁理论大概也受到了他的影响)等。他因此获得"理论创新者"的美名,并被称为"作为帝国创建者的经济学家"。

贝克尔的非市场行为的经济学分析,与他的方法论分不开。他的方法是指"最大化行为、市场均衡和偏好稳定的综合假定及其不折不扣的运用便构成了经济分析的核心"①。最大化行为是指所有行为当事人(家庭、厂商、工会或管理当局等)的行为追求自己效用或福利最大化,比方说某个人对结婚的预期超过恪守独身或继续寻找更适合配偶所带来的效用时,他就会决定结婚。市场均衡指假定存在着具有不同效率的市场会协调各方面参与者,使他们的行为彼此调和。偏好稳定指各种人的偏好并没有很大差异,也不随时间变化而发生根本性变化。他正是以这些假定所构成的方法,分析一切非市场行为,并写出了大量文献,包括:《歧视经济学》(1957年初版,1971年再版)、《生育力的经济分析》(1960年出版)、《人力资本》(1964年初版,1975年再版)、《人类行为的经济分析》(1976年出版)、《家庭论》(1981年出版)。在这些著作中,《生育力的经济分析》是当代西方人口经济学的始创之作;《人力资本》是西方人力资本理论的经典;《家庭论》于1981年在哈佛大学出版社出版时被该社称为是贝克尔有关家庭问题的一本划时代的著作,是微观人口经济学的代表作。这三部著作被西方经济学者视作经典,具有深远的影响。此外,经济学界还把他的时间经济学和新的消费论称为"贝克尔革命"。

歧视经济学 《歧视经济学》是贝克尔应用经济分析研究传统经济学范围以外问题的首次尝试。虽然该书第一版出版时,由于论题(对歧视的经济分析)和研究方法(试图计量"非货币"

---

① 加里·贝克尔:《人类行为的经济分析》,上海三联书店,1993年版,第28页。

因素对市场运行的影响)太出格了,遭到了大多数经济学家的冷漠和敌意,但经济学科的不断发展证明,它确是一篇富有开创性的著作。

20世纪50年代,年轻的贝克尔在读研究生期间就开始关注诸如种族、宗教以及性别方面的歧视问题,并用歧视系数的概念来建立一种关于针对特定社会群体成员敌视和偏见的分析。例如,市场经济中的两个集团(黑人与白人、男人与女人等等)在经济上不平等或者说收入有差距,这种差距可能反映了由学历、技术、工作经验等因素造成的边际生产力差别,也可能包含歧视的因素。研究纯粹由歧视带来的差别,就是歧视经济学的对象。贝克尔用贸易作比方来对歧视进行经济分析。他假定白人和黑人是两个国家,并且最初没有贸易,但都有完全竞争市场,黑人那里劳力多而资本少,因此工资低而利润率高,白人那里则相反。如果他们之间有贸易和要素流动,则劳动和资本一定会向对方移动,使两国工资率和利润率相等,白人和黑人都会得益。但如果存在贸易壁垒,两国利益都受损。在这里,白人和黑人间的歧视也相当于贸易壁垒,使他们都受到了损失。

贝克尔在这里实际是说,歧视和贸易壁垒一样,加剧了经济的封闭,阻挠和减少了交易和交流,会对歧视者和被歧视者都带来经济损失,而消除歧视,彼此都会得益。

犯罪与惩罚经济学　　长期以来,犯罪行为被认为是因为精神上的疾病或社会压力才引致的一种失常行为。然而,贝克尔的一篇发表于1968年的富有创新精神的关于犯罪与惩罚的经济分析论文打破了这种传统观点。贝克尔认为,包括罪犯在内的一切人都是理性的,一些人之所以参与违法行为,不在于他们的基本动机与别人有什么差别,而在于他们根据个人利益计算的(预期)收益与成本(货币的与非货币的)之间存在差异。当一个人权衡他犯罪的预期效用超过其成本与将时间及其他资源用于其他活动所带来的效用(机会成本)之和时,他才会选择"犯罪"。在一定程度上,可以把违法犯罪看作一种特殊的投资活动,人们通过"成本—收益"分析法作出是否参与违法犯罪行为的"决策"。逮捕和定罪的可能性、定罪后的惩罚及其形式、从事合法与其他非法活动可得到的收入、逃避逮捕的机会、违法意愿等因素都会对不同决策人的决策产生不同的影响,如政府在法律强制执行方面投入更多的财力会增加罪犯被抓获的可能,也就增加了犯罪行为的预期成本,犯罪会因之而减少。因此,犯罪行为理论不过是经济学家常规的一般选择理论的扩展。

贝克尔用规范分析法研究了对付犯罪行为的公共政策的制订（犯罪立法的问题）。他认为，对付违法犯罪的最优政策是资源最优配置的一部分，对于不同的犯罪行为的法律执行需要怎样的资源支出与惩罚规模，取决于如何才能使违法造成的社会损失减至最低，这种损失为全部损害、逮捕与定罪成本、执行惩罚的成本的总和。

贝克尔对犯罪的最优私人决策和最优公共决策的经济分析促进了犯罪经济学的迅速发展。

新家庭经济学

家庭在古希腊经济学家那里本来就是作为基本生产单位考虑的，所谓经济学，就是家庭经济学。但是，自从自给自足的家庭经济解体，企业成为社会经济生活的基本实体后，家庭行为便离开了经济学的视线，成为社会学研究的主题。运用经济学的研究方法，贝克尔使家庭重新回到经济学领域中来。对他来说，家庭是一个像企业一样的经济实体，家庭理论所要分析的是家庭如何根据成本—收益比较作出与企业相类似的经营管理决策，这些关于生育、结婚之类的决策机制即构成了新家庭经济学的主要内容。

生养子女是家庭行为和家庭决策的一个重要方面，贝克尔1960年为美国国家经济研究局写的论文《生育力的经济分析》中，生孩子的决策是严格按照新古典学派的通行理论来分析的。他提出了这样一个反传统的引起争议的观点：至少在现代，子女在某种程度上类似耐用消费品，在关于子女需求的分析中，耐用消费品的需求理论是一个有用的框架。他认为，孩子是一种心理收入或满足，具有使用价值，同时，生养子女又需要父母净成本的支出。这些成本不仅包括食物、住所、就学等明显的费用，更重要的还有父母生养子女需要花费的时间成本。从而子女可以看成一种消费商品，而他们在时间上的持续存在表明他们是耐用消费品，与其他的（耐用）消费品之间可以相互替代。因此，与马尔萨斯认为生育是由于人类不能控制他们的繁衍冲动相反，贝克尔将生育的决定类同于消费者购买汽车等耐用消费品的决定。

如果以上观点能够被接受，也就可以得出这样的结论：人们"购买"（生育）子女是因为他们预期能获得的效用足以补偿支出，关于子女的数量和质量（用于子女的支出数量）的生育决策将取决于家庭预算收入、子女"价格"

(生育子女要放弃一些其他机会能带来的收益)，另外父母的知识水平、生育行为的不确定性及对子女的不同偏好等其他子女"供给"方面的因素也会不同程度地影响生育力。一般来说，对子女的需求应该同对其他耐用消费品的需求一样随收入的增加而增加，但是存在很多证据表明：家庭规模或子女数量随着收入的增加而减少。对此，贝克尔的解释是：养育孩子的成本即子女的相对价格是随着收入增加而趋于上升的，这主要是因为，收入的增加往往是父母收益能力的增强，故而增加了父母时间的价值，也就是说，他们的时间有了较高的机会成本。

婚姻是一种在每个有文字记载的社会都存在着的重要而又连绵不断的现象。不管处于怎样的制度环境，几乎所有的成年人都是以某种形式"结婚"了的。贝克尔是用经济学的研究方法来解释婚姻这一人类历史中的重要行为的(1973、1974)，不过他这次惊世骇俗的尝试比关于生育力的经济分析遭到了更多的敌视。

按照贝克尔的理论，婚姻决策是以传统经济学中厂商追求利益最大化的方式完成的。婚姻当事人(或他们的家长)在婚姻市场(由于存在许多相互竞争的潜在配偶)的限制下，试图寻找最佳配偶，通过结婚提高他们的效用水平。这就如同厂商寻求最合适的雇员一样。一个人只有在他所认为的通过婚姻所能得到的预期收益大过其预期成本时，才会选择结婚。结婚成本用他所放弃的其他选择(如保持单身或继续寻找，与下一次选择中可能的最佳对象结婚)的机会成本衡量。当然，由于信息的不完全，寻找过程中的耗费(时间以及其他较为明显的支出)也不容忽视。与最理想的人建立婚姻关系是不容易实现的，但贝克尔认为，充分的选择自由和充分的信息保证了可以达到婚姻市场的"帕累托最优"。

与恪守独身相比较，男女结合的婚姻收益又取决于什么，人们是如何在婚姻中增加其效用的呢？在贝克尔看来，结婚的收益同他们的时间、产品以及家庭生产中使用的其他投入要素的"兼容性"或"互补性"有关。在婚姻和家庭中，男女劳动力常常能相互补充(无论是自主的或是被迫的、生理的或是社会的)。例如，一个家庭中，电器的基本维护往往是男人的事，而编织缝补常常由女人来做。这样的回答与科斯对于企业产生、诺思对于国家产生的解释是一致的，即为了降低交易费用。像企业中的契约一样，夫妻双方通过一项把他们长期结合在一起的契约，避免了支付交易费用，避免了随时可能被剥夺属于配偶的投入品，并因而被剥夺家庭共同产出品的危险。

贝克尔还对比各种不同的婚姻形式,说明为什么一夫一妻制是典型的婚姻形式,而一夫多妻、一妻多夫或多夫多妻不是典型形式。他认为一妻多夫会带来辨认生身父亲的困难,而一夫多妻不存在这种困难,因此,一夫多妻事实上比一妻多夫普遍一些。但是,一夫多妻和一夫一妻相比,丈夫每增加一个妻子所获得的收益会递减,因此两个男性独身家庭和一个一夫三妻家庭获得的总产出将低于三个一夫一妻家庭的总产出。因此,一夫一妻是最有效率的婚姻形式,获得了婚姻形式中的支配地位。他也论证了一夫多妻制在某些特定环境下的可能性和最优性。

人力资本理论　贝克尔的《人力资本》一书第一版出版于 1964 年,在此之前,舒尔茨(T. W. Schultz)和明瑟(Jacob Mincer)在该领域已有论述并作出了重要贡献。贝克尔则更加系统地强化了其微观经济学基础,并提供了一些有趣的和颇有影响的经验应用研究。

贝克尔的人力资本理论主要研究了人力资本投资的收入效应和收益率。所谓人力资本投资,是指通过增加人的资源影响未来货币和心理收入的活动,包括正规学校教育、在职培训、医疗保健、迁移以及收集价格与收入信息等。贝克尔作此研究的最初目的是要估算美国高等与中等教育的货币收益率,但他很快发现对人力资本投资的一般性分析比"填补普通经济理论的空白要有用得多"。

由于在职培训的典型性,能清楚地说明人力资本对收入、就业等经济变量的影响,贝克尔对在职培训这种人力资本投资形式作了详细分析。假定一个在某一特定时期内雇佣工人的企业,如果没有在职培训,对企业来说工资率既定,即由劳动市场上的供求决定,企业的均衡取决于边际产品等于工资。但考虑到在职培训时,情况有了变化:由于培训往往会降低现期收益,但能大幅度提高未来收益,在这样的情况下,并不需要每个时期的支出等于工资,也不需要每个时期的收益等于最大可能的边际生产率,而只要培训能大幅度提高未来收益,或大幅度降低未来支出,企业就乐于提供这种培训。

贝克尔还分析了培训对收入和年龄之间的关系的重要影响。由于受过培训的人在培训期间的代价可以因在以后的年份中得到较高收入而获得一定补偿,这使得接受过培训的人在年龄的推进中,其收入会比未受过培训的人增长得更快,而青年人能比老年人工作更多年份,因此,培训对青年时的收入增加率比对老年时的收入增加率的影响更大。

分析在职培训之后,贝克尔还分析了其他几种人力资本投资形式,包括正规学校教育、保健工作投资等等,并提出了不少独到的见解。

第三节　公共选择理论

政治的经济理论　用经济学的方法来分析政府的行为,把经济人本性作为政治行为和过程分析的基础,是经济学向其他学科渗透的又一重大表现。众所周知,在马歇尔时代的经济学抽象模式中,国家或政府很难找到自己的位置。政府活动被视为"非生产性的"存在,是一种不可避免的负担,应该把它约束在最小限度之内。20世纪初,市场"失灵"导致的经济混乱,凯恩斯经济学和庇古的福利经济学的出现,使上述情形发生改变。一整套新的文献致力于分析市场缺陷,深入研究国家干预的合理性,从此,政治被看成了一种能起经济作用的元素。

政治与经济关系的重新被重视促成了"新政治经济学"的产生和发展。与亚当·斯密开创的古典政治经济学相对,新政治经济学力图突破正统新古典经济学的狭隘性。作为其重要成员的公共选择理论沿袭了古典政治经济学的思想精髓和分析方法,注重分析政治对经济的影响。

但与几乎所有传统的政治经济理论不同的是,公共选择理论力图建构出一种与市场经济相适应的政治秩序,希望重新用统一的经济学方法来沟通传统上被隔离的经济学和政治学这两个学科。在众多传统理论中,不管在关于国家行为和政治过程的分析和观点上会有多大差异,政治过程始终作为经济体系的外生变量,与经济过程截然分开,作为政策制定者的国家与政府,总是作为中立、公正的道德化身,以促进公共利益为最高目的。而公共选择学派却反其道而行之,把经济人本性作为政治行为和过程分析的基础,把政治过程纳入统一的经济分析体系。他们提出,政府行为与私人经济行为都是选择,是经济活动中的选择,只是因为选择方式与对象不同,后者是私人选择,前者是公共选择。人们在政治活动中达成协议、协调冲突、制订规则,无不建立在自愿基础上,这是民主政治的特征,和他们在市场上用粮食交换衣服的自愿交易十分类似。市场与政治的区别并不在于当事人的行为动机与活动特点,一个人在市场与政治两种环境中都是利己主义者,都在进行交换,区别仅在于约束个人行为的外部环境不同,一个是市场,一个是政治。市场上的私人交易是个人活动,政治上的公共交易是集体活动,但不管是哪种活动,都是一种交易,因而都可用经济学方法加以分析。

公共选择,即政治的经济理论,就是将经济学的思考方式应用于政治学之中,研究经济力与政治力互相作用的那个范畴,就是将经济学应用于政治科学,公共选择的主题就是政治科学的主题,即国家理论、投票规则、投票者行为、党派政治学、官方政治等等。它侧重于指出政府行为缺陷的原因,对政治学所忽略的重要问题重新进行研究,因而有广阔的研究领域,个体和团体的政治行为、政府的行为、选举、投票、集体决策的规则等政治学问题都进入其研究视野。它似乎在试图证明:即使是对政府行为的研究中,经济学工具也可能是最有效的。

公共选择学派的形成及其思想渊源

公共选择学派能够成为一个独立的经济学派别并扩大势力范围应归功于美国经济学家詹姆斯·M. 布坎南(James M. Buchanan,1919—2013)和戈登·塔洛克(G. Tullock,1922—2014)。1957 年,布坎南等在弗吉尼亚大学创立并主持托马斯·杰斐逊(Thomas Jefferson,1843—1926,美国第三任总统、独立宣言起草人、自由主义政治家)研究中心,大力宣扬自由主义学说,主张在经济研究上回到古典学派,把政治因素纳入经济分析。1962 年,布坎南和塔洛克共同发表了《同意的计算》,为现代的公共选择理论奠定了强有力的基础。1963 年,他们两人组织了"公共选择学会",宣扬经济自由和"新政治经济学"。由于来自校方的干涉和压力,布坎南被迫出走。1969 年,他重返弗吉尼亚大学,创建"公共选择研究中心",出版《公共选择》杂志,大力传播公共选择理论,终成气候。1986 年,布坎南作为公共选择学派的主要代表人物获得诺贝尔经济学奖,其宣扬的观点也渐渐成为教科书中有关问题的主要内容。公共选择学派主要代表人物除上述两位外,还包括安东尼·唐斯(A. Downs,1930—   )、威廉·尼斯坎南(W. Niskanen,1933—2011)、邓肯·布莱克(D. Black)、肯尼斯·阿罗、约翰·罗尔斯(J. Rawls)、丹尼斯·谬勒(D. Mueller,1940—   )等。

若论公共选择学派的思想渊源,应当首推瑞典学派奠基人维克赛尔的财政理论。维克赛尔被布坎南认为是现代公共选择理论的主要先驱,尤其是宪制经济学的先驱。他在 1896 年出版的《公平赋税新原理》一书中,以公共选择方法和立宪的观点分析了公共财政,对那种认为仁慈君主和国家谋求公众利益的观点发难,指出要使政治代理人的政策选择受到规则的制约。他还在方法论上奠定了现代公共选择学的三要素:个人主义、个人理性主义和作为复杂交易过程的政治。

另一个对公共选择理论产生重大影响的是意大利的公共财政学派。首开公共选择研究先河的布莱克曾阅读过大量意大利学者关于所得税征收范围的著作,布坎南则于1955—1960年和1959—1960年两度赴意进修,对他们的财政学著作推崇备至。意大利学派的影响在于提出了两种国家模型(一种是垄断专制的国家模型,另一种是民主的或合作的国家模型)以及对公共物品的政治过程的说明。

另外,18、19世纪对投票数学的研究以及20世纪上半期西方经济理论界的一些研究成果也促进了公共选择学派的形成,包括美国学者伯格森提出的社会福利函数理论,以及美国数理经济学家阿罗提出的不可能定理等,都为公共选择理论的产生提供了肥沃土壤。

20世纪30年代以后,主张国家干预的凯恩斯主义学说盛行。后来国家干预经济所引发的各种弊病,又刺激了对非市场的集体决策过程的分析,以此探讨国家干预失误的原因。40年代和50年代论述政策失误的著作探讨了在公共物品和外部性存在的情况下实现资源最优配置的条件,这直接引发了公共选择学派对资源配置的非市场决策过程的关注。自70年代起,凯恩斯主义广遭责难,美国的新经济自由主义学说以芝加哥大学为基地东山再起,对经济理论界造成强烈冲击,主张经济自由的公共选择理论正好汇入了这一潮流。

公共物品和公共选择　公共选择,实质上是人们在政治领域中从事的公共物品的交易活动。政府支出购买了许多公共物品(军队、法院、公安、公立学校、道路及其他公共设施等),许多政策、法律、法规等也是公共物品。公共物品的生产都由投票决定。可以说,公共选择从根本上说是由公共物品的需求决定的。其深层原因在于:第一,公共物品的非分割性要求有集体行动。在无政府状态下,每个人从利己主义出发,可以选择掠夺和交换两种途径增进个人利益。虽然在增进总收入和资源配置的合理和公平方面,相互掠夺不及相互交换,但只要存在一方交换而另一方掠夺的可能,在缺乏集体行动、无政府强制的情况下,利己主义动机决定了人们在希望自己掠夺而他人交换的心理支配下,必然导致双方相互掠夺。这是一种囚犯两难困境式的结局,是市场失灵的一种表现。如果双方能达成和遵守协议、相互交换,就会出现一种秩序,这种秩序或规则就是一种公共物品,它有利于所有人。公共物品具有非分割性的特征,也就是说,公共物品的消费只能在保持其完整时才能由参与者共同消费。第二,公共物品同时具备的另外两个特性(非排他性和非竞争性)决定了人们都不愿生产公共物品或为使用它而付费,而是期待对它的免费使用。这表明,个人选择不可能提供或生产足够的公共物品,不可能产生互相交换的最优结局,这要求有政府组织集体行动来生产公共物品,以保护自愿交换和提高其效率。而一旦有了政府或集体活动,相应就产生了政治过程,通过它把个人的私人选择转化为公共选择,把资源配置到各公共物品中。

公共选择,作为一种选择,是指与个人选择相区别的集体选择。它指人们选择通过民主政治过程决定公共物品的需求、供给和产量,并且主要关注于把个人选择转化为集体选择的机制或过程。

投票规则　　公共物品的需求是指社会上的各个人对它的需求。公共物品的社会需求如何由不同的个人需求决定,是公共选择学派首先要分析的问题。

最好的公共选择就是能反映所有个人意愿的选择,最好的政治制度就是能反映每个人选择要求的制度。所以,最好的公共选择投票规则是全体一致规则。维克赛尔极为推崇这一规则,布坎南也极力赞成他这一看法。但是,由于全体一致的规则真正要实施实在太难了,众口难调,反复讨论,成本太高,民主决策只能退而求其次,使用仅次于全体一致规则的最优投票规则,这里主要指多数规则。

一般实行的多数规则是获得半数以上的赞成票,议案才能通过。如果待定议案有多个,一般程序是两两表决,每次提交一对议案付诸投票,过半数者胜并参与下一轮角逐,直至获得单一议案。在现实中,往往是利用占多数制逐渐淘汰最不中意者,使最优者得选。这种过半数规则之所以比较通行,原因在于可节约决策成本。正因为有过半数规则,因此,有投票权的人员组成通常是单数,以免一半对一半局面的出现。

按过半数规则,如果要投票决定的是单一议案,就一定能得到一个确定结果,此时,多数原则还是反映多数人意愿的。但是,如果是多项选一,结果就不一定唯一,这取决于投票者偏好的特点——是"单峰"还是"双峰"。单峰偏好是指个人最偏好某一议案,而离开该议案向其他议案变化时,偏好程度会持续下降;双峰偏好是指个人除了对一个议案偏好程度最高外,还存在一个最低偏好议案,当从最为偏好的议案离开时,偏好程度先是出现下降,但之后会再次上升。如果偏好是单峰的,而投票人数又是奇数,则过半数规则必能决出一个唯一最优结果,且该结果恰好反映了中间投票人的第一偏好。这就是所谓"中间投票人定律",或称"布莱克定律"(该理论由英国经济学家邓肯·布莱克在其1958年出版的《委员会和选举理论》中首先提出)。但是,如果其中一些成员的偏好是双峰的,多数规则就会导致循环,按照不同程序就有不同结果①,从而主持人可以通过操纵议事程序而通过有利于自己的议案。这是一种名义上的多数决定,而在实际上违反了多数人的意愿。

在投票选择公共物品过程中还会出现投票交易。这有两种形式:一种是买卖选票,即投票者在得到足够补偿之后,投票赞成于己不利的议案,或接受贿赂投票赞成对自己可有可无的议案;另一种是互投赞成票,即投票者在投票赞成自己强烈偏爱的议案同时,也赞成与自己无关紧要甚至有所损害但对另一投票者至关重要的议案,以换取他人对自己有强烈偏好的议案的支持。投票交易既涉及配置效率,也涉及分配公平,如交易者与非交易者之间效用的转移,往往会使得在多数规则下本应淘汰的议案因相互捧场而通过,导致社会福利减少,并出现多数对少数的压迫。

可见,多数规则是难以让人满意的,全体一致规则事实上又不可能实现,阿罗的"不可能性定理"②在公共选择理论家那里并没有得到真正解决。

公共选择者行为和官僚机构理论　　在公共选择学者看来,政治行为过程(主要指当今西方通行的代议民主制)是一个由公共选择者政治家、投票人、官僚三部分人组成并发生相互关系的复杂过程。

在政治领域中进行的公共选择,表面上看起来是由国

---

① 限于篇幅,本书在此不展开叙述,有兴趣的读者可参阅有关公共选择学派的论著,包括本章所列的有关参考书目。

② "阿罗不可能性定理"指阿罗揭示的投票的多数规则不能形成社会一致的偏好次序。例如,设甲、乙、丙三人对A、B、C三方案的偏好次序分别为甲:A>B>C,乙:B>C>A,丙:C>A>B。这样,无论如何都不可能得到符合多数规则的社会偏好。

家或集体作出,但本质上仍是个人选择。公共选择理论要分析的就是个人的偏好、决策、选择和行为,在一个既定的组织结构或制度结构内,是如何产生某种复杂的特定的总体后果的。正如布坎南所说,集体行动被看成是个人在选择通过集体而不是经由个人来实现目的时的个人活动,政府被视为不过是一系列过程,或一种允许上述活动发生的机构。这就是说,在集体决策中,其实也只有个人在选择和行动,而集体既不选择也不行动。虽然在选择和行动时的相互作用借助于特定的集体组织结构而产生了总体后果,但这一结果仍是由个人承担,而政治中的人性和个人行为并不会因为"政治"本身而有丝毫改变。如同在经济领域,政治过程中的三类"个人"(政治家、投票人、官僚)的行为都像经济人一样,按照理性原则和利己主义行事,都以个人收益—成本的计算作出选择决策。

政治家完全类同于企业家:政治家争取选票正如企业家追求利润;政治家制定政策进行立法,正如企业家生产产品;政治竞争中政治家为自己或自己所代表的利益集团牟利,而牺牲一般选民的利益的寻租行为,也完全类似于市场过程中的垄断者通过减少消费者剩余而增加垄断利润。

投票人类似于市场中的消费者,消费者利用货币选票需求市场物品,投票人则用选票、游说、政治捐款和组织技巧需求政治物品。他们也是利己主义者,希望政府提供的公共物品最大限度符合自己的偏好;在唐斯模型[①]中,他们也被描述成"理性而无知"的,在慎重权衡损益的基础上作决定的同时,缺乏有关政治过程的详尽信息。

官僚即政府组织机构,如同企业经理与雇员,从事于已确定了的产量的具体生产,代表了公共物品的供给方面。在政治过程中,立法决策过程确定的是公共物品的需求,至于公共物品的供给,是由政府的各级行政机构提供的。不同于马克斯·韦伯(M. Weber)所描述的服务于公共利益的理想的官僚,公共选择的官僚主义经济理论把官僚机构作为生产者纳入公共选择理论的供给模型之中进行分析,把官僚看成是理性的经济人,追求个人利益

---

① 唐斯在其《民主的经济理论》一书中构造的一个两党之间竞争选票的模型。模型中包含了追求各自利益的执政党、反对党以及选民三方。两党通过制定政策谋求选民支持,以赢得选举。这样,虽然开始时两党提出的政纲可能非常不同(比如一个保守、一个激进),但为了争取对政纲(及其意识形态)有所不同偏好的选民,选票竞争的结果是两党政纲渐趋一致。在多数规则下,这样的结果对中间选民(比如在意识形态上中立的选民)有利,而政纲越是与大多数人的偏好一致,就越容易维持稳定的政治秩序。因此唐斯模型得出的结论是,两党制能带来较高的秩序治理效率。

如薪金、地位、权限、预算、晋升等。

由威廉·尼斯坎南提出的尼斯坎南模型是公共选择文献中关于官僚主义经济理论最重要、最有价值的模型之一。这一模型分析了官僚机构对资源配置效率的影响，在官僚机构与上级拨款单位之间存在信息不对称的双边垄断关系中，官僚机构具有更大的自主权与垄断力。通过对局均衡（即官僚机构博弈均衡）及其最优产量的分析，对比私人竞争企业，尼斯坎南对预算最大化垄断官僚的生产效率得出结论：生产产量相对于社会最优需要总是过剩的，因为生产公共物品的钱不是他们口袋里的，因此，他们总力求多生产公共物品，以便从更大的公共支出规模中获取自己更多的好处，官僚机构倾向于过量使用资本以提高预算的现值。包括尼斯坎南在内的早期公共选择理论家都认定官僚机构是垄断性质的，因此也是缺乏效率的，而布雷顿（A. Breton）和温托布（R. Wintrobe）明确提出相反的观点，认为官僚之间也存在竞争，官僚之间也有一种建立在信任基础上的自愿交易行为，竞争与交易也导致官僚的选择。然而，官僚机构的竞争是不完全的，存在垄断因素，有限的竞争无法完全消除官僚选择行为的弊端，应依赖于主管人的监督、重组与管制来消除官僚对无效率行为的选择。

宪制经济学　在公共选择理论中，宪制经济学研究的对象层次最高。宪法是经济与政治当事人进行普通选择与活动时受到约束的各种根本性规则体系，具有相对固定持久的特征。宪制经济理论研究的是立宪和修宪问题，即研究对政府的财政权力、货币权力与管制权力的宪法约束。实际上，宪制经济理论认为，经济政策的好坏不在于经济学家的建议与政治家的行为，而在于对政策制定的规则约束与规则约束下的政治过程；规则不合适，好人也会干坏事；规则合适，坏人也能干好事。

宪制经济理论有独特的思想渊源。斯密、维克赛尔和美国的缔造者之一汉密尔顿的思想，构成了现代宪制理论的三个来源。其中两百年前美国开国元勋汉密尔顿与麦迪逊等人的联邦主义观点，与斯密的自由放任观点，对应着政治和市场两个领域，实质却是一样的：政治过程中的联邦体制与经济中的市场体制类似，都是以分权为实质，以产权（宪法）的实施为基础，以自愿交换（或协议）为特征的个人或组织相互合作竞争的体制。这种体制被认为能获得最大效率。两者都对公共选择理论（主要是其中的宪制经济理论)产生了深远的影响。宪制经济学的主要代表人物为布坎南、塔洛克和瓦格纳(R. E. Wagner)等人,其中布坎南与塔洛克合著的《同意的计算》既是公共选择论的经典之作,也是宪制经济理论的基石。

对于决策规则的确定即制宪,布坎南与塔洛克作了最经典的分析。一项集体决策往往会招致两个成本:外在成本与决策成本。外在成本是集体决策通过后在实施中产生的对某些成员的不利影响或净效用损失;而决策成本是在进行决策过程中产生的。任一集体决策所需赞成票数的多少对这两种成本的影响正好相反:所需赞成票越多,决策成本越高,但外在成本越低。因此,决策成本与外在成本之和取决于所需赞成票数的多少。最优宪法选择规则,就是权衡决策成本和外在成本两因素下选择的根本性规则。如果通过一项决策方案所要遵循的规则是所需的赞成票能保证决策的总成本最低,那么,这种决策就是"最优多数规则"。这个规则的选定,就是制宪过程,它要在立法决策之前完成,并且应按全体一致同意的规则来选定。当然,最优多数规则并不唯一,还要考虑所决策的集体活动的性质。

宪法秩序体现为建立在一致同意基础上通过协商达成的互利条约或协定,其目的在于促进增加总财富的交易行为对减少总财富的掠夺行为的替代,它反映了人们利用各自的自然权力确保其福利改善的动机。为了维护宪制秩序、促进交易、戒除掠夺,必须建立带有强制性的政府完成护宪的任务,而同时,政府也可能成为破坏宪法秩序、产生掠夺行为的根源,因此有必要对政府活动或政治过程加以根本性的有效宪法约束,宪制政府因此存在。瓦格纳与瓜尼(J. D. Gwartney)指出,需要着重注意的是,宪制政府的中心思想是:宪制本身并非政府行为,相反,宪法代表了不同阶层人民之间组建一个政府的协定;宪制政府就定义而言是受到限制的政府。并且,如果一个政府实际上而非仅仅名义上符合宪法规定,它就必须反映社会所有部分的广泛同意。

第四节 法律经济学

渊源、产生与发展

"法律经济学"(Economics of Law),也称"法和经济学"(Law and Economics)或"法律的经济分析"(Economic Analysis of Law),是20世纪50—60年代发展起来的一门经济学与法学相结合的边缘学科。

第十四章　经济学新发展及其与其他学科的相互渗透和影响

法律经济学的话题早就有人论述过。从古典经济学家亚当·斯密到李嘉图,从德国历史学派的罗雪尔到美国制度学派的康芒斯,毫无例外地都在经济研究中涉及社会法律制度问题。此后,随着 20 世纪 20—30 年代新古典经济学主导地位的确立,社会制度问题被视为资源配置问题的既定前提而搁置一旁,作为社会制度重要组成部分的法律制度问题,在经济学中逐渐被冷落。但是,由于在 19 世纪下半叶大量垄断组织的产生和 20 世纪 30 年代经济大萧条的出现,导致相关国家反垄断法律陆续颁布和政府在公共事业领域的干预及管制的加强,因此,与反垄断法律和公共事业管制的有关法律方面的经济研究又被重视起来[1]。

20 世纪 50 年代后期至整个 60 年代,是法律经济学的初创时期。艾伦·迪雷克特教授在 1958 年创办了《法和经济学杂志》(Journal of Law and Economics),罗纳德·科斯教授于 1961 年发表了《社会成本问题》一文,标志着法律经济学的问世[2]。

在法律经济学的初创时期,还有两位重要的代表人物,一位是阿曼·A·阿尔钦,另一位是戈多·卡拉布雷西(G. Kalabresy)。阿尔钦在 1961 年发表了《关于产权经济学》一文,运用效用理论和最大化方法研究了产权制度问题;卡拉布雷西则在同一年发表了《关于风险分配和侵权法的思考》一文,从经济学的视角比较系统地研究了侵权的法律问题[3]。这两篇论文的发表标志着经济学的分析进入了传统上属于法学家的普通法研究的具体领域。

法律经济学在 20 世纪 70—80 年代经历了一个蓬勃发展的时期。在这个时期中涌现出许多优秀的代表人物与研究成果,例如:理查德·A.波斯纳(R. A. Posner,1939—)与《法律的经济分析》(1973),沃纳·Z.赫希(W. Z. Hirsch,1920—2009)与《法和经济学》(1979)等。同一时期,有关法律经济学的研究机构和学术刊物也纷纷问世,随着法律经济学理论研究

---

[1] 事实上,根据科斯的说法,即使在 20 世纪 20—30 年代,也有经济学家在研究与当今法律经济学所研究的主题相近的内容。例如科斯在伦敦经济学院的导师帕莱特(A. Plant)就发表过专利与版权方面的论文(参见科斯:"30 年代伦敦经济学院经济学的进展",载罗纳德·科斯:《经济学与经济学家论文集》,芝加哥大学出版社,1994 年英文版)。

[2] 易宪容:《科斯评传》,山西经济出版社,1998 年版。

[3] 理查德·A.波斯纳:《法律的经济分析》,中国大百科全书出版社,1997 年版,中文版译者前言。

的不断扩展和深入,法律经济学对立法和司法实践的影响也在不断扩大。法律经济学已作为一门完整的学科为学界和法律界所公认。

学科性质、研究范围与方法

从学科的性质来看,法律经济学已明确将自己定位为一门"用经济学阐述法律问题"的学科。具体地说,法律经济学采用经济学的理论与分析方法,研究特定社会的法律制度、法律关系以及不同法律规则的效率。

从研究范围来看,法律经济学对法律制度问题的研究基本上覆盖了整个法律领域,包括民事、刑事和行政程序,惩罚理论及其实践,立法和管制的理论及其实践,法律的实施和司法管理实践,以及宪法、海事法、法理学等各个方面。但是,法律经济学的研究重点是"普通法的中心内容——财产、合同和侵权"①。

从研究方法来看,法律经济学是以"个人理性"及相应的方法论的个人主义作为其研究方法基础,以经济学的"效率"作为核心衡量标准,以"成本—收益"及最大化方法作为基本分析工具,来进行法律问题研究的。赫希曾指出:"尽管并非所有的研究者对法和经济学的研究视角和方法都持有一致看法,但是,绝大多数人都认为,新古典主义经济学的分析方法——包括经济理论与计量分析工具——构成了法律和法律制度经济分析的基本特征。"②

法律经济学的主要研究内容

法律经济学的一个非常重要的特征,是运用经济学的理论与方法来分析普通法,有关财产、合同和侵权行为的经济理论构成法律经济学的主要研究内容。

1. 财产的经济理论。从法律观点看,财产是"一组权利",这些权利描述了一个人对其所有资源可以做些什么,不可以做些什么,包括对资源的占有、使用、改变、馈赠、转让和阻止他人的侵犯等。法律经济学有关财产的经济理论,主要集中在关于财产法的四个基本问题上:(1) 私人可以拥有什么财产?(2) 所有权是怎样建立起来的?(3) 所有者如何合法地处置其财产?(4) 如何保护产权及赔偿对产权的侵犯?

---

① 罗伯特·考特、托马斯·尤伦:《法和经济学》,上海三联书店,1991年版,前言。
② 沃纳·Z.赫希:《法和经济学》,学术出版社,1999年英文第3版,第1页。

法律经济学是依据微观经济学有关私人产品和公共产品的区别来分析和回答"私人可以拥有什么财产"这一问题的。由于私人产品具有个人排他使用的特点,因此,对具有私人产品特性的资源建立和履行所有权(私人财产权)的成本比较低,而通过建立所有权所带来的利用资源的效率将会提高。

对于"所有权是怎样建立起来的"这一问题,法律经济学是根据自愿交换的谈判理论和博弈论的研究方法来进行分析的。经济学的谈判理论表明,自愿交换的利益基础在于,交换双方都有可能通过交换来增加各自利益。所有权的建立是一种通过谈判来建立起一组有关资源配置及资源配置结果分配的"社会契约"过程,只要有关建立所有权的谈判成本及所有权的建立和运作成本小于所有权建立所带来的资源配置改善的收益,并且这种收益能够合理地分配于有关谈判各方,所有权的建立就会自然而然地作为谈判的结果出现。

对于"所有者如何合法地处置其财产"和"如何保护产权及赔偿对产权的侵犯"这两个问题,法律经济学主要是根据经济学的外部性概念来加以分析的。首先,所有者在利用其财产时,不能导致强加给别人一种非自愿损害的结果,如果出现了这种损害,也就侵犯了他人财产。其次,当产权受到侵犯时,法律对侵权行为的制裁必须视对产权侵犯的不同性质而采取不同的措施。法律经济学有关对侵权行为的制裁以"科斯定理"为基础,其核心思想是产权保护也必须考虑交易费用,法律实施必须以改善资源配置效率为目标。

2. 合同的经济理论。有关合同理论(交易的合同理论)试图回答以下三个问题:(1)合同法的目的是什么?(2)应该履行什么样的合同?(3)如何对合同执行过程中的违约给予补救?

根据法律经济学的分析,依据交易所需要的时间,社会经济活动中的交易区分为即时交易和缓期交易。缓期交易是一种承诺交易,从承诺的做出到承诺的实现之间存在着一段时间,所以合同的订立必须考虑到承诺交易中两个重要问题:分配由不确定性所造成的风险损失和促进信息的顺畅交流,从而有助于交易双方顺利达成交易。相应地,合同法的目的就是"通过强制履行承诺帮助人们实现他们的私人目标"[1],有关合同的经济理论研究

---

[1] 罗伯特·考特、托马斯·尤伦:《法和经济学》,上海三联书店,1991年版,第314页。

的重点就是如何通过人们所达成的自愿协议来促进他们对私人目标的追求。

  既然合同法的目的是通过强制人们履行承诺来帮助实现他们的私人目标,那么,什么样的合同(承诺)应该是按其条款严格履行呢?从帕累托效率角度看,如果一份合同经过修改有可能在双方不受损条件下至少使一方受益,那么原来的合同就是无效率的;反之,如果不可能出现上述合同修改结果,那么该份合同就是有效率的。从另一个角度来看,有效率的合同也就是一份完备合同,合同的经济理论把完备合同定义为"假如可强制履行,就能理想地适应实现立约人和受约人目标的一种承诺"[①]。

  有关完备合同的经济理论为法律经济学研究由于个体理性和市场环境缺陷所造成的合同纠纷问题提供了一种新的理论基础。当合同的执行过程中出现违约时,原告会对被告(违约方)提出起诉,被告则可能会提出辩解。被告的辩解可以分成两类:一是"立约抗辩",即被告声称在合同订立时就存在不正常因素,使得合同不完备,妨碍了合同的合法性;二是"履约抗辩",即被告声称在准备执行合同过程中出现了意外情况,导致他无法履行合同。被告抗辩的目的是要求法院免除其合同义务。在这种情况下,法院根据效率原则,将依据合同是否完备的有关标准,来判定违约方所提出的抗辩理由是否成立,并以此来作出是否免除违约方合同义务的判决。

  3. 侵权行为的经济理论。根据传统法学理论,侵权是一种给他人造成损害的失职行为,构成侵权行为的要素主要有:(1)被告对原告没有履行法定责任,被告行为有"过失";(2)原告受到了伤害,且这种伤害是可估量的;(3)被告的"过失"是原告遭受伤害的近因或直接原因。侵权行为的经济理论,在传统的法学侵权理论的基础上,进一步表明侵权是一种给他人造成损害的失职行为,且对这一行为的后果,受害人无法通过求助于事先的合同来解决赔偿问题。

  侵权行为发生后,首先要解决的是侵权的责任问题。解决侵权责任问题的原则大致可分为两类,一是"严格责任原则",一是"疏忽原则"。严格责任原则是指只要发生侵权行为,施害人无论如何都必须对受害人所遭受的伤害完全负责;疏忽原则是指施害人在侵权行为中的责任与一定的法定标准有关,在参照法定标准时,施害人可能负完全责任,也可能只负部分责任,

---

  [①] 罗伯特·考特、托马斯·尤伦:《法和经济学》,上海三联书店,1991年版,第317页。

也可能不负任何责任。侵权行为的经济分析表明,之所以在发生侵权的场合不能一律运用"严格责任原则",原因在于这样做的社会成本将大于社会收益,从而使得许多有益的社会活动(包括生产活动)成为不可能,结果是降低了社会总体福利。

当侵权的责任明确后,下一个问题就是侵权的赔偿问题。侵权行为的经济理论认为,无论是补偿性损害赔偿金的确定,还是惩罚性损害赔偿金的确定,都必须考虑到一个重要的效率原则,即通过损害赔偿把侵权行为所造成的外部损害内部化,以促使人们注意遵守法定预防标准,或通过增加故意侵权行为的预期成本来减少各类侵权行为的发生。

第五节 行为经济学:心理学对经济学的影响

渊源、产生背景与进程

行为经济学是近年来新兴的一门边缘学科,但有关行为经济学的思想却早就已存在了。

早在古希腊时期,柏拉图就曾在《理想国》一书中关注过人的欲望在经济行为中的重要性,认为决定一国或者一个经济单位兴盛的是人的需要和欲望,其中对财产的占有和支配欲是最基本的欲望。

后来,亚当·斯密也在他的《道德情操论》中关注过心理和行为方面的问题。他说:"当我们从一个较好的环境转入较差的环境时所感受到的不适程度,将大于从一个较差的环境转入一个较好的环境所感受到的舒适程度。"[①]显然,斯密的这一思想同现代行为经济学家有关"损失规避"的概念[②]如出一辙。比斯密稍后的另一位经济学家边沁也因最早提出了"效用"的概念而声名远扬。他所谓的"效用"主要是指人们心理上的真实感受,包括痛苦、快乐等。边际效用学派的门格尔也曾在 1871 年提出通过内省的心理分析来认识需求和价值等的重要性。庞巴维克在论述时差利息产生原因时就曾提出,人们有着低估未来而更看重当前需要的倾向。约·斯·穆勒和杰

---

① Adam Smith, *The Theory of Moral Sentiments*, New York: Prometheus Books, 2000, p. 311.

② 下文中有详细介绍,参见本节第二部分的相关内容。

文斯在研究经济学时均与同时代的心理学家保持着密切的联系。

马歇尔曾从市场消费心理的角度论述过人的欲望与市场消费趋向之间的内在关系,尽管他所谓"边际效用递减规律""个人的消费欲望是随价格变化的需求函数"等概念均有严密的数学分析甚至度量标准,但只不过是一个十分标准的心理感受问题;还有,他有关个人消费非理性特征的表述(比如,人们对许多种类的东西的需求不是正常的,而是偶有的和不规则的;个人的活动存在多样性和易变性等)均出于对行为方面的考虑。

马歇尔之后,对经济学的心理和行为基础进行论述的经济学家也不在少数。比如,凡勃伦、贝克尔、霍奇逊等均研究过心理因素对经济决策的重要影响;凯恩斯在论述"有效需求不足"的原因时,将之归结为"边际消费倾向""对资本资产未来收益的预期""资本的流动偏好"等三大心理规律的作用。

1979年,卡内曼(D. Kahneman)和特武斯基(Terversky)的《预期理论:一种风险决策分析方法》一文在《计量经济学杂志》上发表。1981年,塞勒(R. Thaler)的《动态一致性的实验证据》发表。此后,陆续有一系列的行为经济学文献面世,这些文献标志着"行为经济学"作为一门独立的学科真正诞生。

1986年,美国芝加哥大学举行了一次规模空前的学术论坛,在会上很多优秀的行为经济学论文发表,这是行为经济学理论发展史上的一个重要里程碑。1997年,一本以收录行为经济学论文为主的杂志——《经济学季刊》——诞生。

行为经济学的诞生有其学术背景。第一,20世纪中期,大量的行为经济学方面的文献面世,其中,"期望效用理论"和"贴现效用模型"作为"不确定条件"和"跨期选择条件"下计算效用值的精确分析工具已被众多的主流经济学家接受;第二,20世纪60年代,认知心理学得到了突飞猛进的发展,传统心理学家所谓的"大脑是一个刺激—反馈器"的理论已经被"大脑是信息处理器"的理论取代。认知心理学家对与"大脑信息处理器"相关的很多问题(比如,"问题解决""决策过程"等)的了解与新古典经济学中"效用最大化"问题的相关性很大。此后,有关方面的比较研究日益增多。这样,真正的行为经济学产生的条件日益成熟。行为经济学理论主要表现为两个方面:一方面,它具有与传统经济学理论不同的假设和特色;另一方面,它又提出了对传统经济学理论的新认识甚至挑战。下面我们举两个例子加以说明。

行为经济学对偏好理论的新认识

1. 参考依赖、损失规避、敏感性递减与偏好水平。所谓参考依赖,是指人们在进行经济决策的过程中,其个人偏好水平在很大程度上依赖于决策者个人心理上的那个参照系,而并不一定依赖于决策者的收入、福利和境况的总水平。卡内曼和特武斯基于1979年在研究消费和收入关系问题时发现了这一原理。参考依赖反映了现实中人们对偏好的认识,可能与经济学家们眼中的偏好并不一样,这意味着经济学在进行效用分析的时候,应该将人们的习惯性消费水平 r_t 作为一个重要的决策变量纳入效用函数,即效用函数应修改为 $U_t(c_t, r_t)$,其中,c_t 为 t 时刻的消费量,r_t 代表该消费者的习惯性消费水平。

另一个与参考依赖相关的发现是损失规避(loss aversion)。损失规避意味着人们在面临同等数量的损失和收益的时候,对损失的反应要比对收益的反应来得更加敏感。损失规避产生的一个重要原因是禀赋效应(endowment effect):一旦人们拥有一种商品以后,就会比没有该商品以前更加珍视它。

除参考依赖和损失规避以外,还有一个重要的有关偏好的心理学发现——敏感性递减(diminishing sensitivity),其含义是:在参考点附近,人们感觉到福利的边际变化要比距离参考点远的变化更加强烈。比如,人们很可能对收入从100元升到200元的变化比较敏感,但对收入从1 100元升到1 200元时的感觉却并没有那么明显,原因是前者要比后者距离参考点——零元(常常是人们感觉到福利和损失的分界点)——更近。经过多次实验,心理学家和行为经济学家们发现:敏感性递减使得财富的价值曲线在参考点以上大致是凹的,而在参考点以下则是凸的,参考点则是价值曲线凹、凸的分界点(拐点),如图14-1所示。在不确定的条件下,敏感性递减意味着:人们对财富的效用函数在参考点附近比较陡峭,而在远离其参考点后会逐渐变得更加平坦。

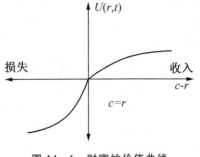

图14-1 财富的价值曲线

2. 偏好的时间不一致性与双曲线型贴现函数。传统经济学的一个核心命题是代理人如何对不同时期的成本和收益进行跨期选择。拉姆齐(F. P. Ramsey, 1928)指出,不同时期的储蓄可依据一个固定比率在各期之间进行贴现。这就是所谓的指数式贴现理论,它意味着人们的偏好在时间上是一致的。然而,近年来心理学发现却表明,人们的偏好在时间上往往是所谓的双曲线型的。其表现是:人们对现时效用和福利的关注要强于对未来效用和福利的关注。比如,人们常常过度饮酒、过量饮食,而置未来健康于全然不顾;人们宁可观看滑稽电视、享受现时的快乐,而将让人痛苦的事情向后推移等。

时间不一致偏好对经济学意义重大。首先,它可以很好地解释人们在现时和未来消费和储蓄的决策以及两者之间的巨大反差,这为金融学、投资学中难以解释的或者解释力不强的现象提供了新的观察角度。其次,自我控制问题可以很好地解释人们对上瘾物品的需求,比如,人们吸食毒品的主要原因是它可以给人们带来现时的精神愉悦,这种巨大的现时精神愉悦可以在很大程度上使人们忘记毒品对人们未来的巨大危害,这比传统经济学对此的解释力更强。再次,自我控制问题可以解释人们在营销和购买决策中的很多问题。比如,玩具等商品的包装大多采用小包装,原因是商家知道人们在购买玩具等时有不太喜欢购买大包装的习惯,而顾客也清楚对于玩具这种物品自己往往会出现过度消费。最后,这种时间不一致偏好也可以解释很多福利经济学的现象(T. C. Schelling, 1984),比如,如果人们的偏好在时间上不一致,那么,一个人在某一时刻的消费可能要比另一时刻的消费更好,从而传统福利经济学中常用的帕累托效率标准可能会产生问题。

3. 心理学对社会偏好和利他主义的新认识。在传统经济学领地内,社会偏好处于次要地位,而以自私自利为主要特征的个人偏好几乎是经济学家分析所有人类行为的一条公理。但近年来,越来越多的心理学家和经济学家普遍认识到这一公理的局限。

认知心理学将社会偏好分为这样三类:第一类是简单利他主义(simple altruism);第二类是交互式利他主义(reciprocal altruism);第三类是具有"行为分配性公正"(behavioral distributive justice)特征的社会偏好。

简单利他主义即经济行为人将会把别人的偏好或效用纳入自己的效用函数,这时,利他行为是手段,利己才是目的,因此,这种利他主义与利己主义并不矛盾①。

交互式利他主义②意味着行为人的社会偏好函数并不仅仅只取决于自己消费水平和消费水平变化,而且还取决于他所感知到的他人所采取的行为及其行为背后的动机和意图等因素。这时,行为人的社会偏好函数很可能就不稳定,而往往成为多种因素共同影响和作用的产物。比如,某人路遇街头乞丐,当他发现该人衣着体面、皮肤白皙时,就会猜测该人肯定动机不良,其行乞目的也许只是欺骗钱财,于是他便分文不给;可是,当他发现另一个乞丐衣衫褴褛、老态龙钟时,就会猜测该乞丐可能真是为生活所迫,于是便慷慨地拿出 10 元钱给他。在这种情况下,该路人是否选择利他行为,在很大程度上取决于他对该乞丐的行为以及背后动机和意图是良还是不良的主观判断。

利他主义中的公平配置(fair allocation),又称"行为分配性公正",意味着人们主观上存在着对资源分配公正性和公平性的关注。比如,心理学家和行为经济学家们常举到的一个例子是两个人共同发现地上有 20 元钱,他们将如何分配这 20 元钱呢?一种假设是两人都是简单利他主义者,就肯定会讨论谁是其中较为贫困的一个人,把这 20 元钱给比较贫困的那人。另一种假设是两人都是利己主义者,都想独吞这笔钱。但是,心理学家和行为经济学家却发现,这时,人们往往并不按照前两种原则行事,而常常按照五五分成或公平分配行事③,其原因是行为人具有偏好公平和公正而不是整个社会福利的最大化的心理。

---

① 比如,亚当·斯密在《国富论》中说明了自私自利在经济生活中的普遍性。而在他的另外一本书——《道德情操论》中,斯密则强调了利己动机以外的社会动机和偏好在人们社会生活、经济生活中的重要性。

② 有关"交互式利他主义"的实验及其论述,参见:Goranson and Berkowitz(1966);Frisch and Greenberg(1968);Schopler and Thompson(1968);Leventhal,Weiss and Long(1969);Greenglass(1969);Nemeth(1970);Wilke and Lanzetta(1970);Greenberg,Block and Silverman(1971);Savitsky and Babl(1976);Greenberg and Leventhal(1976);Akerlof(1984);Goetze and Orbell(1988);Hollinger,Slora and Terris(1992);Stuckless and Goranson(1992);Fehr,Kirchler and Weichbold(1994);Croson(1995)。

③ 有关公平和公正领域的行为经济学方面的更多的研究成果,可参见:Brickman and Bryan(1975);Krebs(1982);Cook and Messick(1983);Cook and Yamagishi(1983);Kahneman,Knetsch and Thaler(1986a,1986b);Mellers and Hartka(1989);Loewenstein,Thompson and Bazerman(1989);Miller(1992);Camerer and Loewenstein(1993);Mitchell,Tetlock,Mellers and Ordonez(1993);Bazerman,White and Loewenstein(1995)。

> **不确定条件下的判断偏差与"理性"决策的背离**

在不确定性条件下,传统经济学家常常假定人们总是能根据概率判断原则进行判断,但心理学家和行为经济学家的很多研究却发现这一认识存在着很多系统的偏差。

1. 代表性启发(representativeness heuristic)和小数字法则(the law of small number)。代表性启发是指人们在形成判断的过程中常常会受到事物典型特征的影响。比如,当看到某个人蓬头垢面、衣衫褴褛时,人们往往会认为对方是乞丐,而当看到某个人衣衫华丽、举止优雅时,会判断他是有修养、学识之人。行为经济学家的研究表明:在形成判断的过程中,人们往往会过度使用该法则。其原因是,在特征信息不明显的情况下,人们往往会低估事实真相,但当人们得知该人的代表性特征时却往往高估它。比如,在人们无法知道一个人是工程师还是律师的情况下,人们对该人是律师还是工程师的概率判断分别为50%,而当人们知道该人的代表特征时却往往会不顾该人所处的群体中到底是工程师居多还是律师居多这样的事实,而纯粹依赖代表性特征作出判断,结果便产生了判断偏差。

小数字法则意味着人们对某一概率分布的局部或部分特征的判断与总体和全部特征的判断一致。比如,投掷1 000次硬币,正面和反面出现的概率大致趋于相等,这是数学中二项分布告诉我们的基本知识。于是,人们倾向于认为在投掷6次、10次中也将出现同样结果,这也被称为"赌博者谬论"(gambler's fallacy)。事实上,这种看法是错误的。其结果便产生了所谓的"判断偏差",一会使人们普遍低估事实真相,二会使人们对某一概率事件的发生赋予太高的期望,其结果使人们失去了对问题真相的把握。

2. 信念忠诚和确认偏差(belief perseverance and confirmatory bias)。信念忠诚是指人们一旦形成某一信念和判断以后,就会表现出对它的忠诚和信任,从而不再关注其他相关信息。比如,一旦一个公司拥有某个投资项目比其他项目利润丰厚这个信念之后,该信念就会在一定时间内左右该公司的决策和判断,从而暂时屏蔽其他有关该投资项目利润发展变化方面的信息。这种现象的实质并不是人们对各种信息的误读,而是由于新信息的传递受到信念忠诚的阻碍和隔绝。

另一个相关问题是确认偏差,其含义是在信息模糊和不完全情况下,人们头脑中原先保留的偏见会得到强化,从而使这种偏见愈演愈烈。比如,某人早先就被告知说A君有点神经质,于是该人与A君的接触中就会发现该君越看越像神经质,这在客观上强化了某人对 A 君是神经质的偏见。确认偏差的实质是信息传递中信号暗示在发挥作用,在客观上为信息收集者特别关注这方面的信息提供了线索。

3. 可获得性偏差(availability bias)和事后聪明偏差(hindsight bias)。可获得性偏差是指人们在形成判断的过程中往往会根据可记忆的、明显的和常见的例子和证据进行判断,即使是在他们拥有有关信息的情况下也是如此。比如,人们对一个城市、一个国家安全程度的判断往往依赖于他们个人感知的信息或者最熟悉的有关安全方面的资料。可获得性偏差在人们生活中发挥着巨大作用。比如,很多商品广告就是在强化人们对某种商品的熟悉和认知程度,从而达到刺激人们购买的目的;学生在学习时对单词的不断重复记忆,往往导致学生倾向于使用那些自己最熟悉的单词等等。尽管可获得性有时可对人们生活产生一定积极作用,但它也往往使人们的判断与基本概率法则产生系统偏离。

菲克霍甫(Fichhoff,1975)发现:第一,提前告知人们一件事情往往会使该事件的发生概率提高;第二,在一件事情发生以后,人们往往会夸大自己的信念,从而表现出事后聪明偏差。比如,某政治家当选以后,很多人会说这早就在他预料之中。事后聪明偏差的产生主要是由于人们对有关某事件发生与否的信息不充分。事后偏差是人们在判断和决策中常犯的一个错误,它在客观上背离了"理性"假设。

行为经济学评价 2002 年度诺贝尔经济学奖授予实验经济学家弗农·史密斯(V. Smith,1927—)和行为经济学家丹尼尔·卡内曼(D. Kahneman),这似乎是对过去一个多世纪以来行为主义和心理学家研究的一个肯定和良好评价。

一是行为经济学对人类经济行为背后根源的洞察已大大超出了传统经济学家们的想象,从而为经济学家运用这些行为方法和实验方法进行经济研究拓展了研究思路。

二是以心理学为基础的实验主义和行为主义的新认识使传统经济学的很多假设和命题面临着被改写的命运。比如,传统经济学常常假设,人是完全理性的最大化行为者,但是,行为经济学的有关发现证实,经济个体的行为除了受利益的驱使以外,还常常受到多种心理因素影响,人不光有利己的一面,同时也具有公正和利他特征等等。

第六节　演化经济学：生物学对经济学的影响

演化经济学的思想渊源

演化经济学概念直到 20 世纪 80 年代才为众人所知晓，但演化经济学的历史渊源却可追溯到凡勃伦、马克思、马歇尔和熊彼特等人。

最早提出"演化经济学"术语的人当数凡勃伦，他把演化隐喻看作是理解资本主义经济技术和制度变化的基本方法。

马克思的经济理论中也有很多演化思想。比如，他关于技术进步类似于生态系统中物种的共同演化及其相互转换的论断可说也是某种程度上的进化论。但是，马克思强调社会制度以革命形式表现的突变，又与达尔文的思想有异。

马歇尔是新古典经济学代表，也可看作是演化经济学先驱之一。他研究的真正兴趣在于经济动态学和经济演进。他认为，支配生物发展的规律也适用于人类社会。他强调了时间、报酬递增和不可逆在经济过程中的重要性，然而却试图在均衡框架中加以处理。

演化经济学作为一门独立的理论分支而出现要归功于熊彼特（J. Schumpeter）对创新过程的开创性研究。其经济发展理论把创新看作经济发展过程的实质，强调了非均衡和质变的作用，认为资本主义在本质上是一种动态演进的过程。他认为"创造性毁灭过程"是资本主义的基本事实，这种观点非常类似于生物学中的进化理论。

演化经济学的真正形成主要归功于理查德·R. 尼尔森（Richard R. Nelson, 1930）和悉尼·G. 温特（Sidney G. Winter, 1935—　）两人。他们合著的《经济变迁的演化理论》（1982 年由哈佛大学出版）是演化经济学形成的一个重要标志。他们认为，经济中企业之间也存在自然选择，赢利的企业会不断增长，而衰败的企业会不断萎缩，最终会出现"优胜劣汰，适者生存"。经济主体的目标是追求利润，但并不一定是利润最大化，人并不一定完全理性，而可能是有限理性；经济均衡只是暂时的而不可能是长期的。此外，他们根据"惯例""搜寻""创新"和"选择环境"等概念，对整个经济理论研究基础进行了重构，最终提出了经济演化理论，从而为演化经济学的发展奠定了非常坚实的基础。

演化经济学产生和发展的时代背景

首先,20世纪70年代以来,自然科学领域先后发生了多次革命性进展,一些发达国家先后进入后工业化时期,并向信息时代过渡,这不仅改变了人们学习、生活和工作的方式,而且也使得经济学的研究对象、研究内容、研究方法出现多样化、综合化和科学化的趋势。当时的生物学取得了重大进展;物理学也有重大进展发生,特别是布鲁塞尔学派的耗散结构理论①影响日益增大。这些进展为演化经济学产生和发展提供了直接动力。

其次,当时的主流经济学受制于利润最大化和均衡这些经典假设,在客观世界迅速变化的现实面前面临着诸多危机:第一,新古典经济学在严格的"经济人""最优化""理性"等假设条件下与管理理论和实践、心理学和组织理论以及商业史等的距离越来越疏远;第二,新古典经济学固守"还原论"逻辑,将复杂的经济整体还原为部分之和,致使新古典经济学对宏观经济现象的解释无能为力,主流经济学的解释力大大降低。在这样的条件下,生物学和其他自然科学向经济学领域的渗透便不可避免。

演化经济学的分析框架、特征和作用机制

演化经济理论是演化在经济领域的应用。一般说来,一个明确的演化分析框架由下列一些因素或内容组成。

第一,选择单位。大多数现代演化经济学家认为,制度或组织具备选择单位的条件。凡勃伦观察到制度和惯例具有相对稳定性和惰性,是社会有机体的基因组织,扮演着生物学中基因进化的作用。尼尔森和温特在他们所著《经济变迁的演化理论》一书中讨论了类似于基因的企业惯例的作用:它是企业的组织记忆,执行着传递技能和信息的功能。

第二,新奇性。生物变异原则强调种类和多样性的作用,有时等同于系统内新奇事物的创造。经济系统的新奇事物是人类创造性的结果,是新行动可能性的发现。这种变异或新奇事物事先不可预测,事态的演化进程因新奇事物揭示出来的特定含义而异,因而社会经济动态系统不可能存在一个已知的、唯一确定的解。尼尔森和温特认为,在某些情况下如企业利润低

---

① 耗散结构理论主要研究一个系统从无序向有序转化的机理、条件和规律,讨论自组织过程的一般规律。

得无法忍受时,企业被迫搜寻新技术及新组织形式(新奇性产生),由此导致企业惯例发生变异。

第三,选择过程。生物进化论强调变异和自然选择对进化过程的重要性,把微观差异和个体可变性看作是进化赖以发生的基础。对于经济社会系统来说,个体思维和行为差异的基础来自人的偏好或知识的主观性质,它是由经验和认知模式的不同产生的。一个个体对创新者是模仿还是反对取决于群体中有多少成员作了这种选择。不管创新者主观偏好如何,市场过程将对其加以检验并进行选择。

演化经济学的主要议题是解释经济变迁,它把经济看成一个演化的复杂系统,该系统是开放的,系统演化的结果难以预测。影响系统演化的基本因素包括系统内部成员之间的差异性和易变性、系统的选择机制,这个选择机制受到内部压力和外部环境的影响。

演化经济学与传统经济学的差异

由上可见,演化经济学在对事实进行评价时所持有的基本信念与传统经济学根本不同。

第一,时间不可逆。多西(Dosi)和梅特卡夫(Metcalfe)认为,个人或组织等行为者目前的行动将对未来决策过程或系统的未来结构及其变化路程产生重大影响。时间不可逆、结构转变和"熵"过程①与"滞后"概念密切相关,即系统如果发生了变化,虽然导致这种变化的力量已经消失,系统也不会完全回到最初状态,这是经济社会系统的重要特征。社会经济系统是一个不可逆的历史演化过程。

第二,非最优和非目的论。这种信念虽然强调个人行为的目的性,但由于不确定性和新奇事件的存在,社会经济发展并不是以目的论方式展开的过程,演化过程没有必要趋于有效率的和最优的结果。

第三,共同演化。生物学新的研究告诉人们,生物界普遍存在的现象是"共生演化"而非传统观念的"生存竞争"。研究技术变迁的演化经济学家发现技术发展非常类似于一种共生演化的生态系统,技术与制度共同演化、经济系统与生态系统共同演化等也在演化经济学中得到了更多的讨论。

---

① 用以表示物质系统状态的一种度量,或者说明其可能出现的程度。在物理学中,它是表示物质系统状态的物理量。它在物理学、化学、冶金学等学科有广泛的应用。

第七节 新经济地理学：地理学对经济学的影响

新经济地理学的渊源

"新经济地理学"（New Economic Geography）的前身是"经济地理学"。按照德国地理学家的观点，经济地理学对区位的认识无非是在自然地理的基础之上加上人类和经济的因素①。而按照保罗·克鲁格曼的观点，经济地理学可能是德国几何学、社会物理学、循环累积关系、当地外部经济和地租以及土地利用五大传统的某种综合②。

经济地理学和区域科学有着共同的历史渊源。勒施（Losch，1938、1939、1940）提出，经济学家在建构他们的理论模型时正视区位和空间因素，并指出应该在屠能的《孤立国》（Thunen，1826）、韦伯的《工业区位论》（Weber，1929）、克里斯特勒（Christaller Walter）的《德国东南部的中心地理论》（1933）的基础之上构建一个统一的学科——空间经济学。事实上，勒施的《区位经济学》为区位科学和经济地理学的产生奠定了基础。尽管这两门学科有着共同的渊源，但此后它们的研究却出现了很大分化。

20世纪50—60年代，艾萨德的《区位和空间经济学》（Isard，1956）和《区位分析的方法》（1960）相继出版，成了区位科学诞生的标志。此后，区位科学走上高度数学化和抽象化的道路，而经济地理学则发展成为一门折中的、经验意义上的学科。

20世纪80年代后期，经济地理学经历了一次深刻的扩充。它不仅从法国管制理论、熊彼特技术演进以及制度经济学吸取新的思想，而且在更近的时期，还从经济社会学甚至文化学中寻求灵感，这被称为经济地理学"复兴"。其中一个代表性的学派就是"新经济地理学"。它之所以比过去的经济地理学更加受人重视的一个重要原因是这一学派集聚了不少著名的经济学家，比如，保罗·克鲁格曼（Krugman）、迈考·波特（M. Porter）、布里安·阿瑟（B. Assur）、罗伯特·巴罗（R. Barro）、萨拉-伊-马丁（S-i-

---

① 孙久文、叶裕民：《区域经济学教程》，中国人民大学出版社，2003年版，第8页。
② 保罗·克鲁格曼：《发展、地理学与经济理论》，中国人民大学出版社，2000年版，第39—46页。

Martin)、奥利佛·布兰查德(O. Blanchard)、劳伦斯·卡茨(L. Katz)、安瑟尼·维纳布尔斯(A. Venables)等。特别的是,克鲁格曼的《地理与贸易》《发展、地理学与经济理论》《自组织经济》成为新经济地理学诞生的标志。

新经济地理学产生的条件 20世纪90年代以来,世界上各主要国家都先后进入了后工业化时代,全球经济的联系和互动大大加强,一个以空间上的集聚、交易成本节约、分工和报酬递增为特征的城市化进程已越来越成为主宰人类社会经济乃至社会发展的一股强劲动力。在这样的条件下,一门能深刻、完整地解释和分析城市内生演进、经济活动在空间上集聚的新的经济地理学就成为时代发展的客观要求。

可喜的是,20世纪六七十年代发展起来的很多有力的微观经济学分析工具——博弈论、信息经济学、产业组织理论——在七八十年代开始应用于现实,另外,数学和自然科学中也涌现出很多新的发现——混沌理论[①]、控制理论、耗散结构理论、新进化论等等,所有这些发展均在客观上为新的经济地理学的发展奠定了非常坚实的基础。

1977年,迪克西特和斯蒂格利茨(Dixit and Siglitz)的垄断竞争模型问世,在该模型解决了垄断竞争条件下厂商之间的战略互动行为以后,有关厂商和消费者在空间上集聚与分散的经济问题就变得可以处理了。新的经济地理学则大多在该模型的基础之上构建其主要的理论模型。

这样,后工业化时代的到来、微观经济学在20世纪八九十年代的大力发展,就使得一个能够解释传统经济地理学无力解释的空间集聚现象的新的经济地理学的出现成为可能。

新经济地理学的主要研究内容 "新经济地理学"的代表人物主要有保罗·克鲁格曼(P. Krugman)、藤田昌久(M. Fujita)、蒂斯(J. F. Thisse)和维纳布尔斯(A. Venables)以及他们的学生们。

---

① 混沌理论是对不规则而又无法预测的现象及其过程进行分析的理论。该理论原指宇宙本身处于混沌状态,在其中某一部分中似乎并无关联的事件间的冲突,会给宇宙的另一部分造成不可预测的结果。

新经济地理学的主要宗旨是将经济地理学带进主流经济学的殿堂。"新经济地理学"主要要解释区位中心的内生性,要解释为什么在有的地区或者地点出现厂商或者消费者的集聚,而在有的情况下却出现完全相反的过程。新经济地理学所说的"区位中心的内生性"就是"集聚经济"的另一侧面。那么,集聚经济的源泉又来自哪里?藤男昌久和蒂斯等解释说:第一是非市场相互作用,也就是人与人之间的信息交换、知识的共享,这会产生区位上的外部性和"毗邻效应"(proximity effects);第二是垄断竞争性的市场结构,其中厂商生产差别化的产品,而消费者则偏爱多样化的消费;第三,由于相互竞争的厂商在地理上的毗邻,便会产生所谓的战略外部性。最为简单的例子是人与人之间有相互交流的必要性,更为一般地,厂商和家庭也有这种必要,结果,经济活动在空间上的集聚便成为可能。

正像一枚硬币有正反两面一样,集聚经济既是中心区位兴起的根本原因,又是区位分散化或者网络化的主要原因。区位分散化或者网络化不是人为的结果,而是由于集聚经济在产生正外部性的同时带来的两个"冲突"的结果:第一是集聚带来的效率的提高与相应的集聚不经济比如污染、噪声等之间的两难;第二是一个中心区位的集聚与其他城市集聚之间的两难。当一个中心区位的集聚经济达到饱和时,它便会让位于"集聚不经济",从而其他区位中心的集聚开始占主导,同时多中心或者网络化的区位体系就会形成。

"新经济地理学"另一方面的研究主要集中在上述模型在其他领域的应用方面。比如,通过关注人力资本在地区间的转移或者当地化技术进步的跨地区转移,可以分析地区经济的内生增长,这构成了"新增长理论"的一个重要组成部分。

最后,贯穿于"新经济地理学"研究中的一个重要问题是地区和城市的发展带有很强的"路径依赖性"。"历史事件"在某种程度上对厂商经济活动的区位起决定性作用,在这种偶然历史事件的作用下,一种循环累积—自我强化的机制会发生作用,这与新古典竞争性模型的意蕴相反。偶然发生的历史事件在前向关联、后向关联以及自我实现的预期下通过报酬递增基础上的循环累积而被"锁定",于是,"非理性"的经济决策便可能产生次优均衡的区位分布。

第八节 几点评论

本章略述了经济学和其他学科的相互渗透和影响。应该怎样认识和评价这种现象？

第一，应当认为，经济学向其他这些学科领域的"入侵"或"扩张"，确实为这些学科研究人类行为的特征和规律提供了值得重视的新思路和新方法。比方说，婚姻、家庭和生育，确实不单由伦理道德、风俗习惯等因素决定，在很大程度上还有经济利益的驱动、市场竞争的规律、成本与收益等等的考虑。这些都是不容忽视的客观存在。即使在古代，我国婚姻生活中也有"门当户对"之说。随着市场经济的发展，人们的所有行为都会越来越多地打上经济利益的烙印。这样，其他学科研究人类行为规律时，就有必要加进经济学分析的观点和方法。这样做，有助于进一步揭示人类行为的本质特征，也有助于在实践中更准确、更科学地进行规范人类行为的规则与制度设计。然而，经济学向其他学科的帝国式扩张，不应当也不可能是对这些学科的吞并或替代。各门学科各有自己的研究对象，例如，社会学的研究对象是人类的社会关系、社会行为，并在此基础上研究社会结构和功能的发生、发展规律，其中包括的婚姻、家庭关系就属于社会学中人际关系的研究。贝克尔运用经济学方法对这些关系所作的研究，只是说也可将这些关系的分析纳入一个经济学的分析框架，而并非说可以取代社会学对婚姻、家庭关系的研究。事实上，婚姻和家庭关系是一个相当复杂的问题，各门学科，如文学、社会学、历史学、哲学、经济学等都可以从各自不同的角度加以分析探讨。因此，人类行为的经济分析，并不是可以用经济学取代各门科学。同样，公共选择理论和法律经济学虽然是经济学方法在政治学和法学中的应用，是政治和法律的经济学，但并没有因此取代政治学和法学。标准的政治学关注的是理想、道德和公平，更多运用了具有价值取向的规范分析，而公共选择理论运用的是经济利益分析方法，用效率标准去衡量、分析、比较政治过程，显然，后者并没有取代前者。用经济学分析方法研究其他学科中原来未用这种方法研究的关系和现象，也许会建立一些新学科，如家庭经济学、犯罪经济学、教育经济学等等，但并不会替代和取消其他原有学科。

不仅如此，关于是否可以用经济学方法分析人类所有经济行为，人们是有很大争议的。例如，夫妻关系是否真像商品市场上的交易契约关系，就值得商榷。就是说,即使是经济学向许多学科作帝国式扩张,这种扩张能否成功,也有待进一步探讨和实践的检验。

第二,所谓的经济学帝国主义扩张倾向,从某种程度上说,只是各门科学的相互渗透和影响,因此本质上是科学帝国主义的表现。事实上,在科学发展进程中,不仅经济学向各门学科"扩张"或者说"侵略",其本身也不断遭受其他学科的"扩张"或者说"侵略"。例如,从经济学的"边际革命"开始,数学就大举进入经济学领地。在历史上,马歇尔、凯恩斯都是学数学出身,他们成功地运用数学工具建立起各自的经济理论体系。不少一流的数学家可能根本没有学过经济学,却成功地"侵入"经济学领域而"夺走"经济学桂冠,诺贝尔奖获得者纳什就是一例。在马歇尔那里,物理学、生物学都成功地实行了对经济学的"入侵",现在,新兴起的"演化经济学"更是大量运用了生物学方法。近年来,实验科学和心理学又发起对经济学的"入侵",并用这种"入侵"向传统经济学所依据的"人是利益驱动的,且是理性地作决策的"信条提出了挑战。

复习思考题

1. 简述超边际分析与新兴古典经济学的思想。
2. 略述加里·贝克尔分析非市场行为的方法,并举例说明。
3. 公共选择学派怎样把经济人本性作为政治行为和政治过程分析的基础?
4. 法律经济学的主要研究内容有哪些?
5. 试述行为经济学的历史渊源和产生的时代背景。
6. 举例说明行为经济学对经济学理论的新认识。
7. 演化经济学与传统经济学的区别体现在哪些方面?
8. 新经济地理学主要讨论什么问题?
9. 你怎样认识经济学与其他学科的相互渗透和影响?

第十五章 经济增长理论与发展经济学的演进

经济增长理论与发展经济学都是经济学的重要分支。前者主要研究发达国家经济增长的均衡、非均衡过程,研究市场经济条件下社会物质财富的增长问题;后者研究发展中国家如何发展经济。这两方面理论都有一个演进过程。

第一节 经济增长理论演进脉络

古典经济增长理论 20世纪尤其是19世纪以前,经济增长理论和经济发展理论并没有分家,那时候所有国家的经济发展也就是经济增长。只有世界上形成了发达国家和不发达国家这样两类明显不同的国家,并且本来属于发达国家殖民地、半殖民地或附属国的一些地区和国家纷纷独立,走上自主发展道路之后,才形成一种专门研究这类后进国家(或者说不发达国家)如何发展经济以赶上发达国家的所谓发展经济学。从此以后,经济增长理论和经济发展理论才开始分家,前者专门研究已经是发达国家的经济如何进一步增长,后者专门研究广大原来经济不发达的国家如何在经济上迅速得到发展,以赶上和超过发达国家。明白了这一点就可以知道,古典的经济增长理论其实也就是那个时代的经济发展理论。

古典增长理论,这里重点指斯密、李嘉图、马尔萨斯等人的增长或发展理论。凯恩斯曾把他自己以前的理论都说成是古典理论,而马克思把古典派划到李嘉图和西斯蒙第为止。本书仍按多数西方学者看法,把19世纪边际革命前的学者说成古典派,就经济增长论看,其中斯密、李嘉图等人影响最大。当然,对经济增长问题的研究一直可追溯到古希腊甚至更早。色诺芬在他的《经济论》和《雅典的收入》中就曾论述过财富的性质和来源,讨论了增加财富的方法以及农业增长的报酬等问题,但由于当时是奴隶制自然经济,因此根本不可能产生经济增长理论。中世纪时代同样不可能有经济增长理论。对经济增长关心并作系统探讨是伴随着资本主义经济制度产生、发展和确立才开始的。在经济学说史上,最早探讨什么是财富、财富从哪里来以及一国财富如何增长的是重商主义。重商主义认为,财富就是金银货币,一国财富来自对外贸易,经济增长的本质就是通过顺差贸易尽可能多地积累货币财富。重农主义在经济增长理论上的贡献就是把考察财富来源的眼光从流通领域转向生产领域,不足之处是认为只有农业才创造财富。英国古典经济学最重要的代表亚当·斯密真正开始了对经济增长的系统而深刻的研究,《国富论》通篇研究的就是增长问题,他才是古典增长理论的真正开创者。李嘉图、马尔萨斯、萨伊、约·穆勒等人则是沿着斯密开辟的道路,从不同角度探讨了经济增长问题,形成了所谓古典增长理论。

亚当·斯密在《国富论》中提出,财富是生产劳动创造的,劳动生产率决定于分工的程度,劳动的数量则由资本积累量决定。他进一步认为,分工程度为交换水平和市场规模所左右,资本积累靠的是人们想要不断改善自身状况的愿望所引起的资财积累欲,这一切都要依靠自由的经济制度。经济增长也要求有自由贸易。这样,斯密事实上就把劳动、资本、制度当作了经济增长的几个基本要素,而现代增长理论中的技术因素,则是通过分工来归纳的,因为在斯密的时代,机器尚处于萌芽阶段,劳动生产效率主要不是由机器上表现的技术,而是由分工上表现的手工劳动技术。斯密的增长理论是卓越的,事实上为以后正确分析增长问题指明了方向,甚至可说已为现代增长理论搭了一个基本框架。

大卫·李嘉图的经济理论似乎研究的是财富的分配,其实,他关注的仍是经济增长。他认为,财富增长最主要靠资本积累,因为工人的雇佣、机器的采用,全靠资本,而资本积累全靠利润,利润率才是推动增长的强大动力。可是,随着经济的发展、人口的增长,农产品价格和地租必然不断上涨,利润率则不断下降。除了农业上土地改良、采用新技术外,允许外国农产品自由进口、发展自由贸易是一大出路,为此,他提出比较利益理论。他对经济增长前景比较悲观的看法,是和他的土地报酬递减律理论分不开的。显然,在李嘉图那里,资本、土地、劳动、贸易自由是影响经济增长的几个关键性因素。

马尔萨斯也关心经济增长。他从自己的人口理论出发,也得出了关于经济增长的悲观结论,而且这种结论及整个人口理论也是建立在土地报酬递减律理论基础上的。还要指出,马尔萨斯分析增长问题时提出的有效需求论曾对后人产生过很大影响,尽管他当时提出这一理论是要为地主贵族的利益辩护,但是,他关于经济增长必须靠足够有效需求支撑的观点,却给后人研究增长问题增加了一把不可或缺的钥匙。

现代经济增长理论 虽然早在古典经济学时代就有人开始研究经济增长问题,但是,其后相当长一段时间内尤其是边际革命以后的新古典经济学时代,经济学家关注的主要是资源的配置问题,而不是如何把蛋糕做大的经济增长问题。将经济增长作为一个独立、专门的领域进行研究则始于20世纪30年代,这有其历史必然性。1929—1933年,资本主义各国爆发了世界性经济危机,这使得19世纪下半叶一直到20世纪30年代西方奉行的完全竞争情况下资源配置的理论遭受重大冲击。于是,现代宏观经济学应运而生。凯恩斯1936年的《就业、利息和货币通论》一书中虽然充满了如何减少失业、增加就业、刺激有效需求和进行政府干预的宏大理论,但它采取的是静态和短期分析法,假定人口、资本和技术不变,忽视时间因素在经济增长中的作用。恰恰是这一缺陷促成了哈罗德1939年《论动态理论》一文和1948年《动态经济学导论》一书的发表以及同时期多马《资本扩张、增长率和就业》、《扩张与就业》两篇文章的问世。这些文献从动态角度系统论述了经济增长的理论模型,标志着现代经济增长理论的诞生。此后,为了修正和弥补哈罗德—多马模型的缺陷,又先后出现了索洛—斯旺—米德的新古典增长模型、罗宾逊和卡尔多的新剑桥增长模型等。20世纪50—60年代,索洛、丹尼森(E. F. Dennison)和肯德里克(J. Kendrick)、库茨涅茨(S. Kuznets)等人从统计和计量角度深入分析了经济增长的影响因素及其作用大小,从而产生了"经济增长因素分析理论"。由此,现代经济增长理论日益丰富,影响日益扩大。

哈罗德(Roy F. Harrod,1900—1978)是英国经济学家,凯恩斯经济学追随者。多马(E. D. Domar,1914—1997)是美国经济学家。两人分别有论述动态均衡的论著,提出了基本上一样的观点,因此他们的增长理论被称作哈罗德—多马模型。这一模型的中心论点是:收入(产量)的增长率等于储蓄率除以资本—产量比率(哈罗德)或乘以产量—资本比率(多马)。哈罗德模型用公式表示是:$G = s/v$,式中s表示储蓄率,也就是储蓄倾向,v表示资本—产量比率，G 表示增长率。多马模型用公式表示是：$G = \delta \cdot s$，式中 δ 表示产量—资本比率，也就是资本的生产率。

在哈罗德模型中，假设 $s=15\%$，收入如果是 100 亿元，储蓄就是 15 亿元，如果资本—产量比率是 3，那么若要增加 5 亿元产量，就需要增加资本即投资 15 亿元。因为，如果产量增长率是 5%，收入是 100 亿元，增加 5% 的话，即增加 5 亿元，需要的投资就是 15 亿元，于是投资就等于储蓄。所以，这 5% 的增长率就是均衡增长率，即合意的或有保证的增长率，实现了这样的增长，储蓄全部得到了利用，经济将逐年稳定增长。但是，经济究竟能增长多少即实际增长率是多少，是由有效需求决定的，是社会上无数独立生产者分散地活动的结果。如果实际增长率大于均衡增长率，投资就会超过储蓄，引起通货膨胀；反之，投资就会小于储蓄，引起失业。

以上的分析，还未包括人口和技术的变化。如果把这些因素考虑进来，就是自然增长率。当自然增长率大于均衡增长率，生产发展就不会受到劳动力和技术的限制，经济会出现长期繁荣趋势，而如果小于均衡增长率，生产就会受到劳动力和技术不足的限制，经济就会出现长期停滞。只有实际增长率、均衡增长率和自然增长率三者相一致时，经济才能有合乎理想的长期增长局面。

多马模型和哈罗德模型的含义是一样的，因为一个公式中的资本—产量比率和另一公式中的产量—资本比率是互为倒数的。

哈罗德—多马模型是凯恩斯有效需求理论的补充和发展。这一模型和凯恩斯理论一致之处在于：前者是从后者关于储蓄和投资相均衡的原理出发的，认为投资需求不足是衰退的原因；两者不一致处在于：凯恩斯理论只考察了需求方面，而哈罗德—多马模型说明，投资不仅会增加需求，也会增加供给，因此，一定要有不断的经济增长，使新的生产能力在下期得到充分利用，经济才会长期均衡增长。

对于市场经济体而言，该模型具有一定的现实意义，因为它给出了一国经济增长率、储蓄率与资本产量比之间的大致关系，可以供宏观经济决策部门参考之用。但是，该模型假设资本产量比不变，资本和劳动间不存在替代关系，以及规模报酬不变等，与实际情况有所差别。此外，该模型不考虑技术进步，全部储蓄转化为投资，不存在失业和通货膨胀等，实际情况也不是如此。所以，该模型所给出的经济增长率是在很狭窄的范围内才能实现长期稳定的增长率，故有人将该模型中的经济增长称为"锋刃式增长"。

前人在学术上的缺陷正是后人前进的动力。在哈罗德—多马模型问世后,经济学家们一方面称赞他们工作的创造性,另一方面又要为他们模型的不足(尤其是资本—产量比率不变的假设)寻找解决的办法。新古典经济增长模型正是在这样的背景下产生的。这一模型是1956年由美国的经济学家索洛(R. M. Solow, 1924—)和澳大利亚的斯旺分别发表的论文《经济增长的一个理论》(美国《经济学季刊》,1956年2月)和《经济增长与资本积累》(《经济记录》,1956年11月)开始建立的。此外,英国的米德(J. E. Meade, 1907—1996)和美国的萨缪尔森也为模型建立作出了贡献。

新古典增长模型也有一系列假设,最重要的假定是资本和劳动能互相替代,因此,资本—产量比率或其倒数资本的生产率是可变的。这和哈罗德—多马模型正好相反。另外,还假定经济增长时能保持充分就业和自由竞争状态,因此,资本和劳动可通过市场竞争实现替换,这与凯恩斯主义观点不同,而与传统的新古典经济学假定相同,因此,这一模型才称为新古典增长模型。

索洛的新古典增长模型的基本方程式为

$$\Delta k = sy - (n+\delta)k \qquad (15-1)$$

式中,s表示储蓄率,y表示人均收入,k表示人均资本,n表示人口增长率或者劳动力增长率。这一方程表示,人均资本的增加(Δk)等于人均储蓄(sy)减去$(n+\delta)k$项,这$(n+\delta)k$的含义是:当劳动力的增长率为n,折旧率为δ时,nk是装备新增劳动力所需要的资本数量,δk是折旧所需要的资本数量,这两项合计即$(n+\delta)k$可称为资本的广化。人均储蓄超过这资本广化部分,就是人均资本的增加Δk,即导致人均资本的上升部分,这可称为资本的深化。如果$\Delta k = 0$,则$sy = (n+\delta)k$,这时,如果s、n和δ都不变,则人均产量y也不变,这一状态称为长期均衡状态。如图15-1所示。

在图15-1中,$f(k) = y$,代表人均产出曲线。公式$y = f(k)$是从假定的总量生产函数$Y = f(K, N)$导出,这一生产函数表示总产量是投入的资本K和劳动力N的函数。让每一项除以N,

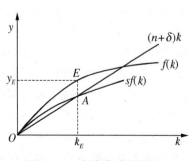

图15-1 新古典增长模型

得人均产量 $\left(y=\dfrac{Y}{N}\right)$ 是人均资本量 $\left(k=\dfrac{Y}{N}\right)$ 的函数,即 $y=f(k)$。由于新古典增长模型假设资本边际生产率递减,故 $f(k)$ 呈图中形状。$sf(k)$ 是人均储蓄曲线,s 不变时,$sf(k)$ 就呈向右上且有递减斜率形态,$(n+\delta)$ 表示资本广化,由于假定 n 和 δ 都不变,故 $(n+\delta)k$ 为直线,它和 $sf(k)$ 线相交于 A 点,表示处于均衡状态,这时产量为 y_E,人均资本量为 k_E。在 A 点以左,$sf(k) > (n+\delta)k$,表示有资本深化,$\Delta k > 0$,即人均资本 k 上升;反之,则 k 下降。当经济处于资本深化阶段时,表示 y 和 k 都上升,说明产量和资本增长都比人口增长快。从图形上看,k 越小,即资本越贫乏的国家,越有可能资本深化,从而穷国的经济增长会快于富国,各国在经济增长过程中有着向均衡值靠拢的趋势。

从图形上还可以看到,在其他条件不变时,通过调整储蓄率 s,可以使 $sf(k)$ 曲线围绕原点 O 向左上方旋转,从而使稳态的人均资本 (k_E) 和人均产量 (y_E) 提高;而通过降低人口增长率 n,可使 $(n+\delta)k$ 曲线向右下方旋转,同样会使稳定状态的人均资本和人均产量提高。这两种情况实际上是要说明:提高储蓄率、增加资本积累,以及降低人口增长率,都会使人均产量和人均资本增加。

新古典增长模型由于假定资本—劳动比率可变,就能突破哈罗德—多马模型难以实现的实际增长率 G、有保证的增长率 G_w 和自然增长率 G_n 三者正好一致的困难。前面说过,经济学家把哈罗德—多马模型中由 $G = G_w = G_n$ 这一长期充分就业均衡增长的条件表示的经济增长,称为"锋刃式增长"。但二战后各国经济发展的现实,呈现出来的并不是哈罗德—多马模型描绘的经常处于累积性的萧条和高涨的大起大落状态,而是相当平衡的增长局面。如何解释这种现象,新古典增长模型用资本—劳动比率可变的假说提供了一把钥匙。新古典增长理论认为,充分的市场竞争会使资本—劳动比率自然地调整到实现充分就业的均衡。在上面的新古典增长模型的图形中,就是指 $sf(k)$ 和 $(n+\delta)k$ 这两条曲线总会有一个达到稳定状态的交点 (A)。如果人均资本不到或超过稳态的要求,市场竞争自然而然会作出向稳态水平方向的充分调整。

新剑桥经济增长模型由英国剑桥大学的琼·罗宾逊(J. Robinson)、卡尔多(N. Kaldor,1902—1986)和意大利的帕森奈蒂(Luigi Lodovico Pasinetti,1930—)等人创立。其代表性著作有罗宾逊 1956 年的《资本积累》和卡尔多的《收入分配的可相互替代的理论》。

新剑桥经济增长模型的特点是强调收入分配对经济增长的影响,认为在资本生产率、资本家的储蓄率和工人储蓄率既定前提下,经济增长取决于资本家的利润和工人的工资在国民收入中的份额,通过收入在不同阶级之间的分配可以刺激经济增长。这为经济增长理论研究开创了另一个视角。在市场经济条件下,这也有积极意义,因为不同收入分配比例在很大程度上会影响社会再生产,而再生产又决定下一步的经济增长。

经济增长因素分析

经济增长因素分析要说明的是劳动、资本存量与技术进步在促进经济增长中的作用问题。它源于索洛、米德等人对新古典经济增长模型的扩展①,可以说是新古典经济增长模型在国民经济中的应用。

考虑一个柯布—道格拉斯总量生产函数:

$$Y_t = A_t L_t^\alpha K_t^{1-\alpha} \qquad (15-2)$$

对该生产函数两边取对数有

$$\ln Y_t = \ln A_t + \alpha \ln L_t + (1-\alpha) \ln K_t \qquad (15-3)$$

两边对时间求导有

$$\frac{dY_t}{Y_t} = \frac{dA_t}{A_t} + \alpha \frac{dL_t}{L_t} + (1-\alpha) \frac{dK_t}{K_t} \qquad (15-4)$$

其中,$\frac{dA_t}{A_t}$ 为技术进步率,$\frac{dY_t}{Y_t}$ 为收入增长率,$\frac{dL_t}{L_t}$ 为劳动力增长率,$\frac{dK_t}{K_t}$ 为资本增长率;α 为劳动的产出弹性,$1-\alpha$ 为资本的产出弹性,实际上它们是劳动和资本两种要素对经济增长的贡献度,常常用它们所得的国民收入份额来衡量。该式意味着一国的总产量增长或经济增长率可由技术进步、劳动力增长和资本增长等因素来解释。

例如,若知道劳动对产出的贡献为资本对产出贡献的 3 倍,也就是说,

---

① 最初的新古典模型由于忽视技术进步,因而存在内在缺陷,为此,索洛于 1957 年发表了《技术进步和总量生产函数》一文,米德于 1961 年出版了《一种新古典的经济增长理论》一书。他们最先提出"索洛余值法"并将它应用于技术进步对经济增长贡献度的分析当中,得到此后诸多经济学家的认可。

$\alpha = \frac{3}{4}, 1-\alpha = \frac{1}{4}$,并且劳动供给每年增长 1%,资本每年增长 3%,那么不存在技术进步条件下的经济增长率将等于 1.5% $\left(\frac{3}{4} \cdot 1\% + \frac{1}{4} \cdot 3\%\right)$。若存在技术进步,情况将会怎样呢?将(15-4)变形有

$$\frac{\mathrm{d}A_t}{A_t} = \frac{\mathrm{d}Y_t}{Y_t} - \alpha \frac{\mathrm{d}L_t}{L_t} + (1-\alpha)\frac{\mathrm{d}K_t}{K_t} \qquad (15-5)$$

这意味着在产出增长、劳动增长率、资本增长率和各自的产出弹性已知或者容易测算的情况下,就可以通过上面的扣除计算出技术进步对产出增长的贡献。由于技术进步难以直接测算,所以由索洛和米德开创的这种对技术进步的测算法被后人称为"索洛余值"(Solow Residual),并很快被诸多经济学家接受,从而大大推动了经济增长因素分析的研究进程。

美国经济学家丹尼森(E. F. Dennison,1915—1992)认为,能影响经济增长率长期变动的因素可分为七类,它们分别是:(1)就业人数和年龄—性别构成;(2)包括非全日制工人在内的工时数;(3)就业人员的受教育程度;(4)资本存量的大小;(5)资源配置改善;(6)规模经济的程度;(7)知识进步。其中,前四项可归结为生产要素的供给增长,其前三项为劳动要素的增长,第四项为资本要素的增长;后三项是生产要素的生产率增长也就是技术进步的贡献。另一位美国经济学家约翰·肯德里克(J. Kendrick)在考察了美国 1889—1957 年的产出增长后发现,一些国家的产出增长往往大于劳动和资本投入的增长;也就是说,除了劳动和资本增长以外,还有其他的经济增长源泉。他将之归纳为生产要素的生产效率,主要就是技术进步。

但是,仍有一些经济学家认为,余值法虽然突破了以前难以量化技术进步贡献的局限,但过于笼统,精确性受到怀疑。比如,库兹涅茨(S. S. Kuznets,1901—1985)自从 20 世纪 20 年代就开始从事国民收入的理论和统计分析。他发现,一国的经济增长主要取决于知识存量增长、劳动生产率增长和结构变化,主要是第一产业在总产值中比重逐步下降,第二、第三产业在总产值中比重逐步增加;另外,库兹涅茨还对收入分配与经济增长之间关系的变动趋势进行了研究,提出了一条所谓"库兹涅茨曲线",即随着经济发展和人均收入增加,收入分配先要经历更加不平等阶段,随着人均收入提高并达到一定程度后,这种收入分配不平等程度将会下降。

尽管这些经济学家的看法各异,但毫无疑问,经济增长因素分析大大提高了经济学家们对一国经济增长和国民收入核算的认识程度,为一些国家的经济政策制定和经济增长预测提供了有用的分析工具。

新增长理论　　新增长理论产生之前,占正统地位的增长理论是索洛等人开创的新古典增长理论。新古典增长理论认为,经济体系的增长源自储蓄率、人口增长、技术进步等外生因素;发达国家资本丰裕,资本边际生产力低,发展中国家资本稀缺,资本边际生产力高,但随着发展,各国增长将出现趋同(convergence);资本将从发达国家流向发展中国家;各国政府政策对经济的长期增长没有影响等。但是,20世纪80—90年代很多国家的经济现实使这些预言屡屡落空。第一,近年来的事实表明,世界各国的经济增长并没有出现趋同趋势,相反仍存在广泛差异;第二,国际间资本流动更多地发生在发达国家之间,流往发展中国家的资本额只占总资本额的较小比重;第三,现实中一些发展中国家在政府积极干预下取得了骄人成绩。由于新古典模型难以解释这些增长事实,众多经济学家开始在新古典模型之外寻找能够更好地解释现实的新理论。此外,20世纪80—90年代,美国经济已完成工业化进程,正处于从工业社会向后工业社会转变之中。在经济中,知识和信息的重要性日益凸现,物质资本的重要性大大下降。经济中更多有形投资流向了高技术商品和服务部门,研究与发展、教育与培训等投资扮演着更加重要的角色。在这样的现实和理论背景下,新增长理论应运而生。

确切地说,新增长理论是由一些持有相同或类似观点的经济学家的众多增长模型组成的松散集合,而不像新古典增长理论那样共享一个基本理论模型。通常认为,保罗·罗默(P. Romer,1955—　)1986年的论文《报酬递增与长期增长》和卢卡斯(R. Lucas,1937—　)1988年的论文《论经济发展机制》是新增长理论诞生的标志。对新增长理论作出贡献的经济学家主要有:罗默、卢卡斯、格罗斯曼(G. Grossman,1955—　)、赫尔普曼(E. Helpman)、巴罗(R. Barro,1944—　)、阿格亨(P. Aghion)、克鲁格曼(P. R. Krugman)、琼斯(L. Jones)、雷贝洛(S. Rebelo)、贝克尔(G. S. Becker)、杨小凯(1948—2004)和斯托克(N. Stokey)等。

新增长理论的躯体比较新,它采用了现代分析技术和动态一般均衡机制,但其灵魂在古典经济学、新古典经济学时代就一直存在。亚当·斯密的分工与经济增长思想可说是新增长理论的最早理论源头。斯密所说的分工提高劳动生产率、分工取决于市场容量的观点被美国经济学家阿林·扬（Allyn Young，1876—1929）称为"所有经济学文献中最具启迪性和创造性的判断之一"[1]，并称之为"斯密定理"。新增长理论代表人物罗默1987年就曾根据这一思想建立了一个用市场容量和固定成本解释分工的增长模型。格罗斯曼和赫尔普曼等人也根据这一思想解释国际贸易动态效应。此外，斯密的分工促进了节约劳动型机器的发明，资本积累促进劳动分工和技术进步等思想也可说是现代意义上的报酬递增和经济增长的思想源头。

马歇尔继承了斯密的分工理论并探讨了斯密定理的适用范围问题。根据斯密分工取决于市场容量的定理，在市场需求不构成对分工限制的产业中，分工将无限深化，典型的产业结构将是垄断而不是竞争。马歇尔认为，分工并不必然排斥竞争。为说明这一点，马歇尔将收益递增分为内部经济和外部经济两种情形。马歇尔认为，当收益递增是由外部经济引起时，收益递增与完全竞争可以相容。当收益递增因内部经济引起时，收益递增也不会引起垄断，原因是，内部经济易变且难以持久，有能力的企业家不会长生不老；产业中每个厂商都处于某种局部垄断状态，它们面临的是一条有弹性的需求曲线，厂商产出增加时，价格比平均成本下降得更快，因而内部经济不会导致垄断。很多经济学家反对马歇尔的外部经济理论。奈特（F. Knight，1925）认为，对一个产业来说的外部经济很可能是其他产业的内部经济，外部经济的概念很含糊。赫尔普曼和克鲁格曼（1985）认为，内部经济更加重要。在新增长理论中，罗默（1986）、卢卡斯（1988）却都继承了马歇尔的外部经济分析法，在完全竞争框架下构建了他们的增长模型。罗默认为，知识的外部经济是理解经济增长的关键。

阿林·扬对斯密定理推崇备至，认为不应在一个产业范围内看待斯密定理，而应从整个经济加以考察。他说，一个国家生产率之所以高，经济增长之所以快，并不是因为这个国家的工资率高，管理水平高，机器使用多，而是因为它的市场容量大，允许更高水平的分工。扬认为，劳动分工不仅包括斯密所说的职业多样化和专业化技能的提升，还包括迂回生产过程的增加，因此技术进步是经济系统的内生变量。罗默（1986，1987，1990）、卢卡斯

---

[1] Young, Allyn, Increasing Returns and Economic Progress, *The Economic Journal*, 1928, Vol. 38, No. 152, p. 529.

(1988)、杨小凯—博兰(1991)等模型均给予扬的思想以很高地位。

　　熊彼特强调企业家的创新是引起经济波动和经济增长的原因。创新刺激了投资,从而引起了信贷扩张,推动了产出增加。经济增长过程始终伴随着激烈竞争,适应能力强的企业将胜出,适应能力差的企业将被淘汰,因此经济增长本身就是创造性毁灭和新事物再生的过程。熊彼特的创新理论也成为新增长理论的重要思想来源。西格斯特罗姆(P. Segerstrom)等人也分别建立了具有创造性毁灭特征的新增长模型,并用于解释技术进步、创新与经济增长的内在关联。

　　新增长理论由很多模型组合而成,因此很难一一介绍这些模型,但新增长模型的基本思想却是清晰简单的。隐藏在各种新增长模型背后的共同观点主要有：

　　(1)经济可以实现持续均衡增长,经济增长是经济系统中内生因素作用的结果,而不是外部力量推动的结果。

　　(2)内生技术进步是经济增长的决定因素,技术进步是追求利润最大化的厂商进行投资的结果。

　　(3)技术(或知识)、人力资本具有溢出效应,这种溢出效应的存在是经济实现持续增长所不可缺少的条件。

　　(4)国际贸易和知识的国际流动对一国经济增长具有重要影响。

　　(5)在不存在政府干预情况下,经济均衡增长通常表现为一种社会次优状态,经济均衡增长率通常低于社会最优增长率。

　　(6)经济政策(如税收政策、贸易政策、产业政策)很可能影响经济长期增长率;在一般情况下,政府向研究开发、教育、培训等提供补贴将有助于促进经济长期增长。

　　(7)新增长理论在分析方法上的特点是,普遍采用动态一般均衡分析法构建其增长模型。

　　根据各种新增长模型在基本假设上的差别,可将新增长模型分为三种类型。

　　第一类是在收益递增和外部性假设基础上考察经济增长的决定机制。采用这条研究思路的代表性模型有罗默的知识溢出模型(1986)、卢卡斯的人力资本溢出模型(1988)等。由于假定收益递增以外部经济形式出现,这一类模型与完全竞争分析框架相容。这类新增长模型认为,技术进步取决于知识资本或人力资本积累和溢出,因而技术进步是内生的。内生的技术进步保证了经济均衡增长路径的存在。

第二类新增长模型仍是在完全竞争假设下考察经济增长。这类模型强调决定经济增长的关键因素是资本积累(包括物质资本积累和人力资本积累)而不是技术进步。体现这条研究思路的代表性模型主要有琼斯—曼纽利模型(1990)和雷贝洛模型(1991)等。琼斯和曼纽利认为,尽管资本不断积累会导致资本边际产品递减,但资本边际产品不会像新古典增长模型假定的那样趋近于零,而是趋近于一个正数,因此资本积累过程不会中止,经济可以实现持续内生增长。雷贝洛则假设经济中存在一类边际收益不变的核心资本,核心资本的存在将确保经济能够实现内生增长。

第三类新增长模型发端于20世纪90年代。这些经济学家抛弃了完全竞争假设,开始在垄断竞争框架下考察经济增长决定机制。这类增长模型着重研究技术商品的特征和技术进步类型。根据技术进步表现形式的不同,又可将这一类新增长模型细分为两种模型:产品品种增加型内生增长模型和产品质量升级型内生增长模型。产品品种增加型增长模型假定技术进步表现为新型资本品或消费品的不断出现,属于此种增长模型的主要有罗默的知识驱动模型(1990)、格罗斯曼—赫尔普曼模型(1991,ch3)等;产品质量升级型增长模型假定技术进步表现为产品质量的不断提高,属于此种增长模型的主要有格罗斯曼—赫尔普曼模型(1991,ch4)、阿格亨—豪伊特模型(1992)等。上述两种增长模型的基本结论是一致的:技术进步对经济增长起决定作用,不存在政府干预时经济均衡增长一般是一种社会次优。两种模型也存在一些明显差别。在产品品种增加型增长模型中,新产品引进并不会导致旧产品淘汰;分散经济的均衡增长率低于社会最优增长率。在产品质量升级型增长模型中,技术创新是一种创造性破坏过程,旧产品不断地被淘汰,新产品不断出现;分散经济均衡增长率可能高于也可能低于社会最优增长率。第三类新增长模型在切合实际的假设下考察了技术进步各种类型及其对经济增长的影响,标志着新增长理论进入了第二个发展阶段。

如何认识新增长理论?

首先,新增长理论强调经济增长的内生机制,从微观个体的个人和企业最大化行为出发来把握整个经济增长,把技术进步解释为厂商追求利润最大化的结果,把人力资本投资、教育、储蓄等行为解释为个人追求福利或者效用最大化的产物,这突破了传统增长理论从外部因素解释经济增长的视野,为人们正确认识市场经济条件下价格机制的作用、宏观经济行为如何从个人自利决策当中出现等提供了一个独特的新视角。

其次,新增长理论十分重视技术进步、教育培训、人力资本、干中学、知识产权、研究与开发、劳动分工、创新精神等在经济增长中的决定作用,认为在长期内推动经济增长的正是这些因素的作用,而不是什么外生的储蓄率、纯粹的物质资本积累。这既为发达国家和发展中国家的经济发展提供了有用的思路,又为人们正视国家在经济发展中的作用以及国家应该如何才能发挥自身积极作用提供了有益的政策借鉴。这就是说,国家通过支持教育、研究与开发、保护知识产权以及鼓励物资资本投资等方面的政策,对促进经济增长大有作为。

再次,新增长理论的思想渊源来自古典经济学,重视了报酬递增、劳动分工、专业化、外部性的重要作用;其躯体是现代的动态一般均衡分析框架,注重从微观个体的行为导出宏观经济行为;它超越了传统外生增长理论本身,又使发展经济学和增长经济学融合的步伐加快。尽管它还处于发展和创新当中,但它带给整个经济学理论的启示和冲击却很少有人怀疑。

最后,新增长理论重视对外开放、参与国际贸易,认为国与国之间的贸易不仅可以增加世界贸易总量,带来各国人民福利的增加,而且还可以加速世界先进科学技术、知识、人才、人力资本的传递,使世界各国知识、技术、人力资本水平得到提高。这对人们认识对外开放对经济发展的作用等具有重要意义。

| 经济增长极限与可持续发展 |

"每当出现新的社会潮流和科学发现时,早先的思想就常常被人们旧话重提。"[①]最近20—30年中,关于增长极限的争论异常激烈。其原因是多方面的:首先,在经济维持高速增长的同时,一系列社会、经济甚至政治、环境等问题日益明显;其次,世界上大多数国家将单纯的经济增长放在了发展的首要地位,视经济增长为发展本身,在一定程度上忽视了人类健康、福利和快乐水平,从而出现了越来越多的社会、心理、犯罪等问题。一项研究发现,在经济维持高速增长的同时,人们感受到的快乐水平并没有比20世纪

---

① 保罗·萨缪尔森、威廉·诺德豪斯:《经济学原理》(第16版),华夏出版社,1999年版,第422页。

50年代有太多的增长①。于是，人们对增长的怀疑等马尔萨斯悲观主义论调便再次提起。

最先掀起这场论争的是美国麻省理工学院的丹尼斯·麦多斯（Dennis Meadows）等人。他们于1972年向罗马俱乐部②提交了一份被称为"70年代的爆炸性杰作"的报告：《增长的极限》。在该份报告中，作者阐述了与1971年的福雷斯特（J. Forreser）《世界动态学》一书内容相同的思想。他们认为人口、粮食生产、工业化、污染以及资源消耗这五个基本要素的增长呈指数式增长，如果按照当时的增长比率，那么地球上的经济增长将会在100年内超过地球承受能力，其结果是"人口和工业生产能力这两方面就会发生突然的、无法控制的衰退或者下降"③。

这些因素是如何作用于整个世界的呢？作者认为，这五个因素之间存在着相互的正、负反馈环路。工业资本的某些产品是农业资本的载体，如拖拉机、化肥。农业资本数量和耕地面积对粮食产量有很大影响。人均粮食产量又影响人口死亡率。而工业和农业活动又会造成污染。污染不仅可以直接影响人口死亡率，而且也可以通过降低农业产量而间接地影响死亡率。除此之外，人口、资本、服务和资源之间也存在反馈环路。人口和工业资本受服务资本（卫生、教育、住房和银行等）以及不可再生资源储藏水平的影响。工业产量一部分成为服务资本存货。人均服务影响卫生事业水平，从而影响死亡率高低。节育方面的服务也关系到生殖率。可变的人均工业产量，影响与生殖率相联系的其他社会因素。每一单位工业产量消耗一定的不可再生资源。资源储藏量越少，从地下采掘同量资源的成本就会越高，资本边际效率就会越来越低。

在确定了各种因素的相互关系之后，作者还力图通过全球数据来确立这些变量之间的数量关系。作者认为，这些变量之间的关系大多是非线性的，也就是说，一项作为原因的可变因素的某种变动，可能会对另一项可变因素产生不同程度的影响。接着，作者建立了一个模型。该模型假定人类准则和全球人口—资本系统的运行不变。在这些假定下，作者得出结论说，

---

① 黄有光：《经济与快乐》，东北财经大学出版社，2000年版，第85—131页。
② 罗马俱乐部成立于1968年4月，是一个设在罗马的由世界知名科学家、经济学家和社会学家组成的小团体，其宗旨是促进和传播对人类困境的理解，同时激励那些能纠正现有问题的新态度、新政策和新制度。
③ 丹尼斯·麦多斯等：《增长的极限》，商务印书馆，1984年版，第65页。

如果目前的制度没有重大变化,即使在一定技术进步和资源开采量有大幅度提升的条件下,人口和工业增长也会在一定时间内陷入停滞。

《增长的极限》面世后引起强烈反响。罗马俱乐部高度评价该报告,认为它提出了一幅关于人类达到稳定平衡状态的政策蓝图,为人类摆脱资源、增长等困境给出了有益启示。美国的米萨诺维克和联邦德国的帕斯托尔等人则对它进行了一些简单修正,提出了有机增长观点。他们认为,增长的极限虽然有些悲观,但基本模型仍有重要意义。人类正面临着人口、环境、粮食、能源和原材料危机,这些危机是人类在征服大自然过程中造成的。它们具有世界性和复杂性,因此应该将它们看作一个整体,采取相互协调的多种措施来加以解决,而不是相互孤立地解决它们。

美国经济学家博尔丁(K. E. Boulding, 1910—1993)于1966年提出了一个"宇宙飞船经济学"的概念,把地球比作宇宙飞船,认为无视资源和环境的发展模式不可取,合理的发展应当是对自然物质作循环利用,使有限的空间和资源得到合理和持久的利用。对可持续发展思想形成有重大影响的思想家还有戴利(H. E. Daly)、泰勒(G. Taylor)、米香(E. J. Mishan, 1917—2014)等人。

荷兰经济学家丁伯根(J. Tinbergen, 1903—1994)于1976年写了《重建国际秩序》的报告,认为,《增长的极限》有些夸张,但能源问题确实存在,而且可耕地数量不够多,人口压力会越来越大,只有建立合理的国际经济秩序才能有效利用自然资源,解决发展与资源、人口之间的难题。里昂惕夫(W. Leontief, 1906—1999)在《世界的未来》一书中,运用投入—产出分析法论述了世界经济发展的不同条件,预测了1980年、1990年、2000年的发展趋势,提出了不同的缩小发达国家与发展中国家之间经济差距的发展方案,认为发展中国家经济增长的障碍主要是政治、社会和制度问题,而不是物质因素。英国学者舒马赫在其《小的是美好的》一书中认为,如果人们滥用不可再生资源,威胁自然环境,人类文明就会受到威胁,出路在于发展一种新的生活方式。

另一方面,增长的极限也受到人们的批评。有人认为增长的极限是谎言;报告中主张的零增长实际上只是推迟世界末日的来临,而无法阻止它,出路在于技术进步;零增长只会加剧社会不平等。但应公允地说,《增长的极限》强调了人类社会发展进程中必然遇到的难题,为人们审慎地思考经济增长与人类社会发展之间的关系用了一剂猛药,也为人们将政治、经济、社会、环境等联系起来思考经济增长、经济发展提供了新思路。

可持续发展思想是怎样形成的呢？

《增长的极限》的问世标志着人们对传统增长方式在理论上的全面怀疑。20世纪60年代以来发达国家和发展中国家的经济社会现实，在很大程度上印证了这些怀疑。人口爆炸、贫困增长、不可再生资源耗竭、生态环境恶化、南北差距扩大等为可持续发展思想的形成提供了现实背景。

1972年，联合国在瑞典斯德哥尔摩举行的人类环境会议所形成的文件中运用了可持续发展基本思想。此次会议首次将人类环境问题列入国际政治议事日程。尽管与会的发达国家和发展中国家存在一些分歧，但在环境与发展，在不妨碍发展条件下保护环境，认为保护环境和改善环境已成为人类的迫切任务等方面却达成广泛共识。

1980年，"可持续发展"和"持续性"概念首次出现于联合国环境规划署的《世界自然保护战略》文件中。该文件从植物资源保护角度提出了要实行可持续发展的方针，并认为可持续发展强调人类要加强对生物圈的管理，使之"既能满足当代人的最大持续利益，又能保持其满足后代人需求和欲望的潜力"[①]。此后，关于可持续发展的讨论日渐增多，人们开始在文件中大量使用可持续发展等术语。

1987年，在联合国通过了关系到人类社会未来发展的挑战与策略的纲领性文件《我们共同的未来》之后，可持续发展才有了广为人们接受的定义——"既能满足当代人的需要，又不对后代人满足其需要的能力构成危害的发展"[②]，并且给出了可持续发展的原则、要求、目标和策略，从而奠定了可持续发展思想和战略基础。1992年6月，在巴西里约热内卢召开的联合国环境与发展大会上，围绕环境与发展以及当今国际社会普遍关注的重大问题，展开了激烈争论并达成共识，制定了《21世纪议程》，签署了一系列公约和协议。从此，可持续发展思想开始深入人心。

可持续发展的基本内涵和原则是什么呢？

从可持续发展思想的形成可以看出，可持续发展的内涵十分丰富。从目前看，在最一般意义上得到广泛接受和认可的可持续发展概念是1987年挪威首相布伦特兰夫人（Gro Harlem Brundtland）在联合国世界环境与发

---

① IUCN, UNEP, *World Conservation Strategy*, Gland, Switzerland, 1980.
② WECED, *Our Common Future*, Oxford University Press, 1987, p. 43.

展委员会提出的。她认为,健康的经济发展,应建立在生态可持续能力、社会公正和人民积极参与自身发展决策基础之上;它追求的目标是,既使人类的各种需要得到满足,个人得到充分发展,又要保护资源和生态环境,不对后代人的生存和发展构成威胁;衡量可持续发展主要有经济、环境和社会三方面指标。

具体而言,可持续发展具有以下原则:

第一,可持续性。这是可持续发展最为核心的原则。它可分解为生态可持续性、经济可持续性和社会可持续性。生态可持续性是指它在受到干扰时仍然能维持其生产率的能力,是人类社会持续发展的基本保证。经济可持续性是指在不超越资源和环境承受能力的前提下,可以持续地实现经济增长,是可持续发展的主导。社会可持续性是指社会正确发展的伦理,促进知识和技术效率的增进和实现人的全面发展的能力,是可持续发展的宗旨。

第二,公平性。这主要指人类需求和欲望的满足能够给予所有人平等的机会,能实现他们过上较好生活的愿望。它又可分解为三种形式的公平:国家范围内同代人之间的公平、代际间的公平以及公平地分配有限的资源。要实现国家范围内同代人之间的公平,就必须把反贫困作为可持续发展进程中优先解决的问题,只有这样才有条件实现同代人的平等。代际间的公平主要指当代人不能以后代人的生活质量降低、资源过度利用等为代价,在满足自身需要和欲望的时候,也要考虑到后代对资源、环境要求的权利。公平地分配资源主要是发达国家和发展中国家在利用自然资源和环境方面应该具有同样权利,不能以发展中国家的不发展为代价来追求发达国家自己的经济增长。

第三,系统性。可持续发展将人类及其赖以生存的地球看作一个以人为中心、以自然环境为基础的系统。在系统内,自然、经济、社会和政治因素是相互联系、相互作用、互相制约的。要想获得可持续发展,就必须合理有效地控制人口增长,积极稳妥地计算环境的承受能力,给予环境足够的自净机会,让社会经济、社会需求和管理能力有较大提高,只有这样才能达到可持续发展的根本目标。

可持续发展思想是各国经济增长与发展都应遵循的重要原则。我国现在提出要按科学发展观,建设一个资源节约型、环境友好型的和谐社会,就是可持续发展思想在中国的具体运用和体现。

第二节 发展经济学思路演变

发展经济学的产生背景和代表人物

众多发展中国家是二战以后在殖民体系瓦解过程中诞生的。这些国家的自然、社会、历史和经济条件各不相同,但它们原有社会经济情况又有类似之处,都打有殖民地、半殖民地造成的落后烙印,因此,它们在经济发展中必然面临一些共同问题,也会有一些共同或类似的经验教训。为了从这些问题、经验和教训中找出一些规律性东西并上升为理论,以便给这些国家制定发展战略提供指导,经济学中形成了一个特殊的研究领域。由于它不同于研究发达的市场经济国家经济如何运行和增长的经济学,所以被人称为"发展经济学"。

应当认为,研究原来经济上比较落后的国家如何发展经济以赶上先进国家的经济理论,并非二战后才开始产生。19世纪中叶起在德国兴起的历史学派及其先驱李斯特的经济思想早就开创了发展经济学的先河。然而,通常认为,美国经济学家罗森斯坦-罗丹(Paul N. Rosenstein-Rodan,1902—1985)的《东欧与东南欧工业化问题》(1943)、斯坦利(Stanley)的《世界经济发展》(1944)以及曼德尔鲍姆的《落后地区的工业化》(1947)三本著作的问世,才是现代发展经济学诞生的标志。

发展经济学第一阶段的思路为结构主义代表人物主要有:罗森斯坦-罗丹、刘易斯(W. A. Lewis, 1915—1991)、缪尔达尔(Gunnar K. Myrdal, 1898—1987)、赫希曼(Albert O. Hirschman, 1915—2012)、罗斯托(Walt W. Rostow, 1916—2003)、辛格(Hans W. Singer)、丁伯根(J. Tinbergen)、鲍尔(P. Bauer, 1915—2002)、克拉克(Colin Clark, 1905—1989)、钱纳里(Hollis W. Chenery, 1918—1994)等。他们主要是20世纪40—50年代为经济发展提出创新见解的经济学家。其著述、概念和原理、模式几乎支配了一个时代的发展思想,为发展经济学的形成奠定了基础。

结构主义发展理论的一些特征

发展经济学的第一阶段之所以说是以结构主义思路为主,是因为这一时期许多经济学家研究发展问题,是按从发展中国家特殊的经济、社会结构分析经济发展这种思路进行的,他们一般强调经济部门间结构的非均衡性。这种非均衡经济发展理论的特点是：采用历史、经验、统计分析方法，侧重经验证明，注重根据一个国家、一个部门、一个项目的具体情况来研究问题；强调由于市场机制不完善而使供求缺乏弹性，经济、社会、制度的僵化导致经济中缺乏自我调节的均衡机制，使宏观经济、部门、劳动构成、投资结构等出现非均衡现象；要解决这种结构上的非均衡，应当实行国家有计划的干预。

由于广大发展中国家原来都是经济落后的农业国，经济要走上发展道路，必须实现工业化，而工业化又必须依赖大量资本投入。在生产发展需要的自然条件、劳动力和资本三方面投入中，这些国家最缺乏的就是资本，只有增加物质资本积累，搞国家推动的工业化，才能摆脱贫困。由于这些国家市场不健全，缺乏发达国家中那种良好的经济组织，也缺乏必要的信息，供求都缺乏弹性，因此，不能指望通过市场机制来实现工业化，只能靠国家干预，靠计划和命令。一些经济学家还认为，走上独立道路的民族国家与发达国家进行贸易和交往，只会受损，因此，不支持比较成本理论和自由贸易，而主张关起门来搞建设的内向发展战略。

总之，这一阶段的发展理论，思想上强调发展中国家市场机制的不完善性和社会经济结构的非均衡性，政策上强调国家干预和计划经济，战略上强调自力更生地进行物质资本积累和走工业化道路。

这一阶段经济发展理论以结构主义为主是一种倾向，但结构主义发展理论并没有形成一个完整、统一的系统理论，各种理论观点并不完全一致，甚至相互矛盾。下面略述其中几种理论。

一是大推进理论。该理论形成于 20 世纪 40 年代，其核心是主张发展中国家为了摆脱贫困，应在各个工业部门进行全面的、大规模的投资，使各部门按统一比率或者不同比率全面增长，以此来实现工业化，推进经济发展。其代表人物主要有罗森斯坦-罗丹、纳克斯(R. Nurkse, 1907—1959)、斯特里顿(P. Streeten, 1917—　)等。

罗森斯坦-罗丹主张用大规模投资来实现工业化，原因是发展中国家长期以来工业落后，基础设施不全，劳动生产率低，资本形成不足。而资本供给、储蓄和市场需求具有"不可分性"。比如铁路、桥梁、道路等基础设施一般项目宏大，相互联系、互相依存，必须同时建成才能发挥作用。此外，储蓄的增长并不是平稳进行的，具有跳跃性、阶段性等特点，只有国民收入达到一定水平时才能为大规模投资积累足够资本，所以每一阶段的投资规模必须足以保证国民收入增长，使储蓄充分增加，从而为下一期更大规模的投资形成资本来源。最后，市场需求也存在不可分性，亦即如果投资集中于一个部门，即使这个部门建成了，也会由于这个部门与其他部门缺乏联系而无法产生足够效率，从而走向失败。所以，小规模投资无法根本解决问题，这就好比一辆汽车陷入泥潭，使用小力推拉是没有办法推出来的，必须从四面着手，使大力气才能将它推出。因此，发展中国家要想实现工业化并振兴民族经济，就应该采取"大推进"（big push）战略，在各个工业部门同时并按统一比率进行大量投资。由于供给会创造自己的需求，各个部门就能产生出相互依赖的市场，从而导致整个工业部门全面增长。否则就会出现有些工业部门发展快、产品过剩，有些发展太慢、产品出现短缺等现象。

但是，纳克斯认为，各部门产品的需求和收入弹性大小不同，所以它们的发展能力和潜力不同，因此各部门应该进行比率不同的投资，弹性大的部门多投资，弹性小的部门应少投资。斯特里顿则综合了罗森斯坦-罗丹和纳克斯的看法，认为在全面投资的同时要注意以个别部门的优先增长来克服经济发展中可能存在的梗阻问题，应该把平衡增长作为目标，但在动态中可能有暂时的不平衡增长。所以，从另一面看，大推进理论又可被称为平衡增长理论。

"大推进"理论强调工业化是经济发展的中心和目标，强调大规模资本形成的重要性，这对于认识发展中国家的经济现实，找出摆脱贫困落后的道路具有一定的积极意义。但是，它过分强调工业化和资本形成，忽略了其他要素和农业的作用。

二是不平衡增长理论。这是赫希曼1958年在《经济发展战略》一书中提出的。该理论认为，发展中国家现有资源稀缺并且缺乏企业家，所谓"大推进"式大规模投资理论根本不现实，并且往往会造成生产或者建设的无效率状况，因此，发展中国家的最好选择是进行"不平衡增长战略"，亦即应该集中有限资本和资源，重点发展一部分产业，并以此为基础逐步扩大其他产业投资，带动相关产业发展。不平衡增长的核心内容包括三部分："引致投资最大化""关联效应"和"进口替代"。

所谓"引致投资最大化"，是指那些直接投资到工业、农业等产业部门的投资，是要能直接增加产出和收益的投资。在这些部门集中投资，建设周期短，投资收效快，对资金紧缺、资源不丰富的发展中国家特别合适，待这些部门发展且收入增长以后，再利用其中一部分收入投资于基础设施等部门，以带动这些部门增长。同时,要注意在选择生产性投资时应该合理取舍,优先考虑那些能产生最大引致投资的部门。

所谓"关联效应",是指国民经济中各产业之间的相互联系、相互影响和依存关系。若一产业的价格和收入弹性大,则说明它的产业联系强;反之则弱。如果一个产业具有关联效应,就会通过其他产业的发展反过来推动该产业发展,从而带动整个经济发展,因此国家在发展经济时应选择那些关联效应大的产业优先发展。在考察关联效应时,赫希曼进而发现,制造业尤其是加工工业具有较大的关联效应,因而应优先发展制造业尤其是加工工业。进口替代又是加工工业的重点,因为这样可以节约资金,减少进口所需的外汇压力,同时待进口替代发展到一定程度后逐步由生产工业消费品转向生产资本品,进而取代工业投入品进口,建立民族工业体系,实现工业化。

平衡增长和不平衡增长战略各有优缺点,只有结合时代条件和环境以及资源特点才能判断到底哪一种战略适合发展中国家。一般情况也许是,在资源稀缺和经济发展初期阶段,不平衡发展战略更有优势。待经济增长到一定水平时,基础工业和加工工业、农业和工业等结构问题就会凸现,这时就需要平衡增长战略以协调结构冲突,确保国民经济协调、健康、稳定发展。

三是二元经济结构理论。这是 20 世纪五六十年代以刘易斯(S. A. Lewis)、费景汉(J. C. H. Fei,1923—1996)、兰尼斯(G. Ranis,1929—2013)、乔根森(D. W. Jorgenson,1933—)、卡尔多(N. Kaldor)为代表的经济学家,针对发展中国家的经济问题提出并很快得到很多国家关注,且成为一定时期内指导发展中国家经济发展的重要理论依据。

二元经济理论认为(Lewis,1954),发展中国家的经济结构与发达国家存在明显区别。发展中国家存在着以现代工业部门为代表的弱小资本主义部门和以传统农业部门为代表的强大非资本主义部门。

传统农业部门使用的是土地等非再生资源,从而在边际生产力递减原理下,当人口增加到一定程度后,农业部门劳动的边际生产力会降到很低或者接近于零,因此,农业部门劳动者收入水平很低,只能维持自己和家庭的最低生活水平。现代工业部门大量使用的是厂房、机器设备等可再生资源,其规模可以随生产发展而不断扩大,因而工业部门劳动力的工资水平即使在人口增加压力下也会高于农业部门工资水平。由于发展中国家大多是农业国,农村中存在着大量剩余劳动力,因此只要工业部门扩大生产规模,它就可以较低工资水平雇佣到任何数量劳动力,即现代工业部门存在着劳动无限供给状况。在劳动供给无限而资本相对稀缺条件下,如何实现剩余劳动力从农业部门向现代工业部门的转移呢?刘易斯认为,关键在于利用资本家利润进行投资,原因是工人工资低,仅能够养家糊口,因此,工人不可能有储蓄。为方便起见,刘易斯假定资本家获取的利润只用于再投资,没有消费,于是现代工业部门就可以源源不断地从农村吸收到剩余劳动力,直至农村劳动力由过剩变为短缺的转折点,即所谓刘易斯拐点。这时,农业劳动力边际生产力会提高,收入会增加。现代工业部门要想获取新劳动力,就只有提高工资。于是,整个经济就会逐步摆脱低水平均衡陷阱,走向良性循环经济发展轨道。

刘易斯认为,发展中国家经济发展的中心问题是二元经济结构如何转变为单一部门的现代经济体系。在此转变过程中,存在着两个阶段。第一阶段,工业资本不多,无力吸收全部剩余劳动力,因而,工业资本能以较低的、几乎是固定的工资吸收到源源不断的劳动力,并且工业资本利润处于加速积累阶段,直至剩余劳动力被吸收完毕为止。此后会进入第二阶段,劳动力开始变得稀缺,工资水平会出现上升,工业部门的利润开始在两个部门之间以及资本家和工人之间进行分配,最后失业、贫困、落后消失。

兰尼斯和费景汉(1963)基本接受刘易斯的观点,认为二元经济结构转变过程中农业剩余劳动力起决定作用,并提出两部门平衡发展路径,指出技术创新类型选择对劳动力相对丰富、资本相对稀缺的发展中国家有重要意义。卡尔多(1967)认为,农业剩余对经济发展的贡献是多元的,是工业部门的"工资商品"(生活资料)和主要加工原材料来源,也是发展早期阶段的主要创汇资源和工业生产扩张的重要市场。卡尔多的突出贡献在于从有效需求角度分析农业部门发展对整个经济发展的决定作用。

二元经济结构理论既简单明了,又反映了发展中国家工农、城乡两分以及人口流动、城市化等客观规律,缺陷在于忽视技术进步对劳动力的替代,只关注现代工业部门的劳动力供给问题,忽视现代工业部门的产品需求,从而在解释印尼、菲律宾等发展中国家的"过度城市化"、城市贫民,以及日本这样的亚洲新兴国家1955—1970年的高速增长以出口导向的需求为特征等现象时缺乏说服力。

经济发展阶段论

1960年,罗斯托(W. W. Rostow)发表了《经济增长的阶段》一书。它从世界经济发展史这一视角将人类社会发展划分为五个阶段:传统社会阶段、起飞前准备阶段、起飞阶段、向成熟推进阶段、大规模高消费阶段。1971年,他又补充了第六个阶段——追求生活质量阶段。其中,第三和第六阶段是"突变",意义非同一般。

罗斯托认为,起飞是一个社会具有决定意义的阶段,是近代社会生活的分水岭。所谓"起飞阶段",就是直接关系到生产方法剧烈变革的所谓产业革命。产业革命意味着工业化开始以及经济发展的开端,也意味着一国从停滞落后迈向经济发展的重要转折。一国要实现起飞,必须具备三个相互联系的条件:一个是较高资本积累,即只有大量资本积累才能进行大规模生产投资,这是经济起飞的必要条件;二是要建立带动经济发展的主导部门,即通过主导部门可以节约有限的资金,带动相关产业和整个经济发展;三是要进行相应的制度、社会、政治变革,以配合经济改革,使之能适应经济起飞要求并促进起飞顺利实现。

罗斯托认为,经济发展几个阶段之所以出现更迭的原因,在于主导部门不断更迭和人类欲望不断发展变化,前者是客观原因,后者是主观原因。所谓主导部门,就是采用了新技术,增长率很高,能对其他产业部门产生重大影响的部门。形成主导部门的条件是,该部门必须在国民经济中占据重要地位,必须能通过本部门发展带动其他部门发展。主导部门对其他部门的影响主要通过三种渠道发挥作用。一是规模经济。主导部门通过形成规模经济,可以对内降低生产和销售成本,对外扩大市场范围,有效扩充对自己产品的需求。比如,电讯部门通过扩大规模可以不断降低其运营成本,同时不断扩大自己的网络覆盖面和市场范围。二是主导部门为新产业或新部门的建立创造条件,扩大出口部门的影响。比如,很多城市将轻轨铁路作为主导部门可以诱发郊区房地产业的出现;又如,将机车部门作为主导部门,可以利用规模经济推动机车出口业务的发展。三是主导部门可以带动"现代基础工业部门的发展",为国民经济发展奠定基础。此外,罗斯托认为,主导部门并不是一成不变的。起飞前是食品、饮料、烟草、水泥等,在起飞阶段是纺织工业,向成熟推进阶段是重工业和制造业,大规模消费阶段是汽车业,追求生活质量阶段是服务业和城建业。推动主导部门更迭的原因除了人的欲望外,主要是技术进步和创新,因此,技术进步是经济发展的重要源泉。

发展极—增长点理论

发展极（development poles）理论最初由法国经济学家佩鲁（Francois Perroux，1903—1987）等人于1955年提出。这一理论认为，从空间上看，经济增长在每一地区并非以相同速度进行。由于某些主导部门或者有创新力的企业或行业的集聚，会形成一种资本与技术高度集中、具有规模经济效益、自身增长迅速并对周围地区产生强大辐射作用的地区中心或者大城市中心。这些中心功能多种多样，如生产中心、贸易中心、金融中心、信息交换中心、交通运输中心、服务中心、决策中心等。这些中心就是所谓的"增长极"。这些中心的优先增长可以通过两个途径带动周边地区发展与增长：一个是所谓的吸引力，另一个是辐射力。两者互相依存，前者的作用是将周边的居民吸引到发展极来，减轻周边地区的人口压力，从而提高周边地区的人均福利水平；后者是通过增加投资，提高周边地区的人口密度，从而改变其落后、贫困的面貌。具体而言，发展极的作用主要有技术创新与扩散作用、资本集中与输出作用、规模经济作用等方面。比如，发展极可以运用自己生产能力较强、技术水平较高的有利条件，从本地区和周边地区吸引大量资本，扩大投资规模，同时在条件允许的时候根据利益原则向周边地区输出资本，支持周边发展。

后来的许多发展经济学家将该理论扩充成增长点（growth point）理论。增长点理论认为，厂商的相互毗邻（proximity）可以利用如下几个方面的优势：一是可以共享劳动市场，发挥劳动市场蓄水池作用；二是可以方便地获得原材料、维修服务等；三是可以共享某些行业信息，有利于进一步发展生产。发展经济学家认为，增长极可以在经济发展中发挥其特殊的作用，以较快的速度、较高的效率带动周边经济发展。

发展极和增长点理论对发展中国家制定经济计划和区域产业政策具有一定指导意义，对落后地区的经济发展也具有一定的借鉴意义。

发展经济学新古典主义思路

20世纪60年代初期以后，特别是60年代中期，发展中国家经济出现了和第一阶段经济发展理论设想的结果大不一致的情况。按照该理论去做的那些发展中国家并未达到预期经济目标，奉行国内工业化和进口替代政策、实行经济计划和政府干预的结果是在经济上遭遇种种困难；

不重视农业使农业落后从而阻碍了工业化,拖了工业化后腿;进口替代经过起初阶段短暂的宽松后,便出现了国际收支逆差和国内通货膨胀,外汇短缺和国内市场狭小使进口替代的美好目标成了泡影;经济计划化造成效率低下、资源浪费。

相反,一些经济比较开放、注意发挥市场作用、实行出口导向政策的国家和地区,却在经济上取得快速进步。这些国家和地区扩大了初级产品出口,增加了外汇储备,尤其是带头转向出口导向的几个东南亚国家和地区,如马来西亚、泰国等,经济取得了令人瞩目的繁荣,比经济发展较为内向的缅甸和印尼的情况要好得多。

面对这些情况,发展经济学家不得不对20世纪50年代以来的发展理论和政策作重新评价,使这些理论和政策主张受到了很多批评和指责。因此,一股反对政府干预和计划控制、重视市场作用,反对经济封闭、主张贸易和开放,反对轻视农业、主张积极发展农业的新古典主义思潮开始在发展经济学中逐步占据上风。

从20世纪60年代末开始,发展经济学家对第一阶段上以结构主义思路为主导的发展经济学进行了猛烈批评和激烈攻击。甚至有人说,发展经济学已经"死亡"。

先听一位英籍印度经济学家拉尔(Deepak K. Lal, 1940—)的声音。他在1983年发表的《发展经济学的贫困》一书中对20世纪40—60年代的发展经济学进行了猛烈抨击。他不仅点名批评了赫希曼、纳克斯、钱纳里、刘易斯、缪尔达尔、普雷维什、舒尔茨、斯特里顿等著名发展经济学家,而且抨击了此前发展经济学的所有模型和理论。在拉尔看来,第一阶段的发展经济学过分看重政府在经济中的作用,忽视了市场和价格机制的资源配置作用;主张国家干预对外贸易,实行贸易保护;工业化被看作经济发达的标志。拉尔认为,国家对经济生活的干预会造成低效率和不公正。他主张放弃"经济统制教条",实行自由放任;国家对对外贸易的干预将大大降低发展中国家的经济自由度,客观上造成了发展中国家的与世隔绝。他不同意外国投资会给发展中国家带来不良影响的观点;反对那种在保护主义高墙背后推行强制性进口替代的工业化,认为这会导致资源的利用低效率,并使收入分配发生不公平。他反对重工业化战略,因为它导致了国内消费大幅度降低,认为应该根据比较优势来进行劳动分工和生产专业化;他认为衡量发展中国家贫困程度的不仅有经济指标,还应该包括诸如自由、寿命、生活质量等其他指标。他反对忽视农村发展,以牺牲农业和农民利益为代价的工业化战略,主张通过"理顺价格"来提高对非熟练劳动力的需求,从而实现有效增长。

再看美籍奥地利经济学家哈伯勒(G. Haberler,1900—1995)的观点。他始终站在自由主义立场上批评第一阶段发展经济学,认为发展经济学不应该将经济学一分为二,一部分是研究发达国家的经济学,一部分是研究发展中国家的经济学,一个统一的经济学足以处理发展中国家和发达国家的情况。他认为国家干预主义和对市场力量的轻视令人烦恼。此外,国际贸易对发展中国家非常重要,无论是对发展中国家的早期阶段还是后期阶段均是如此。一些发展中国家推行的贸易保护主义和进口替代不符合资源配置利益,导致了很大的福利损失。

1995年和1997年,克鲁格(A. O. Krueger,1934—)在他的《二战以来发展经历的政策教训》和《贸易政策与经济发展:我们学到什么》两篇文章中,也对以往的发展经济学进行了批评,认为发展中国家要发展经济,就必须进行自由贸易,放弃过多的产业政策和投资决定论,减少政府干预。1995年,斯瑞尼万森(T. N. Srinivansan)在《发展经济学手册》中也对国家主导的经济发展进行了批评,认为国家主导的工业化、贸易保护等政策均被实践证明是失败的。以世界银行的经济学家为首的一批学者通过在各个不同发展中国家的经验研究也证明,国家主导的经济发展存在诸多难以克服的问题。

20世纪60—70年代新古典思路在发展经济学中占主导地位,这就是所谓新古典主义的复兴。无论是在对计划化的批评、对市场作用的重新估价、对农业重要性的强调、对国际贸易的再认识上,还是对社会项目评估的研究上,第二阶段发展经济学均恢复了新古典主义的观点,扩大了新古典主义在经济发展方面的应用。克尔恩科罗斯(A. Cairncross,1911—1998)认为,"新古典主义复兴是重新肯定市场力量对促成经济发展的影响"[①]。概括起来,所谓新古典主义复兴就是:从片面强调工业化转而重视农业进步;从片面强调物质资本积累转而重视人力资源开发;从片面强调计划管理转而强调市场机制;从片面强调保护性内向政策转而主张开放的外向型发展,特别是在贸易战略上从进口替代转向出口导向。利特尔、西托夫斯基和斯

---

① 迈耶:《发展经济学的先驱理论》,云南人民出版社,1995年版,第158页。

科特为经合组织所作的关于贸易和工业化的研究,巴拉沙和他的同事为世界银行所作的保护结构研究,克鲁格和巴格瓦蒂为国民经济研究局所作的发展中国家贸易自由化的研究等均是这方面的代表作。

但是,新古典主义复兴似乎太看重市场和自由主义的力量,反对任何对市场的干预,主张一国经济无论是对内还是对外都应该放开,实行完全自由化;否认资本主义危机的存在,而把危机发生淡化为某种政策所犯错误的结果。例如,哈伯勒和拉尔等否认发达国家和发展中国家贸易条件的不平等性,否认发达国家对发展中国家有害的示范效应,否认旧国际秩序的不公平性等。比如,有的国家民间资本已经有大量积累,但这些发展中国家仍然一味坚持吸引外资发展经济的战略,结果使得国内资本难以快速成长,经营环境恶化甚至受到排挤①。最后,新古典主义复兴使得不少发展中国家过于看重金融自由化,而忽视金融体系健全和制度保障。1997—1998年的亚洲金融危机表明,在缺乏健全金融体系条件下搞完全的金融自由化导致经济发展停滞和国民经济坍塌。

发展经济学的新古典政治经济学思路 20世纪80年代中期以来,发展经济学研究中兴起的这股新思潮之所以称为"新古典政治经济学",是因为这股思潮中的经济学家一方面充分吸取和运用新古典经济学的分析方法和工具,另一方面又充分重视对包括政治、法律、文化等非经济因素在内的制度背景的分析。发展经济学这一新阶段在思路上的特点是:结合制度分析观念和新古典经济学方法,探索经济发展源泉,考察经济发展历程,揭示经济发展规律,把制度经济理论与经济发展理论融为一体。从某种意义上可以说,发展经济学的新古典政治经济学思路,实质上就是新制度经济学在发展经济学中的运用,也是发展经济学通过运用新制度经济理论工具而获得发展的新阶段。

一些经济学家认为,20世纪80年代中后期以来,发展经济学的进展已不是新古典复兴,而更像古典经济学复兴,因为古典经济学比新古典经济学不但更加注重经济自由和价格机制,强调要减少政府对经济生活的干预,而且更加关注制度和交易成本对经济发展和效率的影响。事实上,古典政治

---

① 罗长远、赵红军:"外国直接投资、国内资本与投资者甄别机制",《经济研究》,2002年第9期。

经济学的核心就是发展经济学(Lewis，1988；Hagen，1980；Sen，1988)，而新古典经济学则不太看重发展本身，更多注意的是既定资源的配置。换句话说，古典经济学重视的是如何把蛋糕做大，而新古典经济学注重的是如何合理分配一个既定的蛋糕。再说，古典经济学对制度、交易成本、产权等对经济发展意义的关注要比新古典经济学更加强烈，科斯、威廉姆森、诺思、布坎南、贝克尔、克鲁格曼等人试图构建的新的发展经济学模型其实不过是古典政治经济学思想的形式化。

发展经济学的新古典政治经济学思路的最重要特点是，结合制度分析观念和新古典方法论，探索经济发展源泉。这里所谓的制度分析，实际上就是新制度经济学理论，而这种理论本身就是建立在新古典方法论基础上的，因此，经济发展研究中的新古典政治经济学思路的实质，就是用制度分析探讨经济发展的动力和趋势。

新制度经济学认为，储蓄率高、教育发达、技术创新活跃等都是发展中与经济增长相伴随的现象，它们是经济发展理论所要解释的事实，而不是发展的原因。比方说，经济发展要快，必须有高储蓄，才会有资本的高积累，但问题是造成高积累或低积累的原因又是什么？再如技术创新，它确是经济高增长所必需，然而，技术创新的动力又在哪里？这些都要从制度上寻根求源。每一项经济活动都离不开激励。每个人必须受到激励才会去从事社会所需要的活动，为此，就要求设计某种机制，使社会从该活动中得到的收益和私人从该活动中得到的收益相符合。从事经济活动有收益，也有代价或者说成本。但是，私人成本和社会成本、私人收益和社会收益可能不一致，这就是所谓外部性。一项好的制度设计，就是要能诱致私人收益和社会收益以及私人成本和社会成本达到一致，这样才能推动经济发展。拿技术创新来说，如果一项创新成果的收益不能为创新者所获，尽管它对社会经济增长贡献极大，又有谁肯付出那么多代价来搞这种创新？显然，这不是一个技术创新本身的问题，而是一个制度设计问题。

制度究竟怎样促进或阻碍经济发展的进程？为什么自然条件和地理位置差不多的两个国家或地区，一个发展迅速，一个发展缓慢？为什么同样一个国家，一个历史时期发展很快，另一个历史时期发展很慢？这不是用技术、人口、资本、自然环境等本身所能回答的，只有从制度分析中才能找到答案。制度可以通过确定的规则，提高信息透明度，使每个人都能对其他人的行为反应作出准确预见；制度可以通过明确界定的产权来塑造发展的动力，促使人们的个别努力转化为私人收益与社会收益相等的、为社会经济发展所需要的活动;制度可以通过正规的法令规章和非正规的行为准则、道德规范、社会习俗等来影响市场运作,决定市场配置资源的效率;制度可以通过对财产权利和知识产权提供保护,促进技术创新和风险创业。总之,有效的组织机制和制度安排会造成一种激励,将个人的经济努力变成经济发展的实践,使经济发展的愿望成为现实。这样,在新制度主义影响下,越来越多的经济学家认识到,不管是哪个国家,影响经济发展的首要因素是制度选择。

后发优势论是关于经济上后来发展的国家在发展中存在一种由后发国地位带来的特殊利益的理论,应当认为是发展经济学的重要组成部分。

后发优势论的创立者是俄裔美国经济史学家格申克龙(A. Gerschenkron,1904—1978)。他在1962年出版的《从历史的角度看经济落后》一书中,通过对19世纪德、意、俄等当时欧洲较落后国家工业化过程的经验分析,提出相对落后国家的工业化进程和特征在许多方面表现出与先进国家的显著不同,工业化前提条件的差异会影响发展进程,相对落后程度越高,后来增长速度会越快,原因在于这些国家具有一种得益于落后的"后发优势"(Advantage of Backwardness)。这是一种来自落后本身的优势,也可称"后发性优势""落后优势""落后的有利性"。后发优势归纳起来有如下几个方面:一是相对落后会造成紧张状态,激起国民要求工业化的强烈愿望,并激发制度创新;二是可以在吸收先进国家成功经验和失败教训基础上,根据自身实际,选择有别于先进国家的不同发展道路;三是可引进先进国家的技术、设备和资金,在一个较高起点上推进工业化。

在格申克龙之后,有不少经济学家对后发优势问题作了进一步探讨。例如,1966年,美国经济学家列维(M. Levy)从现代化角度将格申克龙的后发优势作了具体化,总结归纳出后发式现代化的一些利弊,即后发优势和后发劣势。美国经济学家阿布拉莫维茨(M. Abramovitz,1912—2000)于20世纪80年代提出"追赶假说",认为一国经济发展的初始水平与其经济增长速度会呈反向关系,即越落后其增长会越快——当然,这是指"潜在"或"可能",而要把这种"潜在"转化为"现实",还要有一系列限制条件。在他之后,美国学者鲍莫尔(W. J. Baumol)又对这一"追赶假说"作了发展和补充。

如果说上述学者的思想标志着后发优势创立的话,那么,20世纪80年代以来,随着日本和东亚新兴工业化国家的高速增长,一些学者通过对拉美、东亚经济发展政策与路径的比较,对东亚经济追赶成功经验的总结和思考,促进了后发优势的进一步深入。这些学者有美国经济史学家罗索夫斯基(H. Rosovsky, 1927—)、日本学者南亮进和大川一司等。他们认为,拉美国家从初始条件(如自然资源、人口压力、人均收入和资本、人力资源等)看,都比东亚各国强,而东亚各国能取得快速经济增长而拉美则没有,关键在于东亚较好地利用了后发优势,通过后来的增长努力和正确的路径选择,超越了初始条件限制。美国学者希尔曼(J. Hellman)和韩国学者金泳镐也对拉美国家和东亚国家的经济发展道路作了深入研究。美国学者伯利兹和克鲁格曼(E. Brezis and P. Krugman)在总结发展中国家成功发展经验基础上还提出了基于后发优势的技术发展"蛙跳"(Leap-frogging)模型,认为在技术发展到一定程度、本国已有一定技术创新能力前提下,后进国可以直接选择和采用某些处于技术生命周期成熟前阶段的技术,以高新技术为起点,在某些产业领域实施技术超越,直接进入国际市场与先进国竞争,而先发国家由于原有技术的沉淀成本、资产专用性及技术转换的高成本,可能反而被锁定于原技术水平上。

在经济全球化和信息化新形势下,后发优势论进一步得到拓展。对此,格罗斯曼和赫尔普曼(G. M. Grossman and E. Helpman)、巴罗和萨拉-依-马丁(R. J. Barro and Sala-i-Martin)以及范艾肯(R. Van Elkan)等都有所分析论述。总的说来,他们认为,经济全球化趋势会使后发优势表现更加突出,影响更加深远:一是资本会更快从丰裕国家流向短缺国家(那里报酬率较高);二是技术扩散加速,技术溢出效应日益突出;三是信息技术发达,不但使科技扩散更快、要素跨地区流动更活跃,也使后进国对先进国各方面经验教训的借鉴吸收更加全面、及时。

与后发优势论相反,一些学者尤其是不发达国家中的一些学者认为,当今发展中国家面临的国际环境和发达国家当年工业化初期情况大不相同。今天,发展中国家一开始就面对经济强大的发达国家,后者对前者的不利影响无处不在,使当今发展中国家在以下多个方面处于劣势。

资本积累的后发劣势,主要指发展中国家资本匮乏、收入低下。这种低收入状况使储蓄能力低下,引起资本形成不足,而资本形成不足又导致低生产率,低生产率又造成低收入,形成纳克斯所讲的"贫困的恶性循环"。纳尔逊(R. Nelson, 1930—)的"低水平均衡陷阱"论也持类似观点。

技术进步的后发劣势,指发展中国家对引进技术难以有效消化,也无力形成自主研究与开发能力,从而与发达国家的技术差距日益扩大。

产业发展的后发劣势,指发展中国家出口的主要是劳动密集型和自然资源密集型产品,而进口资本和技术密集型产品,这种基于比较优势的分工,强化了后发国家的低水平产业结构。

结构转换的后发劣势,指后进国家在经济和社会发展中存在明显的二元性,传统化和现代化的二元结构存在于经济、政治等各领域,贯穿和渗透于从传统农业经济到现代工业经济的整个经济体系。

制度创新的后发劣势,指后发国家经济发展必需的制度基础很薄弱,有严重缺陷,是经济发展的严重障碍。

除了上述劣势,后发国家还有国际贸易的后发劣势和国际关系的后发劣势。这主要反映在中心—外围论和依附论上。中心—外围论由阿根廷经济学家普雷维什提出,认为当代资本主义世界国际经济关系由两部分组成:一部分是西方发达国家,它们是国际经济关系的中心;另一部分是广大第三世界国家,是这种国际经济关系的外围,从而形成中心—外围格局。中心国家利用旧的国际分工,从事附加值高的工业品生产,外围国家从事初级产品生产。在双方贸易中,由于工业品需求弹性大,初级产品需求弹性小,于是工业品价格不按劳动生产率提高的比例下降,从而使外围国家初级产品贸易条件不断恶化。

依附论形成于20世纪60年代中期,主要代表人物有卡多索(F. Cardoso)、桑托斯(M. Santos)、弗兰克(A. Frank)、伊曼纽尔(A. Emanuel)和阿明(S. Amin)等。他们大多是拉美经济学家,故又称"拉美学派"。他们同样是中心—外围论者,并认为外围国家在资本主义世界体系中处于从属地位,对中心国存在依附关系,在贸易、资本、技术等方面依附于发达国家,受发达国家控制,使这些外围国家得不到应有发展。中心与外围间的贸易是不平等交换,外围国家生产的大量剩余被转移到中心国家,使外围与中心的差距越来越大。

可见,上述这些后发劣势论可分为两大类:一类后发劣势论着眼于从发展中国家内部寻找不发达的原因,从资本、技术、产业、结构和制度的不利影响中探索后发劣势;另一类就是中心—外围论和依附论,着眼于从发展中国家外部寻找不发达的因素,从发展中国家与发达国家间不平等的政治、经济、文化关系等不利影响中探求后发劣势。

中等收入陷阱和中国经济发展

"中等收入陷阱"（Middle Income Trap）问题是发展经济学中出现的一个新问题。这是指一个国家或地区的人均收入达到世界中等水平后，由于不能顺利实现发展战略和发展方式的转变，导致经济增长动力不足，最终出现经济长期停滞不前的一种状态。如巴西、阿根廷、墨西哥、智利、马来西亚等国家在20世纪70年代已进入中等收入国家的行列，但这些国家至今仍然陷入经济增长的停滞期，既无法在劳动成本上与低收入国家竞争，又无法在高新技术方面与发达国家竞争。进入这个时期后，以往经济快速发展积累起来的许多问题，如贫富分化加剧、产业升级困难、腐败多发、就业困难、信仰缺失、过度城市化、公共服务短缺、金融体系脆弱、社会动荡不安等矛盾集中爆发，经济一直停滞不前。

国际上公认的成功跨越"中等收入陷阱"的国家有日本和韩国，而拉美地区和东南亚一些国家则是陷入"中等收入陷阱"的典型代表。为什么原来发展水平和条件相近的国家会出现两种不同的发展命运？经济学家通常认为，一些国家陷入"中等收入陷阱"的原因，一是没有及时转换经济发展模式，一直停留在低收入迈向中等收入阶段时的发展模式，如拉美的进口替代战略和马来西亚的出口导向战略；二是未能及时转变发展方式，在自主创新和人力资本方面加大投入，依旧倚重于以往投资驱动的增长方式，使资源和环境压力日益增大；三是对发展公平性重视不够，以往经济发展中形成的贫富差距日益扩大，不仅使得国内消费需求严重萎缩，产业结构难以合理调整，而且贫富悬殊引发社会动荡，政权更替，政局不稳定；四是宏观经济政策出现偏差，受西方新自由主义影响，政府作用削弱，宏观经济管理缺乏有效制度框架，政策缺乏稳定性，政府债台高筑，通货膨胀和国际收支不平衡等顽疾难以消除，经济危机频发造成经济大幅波动；五是以往改革中形成的既得利益集团蜕化为进一步改革的阻力，腐败、投机等现象蔓延，市场配置资源功能受到严重扭曲。

现在中国经济在改革开放多年来高速发展后也进入了中高收入阶段，2015年末达到人均收入7800美元，也面临了陷入"中等收入陷阱"的风险，经济发展中出现了一系列新问题，经济下行压力加大。为了避免陷入"中等收入陷阱"，中国共产党和政府领导人提出并执行了一系列重要经济发展理念和政策思想，包括经济发展新常态、供给侧结构性改革、五大发展理念等，为中国经济发展指明了正确方向。

中国经济新常态是 21 世纪中国经济社会呈现的一种状态。其特点是：第一，从高速增长转变为中高速增长。经过 30 多年的高速增长，中国的经济体量已经今非昔比。2013 年一年中国经济的增量就相当于 1994 年全年的经济总量，可以在全世界排到第 17 位。即使是 6%—7% 的增长，在全球也是高速的。第二，经济结构优化升级，第三产业、消费需求逐步成为主体，城乡区域差距逐步缩小，居民收入占比上升，发展成果惠及更广大民众。第三，增长动力转换，从要素驱动、投资驱动转向创新驱动。

经济进入新常态，是过去多年来高速发展的必然结果。多年高速发展后，资源环境压力大大增加了，人口等要素成本上升了，国家外部环境也变化了。所有这些都倒逼经济结构优化升级，发展转向创新驱动。这种新常态与与传统的不平衡、不协调、不可持续的粗放增长模式有本质区别。因此，这种新常态是中国经济进入更高层次发展阶段后才出现的推动经济迈上转型升级、提质增效的新台阶。

中国经济的"新常态"蕴含的政策寓意是：经济增速正式告别高速增长，如果经济增速在合理区间，不会采取非常规的刺激措施；经济增长动力悄然转换，创新驱动将决定中国经济成败；经济结构将"避重就轻"，在推动新型工业化同时，大力扶持服务业发展；告别货币推动型增长模式，控制包括房地产在内的资产价格泡沫和债务杠杆会优于经济增长本身。适应新常态，关键还在于全面深化改革，激发市场蕴藏的活力。

供给侧结构性改革，指从提高供给质量出发，用改革办法推进结构调整，矫正资源配置扭曲，扩大有效供给，提高全要素生产率，促进经济社会持续健康发展。

供给侧结构性改革是适应当前我国经济中需求结构发生的变化。目前，随着收入水平提高和中等收入群体扩大，居民对产品品质、质量和性能的要求明显提高，多样化、个性化、高端化需求与日俱增，产业价值链提升对研发、设计、标准、供应链管理、营销网络、物流配送等生产性服务也提出了更高要求。而我国现有无效和低端供给过多，一些传统产业产能严重过剩，产能利用率偏低，有效和中高端供给不足。供给侧改革就是要改变这种局面。

因此，推进供给侧结构性改革要突出问题导向。一方面，要着力减少无效和低端供给。去产能、去库存是减少无效和低端供给、提高经济运行效率的根本举措。另一方面，要着力扩大有效和中高端供给，改变供给体系和产品品质明显不适应居民消费结构升级要求的局面。还要着力推进体制机制改革,包括取消一些行业准入限制和民营企业进入障碍;完善金融市场;健全市场诚信体系;加强知识产权保护度等。

推进供给侧结构性改革并不意味着放弃需求管理。在国际金融市场动荡不定、国内面临经济下行压力的背景下,做好需求管理可以改善市场预期,增强人们信心,避免经济增速短期快速下行激化各种矛盾和潜在风险,营造稳定宏观经济环境,为改革有序推进创造条件。

创新、协调、绿色、开放、共享"五大发展理念",是指导中国下一个时期经济发展新的"思想灵魂"。

创新发展是跨越"中等收入陷阱"难题的根本出路,是引领发展的第一动力。创新包括理论创新、制度创新、科技创新、文化创新等各方面创新。未来如何突破发展瓶颈,推动在新常态下进一步发展,主要就是靠"创新"。协调发展就是要注意调整关系,注重发展的整体效能。克服城乡之间、东中西部、东北区域之间不平衡,着力提高发展的协调性和平衡性。绿色发展就是要坚持可持续发展,坚定走生产发展、生活富裕、生态良好的文明发展道路,加快建设资源节约型、环境友好型社会,解决过去中国经济长期发展中积累的大气、水、土壤污染的问题,为经济转型升级添加强劲的"绿色动力"。开放发展就是要从国际社会的积极融入者转变为主动塑造者,发展更高层次的开放型经济,积极参与全球经济治理和公共产品供给,提高在全球经济治理中的制度性话语权,构建广泛的利益共同体。共享发展就是必须坚持发展为了人民、发展依靠人民、发展成果由人民共享,作出更有效的制度安排,使全体人民在共建共享发展中有更多获得感,增强发展动力,增进人民团结,朝着共同富裕方向稳步前进。

复习思考题

1. 古典经济增长理论的主要思想有哪些?
2. 哈罗德—多马模型的主要思想有哪些?
3. 新古典增长模型与哈罗德模型之间的异同在哪里?
4. 略述新剑桥增长模型的基本思想。
5. 新增长理论的主要思想有哪些?
6. 为什么说新增长理论为发展经济学与增长经济学的融合创造了

条件?
7. 可持续发展的主要思想是什么?意义何在?
8. 结构主义发展理论有哪些特征?
9. 什么是发展经济学中的新古典复兴?
10. 试述罗森斯坦-罗丹的"大推进理论"的主要内容。
11. 刘易斯的二元经济结构理论的主要内容有哪些?
12. 赫希曼的不平衡增长战略与大推进理论有什么区别?
13. 试述你对后发优势论和后发劣势论的看法。

参 考 文 献

第一章

1. 色诺芬：《经济论，雅典的收入》，商务印书馆，1961 年版。
2. 柏拉图：《理想国》，商务印书馆，1957 年版。
3. 亚里士多德：《政治论》，商务印书馆，1965 年版。
4. 阿奎那：《阿奎那政治著作选》，商务印书馆，1963 年版。
5. 托马斯·孟：《英国得自对外贸易的财富》，商务印书馆，1978 年版。
6. 小罗伯特·B.埃克伦德、罗伯特·F.赫伯特：《经济理论和方法史》，中国人民大学出版社，2001 年版。
7. 埃德蒙·惠克特：《经济思想流派》，上海人民出版社，1974 年版。

第二章

1. 威廉·配第：《政治算术》，商务印书馆，1961 年版。
2. 诺思：《贸易论》，商务印书馆，1982 年版。
3. 洛克：《论降低利息和提高货币价值的后果》，商务印书馆，1962 年版。
4. 休谟：《休谟经济论文集》，商务印书馆，1984 年版。
5. 魁奈：《经济表》，商务印书馆，1979 年版。
6. 杜尔阁：《关于财富的形成和分配的考察》，商务印书馆，1961 年版。
7. 埃德蒙·惠克特：《经济思想流派》，上海人民出版社，1974 年版。
8. 亚当·斯密：《国民财富的性质和原因的研究》，商务印书馆，1972 年版。
9. 约翰·雷：《亚当·斯密传》，商务印书馆，1983 年版。
10. 李嘉图：《政治经济学及赋税原理》，商务印书馆，1976 年版。

第三章

1. 萨伊：《政治经济学概论》，商务印书馆，1982 年版。
2. 马尔萨斯：《人口原理》，商务印书馆，1961 年版。
3. 马尔萨斯：《政治经济学原理》，商务印书馆，1962 年版。
4. 西尼尔：《政治经济学大纲》，商务印书馆，1977 年版。
5. 约·穆勒：《政治经济学原理》，商务印书馆，1991 年版。

6. 鲁友章、李宗正：《经济学说史》上册，人民出版社，1979年版。

7. 西斯蒙第：《政治经济学新原理》，商务印书馆，1964年版。

8. 李斯特：《政治经济学的国民体系》，商务印书馆，1961年版。

9. 季陶达主编：《资产阶级庸俗政治经济学选辑》，商务印书馆，1963年版。

第四章

1. 门格尔：《国民经济学原理》，上海人民出版社，1958年版。

2. 维塞尔：《自然价值》，商务印书馆，1982年版。

3. 庞巴维克：《资本实证论》，商务印书馆，1964年版。

4. 杰文斯：《政治经济学原理》，商务印书馆，1984年版。

5. 晏智杰：《经济学中的边际主义》，北京大学出版社，1987年版。

6. 胡代光主编：《西方经济学说的演变及其影响》，北京大学出版社，1998年版。

7. R.D.C.布克莱等编：《经济学的边际革命》，商务印书馆，1987年版。

8. 蒋自强、张旭昆：《三次革命和三次综合》，上海人民出版社，1996年版。

第五章

1. 马歇尔：《经济学原理》，商务印书馆，1964年版。

2. 宋承先主编：《西方经济学名著提要》，江西人民出版社，1989年版。

3. 约·贝·克拉克：《财富的分配》，商务印书馆，1983年版。

4. 菲歇尔：《利息理论》，上海人民出版社，1959年版。

5. 熊彼特：“欧文·费希尔”，熊彼特：《从马克思到凯恩斯十大经济学家》，商务印书馆，1965年版。

第六章

1. 庇古：《福利经济学》，英文本，伦敦，1932年版。

2. 李特尔：《福利经济学评述》，商务印书馆，1980年版。

3. 张伯伦：《垄断竞争理论》，三联书店，1958年版。

4. 琼·罗宾逊：《不完全竞争理论》，商务印书馆，1961年版。

5. 希克斯：《价值与资本》，商务印书馆，1972年版。

6. 张培刚、厉以宁：《微观宏观经济学的产生和发展》，湖南人民出版社，1986年版。

7. 贝尔、克里斯托尔：《经济理论的危机》，上海译文出版社，1985年版。

8. 张培刚：《微观经济学的产生和发展》，湖南人民出版社，1997年版。

9. 张卫东：《现代企业理论》，湖北人民出版社，2002年版。

10. 刘小怡：《X效率一般理论》，武汉出版社，1998年版。

11. 德姆塞茨：《企业经济学》，中国社会科学出版社，1999年版。
12. 西蒙：《管理行为》，北京经济学院出版社，1988年版。
13. 罗杰·弗朗茨：《X效率：理论、论据和应用》，上海译文出版社，1993年版。

第七章

1. 凡勃伦：《有闲阶级论》，商务印书馆，1964年版。
2. 康蒙斯：《制度经济学》，商务印书馆，1962年版。
3. 胡寄窗：《一八七〇年以来的西方经济学说》，经济科学出版社，1988年版。
4. 维克赛尔：《利息与价格》，商务印书馆，1959年版。
5. 维克赛尔：《国民经济学讲义》，上海译文出版社，1983年版。
6. 缪尔达尔：《货币均衡论》，商务印书馆，1982年版。
7. 林达尔：《货币和资本理论的研究》，商务印书馆，1982年版。
8. 俄林：《地区间贸易和国际贸易》，商务印书馆，1986年版。
9. 何正斌：《经济学300年》下册，湖南科学技术出版社，2000年版。
10. 林德伯克：《新左派政治经济学：一个局外人的看法》，商务印书馆，1980年版。
11. 丁冰：《瑞典学派》，武汉出版社，1996年版。
12. 方崇桂、尹伯成：《经济学说史教程》，复旦大学出版社，1988年版。
13. 熊彼特：《经济发展理论》，商务印书馆，1990年版。
14. 熊彼特：《资本主义、社会主义与民主》，商务印书馆，1999年版。
15. 托姆·博托莫尔：《现代资本主义理论——对马克思、韦伯、熊彼特、哈耶克的比较研究》，北京经济学院出版社，1989年版。
16. 殷凤：《卓尔不群的创新者——约·阿·熊彼特》，河北大学出版社，2001年版。
17. 胡代光、厉以宁：《当代资产阶级经济学主要流派》，商务印书馆，1982年版。
18. 蒋自强、史晋川等：《当代西方经济学流派》，复旦大学出版社，1996年版。
19. 胡代光：《西方经济学说的演变及其影响》，北京大学出版社，1998年版。
20. 王志伟：《现代西方经济学流派》，北京大学出版社，2002年版。

第八章

1. 布赖恩·斯诺登、霍华德·文和彼得·温纳齐克：《现代宏观经济学指南》，商务印书馆，1998年版。
2. 胡代光：《西方经济学说的演变及影响》，北京大学出版社，1998年版。
3. 加尔布雷思："凯恩斯为何来到美国"，萨缪尔森：《经济学文选》，1973年第7版。
4. 蒋自强、史晋川等：《当代西方经济学流派》，复旦大学出版社，1996年版。

5. 凯恩斯:《就业、利息和货币通论》,商务印书馆,1999年版。

6. 克莱因:《凯恩斯革命》,商务印书馆,1962年版。

7. 厉以宁:《宏观经济学的产生和发展》,湖南人民出版社,1997年版。

8. 罗志如、范家骧、厉以宁、胡代光:《当代西方经济学说》,北京大学出版社,1989年版。

9. 宋承先主编:《西方经济学名著提要》,江西人民出版社,1989年版。

10. 尹伯成、石士钧:《简明资产阶级政治经济学史》,天津人民出版社,1985年版。

11. 张培刚、厉以宁:《微观宏观经济学的产生和发展》,湖南人民出版社,1986年版。

12. Buchanan, J. M. and Wagner, R. E., "Democracy and Keynesian Contributions: Political Bases and Economic Consequences", in J. M. Buchanan, J. Burton and R. E. Wagner, *The Consequences of Mr. Keynes*, London: Institute of Economic Affairs, 1978.

13. Phelps, E. S., *Seven Schools of Macroeconomic Thought*, Oxford: Oxford University Press, 1990.

14. Skidelsky, R., *John Maynard Keynes: The Economist as Saviour, 1920-1937*, London: Macmillan, 1992.

第九章

1. 胡代光:《西方经济学说的演变及其影响》,北京大学出版社,1998年版。

2. 蒋自强、史晋川等:《当代西方经济学流派》,复旦大学出版社,1996年版。

3. 凯恩斯:《就业、利息和货币通论》,商务印书馆,1999年版。

4. 厉以宁:《宏观经济学的产生和发展》,湖南人民出版社,1997年版。

5. 罗志如、范家骧、厉以宁、胡代光:《当代西方经济学说》,北京大学出版社,1989年版。

6. 尹伯成、石士钧:《简明资产阶级政治经济学史》,天津人民出版社,1985年版。

7. 张培刚、厉以宁:《微观宏观经济学的产生和发展》,湖南人民出版社,1986年版。

8. 中国社会科学院研究生院经济系、经济研究所经济思想史研究室编:《外国经济思想史讲座》,中国社会科学出版社,1985年版。

9. 冯金华:《新凯恩斯主义经济学》,武汉大学出版社,1997年版。

10. 王健:《新凯恩斯主义经济学》,经济科学出版社,1997年版。

第十章

1. 尹伯成、石士钧:《简明资产阶级政治经济学史》,天津人民出版社,1985年版。

2. 蒋自强、史晋川等：《当代西方经济学流派》，复旦大学出版社，1996年版。
3. 米尔顿·弗里德曼：《资本主义与自由》，商务印书馆，2001年版。
4. 萨缪尔森：《经济学》第16版，华夏出版社，1999年版。
5. 艾哈德：《来自竞争的繁荣》，商务印书馆，1983年版。
6. 阿兰·艾伯斯坦：《哈耶克传》，中国社会科学出版社，2003年版。
7. 布赖恩·斯诺登、霍华德·文和彼得·温纳齐克：《现代宏观经济学指南》，商务印书馆，1998年版。
8. 丁冰：《当代西方经济学流派》，北京经济学院出版社，1993年版。
9. 胡代光：《西方经济学说的演变及其影响》，北京大学出版社，1998年版。
10. 蒋自强、史晋川等：《当代西方经济学流派》，复旦大学出版社，1996年版。
11. 厉以宁：《宏观经济学的产生和发展》，湖南人民出版社，1997年版。
12. 罗志如、范家骧、厉以宁、胡代光：《当代西方经济学说》，北京大学出版社，1989年版。
13. 杨培雷：《当代西方经济学流派》，上海财经大学出版社，2003年版。
14. 杨玉生：《理性预期学派》，武汉出版社，1996年。
15. 赵红梅、李景霞：《现代西方经济学主要流派》，中国财政经济出版社，2002年版。

第十一章

1. 方崇桂、尹伯成：《经济学说史教程》，复旦大学出版社，1989年版。
2. 蒋自强、史晋川等：《当代西方经济学流派》，复旦大学出版社，1996年版。
3. 傅殷才：《制度经济学派》，武汉出版社，1995年版。
4. R.科斯、A.阿尔钦、D.诺斯：《财产权利与制度变迁》，上海三联书店，1994年版。
5. Y.巴泽尔：《产权的经济分析》，上海三联书店、上海人民出版社，1997年版。
6. 道格拉斯·诺思：《经济史中的结构与变迁》，上海三联书店，1991年版。
7. 道格拉斯·诺思：《西方世界的兴起》，学苑出版社，1988年版。
8. 哈罗德·德姆塞茨：《企业经济学》，中国社会科学出版社，1999年版。
9. 哈罗德·德姆塞茨：《所有权、控制与企业》，经济科学出版社，1999年版。
10. 马尔科姆·卢瑟福：《经济学中的制度》，中国社会科学出版社，1999年版。
11. 迈克尔·迪屈奇：《交易成本经济学》，经济科学出版社，1999年版。
12. 青木昌彦：《比较制度分析》，上海远东出版社，2001年版。
13. 陈郁：《企业制度与市场组织》，上海三联书店、上海人民出版社，1996年版。
14. 胡代光：《西方经济学说的演变及其影响》，北京大学出版社，1998年版。
15. 哈奇逊：《现代制度主义经济学宣言》，北京大学出版社，1993年版。

16. 卢现祥:《西方新制度经济学》,中国发展出版社,2003 年版。

17. 谭崇台:《发展经济学的新发展》,武汉大学出版社,1999 年版。

18. 邹薇:《经济发展中的新古典政治经济学》,武汉大学出版社,2000 年版。

第十二章

1. 库尔特·勒布:《施蒂格勒论文精粹》,商务印书馆,1999 年版。

2. 熊彼特:《资本主义、社会主义与民主》,商务印书馆,1999 年版。

3. 植草益:《微观规制经济学》,中国发展出版社,1992 年版。

4. 丹尼尔·F·史普博:《管制与市场》,上海三联书店、上海人民出版社,1999 年版。

5. 张培刚:《微观经济学的产生和发展》,湖南人民出版社,1997 年版。

6. 埃克伦德等:《经济理论和方法史》,中国人民大学出版社,2001 年版。

7. 道格拉斯·诺思:《西方世界的兴起》,华夏出版社,1999 年版。

8. 陈秀山:《当代竞争理论和竞争政策》,商务印书馆,1997 年版。

9. 晏智杰:《西方市场经济理论史》,商务印书馆,1999 年版。

10. 张帆:"对自然垄断的管制",《当代经济学前沿专题》(第二集),商务印书馆,1993 年版。

11. 曹立:"西方经济学关于效率与公平问题的讨论",《理论前沿》,1996 年第 15 期。

12. 龚维敬:"西方经济学的垄断利弊之争",《经济评论》,2003 年第 5 期。

13. 向匀、任健:"西方经济学界外部性理论研究介评",《经济评论》,2003 年第 3 期。

14. 刘志铭:"市场过程、产业组织与政府规制:奥地利学派的视角",《经济评论》,2002 年第 3 期。

15. 杜煊君:"对公用事业规制的研究:芝加哥学派的观点和评价",《经济评论》,2002 年第 3 期。

第十三章

1. Drew Fudenberg and Jean Tirole, *Game Theory*, Massachusetts: The MIT Press, 1991.

2. Jean-Jacques Laffont. 1989. *The Economics of Uncertainty and Information*, Cambridge, Massachusetts: The MIT Press, 1989.

3. 张维迎:《博弈论和信息经济学》,上海三联书店、上海人民出版社,1996 年版。

4. 蒋自强、史晋川等:《当代西方经济学流派》,复旦大学出版社,2001 年版。

5. 韩建新:《信息经济学》,北京图书馆出版社,2000 年版。

6. 罗宾斯:《经济学科学的性质和意义》,商务印书馆,2000年版。

7. 马歇尔:《经济学原理》,商务印书馆,1964年版。

8. 范里安:《微观经济学》(高级教程),经济科学出版社,1997年版。

9. 斯皮格尔:《经济思想的成长》,中国社会科学出版社,1999年版。

10. 勒布:《斯蒂格勒论文精粹》,商务印书馆,1999年版。

11. 阿罗:《信息经济学》,北京经济学院出版社,1989年版。

12. 夏皮罗、范里安:《信息规则》,中国人民大学出版社,2000年版。

13. 斯蒂格勒:《产业组织与政府管制》,上海人民出版社、上海三联书店,1996年版。

14. 高希钧、林祖嘉:《经济学的世界》,生活·读书·新知三联书店,1999年版。

15. 王则柯:《对付欺诈的学问》,中信出版社,2001年版。

16. 北京大学中国经济学研究中心:《经济学与中国经济改革》,上海人民出版社,1995年版。

17. 谢识予:《经济博弈论》,复旦大学出版社,1997年版。

第十四章

1. 加里·S·贝克尔:《人类行为的经济分析》,上海三联书店、上海人民出版社,1995年版。

2. 丹尼斯·缪勒:《公共选择》,商务印书馆,1992年版。

3. 詹姆斯·M·布坎南:《自由、市场与国家》,上海三联书店,1989年版。

4. 梁小民主编:《经济学发展轨迹——历届诺贝尔经济学奖获得者述要(第二辑)》,人民日报出版社,1998年版。

5. 文建东:《公共选择学派》,武汉出版社,1996年版。

6. 《诺贝尔奖获奖者演说文集:经济学奖》(上、下集,1969—1995),上海人民出版社,1999年版。

7. "Daniel Kahneman and Amos Tversky", in Warren Samuels (ed.), *American Economists of the Late Twentieth Century*, Cheltehem, UK: Edward Elgar Publishing Ltd, 1996, pp. 111-137.

8. Nobel Prize Committee, "Foundations of Behavioral and Experimental Economics: Daniel Kahneman and Vernon Smith", *Advanced Information on the Prize in Economic Sciences 2002*, 17 December 2002.

9. Camerer, Colin F. and Loewenstein G., "Behavioral Economics: Past, Present, Future", Working Paper, 2002.

10. Earl, Peter E., "Economics and Psychology: A Survey", *The Economic Journal*, 1990, 100 (402): 718-755.

11. Fujita, M. and Thissem, J.-F., "Economies of Agglomeration", *Journal of Japanese and International Economies*, 1996, 10:339-378.

12. Fujita, Masahisa and Krugman, Paul, "When is the Economy Monocentric: von Thünen and Chamberlin Unified", *Regional Science & Urban Economics*, 1995, 25:505-528.

13. Keith J. Murnighan and Thomas W. Ross, "On the Collaborative Potential of Psychology and Economics", *Journal of Economic Behavior & Organization*, 1999, 39(1):1-10.

14. Krugman, P., *Geography and Trade*, MIT Press, 1991.

15. Krugman, P., "On the Number and Location of Cities", *European Economic Review*, 1993, 37:293-298.

16. Krugman, P., *Development, Geography, and Economic Theory*, MIT Press, 1995.

17. Martin, R., "The New 'Geographical Turn' in Economics: Some Critical Reflections", *Cambridge Journal of Economics*, 1999, 23:65-91.

18. Rabin, Matthew, "Incorporating Fairness into Game Theory and Economics", *American Economic Review*, 1993, 83:1281-1302.

19. Rabin, Matthew, "Psychology and Economics", *Journal of Economic Literature*, 1998, 36(1):11-46.

20. Rabin, Matthew, "A Perspective on Psychology and Economics", *European Economic Review*, 2002, 46:657-685.

21. Vernon L. Smith, "Rational Choice: The Contrast between Economics and Psychology", *Journal of Political Economy*, 1991, 99(4):877-897.

22. 陈平:《文明分叉、经济混沌和演化经济学》,经济科学出版社,2000年版。

23. 贾根良:"进化经济学:开创新的研究程序",《经济社会体制比较》,1999年第3期。

24. 纳尔逊、温特:《经济变迁的演化理论》,商务印书馆,1997年版。

25. 盛昭瀚、蒋德鹏:《演化经济学》,上海三联书店,2002年版。

26. 史晋川:"法律经济学:回顾与展望",《浙江社会科学》,2001年第2期。

27. 史晋川:"财产、合同和侵权行为的经济理论",《浙江树人大学学报》,2001年第2期。

28. 魏建:"理性选择理论与法经济学的发展",《中国社会科学》,2002年第1期。

29. 赵红军、尹伯成:"西方经济学发展新方向:心理学对经济学的影响",《南开经济研究》,2003年第6期。

第十五章

1. 方齐云等:《增长经济学》,湖北人民出版社,2002年版。
2. 胡乃武、金碚:《国外经济增长理论比较研究》,中国人民大学出版社,1990年版。
3. 杰拉尔德·迈耶、达德利·西尔斯:《发展经济学的先驱》,经济科学出版社,1988年版。
4. 舒元、谢识予、孔爱国、李翔:《现代经济增长模型》,复旦大学出版社,1998年版。
5. 舒元:《中国经济增长分析》,复旦大学出版社,1993年版。
6. 杨小凯、张永生:"新兴古典发展经济学导论",《经济研究》,1999年第7期。
7. 厉以宁:《宏观经济学的产生和发展》,湖南人民出版社,1997年版。
8. 游宪生:《经济增长研究》,立信会计出版社,2000年版。
9. 朱勇:《新增长理论》,商务印书馆,1999年版。
10. 谭崇台:《发展经济学的新发展》,武汉大学出版社,1999年版。
11. V·N·巴拉舒伯拉曼雅姆:《发展经济学前沿问题》,中国税务出版社、北京腾图电子出版社,2000年版。
12. 德布吉拉·瑞:《发展经济学》,北京大学出版社,2002年版。
13. 小罗伯特·卢卡斯:《经济发展讲座》,江苏人民出版社,2003年版。
14. Dorn, J. A., "Introduction: Development Economics after 40 Years", *Cato Journal*, 1987, 7(1):1-19.
15. Ray, Debraj, "What's New in Development Economics", New York University, Working Paper, 2000.
16. Toye, J., "60 Years of Development Economics", Working Paper, 2003.
17. 傅晨:《发展经济学》,华南理工大学出版社,1997年版。
18. 杰拉尔德·迈耶、达德利·西尔斯:《发展经济学的先驱》,经济科学出版社,1988年版。
19. 杨小凯、张永生:"新兴古典发展经济学导论",《经济研究》,1999年第7期。
20. 耶鲁大学经济增长中心第25届发展经济学年会论文精选:《发展经济学的新格局——进步与展望》,经济科学出版社,1987年版。
21. 邹薇:《经济发展中的新古典政治经济学》,武汉大学出版社,2000年版。
22. 郭宝熙、胡汉昌:"后发优势研究述评",《山东社会科学》,2002年第3期。

图书在版编目(CIP)数据

西方经济学说史：从市场经济视角的考察/尹伯成,赵红军主编. —3 版.
—上海：复旦大学出版社,2017.3(2023.1 重印)
(复旦博学·经济学系列)
ISBN 978-7-309-12678-5

Ⅰ.西… Ⅱ.①尹…②赵… Ⅲ.西方经济学-经济思想史-高等学校-教材　Ⅳ.F091

中国版本图书馆 CIP 数据核字(2016)第 283041 号

西方经济学说史：从市场经济视角的考察(第三版)
尹伯成　赵红军　主编
责任编辑/岑品杰

复旦大学出版社有限公司出版发行
上海市国权路 579 号　邮编：200433
网址：fupnet@fudanpress.com　http://www.fudanpress.com
门市零售：86-21-65102580　团体订购：86-21-65104505
出版部电话：86-21-65642845
上海新艺印刷有限公司

开本 787×960　1/16　印张 24　字数 374 千
2017 年 3 月第 3 版
2023 年 1 月第 3 版第 2 次印刷

ISBN 978-7-309-12678-5/F·2325
定价：48.00 元

如有印装质量问题,请向复旦大学出版社有限公司出版部调换。
版权所有　侵权必究